城区需求侧
能源规划和能源微网技术
（下册）

Demand Side Community Energy Planning and Energy Micro-net Technologies（Ⅱ）

龙惟定　主　编
白　玮　副主编

中国建筑工业出版社

图书在版编目（CIP）数据

城区需求侧能源规划和能源微网技术（下册）/龙惟定主编．
北京：中国建筑工业出版社，2016.11
ISBN 978-7-112-19752-1

Ⅰ.①城… Ⅱ.①龙… Ⅲ.①城市规划-能源规划-研究-中国
Ⅳ.①F426.22

中国版本图书馆 CIP 数据核字（2016）第 210806 号

本书针对实际工程中的问题，提出需求侧能源规划的概念及其方法论（即目标设定、资源分析、需求预测、规划协调、系统优化、影响评价六步法），提出基于可再生能源的能源微网构建方法。书中关于城区产业结构绿色评价的方法、目标设定的 KPI 指数、负荷预测方法、建筑节能作为能源供应的资源、热电联产＋热泵的系统配置、集成未利用能源的能源总线等内容，都具有创新性，并已经在国内一些城区能源规划和能源系统的工程实践中得到应用。本册主要包括分布式能源与城区能源微网技术。本册中还附有国内外能源规划和能源系统的实例。

本书可供新建和改造城区的决策者、管理者、投资人、规划师、能源规划专业人员、项目经理、能源供应商、运行管理人员以及高校相关专业的教师和学生等参考。

* * *

责任编辑：张文胜　姚荣华
责任设计：李志立
责任校对：王宇枢　刘　钰

城区需求侧能源规划和能源微网技术（下册）

Demand Side Community Energy Planning and Energy Micro-net Technologies（Ⅱ）

龙惟定　主　编
白　玮　副主编

*

中国建筑工业出版社出版、发行（北京西郊百万庄）
各地新华书店、建筑书店经销
北京科地亚盟排版公司制版
北京圣夫亚美印刷有限公司印刷

*

开本：787×1092 毫米　1/16　印张：17¼　字数：429 千字
2016 年 10 月第一版　2019 年 11 月第二次印刷
定价：52.00 元
ISBN 978-7-112-19752-1
（29288）

版权所有　翻印必究
如有印装质量问题，可寄本社退换
（邮政编码 100037）

本书编委会

主 编：龙惟定

副主编：白 玮

编 委（以姓氏拼音排序）：

   樊 瑛 冯小平 黄子硕 蒋 骞 梁 浩

   刘魁星 刘志渊 马宏权 马素贞 潘毅群

   寿青云 于 航 苑 翔 张蓓红 张改景

   赵英汝 周 辉

序　一

　　本书是龙惟定教授近年来和他的同仁团队所关注的能源互联网技术的研究课题。能有那么多的专家学者致力于这一课题研究，是值得欣慰的。

　　进入21世纪以来，新的科技革命和产业革命的车轮开始加速前进，从低碳经济理论，到第三次工业革命理论，再到德国人提出的工业革命4.0理论，直至2015年李克强总理在政府工作报告中提出"互联网＋"。能源互联网被预言可能是21世纪推动我国能源革命最重要技术之一。分布式在终端用户侧的智能微网是能源互联网的基本结构，通过智能电网将这些微网有机连接、集中调配。在能源互联网中，智能微网与大电网形成互补关系，减少可再生能源的不稳定性对大电网的冲击，是能源生产实现供需平衡、最优化配置不可或缺的部分。

　　在城区尺度上的需求侧能源规划，强调不仅仅从供应的角度、从传统能源生产、转化与供给角度满足增长的能源需求，还充分考虑与当地资源特点相结合的可再生能源、分布式供能、集中利用未利用能源的总能系统，这是一个寻求节能、环保、经济最优，追求经济发展与资源平衡的方案，大有开发实践的前景。

　　本书提供了丰富的理论和详实的案例，是国内迄今为止全面阐释城区需求侧能源规划的思路、方法以及智能微网构建的第一部著作，对于我们成功迈进能源互联网时代具有相当的启迪和引领作用。希望本书的出版能给我们在建筑节能以至能源革命事业上带来新的变化！

2016年6月于上海

序 二

龙惟定教授是我大学时代的老同学。20世纪60年代中期，我们同在清华大学土木建筑系学习，我学的是建筑学专业，他学的是暖通空调专业，但住在同一栋楼，因此也相当熟悉。我后来主要从事建筑技术科学的研究与教学，与他更有许多交集。2012年，我主持中国科学院咨询项目"推行绿色建筑，促进节能减排，改善人居环境"，龙教授也是咨询课题组骨干成员之一。我们的报告上报国务院后，得到当时国务院几位高层领导的高度重视，并作出重要批示。2013年，国家发展和改革委员会与住房和城乡建设部出台"绿色建筑行动方案"前，国家发展和改革委员会有关负责人还专门征求了我们课题组的意见。我与龙教授就曾出席与国家发展和改革委员会的座谈会。此后，我们又数次在有关绿色建筑与生态城市的论坛上，作为特邀嘉宾共同出席。因此，我对他的研究工作，还是比较了解的。光阴荏苒，转眼间我们已从青葱少年走近古稀之年。龙惟定教授已经退休，本可安享晚年，但他仍在孜孜以求，不断开拓新的研究领域。获悉他与其同事和学生共同完成的新作《城区需求侧能源规划和能源微网技术》即将付梓出版，感到非常高兴。我们这一代人，历经动荡和坎坷，但仍然不忘肩负的责任，追求梦想的实现，诚属难能可贵也。

中国正处在城镇化的关键时期，面临人口、资源和环境的多重压力，其中能源是最重要的资源。能源是维系人类活动之动力，是保持城乡活力的源泉，是我们须臾不可或缺、弥足珍贵之物。但人类目前正面临化石能源日益匮乏且过度依赖不可再生能源会带来环境恶化后果的危机。因此，人类不得不日益倚重太阳能、风能、地热能等可再生或洁净能源，而这些能源都属于分布式能源，必须分布式地来加以利用。另一方面，建筑的运行能耗比高达25%，是耗能大户，而建筑物又是分布式的，因此，推行绿色建筑与生态城市，利用建筑物作为分布式能源利用之载体和产生能源的工作站，无疑是人类解决能源与环境危机的根本出路之所在。绿色建筑、储能技术、能源微网与相关能源规划相结合，是大有前途的事业。过去的城市规划，往往不够重视能源规划，或者是建筑规划与能源规划形成"两张皮"。目前强调多规合一，理应将能源规划作为城市规划的一项重要的专业规划予以高度重视。过去的城市开发中，即使将电力、燃气和热力供应规划作为城市规划的组成部分，但终端建筑通过提高能效、改善用能方式、利用可再生能源和利用被动式技术等所节约的能源，却没有进入规划范畴。这必然造成城市用能不合理、甚至能源浪费的后果。本书提出的需求侧能源规划的方法是解决这一问题的很好的尝试。

本书的另一个主题是能源微网技术。在第三次工业革命的大背景下，未来的城市能源系统，需要产能、供能、用能、蓄能和节能的相互协调，通过能源互联网，融合电力网、热力网和信息网，把分散的用能和分布式的产能互相连通、实现资源共享。本书提出的能源微网技术，将有望改变城市中传统的大集中、大一统、大规模的供能用能模式和单向管理架构,为最大限度地利用可再生能源,降低城市、区域与建筑能耗提供新鲜思路。

相信本书的出版对城市管理者、规划师、建筑师和能源工程师都极具参考价值,对我国的城镇化和建筑节能事业将会起到有力的推动作用。

中国科学院院士
华南理工大学亚热带建筑科学国家重点实验室教授

前　言

　　读者在拿到这本书时可能会产生一个疑问：不是都在说"供给侧改革"吗？为什么会出这么一本"需求侧"能源规划的书？

　　首先要介绍一下写这本书的初衷。近年来随着城镇化进程的加速，笔者接触到许多城市和城区开发中的能源规划项目，发现多数的能源规划思路是秉承供应侧规划的可靠性原则，即能源供应必须保证最大负荷和极端条件下的用能。这一指导思想，在以大型制造企业为供能对象的工业化时代，因为负荷稳定，所以没有什么问题。但在我国新型城镇化的新常态下，供能对象已经变为服务业、轻制造业、先进制造业和居民生活，都是以建筑为依托，因此，城区供能对象主要是建筑的冷热电的需求。建筑用能负荷呈现出不稳定的特点，不仅是时间上的不稳定，而且是空间分布上的不稳定，从而带来城区能源系统一系列的问题：

　　第一，因为能源系统是政府投资，因此，以"安全可靠"的名义尽量扩大产能、争取更多预算，就成了城区建设各利益相关方的共同目的，也为项目决策和审批部门提供了权力寻租的空间。

　　第二，为了达到争取更大政府投资的目的，在技术上就得算"大"负荷、做"大"系统、选"大"设备、建"大"能源站，有的能源站在设计中就考虑一部分站房面积作为房产出租的需要，而且把所有基础设施，包括站房、管沟等全部计入成本（这些其实已经在土地出让的配套费中涵盖了），加之我国新建园区由于产业定位和规划导向的失误，迟迟形不成规模，导致这些"大"系统长期在极低负荷下运行，长期亏损，没有回报，要靠国家"输血"补贴，成为投资"黑洞"。

　　第三，我国能源业长期在垄断机制下运转，形成庞大的利益集团。任何新技术，只要触动利益，就很难行得通。分布式能源的电力上网难、利用地表水的热泵项目审批难、可再生能源弃风弃光严重而煤电优先等现象，使得区域能源系统中新技术推广举步维艰，也严重挫伤投资者的积极性。

　　第四，新建建筑中越来越多地采取高于国家标准的节能措施，但到了园区层面的能源规划中，负荷预测却沿用指标法。这种数十年不变的冷热负荷指标，将终端节能的努力顷刻化为乌有，用户的节能并不能转化为能源系统的节能。甚至出现用户端越节能，区域能源系统越不节能的悖论。

　　第五，能源市场机制的不健全导致投资商、供应商为扩大自己的利润空间，而选择仅以新能源技术（如热电联产技术）为点缀。例如，只用极小比例的热电联产，大部分负荷由燃气直燃机和燃气锅炉承担，致使综合能源效率远低于电动空调能效；再如，以"以热定电"的名义，尽量放大热需求，从而增加发电量，以分布式能源的名义建小发电厂。

　　第六，行政公权力介入区域能源供应商与用户之间的市场关系，"保证用户接入"成为园区行政部门与供应商合资经营的重要承诺，并计入园区行政部门的出资份额；以前，园区行政部门会用"红头文件"的形式强制用户接受供冷供热价格和收费方式，现在，遇到供能收费纠纷，既当裁判员又当运动员的园区行政部门则采取回避和不作为。

总体而言，由于系统规划沿用了供应侧规划的思路、系统配置沿用了单体建筑空调设计的方法，国内建成的城区能源系统在用能合理性和运行经济性方面只能找到个别成功案例。造成这些问题，除了体制机制上的原因之外，主要是供应侧能源规划的思路完全不能适应当前城镇开发和节能减排的形势。

所谓"供应侧"能源规划，有如下特点：

（1）我国现有的城市规划体系中供应侧能源规划主要是城市供电、供热和供气规划，各自孤立地考虑需求，造成负荷的重复计算。当前国内出现的产能过剩、发电运行小时数达历史最低、大规模弃风弃光的现象，正源于规划高估需求、产能不适应需求变化。

（2）基于可靠性原则的供应侧能源规划高估负荷。在城区开发之初，入住率低、负荷小，供大于求，能源供应商的利益得不到保证。为了利益最大化，供应商就采用各种措施鼓励能源消费。而到了城区比较成熟，入住率比较高，原来规划的供应量满足不了需求时，能源供应商则采取扩容和扩建的措施，扩大供给、满足需求。扩建后，又开始新一轮鼓励消费、扩大需求的循环。这样周而复始，造成资源的浪费和用能的不合理，形成"消费—供应—扩大消费—扩大供应"的恶性循环。

（3）重能源生产、轻能源管理。能源的生产/转换/消费三大环节以及能源消费的产业/交通/建筑三大耗能领域的横向之间缺乏内在联系，纵向上也缺乏全过程的系统性指导。能源和城市的各行业主管部门之间缺乏联动，更缺乏城市节能的顶层设计。

（4）在需求侧，建筑节能、可再生能源和未利用能源的利用是分散的或者是用户的个体行为，而且不为供应侧接受和认可，更没有作为资源进入能源规划。因此，在高密度城市中，可再生能源利用只能局限在路灯、部分卫生热水供应等很窄的范围内，无法发挥规模效应，成了形象"点缀"或"景观"工程；而建筑节能的成果完全被淹没在供应侧的粗放化负荷和需求预测之中。

需求侧能源规划，则是遵循"综合资源规划"（Integrated Resources Planning，IRP）原则，将需求侧的节能视为供应侧的资源，在能源领域，就是将节能视为煤、石油、天然气、核能和可再生能源之外的第六大能源。而需求侧能源规划的原则，正顺应了供给侧结构性改革的要求。即从提高城区能源供应的质量出发，推进能源结构调整，矫正要素配置扭曲，扩大有效供给，提高能源供给结构对需求变化的适应性和灵活性，提高综合能源效率，更好地满足生产和消费的需要，促进经济社会持续健康发展。

笔者在2011年出版的《低碳城市的区域建筑能源规划》（中国建筑工业出版社）一书中已经提出了需求侧能源规划的思想，当时更多地局限于概念的阐述和理论的分析。经过5年多的研究和实践，使需求侧能源规划的体系更加完善，技术路线更加清晰。需求侧能源规划的方法论可以归纳成所谓"六步法"，即：目标设定、资源分析、需求预测、规划协调、系统优化、影响评价。作者团队对这六个方面都有比较深入的研究，并在一些工程实践中得到应用，取得了很好的效果。在国家提出供给侧改革的背景下，我们觉得有必要将需求侧能源规划的思想和方法提供给业界一同分享，因此，萌生了编写本书的愿望，在中国建筑工业出版社的支持下，经过一年多的努力，终于将本书呈现给大家。希望需求侧能源规划的理念和方法在实践中得到进一步的完善和提高。

这里，可以举出国际上的两个典型案例，来说明供应侧能源规划与需求侧能源规划之间的差别：

2014年俄罗斯索契冬奥会是典型的供应侧能源规划。2009年时，索契市的电力负荷为424MW，而预计冬奥会能源需求将新增360MW，于是在2012年建成一个天然气联合循环热电联产的阿德勒斯卡亚热电厂（370MW），机组效率达到52%，供热能力为227Gcal/h，同时扩容电力网络2.5倍。热电厂通过2km长、公称直径为700mm的供热管网向竞技场馆、奥林匹克公园以及周边住宅区供热[1]。但是，冬奥结束之后，这一能源系统出现了产能过剩，运行时间不足等问题。所以，俄罗斯政府不断地在索契举办各种国际性赛事和大型活动，力图提高场馆利用率、释放能源系统产能。

而2012年英国伦敦夏季奥运会则具备需求侧能源规划的特点。组织方首先订立了以2006年英国建筑规范为基准线，到2013年要实现减少CO_2排放50%的目标（最后实现47%）。根据这个目标提出3项措施：①要求所有场馆在2006年标准的基础上再节能15%；②整个奥林匹克园区通过提高热电冷联供系统的能量转换和输配效率，至少减少20%的CO_2排放；③整个奥林匹克园区安装现场可再生能源发电系统，至少相当于20%的CO_2排放（最后未能完全实现）。为此，相关部门编写了设计导则，将上述目标列入招标书和设计任务书，组织多次相关方的研讨会和报告会。并要求设计单位完成任务后，按照导则规定的统一的模型和计算方法交出项目的碳减排报告。在终端节能的基础上再来规划奥运园区能源系统，设置2个能源中心，共3台3.3MW的燃气发动机，热电冷联供。场馆设计充分考虑设施的可持续应用。主体育场采用可拆卸的装配式钢结构，在开闭幕式时可容纳8万人，奥运会后经简单改造成为伦敦一家英超俱乐部的主场，可容纳3万观众。能源中心由政府授予40年特许经营权，交由民营公司投资、建设、运营、管理[2]。

上述两个案例的区别十分明显，供应侧能源规划是从顶到底的模式，能耗做加法；需求侧规划是从底到顶的模式，将终端节能作为替代资源，从而实现能耗的少增加即增量节能。但伦敦和索契也有共同点，即能源系统均采用大集中的供能方式。如阿德勒斯卡亚热电厂的供水温度115℃，设计管道压降1.6MPa，牺牲了压力也牺牲了能源品位；伦敦的区域能源管网总长40km，在供冷时会有较大损失。可见，以建筑供冷供热为目的的需求侧能源规划，还需要能源系统的优化。

由此引出本书的第二个主题，即能源微网技术。

对以供冷供热为目的的城区能源系统究竟是不是节能，一直是国内有争议的问题。赞成者认为区域供冷供热可以体现规模效益，能源中心可以采用能效很高的大型设备，特别是可以节省人力资源、减少用地、变分散排放为集中排放，从而改善环境、减缓热岛效应；反对者则认为，由于城区建筑负荷的波动性和不稳定性，区域供冷供热系统的系统效率不可能在高效率点运行，大型设备的高效率也完全不能被体现出来。而常规区域供冷供热系统相当于将一台就近安装的分体空调室外机，生生安装到数百米甚至数公里之外。分布式能源热电联产作为冷热源用，综合一次能效率70%，供暖比不上燃气锅炉（90%），

---

[1] International District Energy Association, District energy heats up Winter Olympics in Sochi Olympic Park. http://www.districtenergy.org/.

[2] Dan Epstein etc., The Olympic Park Energy Strategy, Olympic Delivery Authority, Oct. 2011. http://london2012.com/learninglegacy.

供冷更比不上电力驱动的制冷机。两种看法都有一定道理，但也都有片面性。要使城区能源系统扬长避短，发挥优势，补足短板，必须要有创新的思维。本书依据"互联网＋"的思想，提出城区能源微网的整体解决方案。

城区能源微网有核心层、框架层和管理层三个层次，是集成了可再生能源和清洁能源的现场发电系统、分布式热泵、能源总线、蓄冷蓄热、网络技术、物联网和云计算技术的综合性能源系统，可以使能源效率和经济效益均达到最佳。能源微网的技术优势和发展潜力已逐渐为业内所接受，并已经在好几个开发项目中得到应用。

本书在负荷预测、负荷平准化、与城市设计的关联、燃料电池应用、产业的绿色指数、热电联产＋热泵的系统构成、能源总线、城市更新中的能源系统以及城区能源微网的构建等方面，都提出了一些创新性的技术方案。

本书集结了近20位专家学者的智慧，可以说是知识传播的一次"众筹"。各章的主要作者是：

（上册）

第1章　龙惟定，马素贞

第2章　龙惟定

第3章　龙惟定

第4章　张蓓红，周辉，潘毅群

第5章　梁浩

第6章　张改景，潘毅群，张蓓红

第7章　潘毅群，苑翔

第8章　潘毅群

第9章　龙惟定，马宏权，白玮，赵英汝，刘魁星

第10章　樊瑛，张改景，蒋骙，刘魁星，梁浩

第11章　于航，黄子硕

（下册）

第12章　龙惟定

第13章　赵英汝，龙惟定

第14章　龙惟定，马宏权

第15章　白玮，刘魁星，龙惟定

第16章　于航，刘志渊

第17章　白玮，马宏权

第18章　马宏权，冯小平

第19章　张改景

第20章　白玮，蒋骙，于航

第21章　刘魁星，寿青云

本书由白玮、龙惟定统稿。

这一作者团队，很庞大，也有很强的实力，其中有的已经是国内外知名的专家。但实事求是地说，正因为作者队伍人数众多，使本书的完整性、系统性会打一点折扣。而工程经验的积累是一件好事，但也会带来一些片面性。书中多处出现内容重复、转换参数不一

致、名词术语不统一、变量符号不一样等问题。但为了保持某一主题论述的体系,我们没有大动干戈地做调整。回过头来审视本书,还是充满遗憾。因此,我们特别希望能听到读者对本书的意见,能够使本书进一步得到充实和提高。需求侧能源规划的方法论还需要在实践中不断完善,能源微网系统更需要在工程项目的应用中发挥其效能,即使在国际上目前也并未见到需求侧能源规划的文献,国外对能源微网的研究也刚起步,与我们处于同一起跑线。特别是,国外没有像中国这样的开发规模和实践机会。因此,本书试图起到抛砖引玉的作用,希望有更多的第一线的决策者、管理者、投资人、规划师、能源工程师、项目经理、能源供应商、运行管理人员以及高校相关专业的教师和学生加入到研究和实践的行列中来,使体现中国特色的需求侧能源规划和能源微网技术能在中国城镇化进程中发挥更大的作用,并能推广到国际上去。

本书分上、下两册。上册主要是需求侧能源规划的理论、方法、步骤和应用;下册主要是能源微网技术的理论、方法、分析和技术方案。并对能源微网的经济技术特点进行了分析。另外,还给出国内外的能源规划和能源系统的典型案例。上、下册要结合起来阅读。

本书得到全球环境基金(GEF)和世界银行(World Bank)的"基于需求侧节能的综合能源规划实施路径研究"技术援助项目(由住房和城乡建设部主持),以及住房和城乡建设部科技计划项目"基于分布式能源和可再生能源的建筑智慧能源微网发展路径研究"的支持;本书得到法国电力、新奥智能能源、中节能城市节能研究院、江苏紫融能源投资有限公司、江苏特克诺节能技术有限公司、意大利克莱门特集团、美国江森自控、苏州必信空调有限公司、华东建筑设计研究总院、悉地国际设计顾问有限公司、上海誉德集团、美国SOM建筑设计咨询有限公司等单位提供技术资料,法国电力(EDF)中国研发中心的专家还为本书(下册)撰写了第21章的第4节;中国建筑工业出版社的张文胜先生、姚荣华女士为本书的出版付出了大量的辛劳。在此一并表示由衷的感谢。

目 录

上篇 分布式能源与城区能源微网

第12章 城区能源系统和分布式能源 ··· 3
- 12.1 分布式能源的发展历程 ··· 3
- 12.2 我国城区为什么要发展分布式能源? ··· 11
- 本章参考文献 ··· 12

第13章 绿色生态城区的能源微网 ··· 13
- 13.1 能源互联网概念 ··· 13
- 13.2 绿色生态城区的能源微网结构 ··· 15
- 13.3 基于燃料电池的能源微网 ··· 19
- 13.4 基于可再生能源的电动汽车充电系统 ··· 29
- 本章参考文献 ··· 35

第14章 能源微网的核心层——现场发电系统 ··· 37
- 14.1 热电联产系统存在问题解析 ··· 37
- 14.2 现场发电系统(包括可再生能源发电)的设备 ··· 42
- 14.3 现场发电系统(包括可再生能源发电)的并网和配电 ··· 54
- 14.4 高能效的热电联供+热泵(CHP+HP)系统 ··· 63
- 14.5 热电联供+热泵系统的配置方法 ··· 67
- 本章参考文献 ··· 75

第15章 能源微网的框架层——热泵能源总线系统 ··· 77
- 15.1 作为智能电网备份的热泵系统 ··· 77
- 15.2 能源总线系统 ··· 87
- 15.3 㶲网(Anergy Grid) ··· 98
- 本章参考文献 ··· 103

第16章 能源微网的管理层——泛在能源管理系统 ··· 104
- 16.1 能源微网管理系统的构成 ··· 104
- 16.2 能源微网能量管理系统的分层结构 ··· 106
- 16.3 微网管理系统的功能和任务 ··· 106
- 16.4 微网能源管理策略 ··· 109
- 16.5 UGCCNet简介 ··· 111
- 本章参考文献 ··· 116

第17章 绿色生态城区分布式能源的经济学问题 ··· 117
- 17.1 投资绿色生态城区的分布式能源能否赢利 ··· 117
- 17.2 城区分布式能源的投融资和运营模式 ··· 123

17.3 怎样设计多赢的能源定价和收费机制 ………………………………………… 131
17.4 政府应该怎样鼓励分布式能源的发展 ………………………………………… 137
17.5 城区能源经营者应如何平衡发展 ……………………………………………… 140
17.6 普通用户如何考虑自己的利益 ………………………………………………… 147
本章参考文献 ………………………………………………………………………… 149

第 18 章 分布式能源系统的优化运行 ……………………………………………… 151
18.1 燃气轮机的运行特性 …………………………………………………………… 151
18.2 燃气内燃机的运行特性 ………………………………………………………… 156
18.3 燃气轮机与燃气内燃机对比分析 ……………………………………………… 159
18.4 吸收式冷温水机组运行特性 …………………………………………………… 161
18.5 锅炉运行特性 …………………………………………………………………… 164
18.6 热泵系统运行特性 ……………………………………………………………… 168
18.7 分布式能源系统管网特性 ……………………………………………………… 170
18.8 城区能源系统的运营优化 ……………………………………………………… 172
本章参考文献 ………………………………………………………………………… 175

下篇 国际经验和国内案例

第 19 章 绿色生态城区标准现状调研 ……………………………………………… 179
19.1 国际经验：美国的 LEED ND ………………………………………………… 179
19.2 国际经验：英国的 BREEAM Communities ………………………………… 184
19.3 国际经验：日本的 CASBEE UD ……………………………………………… 188
19.4 国际经验：德国的 DGNB ……………………………………………………… 192
19.5 国际经验：新加坡的 GREEM MARK-districts ……………………………… 195
19.6 国际经验：其他评价标准 ……………………………………………………… 197
19.7 中国的评价指标 ………………………………………………………………… 197
19.8 体系对比 ………………………………………………………………………… 202
本章参考文献 ………………………………………………………………………… 205

第 20 章 国际案例 …………………………………………………………………… 206
20.1 瑞典案例 ………………………………………………………………………… 206
20.2 美国案例：芝加哥湖畔改造项目能源规划 …………………………………… 213
20.3 日本案例 ………………………………………………………………………… 216
本章参考文献 ………………………………………………………………………… 223

第 21 章 国内案例 …………………………………………………………………… 225
21.1 能源总线技术集成与应用的崇明岛东滩案例 ………………………………… 225
21.2 泰州医药城能源微网项目案例 ………………………………………………… 231
21.3 常州紫融分布式能源站案例 …………………………………………………… 238
21.4 从能源需求出发的城市能源规划——上海临港案例 ………………………… 244
21.5 上海崇明陈家镇低碳能源规划 ………………………………………………… 248

附录 1　部分彩色插图 ………………………………………………………………… 257
附录 2　上册目录 ……………………………………………………………………… 260

上篇　分布式能源与城区能源微网

第12章 城区能源系统和分布式能源

12.1 分布式能源的发展历程

12.1.1 什么是城区能源系统?

国际城区能源协会（IDEA）的定义是：城区能源系统是在能源中心生产蒸汽、热水和冷水，通过地下管道输送至单栋建筑，用以供暖、生活热水和空调（狭义理解）。

在维基百科上的定义是：可持续的城区能源系统是从可再生能源或高效的热电联产满足当地城区的能源需求的方法。它可以看作分布式发电概念的发展。系统基于城区供热、城区供冷，加上通过专用电缆相互联网的电力系统（称作"发电岛"），从而避免了大电网的输送损失，提高了稳定性（广义理解）。

前一种定义，侧重于区域供冷供热（District Cooling & Heating，DHC），后一种定义，侧重于热电联供或冷热电三联供（Combined Heating & Power，CHP 或 Combined-Cooling Heating & Power，CCHP）。

联合国环境署（UNEP）以世界上 40 多个城市的成功经验，归纳城区能源系统的优点，见表 12-1。

城区能源系统的优点和相关案例 表 12-1

	优点	案例
1	减少化石燃料的使用，可以有 30%~50% 的 CO_2 减排量	• 从 20 世纪 90 年代开始，丹麦由于城区供热，全国有 20% 温室气体减排量 • 巴黎将城区能源技术作为其到 2050 年减碳 75% 计划中的核心战略。仅垃圾焚烧热电联产项目每年即可减排 80 万 t • 东京由于用区域供冷供热取代单独供冷和供热，每年减少 44% 的一次能源消耗，减少 50% 的 CO_2 排放
2	减少室内和室外的污染物排放	• 瑞典哥德堡在 1973~2010 年间将城区供热面积增加 1 倍，使其 CO_2 排放减少一半，NOx 和 SO_2 排放下降更为显著 • 瑞典全国城区供热中燃油比例从 1983 年的 90% 下降到 2014 年的 10%，其碳排放强度也同步下降 • 中国鞍山市通过将分散热网联网，并利用 1GW 的钢铁厂余热，预期每年减少煤炭用量 1200 万 t
3	提高能源效率	• 德国法兰克福对其 12000 幢既有建筑做围护结构改造，从而使城区能源系统的运行成本大大降低，远远超过建筑节能改造的成本 • 荷兰鹿特丹设定建筑能耗限额，从而使城区能源降低的成本超过节能改造的成本 • 芬兰赫尔辛基的热电联产能源站一次能源效率高达 93% • 日本热电联产的高效率使其减少了天然气的进口 • 阿联酋迪拜的城区供冷系统与其他供冷方式相比减少 50% 的电耗 • 印度古吉拉特国际金融城，通过城区供冷系统可以降低 65%~80% 的供冷电力需求

续表

	优点	案例
4	利用当地资源和可再生资源	• 中国、丹麦和德国用城区供热系统利用冗余的可再生能源（风电供暖） • 呼和浩特市用风电提供城区供暖 • 德国推行"能源转换"政策，鼓励将光伏发电并入热电联产的电网
5	提高了能源供应的适应性和可获得性	• 在科威特城，空调占了高峰用电需求的70%和全年能耗的一半以上，城区供冷可以减少46%的高峰负荷，与常规供冷相比，可以减少44%的耗电量 • 罗马尼亚博托沙尼市改造其城区能源基础设施，将21个大用户重新连接到热网上，提供更便宜的供热 • 亚美尼亚埃里温的热网用燃气热电联产取代燃气锅炉，每年减少50.2GWh能耗，从而降低了居民热价
6	绿色经济	• 丹麦卑尔根市电力公司投资城区供热，因为它可以降低成本并提供额外的回报 • 美国圣保罗市用城市废弃木材取代275000t煤作为城区供热的燃料，为地方经济节省1200万美元的能源费． • 加拿大多伦多市用湖水直接供冷，减少供冷电耗90%，并通过出售其城区能源系统43%的份额得到8900万美元，这笔钱用来资助其他可持续基础设施的发展 • 挪威奥斯陆城区能源系统提供了大约1375个全职就业岗位

资料来源：UNEP, District Energy in Cities-Unlocking the Potential of Energy Efficiency and Renewable Energy, www.unep.org/energy/des 2013。

城区能源系统从14世纪开始，法国的绍德赛格（Chaudes-Aigues）小镇建成地热供热能源站（通过木制管道输送），并一直沿用至今。1853年，美国海军学院在其阿纳波利斯（Annapolis）校园建成第一个城区供热系统，而1877年纽约建成第一个商业化的城区供热系统，用蒸汽作热媒。加拿大第一个城区能源系统是1924年在温尼伯（Winnipeg）市商业中心建成的。在欧洲，现代意义上的城区供热于1870年出现在德国，而1890年德国汉堡首次使用了热电联供系统，到1930年几乎所有的欧洲主要城市都有了城区供热。

城区供冷系统出现相对较晚。1878年巴黎世界博览会（Exposition Universally de Paris 1878）上，巴黎人就以五月广场为中心，充分利用了塞纳河的供水之便，用4座水泵抽取塞纳河水，经过23km长的管道将水输送到博览会的每个角落。他们将塞纳河水引入工业宫的地板下面来降低室内温度，成为世博会上的一大亮点[1]。1889年，美国科罗拉多的丹佛（Denver）市建成第一个城区供冷系统；到20世纪30年代，在美国纽约洛克菲勒中心和华盛顿特区的政府办公建筑相继建设了大规模的城区供冷系统[2]。美国城区供冷系统发展迅速，尤其是在校园中应用广泛。第一个商业化的城区供冷系统1962年在康涅狄格州的哈特福德（Hartford）市建成。

由于气候的原因，中欧和北欧城市供热的需求多于供冷，城区供冷系统大多是在城区供热系统建成后在其基础上增加制冷设备形成的。目前在法国有12个大型的城区供冷网络承担着超过450MW的制冷需求，另外还有许多容量小于2MW的小型城区供冷系统在运行，大多数是电动冷水机组，吸收式制冷机组的比例很小，这是因为当地的夏季电价比较便宜。德国有大约10个系统，主要是将吸收式制冷机组加入到城区供热系统中形成的城区供热供冷系统，柏林和汉诺威的城区供热供冷系统容量都超过了50MW。挪威、瑞典和丹麦的城区供热供冷较为普遍地采用海水、湖水、地下水、工业废水和城市污水等作为冷热源，通过热泵装置获取冷热水作为空调使用。在瑞典有上百个大型热泵站，总容量约为1200MW，其中容量最大的热泵站位于斯德哥尔摩，它由6台大型热泵组成，利用波罗的海的海水作为冷热源，供热能力达到160MW。

日本的城区供热供冷系统出现较晚但发展迅速,最早的城区供热供冷系统是从1970年大阪世博会城区供冷系统,当时日本政府提出"日本列岛改造论",试图解决都市人口密集、环境污染严重的问题,从法规上鼓励投资DHC,并形成了公益型的都市热供给产业。1985年以后,随着日本都市再开发的发展,日本的能源产业积极介入DHC的开发,形成了新的热潮。在最高峰的2003~2005年间,有154个城区应用供冷供热。但在金融危机冲击下,2011年还有141个区域供冷供热在运行,增长势头被遏制[3]。

区域供冷的发展起步晚,由于欧美主要发达国家的气候特点是以供热为主,因此城区供冷的发展并不是很快,2011年的统计数据见表12-2。

城区供冷的统计数据　　　表12-2

国家	城区供冷容量（MW）	供冷管线长度（km）
芬兰	156	77
法国	668	145
德国	161	54
日本	3960	N/A
韩国	194	33
挪威	126.2	53
英国	89	20
阿联酋	9851	N/A
瑞典（2009年数据）	650	334
美国	16234	596

资料来源:欧洲热电（EUROHEAT & POWER）,http://www.euroheat.org/DHC—Statistics-4.aspx。

我国在现代意义上的集中供暖源于上海,20世纪20年代后,用锅炉和散热器（热水汀）的集中供暖逐渐成为上海西式建筑主要的供暖方式。但当时上海并没有采取美国纽约那种城市城区集中供热的方式,而是由各个建筑自己安装锅炉进行集中热水及蒸汽供应、分散供暖。这样的设置非常灵活,便于控制,也减少集中供热所带来的热损耗,非常适合当时上海的实际情况。当然一个重要原因是上海工部局的主要官员都来自英国,受到英国的影响较大[4]。

我国大规模的城镇供热是新中国成立以后才发展起来的。第一个五年计划中,因为新兴工业区发展的需要,在苏联援助下,北京、兰州、太原、吉林、哈尔滨等城市建设了一批热电厂,主要面向工厂的工艺生产需要,同时也向住宅区供应生活用热。随着1955年"秦岭—淮河"供暖补贴费的发放线的划定,使得界线以北地区享受福利供暖,界线以南地区不允许供暖。同年,原建筑工程部设计总局制定的国内第一部统一的民用建筑设计指标将这种人为的界线用技术标准的形式固化下来。从此,在我国北方地区城区供热得到很大发展。到2013年,我国集中供热的建筑面积已达57.2亿m^2。与发达国家一样,我国是在20世纪90年代伴随着大规模城市开发,而逐渐发展起区域供冷供热。其中规模最大的当属广州大学城,装机量10.6万冷吨（Rt）,为350万m^2建筑供冷供热。但我国区域供冷供热没有很好的统计,没有人能说清到底有多少"家底"。

12.1.2　三代分布式能源系统

国际上对分布式能源一直没有统一的定义,表12-3列出国际上主要能源机构所分别给出的定义。

第12章 城区能源系统和分布式能源

分布式能源的各种定义　　　　　表 12-3

美国能源部（DOE）	Distributed Power（DP）： 产生或储存电能的系统，通常位于用户附近，包括生物能发电、燃气轮机、太阳能发电和光伏电池、燃料电池、风能发电、微型燃气轮机、内燃机以及存储控制的技术。分布式能源可以连接电网，也可以独立工作。区别于大型集中式电站，分布式能源系统一般的容量从小于 1kW 到几十兆瓦不等
美国能源部（DOE）	Distributed Energy Resources（DER）： 指的是一系列小型的、模块化的、产生电能的技术，容量范围从几千瓦到 50MW，包含许多供应侧和用户侧的技术，一般位于需要能源的地点或附近
美国电力研究院（EPRI）	Distributed Energy Resources（DER）： 小型的能量产生及存储系统，一般在用户或配电站附近，单个设备的容量在 20MW 以下，总容量 1kW~50MW，可采用供应侧及用户侧的管理技术
美国燃气协会（AGA）	Distributed Generation（DG）： 小型电能发生设备，建在用户附近或公共电网的变电站附近，它包括多种技术：燃气轮机、内燃机、燃料电池、微型燃气轮机、风力发电和光伏电池
欧洲推进热电联产协会	Distributed Generation（DG）： 由一切连接分布式电网、拥有用户侧计量的发电装置组成，主要是可再生能源系统和热电联产系统，一般单个装置发电量不超过 10MW
国际能源机构（IEA）	Distributed Generation（DG）： 服务于当地用户或支持电网的发电站，与公共电网以传输电压进行连接。主要采用的技术是内燃机、小型或微型燃气轮机、燃料电池和光伏电池系统。由于风力发电场一般不面向当地用户需要，因此不包括这项技术 Distributed Power（DP）： 将 DG 加上能量储存技术，比如飞轮、大型再生燃料电池和空气压缩存储 Distributed Energy Resources（DER）： DG 加上需求侧管理

资料来源：吴大为，王如竹，分布式能源定义及其与冷热电联产关系的探讨。制冷与空调，2005 年第 5 卷第 5 期。

由此可见，分布式能源有几个关键词，即"分布式"、"发电"、"热电联产"。因此，可将分布式能源归结为如下的内涵：分布式能源是一系列小规模的模块化发电装置，在接近消费者的地点提供电力和热能。它们包括化石能源和可再生能源技术（例如，太阳能光伏阵列、风力涡轮机、微型燃气轮机、往复式发动机、燃料电池和汽轮机）；能量存储装置（例如，电池和蓄热装置）；以及热电联产系统。

所谓"分布式"，是相对传统的集中式供能的能源系统而言的，传统的集中式供能系统（例如大型电厂、城市集中供热等）采用大容量设备、大集中生产，通过专门的输送设施（大电网、大热网等）将能量输送给较大范围内的众多用户。这就带来一系列问题：

（1）大型输电网极易成为敌对势力和恐怖分子的袭击目标。例如，1999 年美国轰炸南斯拉夫，就利用投放"石墨丝炸弹"使贝尔格莱德的供电网陷入瘫痪。

（2）大型输电网极易遭受自然灾害的侵害。例如 2008 年中国发生的大范围低温、雨雪、冰冻等自然灾害，冰凌压垮输电网，造成湖南郴州等城市断电。

（3）由于大型网络难以平衡负荷，造成在炎夏由于大量使用空调而带来的冲击性负荷，甚至造成电网不堪重负而崩溃。例如美国加州、纽约市，以及印度北部，都经历过因电网过载而带来的大停电。

（4）由于输送距离长，造成线网和管网的能源消耗和损失。为了延长输送距离，不得不提高能源品位，例如用特高压输电和用高压蒸汽供热。而为了满足用户需求，在用户端要降温降压，造成大量可用能量的损失。

(5) 远离城市的大型火力发电厂，无法将发电余热输送到城市而只能放空；靠近城市的热电厂，又由于热、电负荷的不匹配，夏季只能将余热放空、冬季为了多制热又不得不牺牲发电效率。

(6) 目前国内多数火力发电厂和集中供热锅炉房还是以燃煤为主，是造成各地空气污染和雾霾的主要原因之一。

(7) 由于集中式能源系统的电厂规模大，无法利用低能量密度的可再生能源。例如 1 座 30 万 kW 的发电厂如果改成光伏发电，大约需要 3km² 的光伏板面积。

从图 12-1 和图 12-2 可以看出，在传统电厂的基础上发展起来的热电联产（Cogeneration，或 Combined Heating & Power，CHP），由于回收了一部分电厂排热，并通过热网输送给用户，从而大大提高了一次能源效率。

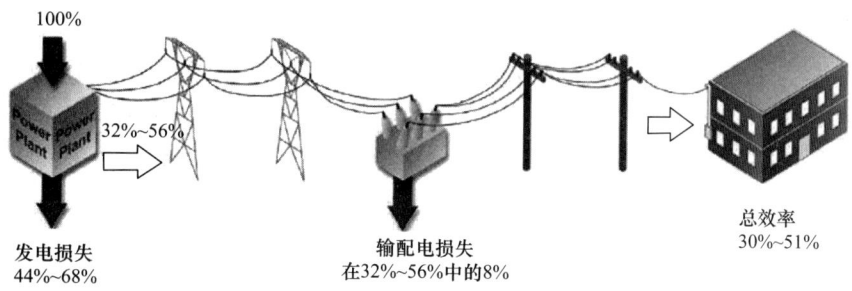

图 12-1 大型火力发电厂的一次能源效率

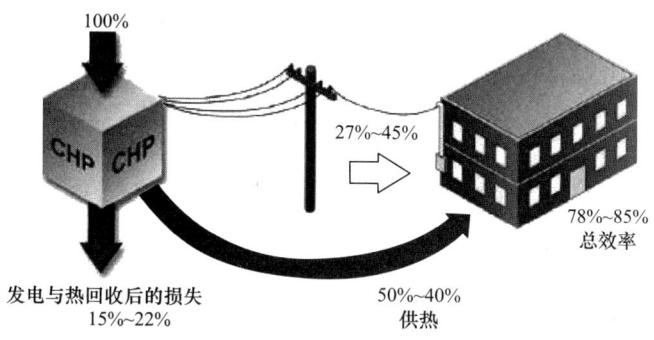

图 12-2 分布式能源热电联产的一次能源效率

热电联产按其供热规模的大小，又可分为：

(1) 大型城区热电联产（District Heating and Power，DHP）即由大型热电厂向城镇范围供应蒸汽或高温热水。由于大型电厂的输电线路都是城区间（甚至全国和国际）联网的，所以很难区分出其供电半径，其发电能力都在 100MW 以上。

(2) 小型城区热电联产或热电冷联产（District Cooling Heating & Power，DCHP）一般由中小型热电联产机组向一个城区（如住宅区、工业商业建筑群或大学校园）供应蒸汽或高温水用于工艺或供暖。有时在热电站直接利用热能，通过吸收式制冷机产生空调冷水、通过余热锅炉产生低温（<100℃）热水、或用直燃型吸收式冷热水机组同时产生冷水和热水，再通过管网供应给用户，其电力上网或并网。发电能力在 10MW 以下。

(3) 建筑（楼宇）冷热电联产（Building Cooling Heating & Power，BCHP）一般以

小型或者微型热电联产机组,加上直燃机、吸收式制冷机或余热锅炉,直接向建筑物(或小规模建筑群)内供电、供冷、供热(包括供应生活热水)。其发电能力用于住宅的从10kW(或以下)级到100kW级,用于大型楼宇的也有1MW(或以上)级。BCHP有时又被称为三联供(Trigeneration)或四联供。

由于DCHP和BCHP设备规模小,靠近负荷,因此被归入"分布式能源"或"分布式发电"范畴。国家发展改革委2013年7月颁发的《分布式发电管理暂行办法》中指出:所谓分布式发电,是指"在用户所在场地或附近建设安装、运行方式以用户端自发自用为主、多余电量上网,且在配电网系统平衡调节为特征的发电设施或有电力输出的能量综合梯级利用多联供设施"[5]。因此,利用可再生能源和清洁能源(太阳能光伏、风光互补发电系统、太阳能热电联产PVT系统、小水电、生物质热电联产和天然气热电联产)的现场发电系统(On-site Generation),都可以归为分布式能源系统。

分布式能源系统直接面向用户,按用户的需求就地生产并供应能量,能够将热、电都充分利用,能够集成应用多种能源,能够执行更严格的排放标准,能够提高能源安全。因此,分布式能源技术有较高的综合能源效率,而且能利用天然气等清洁能源和可再生能源替代化石燃料。作为一项主要的节能减排技术,近年来在国际上得到迅速发展。

根据美国咨询机构Navigant Research的研究,将分布式能源系统归结为:
(1) 小于1MW的太阳能光伏;
(2) 小于500kW的小型风力发电;
(3) 固定式燃料电池;
(4) 小于6MW的天然气发电机组;
(5) 小于6MW的柴油发电机组。

2014年全球分布式能源全年总装机量为87.3GWe,预计到2023年的全年总装机量将达到165.5GWe。10年间全球累计装机量将达到1.2TWe(见图12-3)。而全世界分布式能源的市场价值将从2014年的970亿美元增长到2023年的1820亿美元[6]。

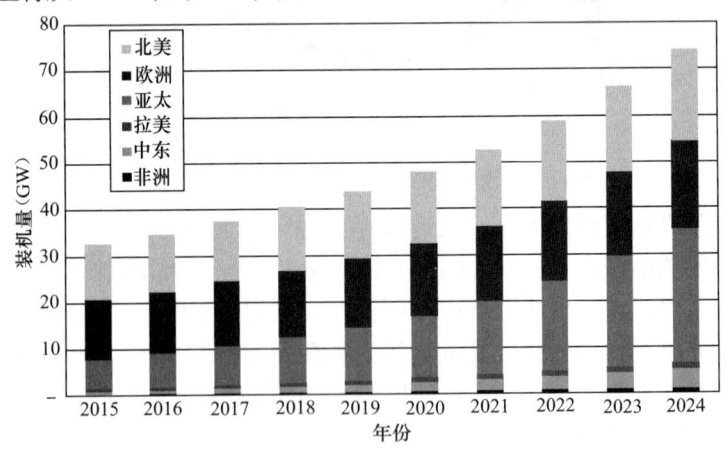

图 12-3　2015~2024年全球商业化建筑CHP的装机量预测❶

资料来源:Navigant Research, Combined Heat and Power for Commercial Buildings. https://www.navigantresearch.com/wp-assets/brochures/CCHP-15-Brochure.pdf。

---

❶ 彩图见本书附录1。

1900年前后，欧美国家处于城镇化初期，城市规模和电厂规模都不大，是分布式发电的雏形，美国纽约1882年的第一所电厂设在珍珠街，在发电的同时也利用电厂锅炉供热。到1940年前后，美国的城市扩张，制造业迅速发展，原有小规模电厂供电能力不够，所处位置也渐渐被新建城市建筑群包围。因此，发电厂逐渐迁出城市，从接近用户转变为接近源头，如煤矿"坑口"的大型电厂。

到了20世纪80年代，在发达国家有几个因素推动了分布式能源热电联产的发展：

（1）城市的不断扩张使电力的需求持续增长，供电能力需要扩充；

（2）服务业成为经济的支柱，形成昼夜电力需求巨大的峰谷差，电网需要调峰电源；

（3）建筑空调和供暖成为都市化地区主要能源需求，城市主要负荷不再是传统重化工业的工艺能耗；

（4）大规模城市开发项目，需要有稳定可靠的建筑能源供应；

（5）天然气取代煤和石油，成为发达国家主要的化石燃料，分布式能源燃气热电联产是天然气利用的首选技术；

（6）电力市场的开放（Deregulation）使得各种民间资本进入城市公用事业领域，同时电力公司进入城市供热领域；

（7）20世纪70年代的能源危机迫使发达国家提高能效，分布式能源热电联产的一次能源综合效率提高到70%以上，几乎比当时的电厂能效高1倍。

国际上从20世纪80年代开始发展分布式能源，在靠近负荷的地点建立热电厂，并同时利用发电余热为城区供热。在欧洲，热电联产主要用于城市集中供热，规模数百兆瓦。为了利用夏季供热量，也有将吸收式制冷机组加入到供热系统中形成城区供热供冷系统。美国热电联产系统供应蒸汽，分布式能源系统很大比例用于大学校园，因此冷热负荷比较均衡，就有了热电冷三联供系统。日本分布式能源主要用于园区或大型楼宇，规模在50MW以下，规划中就考虑了供冷。

我国在天然气热电联产（CHP）领域有很长的发展历史，第一个五年计划期间在苏联的援助下，我国兴建了一批重工业工厂，很多带有自备热电厂。2006年我国CHP装机量仅次于美国位居世界第二位，主要以北方城市的热电厂为主。到2015年，我国热电联产装机规模规划达到250GW，占火电装机规划的32%～35%。

但热电联产并不等于分布式能源。我国热电厂普遍规模大、装机量也大，很多是200～300MW级的抽凝机组，供热半径达10～20km，因此不具备分布式能源的特点。从20世纪90年代开始，国家就发布一系列鼓励发展天然气热电联产分布式能源的政策。国务院印发的《能源发展"十二五"规划》首次专辟一节提出大力发展分布式能源，要求到2015年建成1000个左右天然气分布式能源项目。但到2014年末，实际只实施了约150个项目，据统计，截至2014年年底，我国已建和在建天然气分布式能源项目装机容量为3.8GW。其中已建成项目82个，在建项目22个，筹建项目53个[7]。

国内发展分布式能源的主要瓶颈在于：

（1）投资大。光伏板和燃气发电机组的初投资都很高。光伏系统初投资约在8000元/kW，燃气热电联产系统约在15000元/kW（原动机主要靠进口），都要高于火力发电厂的投资。

（2）天然气价格与电力价格倒挂。我国大多数城市天然气价格已到3～4元/m³，折合电力价格（不考虑热利用）要1元/kWh左右。而电力价格，尤其是适合分布式能源发展的学校校园一般都是按照居民电价收费，在上海地区仅0.61元/kWh。电力上网收购电价是按照脱硫燃煤上网电价（0.47元/kWh）确定的，部分城市为鼓励分布式能源发展，再给予0.30元/kWh左右的补贴，还是无法弥补成本。

（3）电力上网困难，存在种种技术的和行政的壁垒。立项审批和电网经营出自同一家电网公司，并受到电力法保护。

（4）沿袭大集中的发电厂规划思路和从顶到底的系统配置原则，高估负荷、超量配置、高能级供电供冷供热。以供冷供热为目的的分布式能源的综合能效还不及燃气锅炉。

（5）在我国城市规划体系中，缺少从底到顶的需求侧能源规划环节。分布式能源系统的城市基础设施地位不明确。导致分布式能源在用地、投资、税收、价格等方面的一系列相关政策缺位。

（6）部分实施企业（尤其是国有企业）存在着系统求大求全、设备买贵不买对、技术华而不实、只求绿色称号不求节能绩效等经营误区，造成严重的浪费。

随着能源和电力体制改革，这些障碍正逐渐被克服。但已经完成的分布式能源项目整体效益不高确是实实在在的问题。存在"三个不多"现象，即实现节能减排目标的不多；有投资回报和经济效益的不多；实现多能源集成的不多。这反映了从指导思想到技术路线上，都存在很多误区。这也是本书后面的章节试图加以解决的问题。

我国已经进入快速城镇化和经济转型的新常态，在气候变化和能源紧缺的双重压力下，分布式能源应转向多种能源资源（包括天然气、页岩气、煤制气、生物质油气、太阳能光伏光热、小型水电、小型风电、地热能、未利用能等），成为节能减排的重要技术措施。系统规模更小，资源更分散。同时用户端更趋节能。

现在的时代是"互联网＋"的时代，有了互联网、物联网、云技术、储能技术、大数据、智能电网以及先进的能源管理技术等条件。美国经济学家杰瑞米·里夫金在他的《第三次工业革命》著作中指出，将要经历的第三次工业革命是分布式新能源技术和分布式通信技术的结合和驱动。能源供给模式呈现出从集中到分散的演变趋势，资源和生产单位的地理分布从特定城区扩展到无处不在，供给主体从少数能源巨头转变为家庭和个人，大规模集约生产方式模式演化为无数微小单位的集成，里夫金甚至认为"传输方式由若干远距离超大电网的单向供电转变为遍布全球的能源互联网共享"。

因此，可以把分布式能源的发展归结为"三代"，即：

第一代是传统的热电联产（CHP），即热电厂（Cogeneration）模式。单一燃料（煤或天然气）输入、热和电输出、单一中心能源站（热电厂模式），发电机规模在300MW以下（国内也有到500MW的），电力上网，蒸汽或高温水输出，输送半径10~20km。把这种系统称为"靠近用户"（Near the users）。

第二代是城区或楼宇的冷热电多联产（CCHP、BCHP或DCHP），即冷热电三联供（Trigeneration）模式。清洁燃料（天然气）输入、多种形式能源（热、电、冷、热水）输出、单一中心能源站，由于需要供冷，输送半径须控制在1km以下，发电机规模在50MW以下，电力并网或上网，热水和冷水输出。称之为"接近用户"（Neighboring the users）。

第三代是分布式多能源品种（可再生能源和清洁能源）发电，多种形式能源（热、电、冷、热水）输出，电力驱动热泵，以能源总线集成热源和热汇。每一幢建筑既产能也用能或蓄能，形成多个产能节点，通过能源互联网共享资源（能源微网模式），称之为"贴近用户"（Very close to the users）。

12.2 我国城区为什么要发展分布式能源？

其实本书前面的章节已经反复论证了这个命题。本节再做一个简单的归纳，体现"重要的事情说三遍"。发展分布式能源，主要是为了：

（1）满足我国高密度城镇化的需求；
（2）改变我国高碳能源结构；
（3）提高发电系统能源效率；
（4）应对建筑能源利用的不稳定需求；
（5）避免大集中系统和远距离输送带来的能量损失和㶲损失；
（6）克服可再生能源资源的空间分布与用户空间分布的不一致性；
（7）解决高密度城镇空间布局与低密度可再生能源生产之间的矛盾；
（8）解决个性化应用与集中式供应之间的矛盾；
（9）建立能源产销者（每幢建筑既是用户也是能源生产者）之间的交易平台；
（10）实现能耗总量控制目标，解决巨大的需求与资源环境容量之间的矛盾；
（11）推进城镇化基础设施的 PPP 发展模式和能源领域的市场化进程；
（12）在城市层面实现碳排放交易。

在城市能源的生产—转换—消费（P-U-C）三个环节中（见本书 2.1.3 节），分布式能源主要处于转换（U）环节，即从一次能源（天然气、生物质燃料）转换为二次能源（冷热电）。而在第三次工业革命中，分布式能源系统又担负了集成应用可再生能源和构建能源互联网（微网）的重任。

因此，分布式能源是对传统供能模式和供电体制的一个冲击。习近平总书记在 2014 年就推动能源生产和消费革命提出 5 点要求：第一，推动能源消费革命，抑制不合理能源消费。坚决控制能源消费总量，有效落实节能优先方针，把节能贯穿于经济社会发展全过程和各领域，坚定调整产业结构，高度重视城镇化节能，树立勤俭节约的消费观，加快形成能源节约型社会。第二，推动能源供给革命，建立多元供应体系。立足国内多元供应保安全，大力推进煤炭清洁高效利用，着力发展非煤能源，形成煤、油、气、核、新能源、可再生能源多轮驱动的能源供应体系，同步加强能源输配网络和储备设施建设。第三，推动能源技术革命，带动产业升级。立足我国国情，紧跟国际能源技术革命新趋势，以绿色低碳为方向，分类推动技术创新、产业创新、商业模式创新，并同其他领域高新技术紧密结合，把能源技术及其关联产业培育成带动我国产业升级的新增长点。第四，推动能源体制革命，打通能源发展快车道。坚定不移推进改革，还原能源商品属性，构建有效竞争的市场结构和市场体系，形成主要由市场决定能源价格的机制，转变政府对能源的监管方式，建立健全能源法治体系。第五，全方位加强国际合作，实现开放条件下能源安全。在主要立足国内的前提条件下，在能源生产和消费革命所涉及的各个方面加强国际合作，有效利用国际资源。分布式能源的建设，正是能源革命的重要举措。

在绿色生态城区的能源系统中应用分布式能源有四种形式：第一种是热电（冷）联产系统，第二种是利用可再生能源的分布式供电系统，第三种是以热泵为核心技术的低品位"未利用能源"（untapped energy）的应用系统，第四种是上述系统的综合。

本章参考文献

[1] 龙惟定等. 低碳城市的城区建筑能源规划. 北京：中国建筑工业出版社，2011.
[2] http://www.empower.ae/php/what-is-district-cooling.php?id=2.
[3] 日本热供给事业协会，http://www.jdhc.or.jp/.
[4] 蒲仪军. 被改变的习俗—上海近代建筑采暖历史溯源. 建筑学报，2014，11.
[5] 发展改革委关于印发《分布式发电管理暂行办法》的通知（发改能源〔2013〕1381号），2013年7月18日.
[6] http://energy-l.iisd.org/news/navigant-research-forecasts-distributed-power-generation-growth/.
[7] 微信公众号能源圈，关于分布式能源，值得思考的10个结论，2016-02-26.

第13章 绿色生态城区的能源微网

13.1 能源互联网概念

互联网是 ICT 技术（即信息和通信技术）发展中的重要里程碑。互联网的一个重要特点是可以将地理位置不同和功能不同的计算机系统互联，通过网络软件（网络通信协议、信息交换方式和网络操作系统等）实现网络中的资源共享和信息传递。它的功能主要表现在两个方面：一是实现资源共享（包括硬件资源和软件资源的共享）；二是在用户之间交换信息。

本书 2.1.1 节中曾经指出困扰城市中可再生能源利用的几个问题：低能量密度的生产与高密度使用之间的矛盾；可再生能源资源分布与城市空间分布之间的矛盾；可再生能源生产的波动性与负荷变动之间的矛盾；可再生能源生产和应用的高度分散性与能源供应机制的高度集中性之间的矛盾。

随着 ICT 和互联网的快速发展，逐渐形成一种以现场发电为核心、分布式热电联产和可再生能源为主要产能装置、依托实时高速的双向信息数据交互技术的"能源互联网"架构。传统的以供应侧为主导的能源供给模式将被彻底颠覆，处于能源互联网中的各个参与主体都既是"生产者"，又是"消费者"，能源系统的互联、多种资源的共享、效率利益的分享成为能源互联网的核心价值观。

有人认为，"互联网+"或"能源互联网"只不过是炒概念；也有人认为，能源互联网只不过是将计算机和互联网技术用于能源的生产经营和管理而已；更有人认为，不是已经有庞大的电力输配电网络，而且这些电线网络不也连接了千家万户吗？还要再搞什么"互联网"呢？

能源互联网和"电线互联网"有着本质的差别。能源互联网作为一种新经济形态，其基本内涵包括：①由化石能源向可再生能源转变；②分布式电源的接入；③储能的接入；④利用互联网技术改造电力系统；⑤新能源汽车的大规模使用与接入；⑥能源消费的智能化[1]；⑦双向能源管理和能源交易。

美国经济学家 Jeremy Rifkin 在他的著作《第三次工业革命》中提出第三次工业革命的五大支柱：①利用可再生能源；②每一栋建筑都成为微型发电厂；③在建筑及基础设施中使用储能技术；④利用能源互联网技术将分散的分布式能源系统转化为共享网络；⑤运输工具转向插电式以及燃料电池动力车。

这两种提法都表明：①能源互联网实现个体的自由接入和大众的对等分享，在能源互联网上，生产和消费往往都是由微小而分散的单元所完成的，消费者并不关心用的电力是来自大型电厂还是来自邻家屋顶的光伏系统。大电厂和小光伏都只是能源互联网中的一个节点，没有排斥只有优化。②所谓"网"只是提供一个互联的平台，在遵循一定游戏规则（例如网络协议、交易规则、诚信体系、法律法规）的前提下，网络是完全开放的。就像电商平台,无数买家和卖家通过平台直接进行交易。③能源互联网是扁平化管理,用户对能源品种(是否绿电)和能源价格有充分的选择,对自己生产的电力也有充分的处置权。这些显然与大电网的垄断性经营和垂直化管理的理念有很大的区别。

图13-1中显示出的能源互联网架构,主要是城区级(Community)的微网。

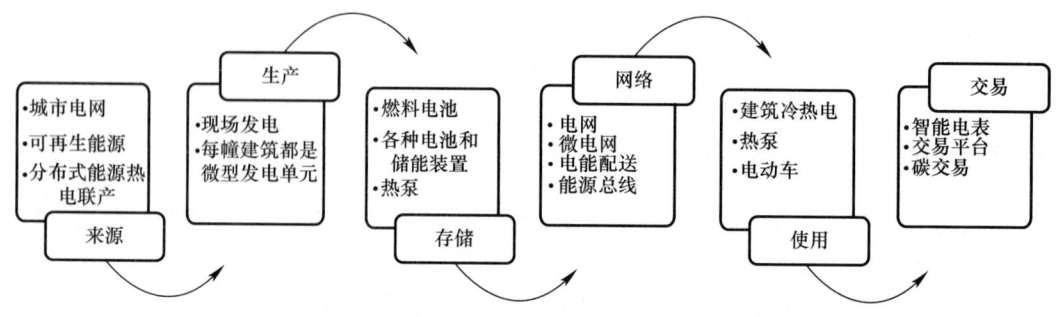

图13-1 能源互联网各个环节

能源互联网带来的最大变革就是打破长期以来能源的垄断格局。图13-2清楚地表明,在以前的能源体制下,厂网合一,电力系统是一级行政机构,带有浓厚的计划经济色彩。20世纪80年代的第一轮电改中,发电环节有所开放,但继续维持了输配电国家调控。2002年启动的第二轮电力体制改革中,发电侧形成了五大发电集团、其他国有发电企业、地方电力集团、民营及外资共存的竞争格局。然而,电力法中规定"一个供电营业区内只设立一个供电营业机构",这一条款在2015年的电力法修订中仍然保留。因此,这就保证了输电环节的垄断属性。输配电环节的改革进展缓慢,按城区拆分电网并没有改变输电环节的实际垄断状况,形成国家电网在发电侧的买方垄断、在用电侧的卖方垄断这一"双头垄断"地位。在千千万万用户(C,Consumer)看来,能源的生产和输送就是一个不可动摇的巨无霸。电力的来源、电力是否"绿色"、电力的定价、阶梯电价多收电费的去向等,对用户都是不透明的,用户没有选择。

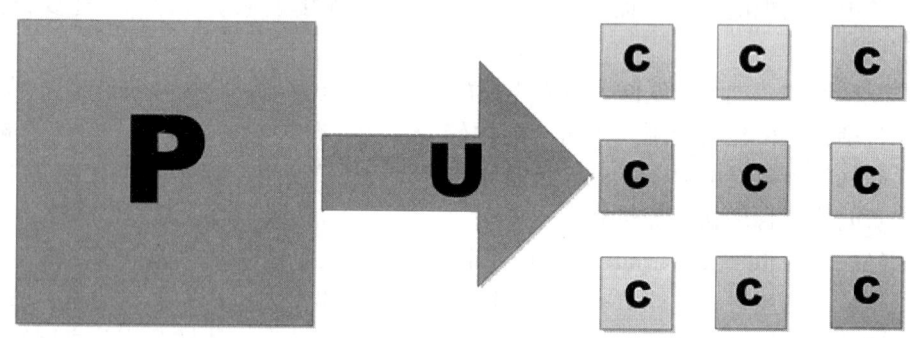

图13-2 旧能源供求关系下的城市能源系统结构

2015年3月,中共中央和国务院颁布了《关于进一步深化电力体制改革的若干意见》(中发〔2015〕9号),拉开了第三轮电力体制改革的序幕。新一轮电改除了继续强调电价市场化方向外,提出了分布式电源及新能源并网、向社会资本开放售电业务、建立独立电力交易机构等新举措,输配电环节则作为公共事业收取适当的过网费用[2]。提出"积极发展分布式电源"的任务。并指出"分布式电源主要采用'自发自用、余量上网、电网调节'的运营模式,在确保安全的前提下,积极发展融合先进储能技术、信息技术的微电网和智能电网技术,提高系统消纳能力和能源利用效率"。这些都为分布式能源和能源互联网的发展提供了前所未有的政策环境。所以,发展能源互联网和能源微网,是今后需求侧能源规划中的一项重要工作。

在信息互联网里,人们更多地关心信息的及时性、可靠性,并不会去关心信息来自于一台手机还是一台巨型计算机,所有的网络节点都是平等的,都有权力提供和分享信息。因此,今后能源互联网也是这样一种模式,每个用户都可能既是生产者也是消费者(即P+C),此时电网成为交互和交易的平台,实现P2C、C2C或P2P的能源分享(见图13-3)。这种情景很像电子商务中的淘宝网,卖衣服的电商会到别的电商那里买食品,卖食品的电商会到别的电商那里买衣服。

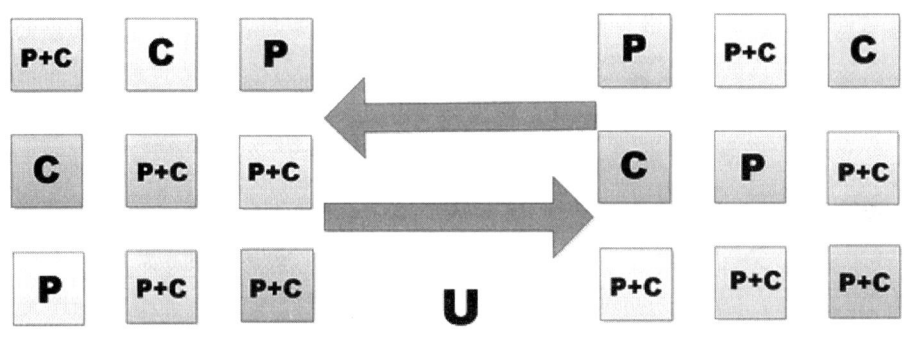

图13-3 互联网机制下的城市能源系统结构

《第三次工业革命》一书的作者杰里米·里夫金(Jeremy Rifkin)在他的新作《零边际成本社会》中写道:"在接下来的几十年里,不管是为住房供暖、运行电器、为办公场所提供电力、驱动车辆,还是经营全球经济,我们在社会和生活中所使用的大部分能源的边际成本都将接近于零"。这恐怕是能源互联网带给人们最大好处。能源互联网将过去由垄断企业独享的利益拿出来供人们分享。而在互联网+时代,电力公司必将转型成为能源服务公司。

13.2　绿色生态城区的能源微网结构[3]

能源互联网的前身是智能电网(Smart grid)。所谓智能电网,是现代化的电力网,利用信息和通信技术(ICT),收集和处理供应侧和需求侧的信息,自动提高电力生产和输配的效率、可靠性、经济性和可持续性[4]。即智能电网是传统电力网与现代信息网的两网融合。正因为能源互联网派生自智能电网,所以也造成了一个错觉,即能源互联网就是电力互联网。因为电力传输具备低损耗和双向可能性的特质,所以能源互联网也把电网作为其主干网。这在城市、地区,甚至跨国层面都没有问题。而在城区尺度,则还要增加承担供冷供热功能的智能热力网(Smart Thermal Grid),成为电力网、信息网和热力网的三网融合。在低碳生态城区层面,要构建的是一种能源微网,即综合了电力系统、热力系统和信息系统的能源互联网。由于热力系统输运损耗大、距离不能过长、输送速度低、双向传输难度大,所以需要做更细致的研究,充分利用能源互联网的优势。

城区能源微网有三个层次（见图13-4）：

（1）核心层：以光伏、小型风电、燃料电池、利用天然气或生物质气的小微型热电联产系统等现场发电（On Site Generation）系统为核心。这些现场发电系统，可以集中在一个或多个能源站内，也可以分散在各幢建筑中。

（2）框架层：以连接核心层各种发电装置的微电网、分布式热泵、集成各种低品位热源/热汇的能源总线、蓄冷蓄热和储电设施为框架。核心层、框架层和用户之间，热泵作为重要的联系纽带。能源总线所集成的热源/热汇可以是太阳能、土壤、地表水、污水，也可以是冷却塔和空气换热，即所谓低品位的可再生热源或未利用能源（Untapped Energy），国外也有将其称为"炯网"（Anergy Grid）。

（3）管理层：以网络技术、物联网技术、云技术等信息通信技术为支撑，对城区能源系统进行双向管理，这种管理本质上是一种能源服务。

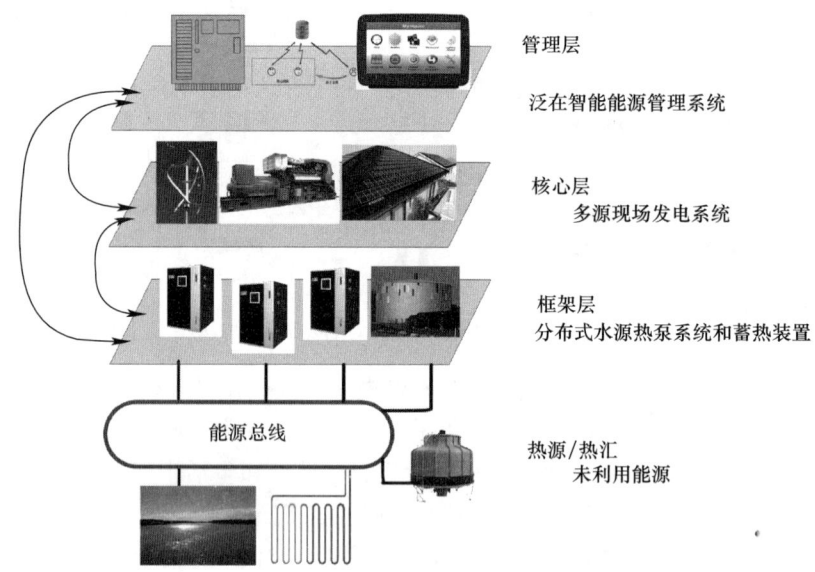

图13-4 城区能源微网的三个层次示意图

绿色生态城区能源系统的主要技术目标就是两个"提高"：①提高高品位化石能源的利用效率，实现梯级利用；②提高低品位可再生能源（热源）的使用率，即来自可再生能源的有效能在城区负荷中的占比。利用能源微网，可以实现这两个目标。

利用可再生能源和清洁能源的现场发电，是绿色生态城区能源系统的核心。但现场发电存在两个不确定因素：

（1）不稳定性，特别是供应（发电）与需求（负荷）的不匹配，表现在时间上的不匹配与功率上的不匹配。光伏、小型风力的发电发电高峰时段与建筑电力需求的高峰时段是不同时的（见图13-5）。

（2）发电与供热的不同步：燃气热电联产效率高的重要原因是系统在发电的同时所产生的热量可以用来供热。但是，在一个城区有限的范围内，几乎不可能同步地将这些电能和热能完全利用。用户的需求随季节、气候、昼夜、建筑功能等诸多因素变化，而热电联产设备一经选定，其正常运行时的热电比是有一定范围的，所以总是会有富余的电能或热能。

13.2 绿色生态城区的能源微网结构

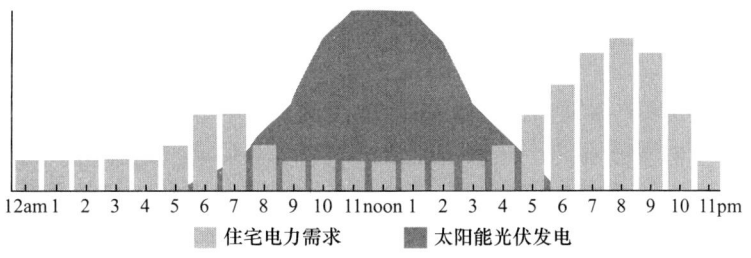

图 13-5 现场发电与电力需求的不同步

所以，在以电力为主体的能源微网中，必须考虑能量的储存。如何通过蓄能使负荷平准化、协调供应和需求，是智能电网中的重点技术，称为"智能电网备份"（Smart Grid Ready）技术。通过蓄能系统，使能源的生产和使用脱钩，确保供需平衡[5]。研究中的"备份"办法有很多，例如用燃料电池、用电动汽车蓄电池等，当然，大电网也是能源微网最可靠的"备份"。

从表 13-1 可以看出，将发电高峰和用热低谷时的电力驱动热泵蓄热，在发电低谷和用热高峰时使用，是成本最低的间接蓄电技术，称为"电网交互式蓄热"（Grid-interactive Electric Thermal Storage，GETS）。因此，热泵蓄热成为智能电网的重要组成部分。被称为"Smart Grid Ready Heat Pump"，即智能电网备份热泵（SGRHP）。它可以是集中在能源中心的大型热泵和蓄热水池，也可以是分散到各个用户的小型热泵或热泵热水器。电力系统和热力系统的物理特性互补性强。电力系统中能量相对容易传输但较难存储，而热力系统中能量较易存储但较难传输。电力系统的传输性能使得其在能源的大空间范围输送和优化配置上具有天然的优势；而热力系统中建筑围护结构和输配管网都具备一定的天然蓄热特性，相对于电力系统而言是一个惯性很大的系统[6]。因此，在城区层面的能源微网中，电能这种能量形式主要用于能量传输，而热能需求是终端能源消耗的最主要部分。

智能电网蓄能成本比较　　　　表 13-1

蓄能技术	成本	
	美元/kWh	美元/kW
电网交互式蓄热（GETS）	30~60	100~200
地面压缩空气蓄能（CAES）	200~250	700~800
锌溴电池	280~450	425~1300
铅酸电池	330~480	420~660
钠硫电池	350~400	450~550
飞轮	1340~1570	3360~3920

资料来源：美国电力研究院 EPRI。

SGRHP 可以有几种形式：

（1）直供电分布式热泵。即核心层发电系统中，热电联产安装在中心能源站，城区各建筑安装的光伏等可再生能源发电系统联网，配电系统也安装在中心能源站，通过电网向分散在各子城区、街区、紧邻建筑，甚至在建筑内部安装的热泵供电，热泵向建筑供冷供热，负荷低谷时蓄冷蓄热，热泵及蓄冷蓄热的容量只考虑供应对象的负荷。热泵的热源/

17

热汇由能源总线提供，能源总线汇集整个城区内的可再生低品位热源。

（2）同（1）的形式。但热泵的热源/热汇是在就近获取，多用空气源热泵或热源塔。

（3）热泵与热电联产装置在同一机房，即"能源中心"模式。电力驱动热泵，通过供冷供热管网向整个城区供能。热泵的热源/热汇多半采用空气源或热源塔，当然能源中心附近如有充裕的地表水源或大面积土地供土壤源热泵埋管，或附近有工业余热可利用则最好。

三种方式中，第一种方式是热电联产装置在中心能源站，直接供电给贴近建筑的分布式热泵机组，而安装在各幢建筑屋面的光伏都连接到城区电网中参与供电，热泵机组向建筑供冷供热，在低谷时蓄冷蓄热，热泵机组的热源/热汇来自于能源总线，即低品位可再生热源（未利用能源，Untapped energy）。这种方式充分利用了电能传输的优势，尽量缩短了热力管网输送距离，特别是将供冷管网输送半径控制在 400m 以下，转而用能源总线输送对热损失不那么敏感的热源/热汇水，系统总体能效非常高。缺点是因为要按单栋建筑的负荷选择热泵，所以总的热泵装机量会比较高，初投资比较大。因为设备分散，对管理维护都提出了更高要求，必须要有先进的能源管理系统，实现设备无人值守。

第二种方式省去能源总线和未利用能源的投资，但系统能源效率低。在寒冷、严寒地区无法提供冬季供暖，在夏热冬冷地区由于空气源热泵冬季性能下降以及频繁除霜等问题使得效率下降。近年来广泛推广的热源塔技术尚不成熟，还没有形成标准，对环境有一定影响。

第三种方式实际是"2.5 代"的分布式能源技术（见本书第 12 章）。由于电力自发自用，而且用于"四两拨千斤"式的驱动热泵、拉进未利用能源，因此比 2 代分布式能源（热电冷联供）效率高很多。其全年综合一次能源效率（在用空气源机组的前提下）可达 150% 以上。其缺点是由于采用近距离供电、远距离供热（冷）的模式，能源效率远未达到最优。

图 13-6 是第一种方式的系统示意图。需要指出的是，必须要有能源信息管理系统，才能使能源微网得以正常运行。

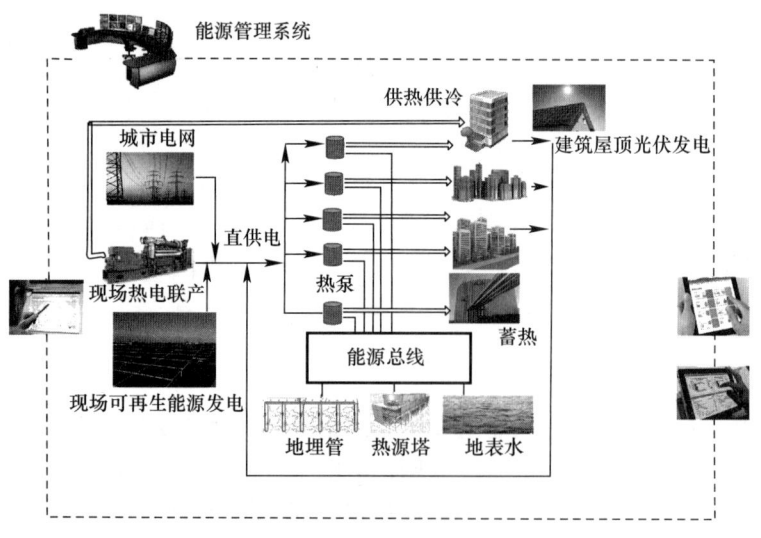

图 13-6　能源微网示意图

在城区能源微网中，还要考虑 V2G 系统。V2G 是英文"Vehicle-to-Grid"的简称，直译为"汽车到电网"技术或"电动汽车入网"技术。即当电动汽车的车载电池处于低电状态时，可由智能电网向电动汽车进行充电；当电动汽车暂停使用时，可由电动汽车向智能电网进行放电，这个过程称为电力的返销。

V2G 有三种形式[7]：

（1）混合动力或燃料电池汽车在电网高峰供电时段向电网输送电力，此时电动汽车作为分布式发电装置，其发电燃料是化石燃料、生物质燃料或氢燃料。

（2）电池驱动的电动汽车或插电式混合动力汽车在高峰负荷时段用其多余的可充电电池向电网供电，并用夜间电网便宜的低谷电力充电，起到电网蓄电作用。

（3）太阳能汽车在充满电以后用其过余电量向电网供电。此时汽车成了一座小型的可再生能源电站。

13.3　基于燃料电池的能源微网

能源微网是一种分布式供能和分散式用能相结合的能源系统模式，它集微电网、微热网、信息网三网互联，实现了产能、供能、用能、蓄能和节能相互协调统一。微网的提出，预示了电力系统离散化的发展方向，完全颠覆了传统的大集中、大统一、大规模的供能用能模式和单向管理架构[1]。如图 13-7 所示，能源微网涵盖了各种分布式能源技术，其概念广泛涉及生产层和输配层的各个环节，从高压到低压，从大规模到小规模，从分布

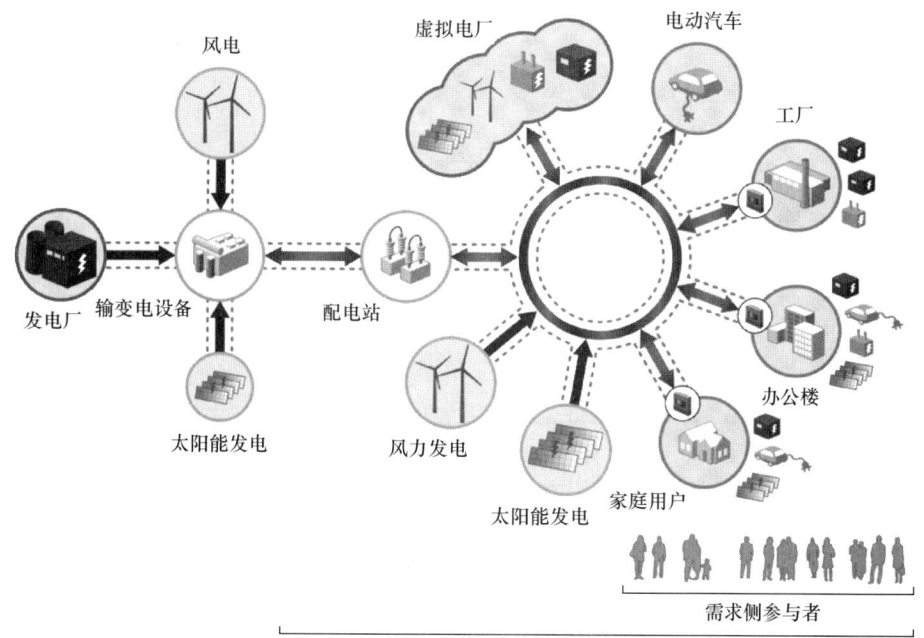

图 13-7　能源微网概念图

图片来源：http://www.eurelectric.org/media/26140/broch_10steps_lr-2011-030-0304-01-e.pdf。

式能源的远程控制到现场时控等[2]。在这种多能源供应的趋势下，输出的变化、响应时间、电力生产的间歇性等因素都将影响未来的能源网络。

燃料电池作为一种能量转换效率高、燃料选取范围广、功率密度大、安静无污染的分布式发电技术，在分布式发电和能源微网中的应用越来越广泛。本节将重点介绍基于燃料电池的能源微网技术和应用。

13.3.1　燃料电池技术简介与发展现状

燃料电池是一种将持续供给的燃料和氧化剂中的化学能连续不断地转化为电能的发电装置，其工作原理与一般电池相似，由电子导电的阴极、阳极和离子导电的电解质构成。在电极与电解质的界面上电荷载体由电子变成离子，在阳极（燃料极）进行氧化反应，燃料扩散通过阳极时失去电子而产生电流，在阴极（空气极）进行还原反应。当外部不断输送燃料和氧化剂时，燃料氧化所释放的能量也就源源不断地转化为电能和热能，其基本原理如图13-8所示。

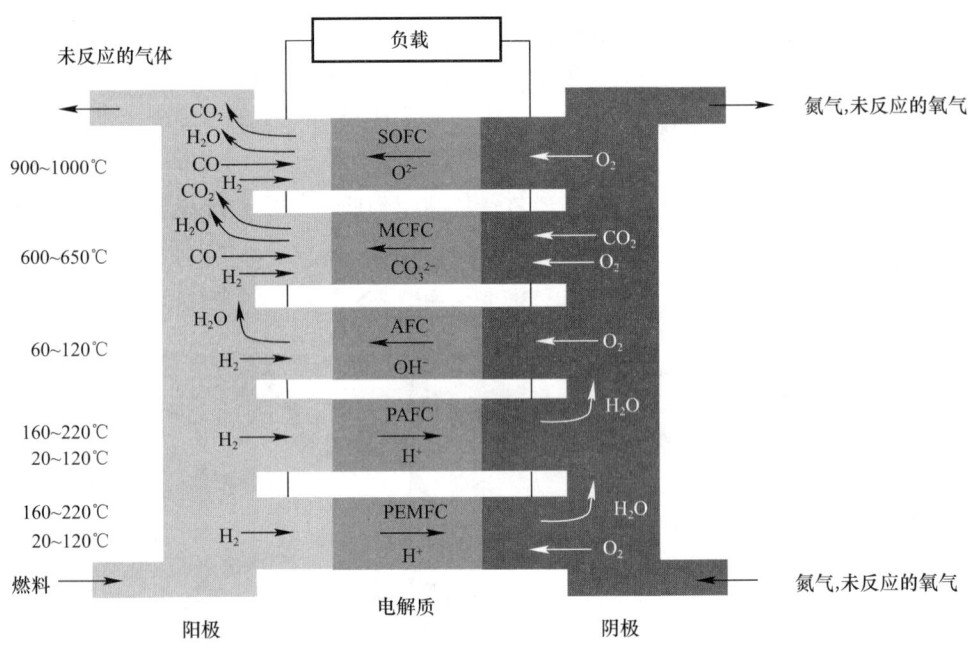

图13-8　燃料电池的工作原理

根据电解质材料的不同，燃料电池通常可以分为五大类：①碱性燃料电池（Alkaline Fuel Cell，AFC），一般以氢氧化钾为电解质；②质子交换膜燃料电池（Polymer Electrolyte Membrane Fuel Cell，PEMFC），以全氟或部分氟化的磺酸型质子交换膜为电解质；③磷酸型燃料电池（Phosphoric Acid Fuel Cell，PAFC），以浓磷酸为电解质；④熔融碳酸盐燃料电池（Molten Carbonate Fuel Cell，MCFC），以熔融的锂-钾碳酸盐或锂-钠碳酸盐为电解质；⑤固体氧化物燃料电池（Solid Oxide Fuel Cell，SOFC），以固体氧化物为氧离子导体，如以氧化钇稳定的氧化锆膜为电解质。各种燃料电池的特性和应用场合如表13-2所示。

13.3 基于燃料电池的能源微网

燃料电池技术对比   表 13-2

燃料电池种类	常见电解质	运行温度	典型容量大小	电效率	应用	优点	技术挑战
质子交换膜燃料电池（PEM）	全氟磺酸	<120℃	<1~2kW	氢燃料效率60% 改进型燃料40%	备用电源；便携式电源；分布式发电；交通运输；专用交通工具	固体电解质减少了腐蚀及电解质管理问题；运行温度低；快速启动并且负载跟随能力强	催化剂较昂贵；对燃料的杂质敏感
碱性燃料电池（AFC）	嵌在多孔基体或碱性聚合物膜的氢氧化钾	<100℃	1~100kW	60%	军用；航空；备用电源；交通运输	可选择的稳定材料范围广以致降低组件成本；运行温度低；快速启动	对燃料和空气中的二氧化碳敏感；电解液管理（水相）；电解质电导率（聚合物）
磷酸燃料电池（PAFC）	嵌在多孔基体；或吸附于聚合物膜的磷酸	150~200℃	5~400kW，100kW模块（液态PAFC）；<10kW（聚合物膜）	40%	分布式发电	适合热电联产；对燃料的杂质具有较好的容忍度	催化剂较昂贵；启动时间较长；硫敏感
熔融碳酸盐燃料电池（MCFC）	嵌在多孔基体的熔融锂，钠或碳酸钾	600~700℃	300kW~3MW，300kW模块	50%	电力设施；分布式发电	效率高；燃料灵活；适合热电联产；混合/燃气轮机循环	高温腐蚀及电池组件故障；启动时间较长；能量密度低
固体氧化物燃料电池（SOFC）	氧化锆基氧化钇	500~1000℃	1kW~2MW	60%	辅助电源；电气运用；分布式发电	效率高；燃料灵活；固态电解质；适合热电联产；混合/燃气轮机循环	高温腐蚀及电池组件故障；启动时间较长；停机数量限制

资料来源：美国能源部（DOE）。

1. 碱性燃料电池（AFC）

碱性燃料电池是最早得到实际应用的一种燃料电池，早在19世纪60年代，NASA就成功地将培根型碱性燃料电池用于阿波罗宇宙飞船上，不但为飞船提供电力，也为宇航员提供饮用水。AFC采用35%~50%的KOH作为电解液，浸在多孔石棉膜中或装载在双孔电极碱腔中，两侧分别压上多孔的阴极和阳极构成电池。电池工作温度一般在60~120℃，可在常压或加压条件下工作。现今，以纯氢、纯氧作为燃料的碱性燃料电池成功地在交通及军事等领域得到应用。比利时ZEVCO公司努力开发电动汽车用AFC电源，并装配了5kW AFC城市出租车[3]。德国西门子公司将其100kW AFC系统装载在德国海军U205潜艇上作为AIP推进系统[4]。

2. 磷酸燃料电池（PAFC）

磷酸燃料电池采用的电解液是100%的磷酸。磷酸燃料电池的工作温度一般在200℃左右。单电池的工作电压在0.8V以下，发电效率可达40%~50%，如果采用热电联供，系统效率可高达80%。和其他燃料电池相比，磷酸电池制作成本低，是目前发展得最为成熟的燃料电池,已经实现商品化,目前国际上大功率的燃料电池电站大多是使用这种燃料电池,已有许多发电能力为0.2～20MW的工作装置被安装在世界各地,为医院、学校和小型电站提供动力。美国联合技术公司UTC开发出的200kW PC25磷酸燃料电池电厂是第一个商业燃料电池电厂,在北美、南美、欧洲、亚洲和澳大利亚已经安装了超过260个这样的电厂[5]。日本的FCG-1计划先后开发了4.5MW和11MW磷酸燃料电池电站。

3. 熔融碳酸盐燃料电池（MCFC）

熔融碳酸盐燃料电池是20世纪50年代后期发展起来的一种中高温燃料电池,工作温度高至650℃左右,不需要低温电池必需的铂系催化剂,而且对燃料的纯度要求相对较低,可以在电池内重整燃料。高的工作温度加速了化学反应速度,减少了极化损失,将效率提高到55%～58%,高温度的排放气体可用来进行热电联产或与汽轮机联合循环,总效率可达70%及更高。熔融碳酸盐燃料电池目前已进入早期市场化阶段,美国能源研究公司的2MW示范电厂于1996年开始运行并已累计发电250万度。

4. 质子交换膜燃料电池（PEMFC）

PEMFC具有高功率密度、高能量转换效率、低温启动、环境友好等优点,最适宜作为电动汽车的动力源。加拿大Ballard公司在PEMFC技术上全球领先,现在已将PEMFC技术扩展到交通和固定电站领域。戴姆勒-克莱斯勒公司与Ballard公司合作,开发的质子交换膜燃料电池汽车已到了第6代。日本丰田的燃料电池车Miria于2014年12月15日上市并开始正式量产,韩国现代的ix35燃料电池车也于同年在北美开始销售。通用、福特、丰田、宝马等各大汽车制造商也都在积极推动燃料电池电动汽车的发展。我国的上汽集团于2015年推出了荣威950FuelCell插电式燃料电池车,目前实现了小批量生产。

5. 固体氧化物燃料电池（SOFC）

固体氧化物燃料电池也是一种全固体燃料电池,被称为第三代燃料电池。其电解质是复合氧化物,最常用的是氧化钇或氧化钙掺杂的氧化锆,具有效率高、出力密度大、结构简单、寿命长等优点,可用于替代大型火电。由于电解质材料YSZ需要在很高的温度下实现氧离子导电,SOFC的工作温度很高,达到1000℃左右,其废气具有较高的利用价值,可以提供天然气重整所需热量,也可以用来生产蒸汽,更可以和燃气轮机组成联合循环,非常适用于分布式发电。常压运行的小型SOFC发电效率能达到45%～50%,而高压SOFC与燃气轮机结合发电效率能达到70%以上,热电联产效率更是高达85%。目前,SOFC发电系统已经覆盖了小型电源、移动式电源、家庭用分布式电源、交通工具的（辅助）动力电源系统以及中心电站。以煤气、天然气、丙烷和生物质气等碳基燃料工作的SOFC已成功实现了示范发电[6]。

目前,燃料电池的四个主要生产国是美国、德国、日本和韩国。表13-3对上述几类燃料电池的技术成熟度、投资成本、装机容量和使用寿命等进行了对比。

各类燃料电池技术现状 表13-3

应用	功率或容量	效率	初始投资成本	寿命	成熟度
碱性燃料电池	最高250kW	~50%（HHV）	200～700美元/kW	5000～8000h	市场初期
固定式质子交换膜燃料电池	0.5～400kW	32%～49%（HHV）	3000～4000美元/kW	约60000h	市场初期
移动式质子交换膜燃料电池	80～100kW	最高60%（HHV）	~500美元/kW	小于5000h	市场初期

续表

应用	功率或容量	效率	初始投资成本	寿命	成熟度
固体氧化物燃料电池	最高 200kW	50%~70%（HHV）	3000~4000 美元/kW	最多 90000h	示范期
熔融碳酸盐燃料电池	最高 11MW	30%~40%（HHV）	4000~5000 美元/kW	30000~60000h	成熟
磷酸燃料电池	kW 至 MW 级不等	超过 60%（HHV）	4000~6000 美元/kW	20000~30000h	市场初期

资料来源：IEA，Technology Roadmap-Hydrogen and Fuel Cells，2015。

燃料电池的应用领域非常广泛，它具有常规电池的积木特性，因此既适合用于集中发电，也可用作各种规格的分散电源和可移动电源。在所有燃料电池中，碱性燃料电池（AFC）发展速度最快，主要为空间任务，包括为航天飞机提供动力和饮用水。质子交换膜燃料电池（PEMFC）已广泛作为交通动力和小型电源装置来应用。磷酸燃料电池（PAFC）作为中型电源应用进入了商业化阶段，是民用燃料电池的首选。熔融碳酸盐型燃料电池（MCFC）也已完成工业试验阶段。起步较晚的固态氧化物燃料电池（SOFC）作为发电领域最有应用前景的燃料电池，是未来大规模清洁发电站的优选对象，100kW 管式 SOFC 电站已经在荷兰运行，Siemens 和三菱重工都进行了 SOFC 发电系统的试验研究。相比之下，SOFC、MCFC 和 PEMFC 会是最有前景的技术路线。

13.3.2 固定式燃料电池应用进展

根据应用场合的不同，燃料电池可以分为固定式、移动式和便携式三类。固定式燃料电池主要包括 MCFC、SOFC、PAFC 和 PEMFC。如图 13-9 所示，2008~2013 年，移动式和便携式燃料电池的产量均有所下滑，而固定式燃料电池的装机容量和产量则大幅增长。在 2014 年初，固定式燃料电池已经在全球燃料电池市场营收中占据超过 70% 的比重。受到越来越多要求提高电网灵活度以及加速导入分布式发电技术的带动，固定式燃料电池将在未来几年内持续主导整体燃料电池市场。

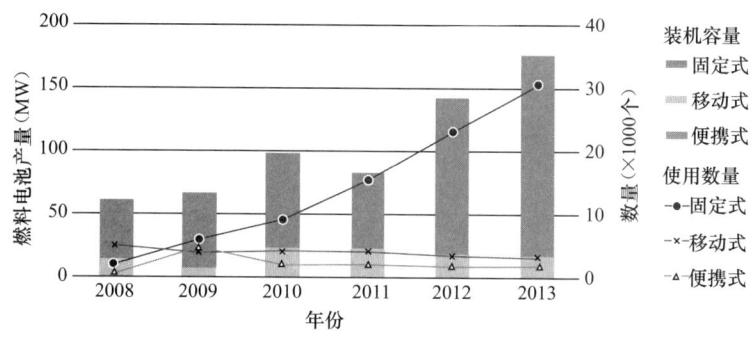

图 13-9　全球燃料电池产量逐年递增

资料来源：US DOE，2013 Fuel Cell Technologies Market Report，2014。

固定式燃料电池市场包括多种尺寸和类型，主要用于各种固定位置的电力供应，包括应用于发电站、楼宇、工程等领域的大型首要电源、备用电源或热电联产，用于家庭住宅和商业的微型热电联产，以及远程或基本应用例如电讯塔的首要或备用电源。在美国市场，美国本土的 Bloom Energy、Fuel Cell Energy、UTC Power 和加拿大的 Ballard PowerSystems 是该领域的主要生产公司。随着各国政府对清洁能源的关注，固定式燃料电池近几年的出货量不断攀升。根据市调机构 Navigant Research 预测,2014 年固定式燃料电池系统的年出货量约有 4 万台,这一市场将以 51.7%的年增长率快速成长,到 2022 年有望达到 125 万台。

在固定式燃料电池的应用中,各地区略有差别。对亚太地区而言,辅助电源是目前占比最大的应用,其他主要应用则是备用电源和热电联产,其中日本和韩国是固定式燃料电池发展最快的城区市场。而在北美地区,备用电源、热电联产和分布式发电是三类主要的应用领域。无论是在亚太地区还是在北美地区,随着家庭式热电联产的逐步普及,热电联产的应用占比都将逐步增大,并成为固定领域中的主要应用。

图 13-10 是化工企业苏威集团位于比利时安特卫普的 1MWe 质子交换膜燃料电池装置。这套氯气装置的供电设施由 168 个燃料电池堆、共计 12600 个单电池组合而成,可产生 1MW 电力和 1MW 热能,6kW 的燃料电池堆由荷兰 Nedstack 公司提供。

图 13-10　1MWe PEMFC 燃料电池组

(a) 位于安特卫普氮氯工厂的 1MW 质子交换膜燃料电池;(b) Nedstack 公司的 6kW 电池堆

图片来源:BRC,Nedstack。

由韩国浦项制铁能源有限公司 POSCO Energy 负责运营的世界最大的燃料电池发电站位于韩国京畿道生平泽市(见图 13-11)。该电站占地 5.1 英亩,装机总量为 59MW,由 21 个 2.8MW 的 MCFC 电池堆组成,不仅为当地提供电力,还负责城区供暖。燃料电池的供应商为 FuelCell Energy。据悉,首尔地区规划中的类似项目总装机量达 230MW。

图 13-11　韩国京畿道 59MW 燃料电池电站

图片来源:http://www.fuelcellenergy.com/news-resources/photo-library/。

13.3 基于燃料电池的能源微网

FuelCell Energy 目前在全球有 300MW 的燃料电池装机容量，提供从几百千瓦到数十兆瓦的燃料电池产品，为大学、医院、超市、公用设施、食品加工厂、污水处理厂等提供首要电源、热电联产和分布式发电（见图 13-12），在固定式燃料电池领域极具竞争力。

大学里的1.4MW热电联产（CHP）系统

辅助发电的15MW燃料电池站

大学里的2.8MW燃料电池电站

韩国59MW燃料电池电站（世界最大）

大学里安装的1.4MW燃料电池（夜间使用）

食品加工厂里的热电联产（CHP）系统

哈特福德医院里的1.4MW燃料电池电站

城市泵站里的1.4MW燃料电池电站

大学里的1.4MW热电联产（CHP）系统

辅助发电的11.2MW燃料电池电站

2.8MW燃料电池电站

废水处理厂的2.8MW燃料电池电站

图 13-12 不同规模的 FuelCell Energy 固定式燃料电池发电装置
图片来源：http://www.fuelcellenergy.com/news-resources/photo-library/。

Bloom Energy 的 SOFC 产品 Bloom 能源服务器（Bloom Energy Server）是固定式燃料电池应用的另一大突破。一台能源服务器虽只占一个车位的大小，但发电功率高达 200kW。截至 2014 年 8 月，Bloom 能源服务器在美国各地的累计装机容量已达 130MW。eBay 是 Bloom 能源服务器的首批客户之一，其他客户还包括谷歌、苹果、沃尔玛、联邦快递、AT&T、宜家、梦工厂以及史泰博（Staples），见图 13-13。

图 13-13 沃尔玛和联邦快递使用的 Bloom Energy Server 发电装置
图片来源：http://www.bloomenergy.com/customer-fuel-cell/fedex-distributed-energy/。

13.3.3 住宅用燃料电池热电联产技术

热电联产（CHP）系统能够同时对外输出热能和电能，能量转换效率可达85%以上。根据欧盟的规定，微型热电联产（mCHP）系统的最大电功率应不超过50kW[7]。将燃料电池与其他设备联合（储热水箱、辅助加热器等），可形成微型热电联产系统。大量研究表明，目前家用微型热电联产适用的只有质子交换膜燃料电池与固体氧化物燃料电池。

以燃料电池为核心的mCHP技术目前正处于前期商业化推广阶段（见图13-14），系统容量为0.3~25kW，电效率为35%~50%，热电联产效率可达95%，CO_2排放低至240g/kWh，寿命为6~9万h[8]。燃料电池mCHP系统响应速度快，运行模式多样，可以离网或并网工作，能够有效降低远距离输电损耗、提高输配电系统的安全性，非常符合未来多种间歇性能源混合供能的要求，可在风能和太阳能间歇的情况下持续提供能源服务，因此在能源微网中起到重要作用。

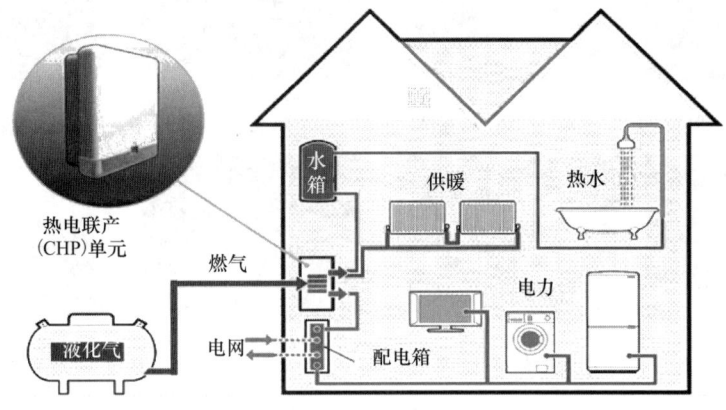

图13-14 住宅用燃料电池mCHP系统的工作原理

日本家用燃料电池mCHP技术的发展处于世界领先地位。日本在2002年开始启动家用燃料电池示范计划，2005年开始补助系统装置费用，2009年初以ENE-FARM名称正式宣布家用燃料电池进入商业化阶段，同年推出名为ENE-FARM的mCHP装置，采用PEMFC或SOFC电池堆。这些燃料电池被安装在公寓及普通住宅内，由公寓开发商选择安装与否。ENE-FARM以普通家庭已有的管道天然气为燃料，可并网或离网工作，并可根据用户对电力和热水的需求自动调节发电功率。1台额定发电功率1kW的ENE-FARM大体可以满足普通日本家庭60%的电力需求及80%的热水需求，发电效率达40%-50%，综合CHP效率达95%。产品参数详见表13-4及图13-15。

最新ENE-FARM产品性能参数　　　　　　　　表13-4

	PEFC		固体氧化物型燃料电池	
	松下	东芝	吉坤日矿日石能源	大阪燃气/爱信/调布/京瓷
制造商	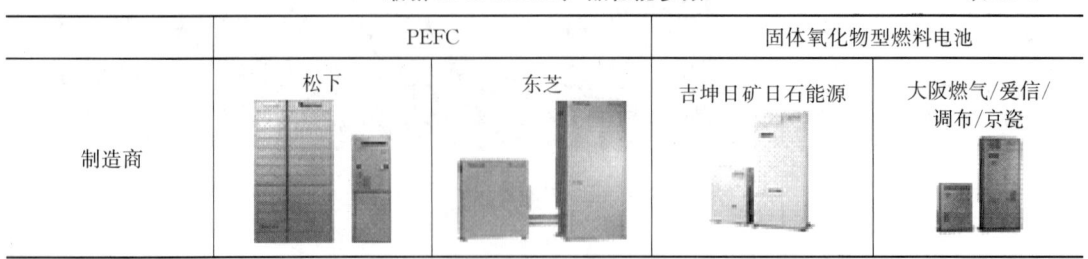			

续表

		PEFC		固体氧化物型燃料电池	
上市日期		2014年4月1日	2014年4月1日	2011年10月27日	2014年4月1日
燃料		天然气	天然气/液化石油气	天然气/液化石油气	天然气/液化石油气
额定电功率		750W	700W	750W	750W
最大效率	电效率	39.0%低热值	39%低热值（天然气）38%低热值（液化石油气）	45.0%低热值	46.5%低热值
	总效率	95%低热值	95%低热值	87%低热值	90%低热值
价格（包括税额和安装）		1900000日元	1944000日元	开放价格	2150000日元

资料来源：IEA。

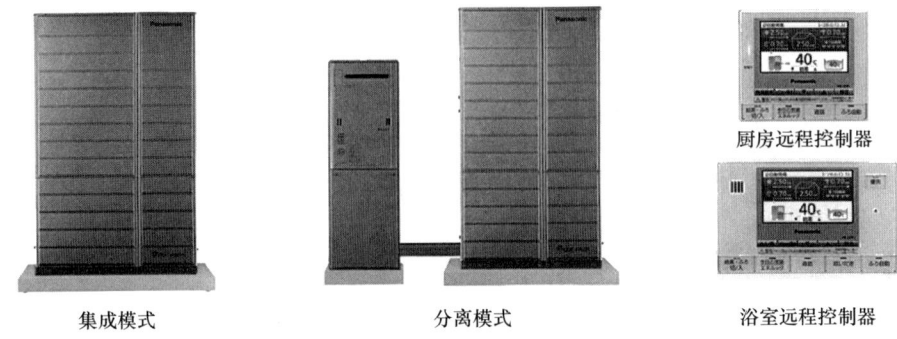

图 13-15 松下 2015 年最新 ENE-FARM 燃料电池产品

截至 2015 年 7 月，ENE-FARM 装置的销售量已超过 135000 台。一套 ENE-FARM 的成本也由 2009 年开始商业化时的 300 万～350 万日元（未扣除政府补贴 140 万日元）下降到目前不到 200 万日元。2013 年底，东京燃气和松下的最新产品建议零售价降至 199.5 万日元，扣除政府补贴后用户目前只需承担 100 万日元。2016 年政府补贴将开始退出。

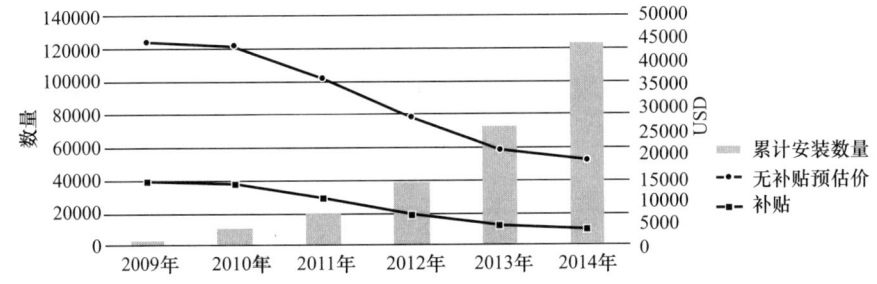

图 13-16 ENE-FARM 累计销售量、补贴和价格

资料来源：Hydrogen and Fuel Cell Strategy Council (2014), Strategic Roadmap for Hydrogen Fuel Cells;
IEA AFC IA (2014), IEA AFC IA Annex Meeting 25。

与日本的 ENE-FARM 相呼应，欧盟于 2012 年 9 月启动 ene.field 家用燃料电池 mCHP 示范项目。如图 13-17 与图 13-18 所示，该项目的主要目标是为分布在 12 个欧洲成员国的九家制造商安装 1000 套家用 mCHP 系统，参与该项目的企业、研究机构、建筑公司和政府部门共超过 30 家。

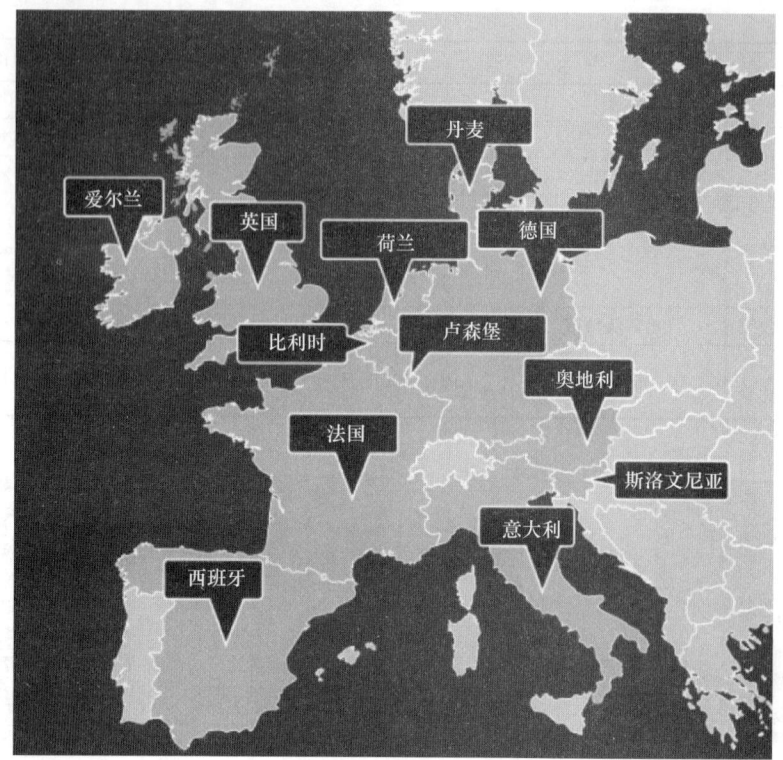

图 13-17　欧盟参与 ene.field 计划的国家分布

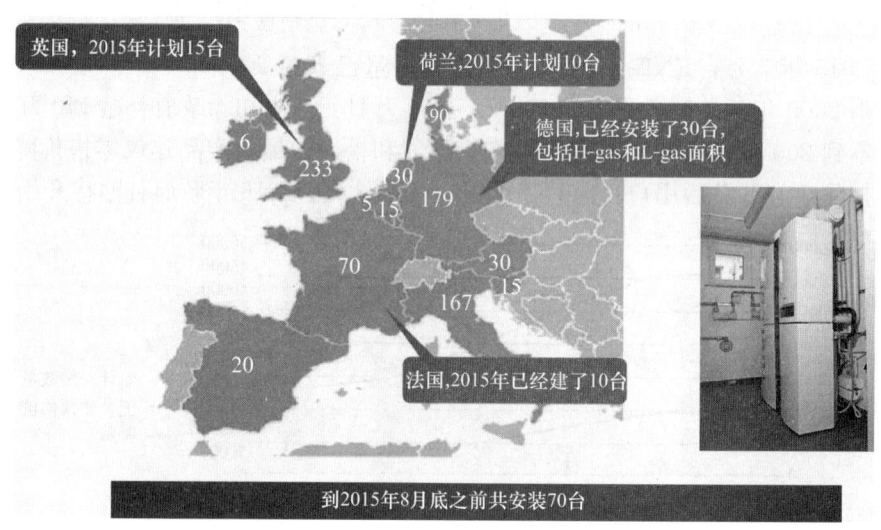

图 13-18　ene.field 示范进展现状

德国也于 2008 年 9 月开始实施对家用固体氧化物燃料电池和质子交换膜燃料电池 CHP 系统的示范测试项目 Callux 计划。到目前为止，已有超过 500 台的燃料电池 CHP 系统在 Callux 项目中成功安装并运行。从已经实施安装和运行的燃料电池实测数据中可以看出（见表 13-5），大部分实施安装的燃料电池容量都在 1kW 左右，CHP 效率均超过 85%，符合预期的结果。

Callux计划中进行示范的燃料电池产品性能参数								表 13-5
生产商	八喜	布德鲁斯	Ceramic Fuel Cells	Elcore	Hexis	Junkers	德国威能	菲斯曼
类型	低温质子交换膜燃料电池	固体氧化物燃料电池	固体氧化物燃料电池	高温质子交换膜燃料电池	固体氧化物燃料电池	固体氧化物燃料电池	固体氧化物燃料电池	低温质子交换膜燃料电池
容量（电/热）	1.0/0.87kW	0.7/0.7kW	1.5/0.61kW	0.3/0.6kW	1.0/1.8kW	0.7/0.7kW	1.0/1.4kW	0.75/1kW
锅炉容量峰值	3.5~20kW	14 或 24kW	外部的，可单独选择	外部的，可单独选择	7~21kW	13.3 或 23kW	5，8~27kW	5.5~19kW
储能					外部的，可选择	热水 75L，缓存器 150L	外部的，可选择	热水 46L，缓存器 170L
电效率	34%	45%	最高 60%	33%	30%~35%	45%	38%	37%
总效率	96%	90%	最高 85%	98%	95%	90%	90%	90%
尺寸（mm）	600×600×1515	600×1200×1800	600×600×1100	500×500×900	580×620×1650	600×1200×1800	600×625×986	1085×600×1998
重量（kg）	ca. 200，（固体氧化物燃料电池 115）（燃气锅炉 45）（缓冲器 80）（储水 40）	280	ca. 200	85	210	220	160	290，（燃料电池 125）（尖峰负荷锅炉 165）
现场试验，合作，示范	Callux, ene. field, 根据自身协调	ene. field	燃气设施，研究机构，能源供应商	ene. field, 一些能源供应商	Callux (D), Pharos (Ch), ene. field	ene. field	现场试验在 Callux, 小批次在 ene. field	现场试验
市场推广	2015 年	2016 年	2012 年	2014 年	2013 年	2016 年	2016 年/2017 年	2014 年

资料来源：IEA-AFC autumn meeting 2014 @ Germany。

13.4 基于可再生能源的电动汽车充电系统

电动汽车的充电行为在空间和时间上都具有较大随机性，大量电动汽车随机充电可能会对配电网的负荷、运行和规划造成影响，从而降低电力系统的经济效率，危害电能质量。研究表明，绝大多数电动汽车在一天中96%的时间里处于闲置状态[9]。电动汽车接入电网（Vehicel to Grid，V2G）技术将电动汽车作为带有存储功能的可调度负载嵌入电力输配网络（见图13-19），根据电动汽车动力电池的可充放电特性，在用电高峰时段将电池储存的电能释放到电网中，以缓解电力紧张局面，而在用电低谷时段电池作为负荷吸收电能，以缩小电力系统的峰谷差率[10]。

此外，由于电动汽车充电时所需的电能可以通过太阳能、风能、地热能、生物质能等多种可再生能源获取，将电动汽车与风力发电和太阳能发电等间隙性电源互补，可在一定程度上缓和可再生能源间歇性对电力系统安全运行的负面影响，同时可以充分利用电动汽车电池的储能特性，降低电网峰谷负荷差带来的危害。V2G 技术将电动汽车视为分布式储能装置，通过对其充放电的有序引导或管理，使其在空闲时段参与到电力平衡中，如调峰、调频、配合风力和太阳能发电等[11]，为电网和可再生能源提供缓冲和负荷平准化，并为电动汽车车主带来收益。

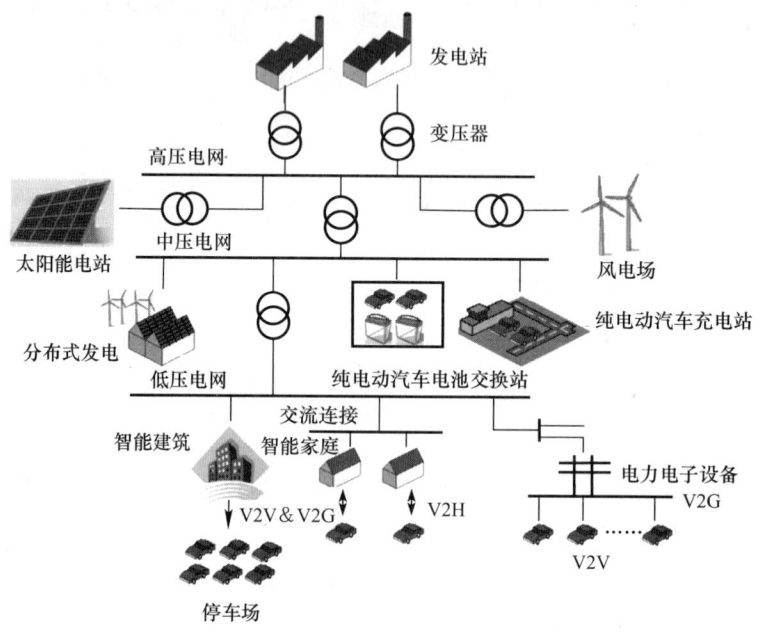

图 13-19　V2G 示意图[12]

13.4.1　基于太阳能的电动汽车充电站

太阳能充电站主要靠光伏发电系统与自动化计算机系统相结合发电，其原理是将光伏组件所发电力通过导线传递到埋在地下的高功率电容中储存起来，然后再通过电容传输到充电桩上。这些电力一部分供电动汽车充电，一部分也可流入公用电网，这样既可以降低成本，又充分利用了太阳能发电的资源。目前建设的太阳能充电站主要有三种类型：一种是建在高速公路附近的大型服务区，一种是类似于中型巴士车站的太阳能充电站，另一种就只是类似于小型书报亭的充电站。太阳能充电站可以单独建设，但与传统的加油站相结合建设更为理想，因为在电动汽车的发展初期，混合动力汽车一般占据着市场产品的主要份额[13]。

美国电力研究中心（EPRI）和田纳西山谷城区当局（TVA）合作建造的太阳能光伏辅助发电的电动汽车 SMART 充电站如图 13-19 所示，充电站屋顶铺设太阳能电池板，在阳光充足的情况下由太阳能供电，在阴雨天或夜间则由公共电网供电。该测试电站为一个智能电网的重要组成部分提供参考数据。

日本本田公司也正在日本各大城市示范太阳能充电站，充电站将与电网连接，剩余电量可送入电网，而在光照不足、电站电量不够情况下，电站电能可由电网补充。

图 13-22 是英国伦敦拟建的光伏充电站示意图，顶部是太阳能光伏板。该充电站可供 16 辆车同时快充充电，站内附设快餐和饮料的零售。

13.4 基于可再生能源的电动汽车充电系统

图 13-20　TVA 光伏充电站实景图

图 13-21　日本本田太阳能充电站

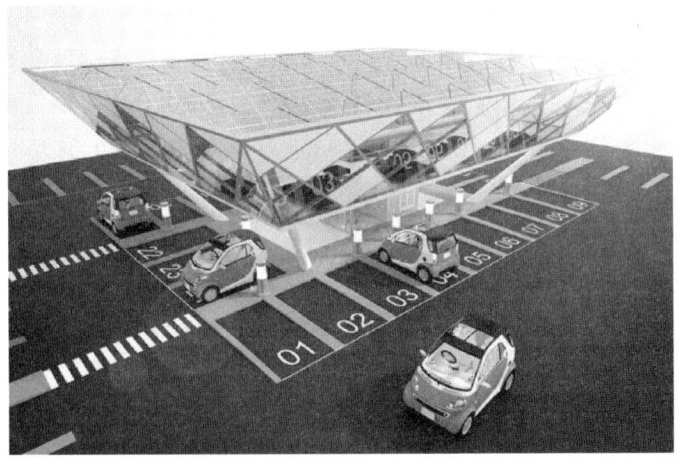

图 13-22　伦敦光伏充电站示意图

而在国内，2010 年由江西省电力公司投资建设的光伏屋顶汽车充电站在江西宜春竣工并投入运营，这是我国首座太阳能光伏屋顶电动汽车充电站。充电站屋顶配置了太阳能光伏发电系统，投资约 1100 万元，总占地面积 7.42 亩，一期配置 8 台充电机，可同时为 8 辆电动汽车充电。

13.4.2 基于风能的电动汽车充电站

2012年,北京希翼新兴科技能源有限公司(UGE)与通用电气(GE)合作,在西班牙的巴塞罗那成功安装了世界首个由风力供电的电动汽车充电站 Sanya Skypump(见图 13-23)。该充电站采用了额定功率为 4kW 的风力涡轮机,由 UGE 公司风力发电设备、GE 公司 WattStation 充电桩及 LED 路灯组成。塔座高 42 英尺(约 13m),LED 路灯功率为 77W,高约 7m,WattStation 充电桩安设在塔架基座中,设备在风速为 11~40km/h 条件下可产生足够电力为电动汽车充电。

图 13-23 Sanya Skypump 风力充电站

丹麦于 2008 年启动了研究电动汽车智能并网及其与风电相互作用优化的 EDISON 项目。EDISON 是全球首个,同时也是涵盖最为广泛的同类项目,由丹麦技术大学(DTU)及其 RISØ-DTU 研究中心、丹麦 Dong Energy 和 Østkraft 电力公司、Eurisco 研发中心以及 IBM、西门子联合开展,研发重点是实现汽车、电网以及用于储蓄和双向输送利用可再生能源生产的电力技术之间的协调。该项目于 2011 年在位于波罗的海的丹麦岛屿 Bornholm 上开展了实地测试,通过公共电网,利用风力发电为测试车辆充电,当用电量增加时,停放的车辆将电力馈回电网。

13.4.3 电动汽车充换储放电站

电动汽车充换储放电站将电动汽车充换电站与储能电站、常规变电站的功能相结合,如图 13-24 所示,利用在线电池组、梯次利用电池组和高效双向换流器,通过系统级能量控制技术,既可以为充换电站提供应急和后备电源,又可以平抑分布式新能源的功率波动,并通过与电网的友好互动,实现有序充电和削峰填谷,减少对电网的影响。

电网、车辆、电池、功率调节系统(PCS)、新能源及梯次储能系统等将其功率、数据信息上传到电动汽车充换储放电站的能量管理中心,由能量管理中心对储能电池和动力电池的功率及能量进行优化控制,并与电网进行协调与互动,为电网提供增值服务,从而实现了多方的共赢。

由菲尼克斯电气与许继集团合作设计建造的青岛薛家岛智能充换储放一体化示范电站于 2011 年 7 月 11 日投入试运行(见图 13-25)。该示范电站按照国家电网"换电为主、插

13.4 基于可再生能源的电动汽车充电系统

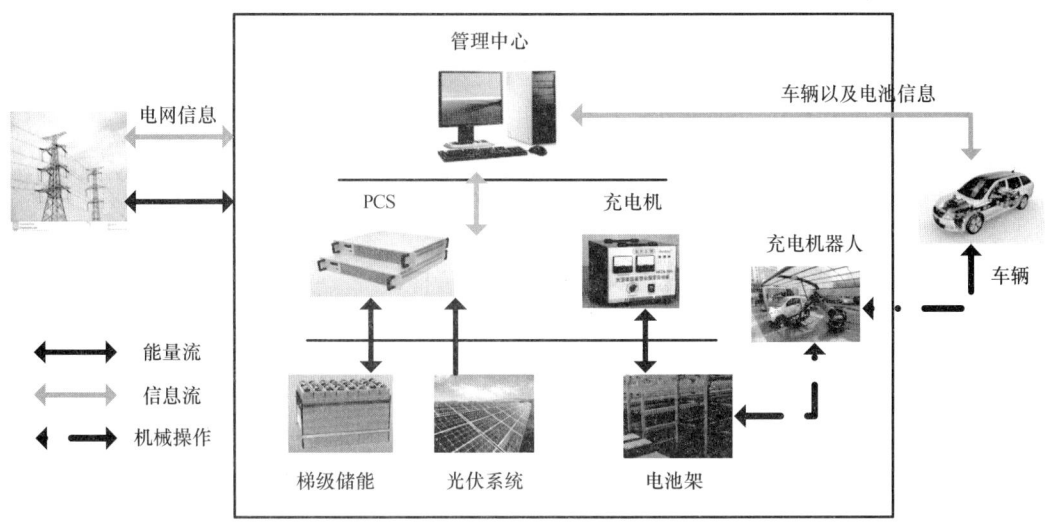

图 13-24 电动汽车充换储放电站结构

充为辅，集中充电、统一配送"要求及变电站与集中充电站一体化模式而建，在国内外首次建成集公交车充换电、乘用车电池集中充电、储能应用于一体的电动汽车充换电站，在电动汽车充换电设施建设中具有里程碑意义。电站可同时为 120 辆公交车电池充电，或为 360 辆乘用车电池充电。在换电方面，公交车每次换电时间为 6~8min，每天可更换 540 车次。在储放功能上，公交车充换电站放电功率为 700kW。集中充电站最大储放功率为 4320kW，电池梯次利用储放电功率为 2000kW。可实现低谷时存储电能，在用电高峰和紧急情况下向电网释放电量，峰谷调节负荷 7020kW，最大可达 10520kW[15]。

图 13-25 薛家岛智能充换储放一体化示范电站实景图

13.4.4 V2G 对电网的影响

电动汽车可接入电网成为移动负载，此时对电力系统而言，电动汽车既是不确定性负荷，又可以充当储能装置实现 V2G，如图 13-26 所示。一方面，通过电价机制适当引导的电动汽车可在负荷高峰时放电，低谷时充电，以起到削峰填谷作用，从而能使发电机组尤

33

其是火电机组出力维持在一个相对稳定且经济的运行状态，也可减少系统调频容量和旋转备用需求。另一方面，通过优化电动车充放电行为可以缓解间歇性可再生能源（如风能、太阳能等）发电给系统运行带来的安全风险，提高系统接纳清洁能源发电的能力，且在一定程度上避免或推迟系统扩容需要。

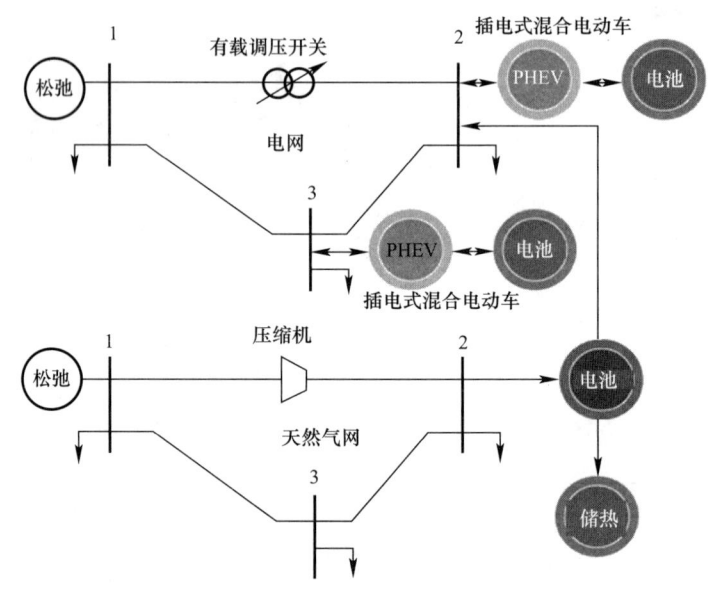

图 13-26　PHEV 嵌入式技术[16]

V2G 对电网的影响程度取决于电动汽车充电容量率和所采用的电池。评估 V2G 对输配网络的影响，需要能够模拟具有电动车技术特点的负载模型。Xcel 能源公司曾对美国科罗拉多州的电动汽车充电负荷进行了冬夏两季的分时预测，见图 13-27。作为能量储备的电动汽车应当具备车载电源电子技术以及实时控制技术，从而在输配网络运营者有需求时能够精准地获取能量。

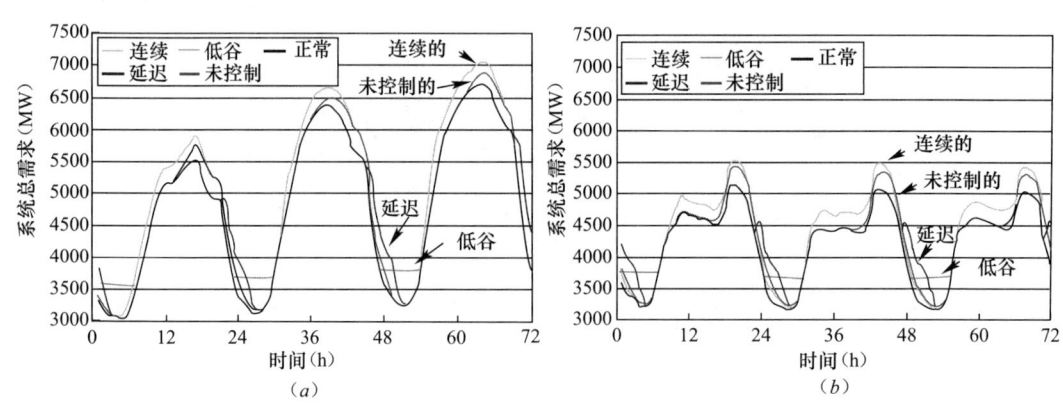

图 13-27　Xcel 能源公司对美国科罗拉多州的电动汽车充电负荷预测[17]
(a) 电动车充电情况下的夏季负载走势图；(b) 电动车充电情况下的冬季负载走势图

此外，电动汽车对配电网络产生的影响和汽车用户的驾驶风格有着极为紧密的联系。在美国大多数轻型车辆的日常驾驶距离小于 65km，在英国则小于 40km[18]，出行概率也各有不同（见图13-28）。对城市车辆的驾驶习性和里程数据等进行调查和统计将有助于分析电动汽车用户的时间和空间分布特性，从而实现电动汽车与电网之间的协同调度。

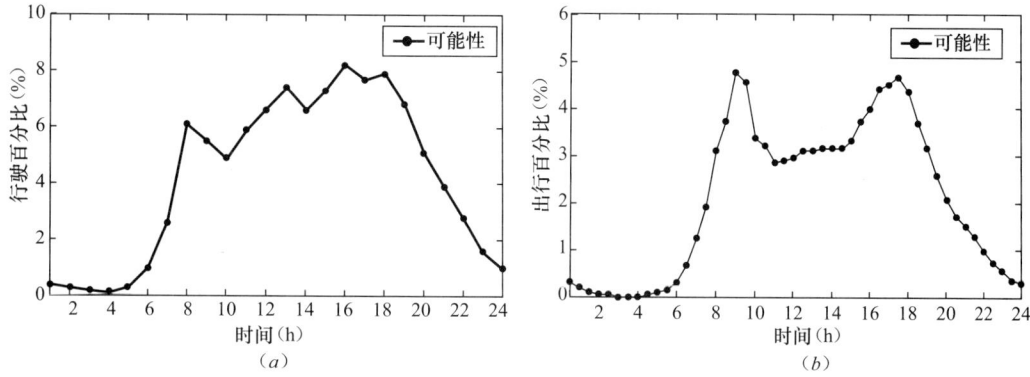

图 13-28　城区车辆日出行概率图[5]
（a）美国城区车辆行驶趋势图；（b）英国某城区汽车行驶曲线

电动汽车具有很强的移动属性，为有效控制电动汽车的充放电行为，需建立合理完善的信息交互机制，确保控制能够有效进行。同时，应建立合理的激励和补偿机制，鼓励电动汽车自愿接受和参与充放电控制。

本章参考文献

[1] 柴麒敏. 互联网＋能源的大众革命. http://opinion.caixin.com/2015-04-17/100801104.html, 2015年4月17日.

[2] 长江证券研究报告. 互联网＋能源：能源互联网蓄势待发，2015年4月.

[3] 龙惟定. 绿色生态城区的智能能源微网. 暖通空调，2013，43（10）.

[4] http://en.wikipedia.org/wiki/Smart_grid.

[5] International Energy Agency（IEA）. 2050技术路线图——智能电网（中文版）. http://www.iea.org, 2011.

[6] 徐飞等. 包含大容量储热的电-热联合系统. 中国电机工程学报，2014，34（29）.

[7] Wikipedia. Vehicle-to-Grid. https://en.wikipedia.org/wiki/Vehicle-to-grid.

[8] IEA. Technology Roadmap-Hydrogen and Fuel Cells, 2015.

[9] Kempton W, Le Tendre S. Electric vehicles as a new power source for electric utilities. Transportation Research, 1997, D（2）: 157-175.

[10] 刘志鹏，文福拴，薛禹胜，辛建波，G. LEDWICH. 计及可入网电动汽车的分布式电源最优选址和容. 电力系统自动化，2011，35: 11-16.

[11] 项顶，胡泽春，宋永华，丁华杰. 通过电动汽车与电网互动减少弃风的商业模式与日前优化调度策略. 中国电机工程学报，2015，35: 6293-6303.

[12] Ying Fan, Weixia Zhu, Zhongbing Xue, Li Zhang and Zhixiang Zou. A Multi-Function Conversion Technique for Vehicle-to-Grid Applications. Energies, 2015, 8: 7638-7653.

[13] http://scitech.people.com.cn/h/2011/0822/c227887-3884534453.html.

[14] Jørgen Christensen. EXECUTIVE SUMMARY OF THE EDISON PROJECT. 2013-5-1.

[15] http://epaper.gmw.cn/gmrb/html/2011-07/12/nw.D110000gmrb_20110712_4-05.htm.

[16] Acha S. Modelling Distributed Energy Resources in Energy Service Networks. London: IET Press,

[17] Denholm P, Parks K, and Markel T. Costs and Emissions Associated with Plug-In Hybrid Electric Vehicle Charging in the Xcel Energy Colorado Service Territory. National Renewable Energy Laboratory, 2007.

[18] Element Energy. Strategies for the Uptake of Electric Vehicles and Associated Infrastructure Implications. The Committee on Climate Change, 2009.

[19] 龙惟定. 绿色生态城区的智能能源微网. 暖通空调, 2013, 43: 39-45.

[20] OECD and IEA. Technology Roadmap: Smart Grids, 2011.

[21] GM attempts 6200 mile marathon across Europe. Fuel Cells Bulletin, 2004, 6: 1.

[22] Strasser K. The design of alkaline fuel cells. Power Sources, 1990, 29: 149-166.

[23] Viclstich W, Lamm A, Gasteiger H A. Handbook of Fuel Cells-Fundamentals, Technology and Applications. Chichester, England: John Wiley & Sons Ltd, 2003.

[24] 宋世栋, 韩敏芳, 孙再洪. 固体氧化物燃料电池平板式电池堆的研究进展. 科学通报, 2014, 59: 1405-1416.

[25] Directive 2004/8/EC by the European parliament, The promotion of cogeneration based on a useful heat demand in the internal energy market and amending Directive 92/42/EEC, European parliament, 2004.

第14章 能源微网的核心层——现场发电系统

14.1 热电联产系统存在问题解析

利用热电联产技术，可以将发电过程中的一部分排热回收，通过热网输送给用户，从而大大提高一次能源效率。热电联产的代价是降低发电效率。从图14-1可以看出，除了燃料电池的效率比较稳定以外，发电机组的功率越小，效率越低。因此，采用小型或微型发电机组的分布式能源系统如果仅作发电之用，其效率低于大发电设备，在能源利用上是不合理的。所以，要求分布式能源在系统配置时以热定电，为的是提高综合能效。

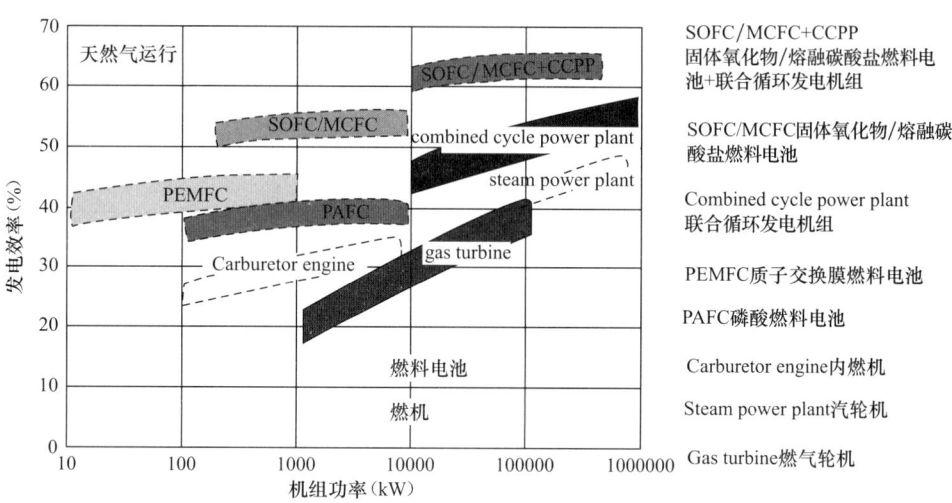

图14-1 各种热电联产发电机组的功率与效率

热电冷联产技术最重要的技术参数之一是系统的热电比 HPR（Heat to Power Ratio），即：

$$HPR = \frac{Q}{W_e}$$

式中 Q——系统所利用的热能；

W_e——系统发出的电能。

在为某一特定用途选择热电联产系统时，热电比 HPR 是主要特性参数之一。在国家发展改革委2011年修订的《关于发展热电联产的规定》中，要求使用汽轮机组的热电联产系统总热效率年平均大于45%；单机容量在50MW以下的热电机组，其热电比年平均应大于100%；单机容量在50～200MW的热电机组，其热电比年平均应大于50%；单机容量200MW及以上的抽汽凝汽两用供热机组，供暖期热电比应大于50%。在上海市建设和交通委员会2008年颁布的《分布式供能系统工程技术规范》DG/TJ08-115-2008中明确指出，分布式供能系统容量的选择应依据以热（冷）定电、热（冷）电平衡的原则；并规定分布式供能系统年总热效率不应小于70%、年均热电比不应小于75%。

"规定"和"规范"说明同一个问题，即城市热电厂和分布式能源热电联产系统是为供热的目的而设，在满足热需求的前提下，所发电力只是作为电网的补充。即这些做法体现了第一代分布式能源的特点，带有明显的供应侧能源规划的印记。

国家发展改革委2011年发布的《关于发展天然气分布式能源的指导意见》中进一步指出，原则上天然气分布式能源全年综合利用效率应高于70%，在低压配电网就近供应电力。其中2个关键词是"年综合利用效率高于70%"和"就近供应电力"，说明热电联产项目成功的前提是：①有稳定的热和电的需求；②能够在有限范围内将热和电全部用掉。而综合效率70%，相对我国平均供电效率38%是一个大大的提升。从表14-1可以看出，实现综合热效率70%，对大多数热电联产原动机来说并不难实现。而事实上，70%的能效基准线就是根据发电效率最低但产热比例较高的燃气轮机量身定制的。

各种热电联产技术的性能比较　　　　　　　　　　　　　　表14-1

技术	往复式发动机	汽轮机	燃气轮机	微燃机	燃料电池
功率（MW）	0.005～10	0.5MW至数百兆瓦	0.5～300	0.03～1.0	0.2～2.8（用于CHP）
电效率（HHV）	27%～41%	5%～40%	24%～36%	22%～28%	30%～63%
CHP综合效率（HHV）	77%～80%	接近80%	66%～71%	63%～70%	55%～80%
热电比	0.83～2.0	10～14	0.9～1.7	1.4～2.0	0.5～1.0
CHP安装成本（美元/kW_e）	1500～2900	670～1100	1200～3300	2500～4300	5000～6500
不包括燃料的运维成本（美元/kWh_e）	0.009～0.025	0.006～0.01	0.009～0.013	0.009～0.013	0.032～0.038
大修间隔小时（h）	30000～60000	>50000	25000～50000	40000～80000	32000～64000
启动时间	10s	1h～1d	10min～1h	60s	3h～2d
燃料压力（kPa）	108～618	N/A	790～3548（压缩机）	355～1066（压缩机）	104～411
NO_x（kg/MWh_t）	0.027	0.18～0.36	0.24～0.59	0.06～0.22	0.005～0.007
热能等级	80℃/400℃	480℃/585℃	360℃/550℃	300℃～500℃	650℃～1000℃

资料来源：美国环保署（EPA），Catalog of CHP Technologies，March 2015。

但如果站在需求侧的角度看问题，就会发现，如果将热电联产当作为建筑冷热源（即只考虑热电联产产热的利用，电力上网，完全不顾及产生的电力如何利用）实际是降低了效率。一次能效率最高的供热技术是冷凝锅炉（热效率90%以上），而一次能效率最高的供电技术是天然气联合循环发电（50%以上）。所有的热电联产技术的综合热效率和发电效率都不可能高于上述两项技术。如果供暖用90%的燃气锅炉、供冷用COP=3.5的风冷冷水机组（供电效率38%），一次能源效率为133%，全年能效会轻松突破100%。又何必花大量投资建热电联产系统呢？因此，如果仅为建筑供热供冷的目的，与其用投资很高的热电联产系统，还不如用冷凝锅炉和常规电制冷[1]。

从图14-2和图14-3可以看出，热电联产相比热电分产能效提高32.8%。热电联产利用了热电分产中发电排走的热量，所以能效提高。但是，从需求侧角度看，要的是供热，供热量并没有增加多少，只不过把原来的锅炉燃烧供热改变为利用余热。

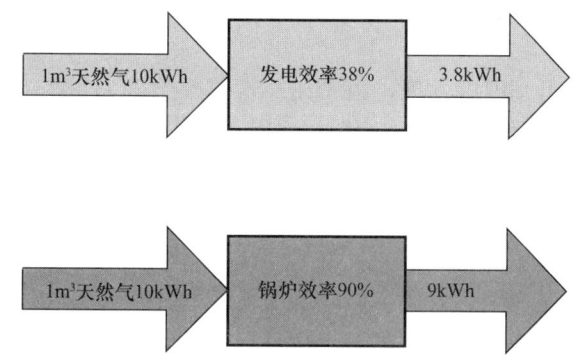

图14-2　热电分产——2m³天然气产生3.8kWh电力和9kWh热能

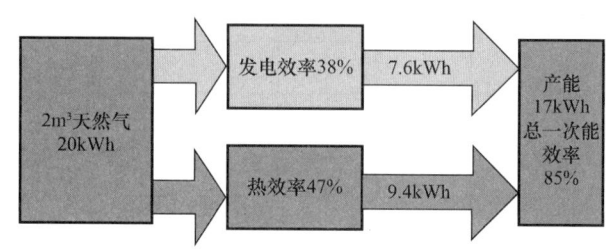

图14-3　热电联产——2m³天然气产生7.6kWh电力和9.4kWh热能

将热电联产当作为建筑冷热源（即只考虑热电联产产热的利用，并不顾及产生的电力如何利用）实际是降低了效率。

从热力学第一定律的视角分析，即只考虑热效率，不考虑能源品位，显然，热电比越大，热效率越高。所以热电厂一般用热电比高的汽轮机组。因为远距离输送热能的损失比较大，所以热电厂的供热输送半径不能太大。一般热电厂供高压蒸汽的供热半径约4km，供热水（用于建筑供暖）的供热半径不超过10km。受10km半径内的供热需求局限，热电机组的容量不能太大。这就使热电厂的发电效率普遍不高。目前热电厂常用的发电机组机型：一是背压式汽轮机，即汽轮机的低压排汽全部用来供热，其综合热效率很高；二是抽凝式汽轮机，将部分没做完功的蒸汽从汽轮机抽出送到热用户，其余部分在汽轮机继续做功后排入凝汽器凝结成水，然后回到锅炉。为了满足供热负荷对压力、流量的需求，抽凝式机组的抽汽是可以调整的。背压式汽轮机适于有稳定负荷的工业供热，对以供暖空调等变动负荷为主的城市供热则只能用抽凝式机组，这就带来了热效率的"先天不足"。在供热负荷高峰时，还要进一步增加抽汽，从而进一步降低发电效率。

在我国北方的大城市里，热电厂是为城市供热而设的，是根据城市热用户的用热量规划和选型的，即"以热定电"。热电厂所发电力只是作为大电网的补充，它们也不是国家电网中的主力电厂。由于有大电网作为依托，热电厂发电多少都可以通过大电网这个"蓄水池"消化掉。不可否认，热电厂实行以热定电也有经营上的考虑，因为热电厂所发的电力在"竞价上网"中不具优势，所以多数热电厂会将经营重点放到供热上。如果蒸汽价格在100元/t以上，就会比用1t蒸汽发出的电力竞价上网的效益更好。而在另一方面，由于城市供热有很强的季节性，为了避免夏季的运营亏损，热电厂会在夏季成为纯发电厂，以较高的煤耗发电调峰。

从热力学第二定律出发可以发现，由于用户端热媒温度为90℃（如果是空调供热则只有60℃），因此热电厂的㶲损失很大。例如，对某一热电厂计算得到的㶲效率只有30.9%，要低于纯凝电厂38%的㶲效率[2]。如果再加上蒸汽输送的温降和压降，特别是蒸汽凝水无法回收所带来的㶲损失，使得热电厂的热电联产并无节能优势可言。经过计算得出的结论是，热电厂的热电比越高，㶲效率越低，也就是燃料化学能转变成高品位能量的比率越低，较大的热电比虽然提高了热效率，但降低了㶲效率[3]。

我们再回过头来考察基于热力学第一定律的热效率。英国剑桥大学教授David MacKey（2008）在《Sustainable Energy》[4]一书中用图14-4来比较热电联产技术与热电分产技术的效率。

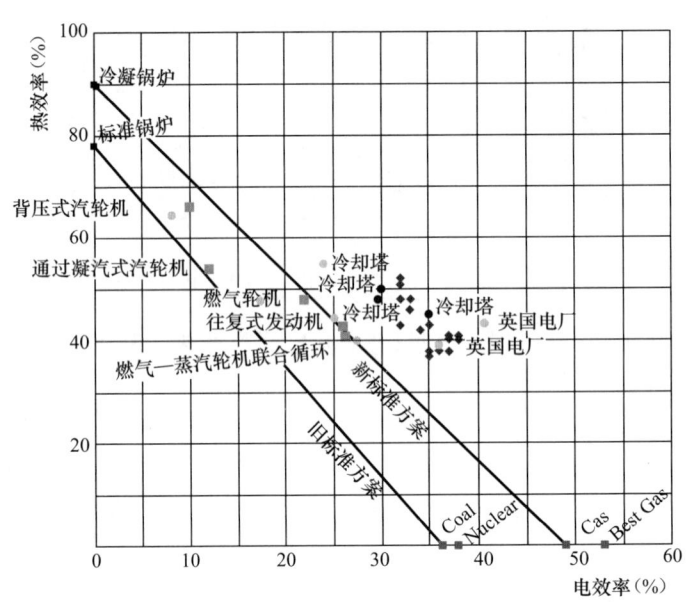

图14-4 热电联产与热电分产技术的能效比较

资料来源：D. JC MacKay. Sustainable energy，2008，http://www.withouthotair.com。

在图14-4中可以看出，对于热电分产而言（图中两根斜线），一次能效率最高的供热技术是冷凝锅炉（90%），而一次能效率最高的供电技术是天然气联合循环发电（50%以上）。所有的热电联产技术（图中的散点，MacKey教授给出的是英国实际运行的各热电联产项目平均值）都处在中间位置，而且呈现出如果热效率高，则发电效率一定比较低的趋势（如背压式汽轮机技术）。图中所有热电联产技术，在热和电全部用足的前提下，总热效率也只能达到80%左右，低于冷凝锅炉供热的热效率。也就是说，建筑供热与其用投资很高的热电联产，还不如用冷凝锅炉。

但有一点不容忽略：热电联产主要发的是电。电是高品位能源，不能简单地用热效率来衡量。如果仅仅将分布式能源热电联产系统当成建筑物的冷热源或当作锅炉使用，显然是降低了热电联产系统的价值。绿色生态城区的能源系统应尽可能提高对分布式能源所发电力的利用效率，从而体现电力的应用价值，同时要充分利用发电余热和乏热[5]。

这就好比酿酒（见图 14-5），如果站在酒类专卖商的角度，酿造的酒统统倒入大酒缸，同时想方设法将酒糟酒渣用起来，以增加附加值。而如果站在用户立场，酿造的酒不允许卖，贩私酒是犯法的。酿出的酒要么以便宜价格卖给专卖商，倒入它的酒缸（如果酒缸满了它还可以拒收），自己去利用酒渣和酒糟。岂不是干了蠢事？要么将酿出的好酒自己喝，酒渣和酒糟尽量用，这才是干聪明事。

图 14-5 热电联产好比酿酒——好酒要自己喝
资料来源：昵图网，http://pic21.nipic.com/20120523/10122076_104102564172_2.jpg。

自己喝，怎么喝？既然以供冷供热为目的，那么利用发出电力驱动热泵就是最好的选择。David MacKey 教授用了另一张图（见图 14-6）表明，当发电效率为 50%（天然气联合循环）时，用 COP＝3.0 的热泵可以得到 135% 的热效率，用 COP＝4.0 的热泵可以得到高达 180% 的热效率，远高于冷凝锅炉供热和热电联产，而且还有很高的㶲效率。

目前，天然气联合循环（NGCC）电厂还很少，全国电厂平均能效 38%，因此，用一台 COP 为 3.6 的分体式热泵空调可以达到的最高一次能效率是 136.8%。如果以供冷供热为目的的热电联产综合一次能效率不能高于 137%，那就还不如用电，就没有必要投资分布式热电联产。用规范中规定的 70% 综合一次能效率评价此类热电联产没有实际意义。

再来算经济账：按图 14-3 中热电联产能源效率，7.6kWh 的电力上网，假定上网电价为 0.78 元/kWh，电力收入 5.93 元；供热 9.4kWh，热价 0.50 元/kWh，供热收入 4.70 元/kWh；总收入 10.63 元/kWh。如果用所发电力驱动 COP＝3.6 的空气源热泵，得到热能 27.3kWh，供热收入 13.65 元；总收入 18.35 元。相当于 1m³ 天然气收益 9.17 元，较之电力上网的 5.31 元增加了 72.6%。

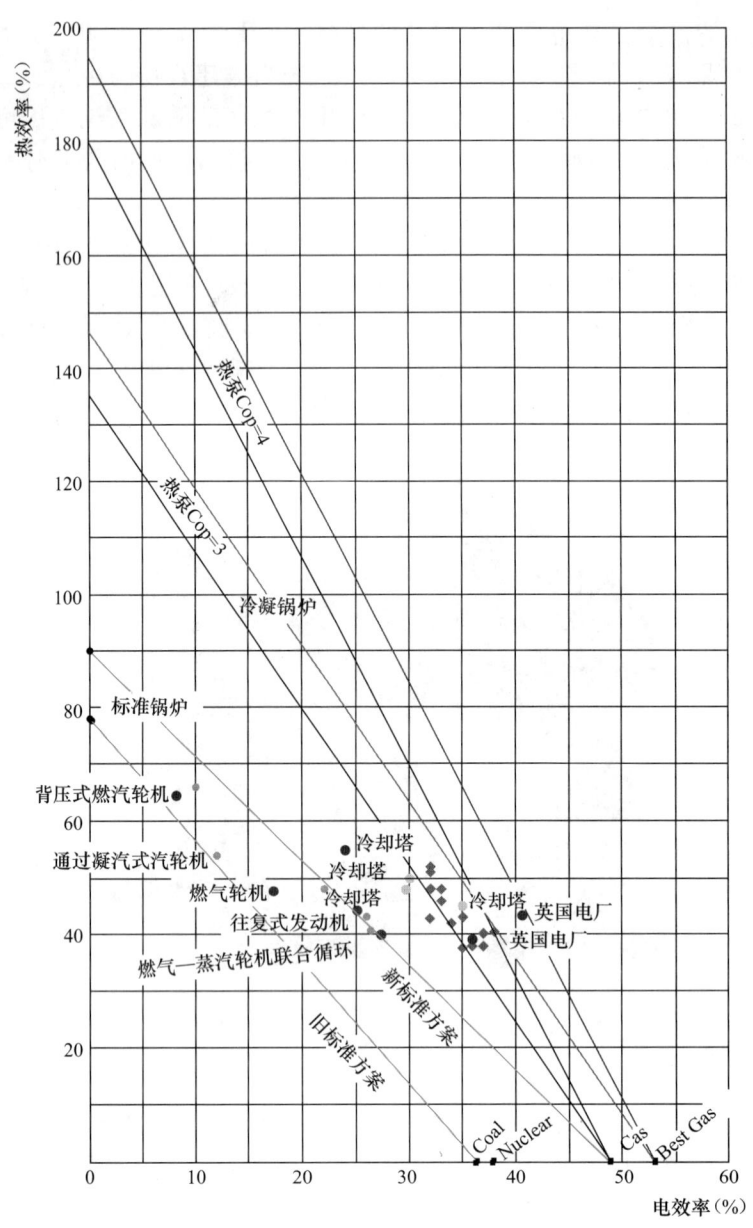

图 14-6 热电联产加热泵技术

资料来源：D. JC MacKay. Sustainable energy，2008，http://www.withouthotair.com。

14.2 现场发电系统（包括可再生能源发电）的设备

现场发电系统是指在用户现场或靠近用电现场配置的较小的发电机组，以满足特定用户需要，支持现存配电网的经济运行，或同时满足这两个方面的要求。现场发电系统主要包括风能、太阳能、生物质能、地热能等可再生能源发电系统以及以清洁能源天然气为一次能源的热电联产系统[6]。目前热电联产中应用最广的是燃气轮机发电机组和燃气内燃机发电机组。本节就燃气轮机发电、燃气内燃机发电、光伏发电、风力发电、生物质发电加以阐述。

14.2.1 燃气轮机发电机组

燃气轮机是以连续流动的气体为工质带动叶轮高速旋转,将燃料的能量转变为有用功的内燃式动力机械(见图14-7),是一种旋转叶轮式热力发动机,包括压气机、燃烧室、透平、辅助设备等。燃气轮机发电机组由燃气轮机和发电机组组成,在现场发电系统中应用的主要是发电功率范围为25~20000kW的微型、小型燃气轮机机组。

图14-7 燃气轮机机组图

1. 燃气轮机工作原理

燃气轮机的工作过程是,压气机(即压缩机)连续地从大气中吸入空气并将其压缩;压缩后的空气进入燃烧室,与喷入的燃料混合后燃烧,成为高温燃气,随即流入燃气涡轮中膨胀做功,推动涡轮叶轮带着压气机叶轮一起旋转;加热后的高温燃气的作功能力显著提高,因而燃气涡轮在带动压气机的同时,尚有余功作为燃气轮机的输出机械功(见图14-8)。图14-9给出了一种典型的基于燃气轮机的冷热电联产系统示意。烟气余热驱动余热直燃机,可以产生冷或热的输出;除烟气余热外,余热直燃机采用燃料直接补燃,使冷和热输出易于调控。

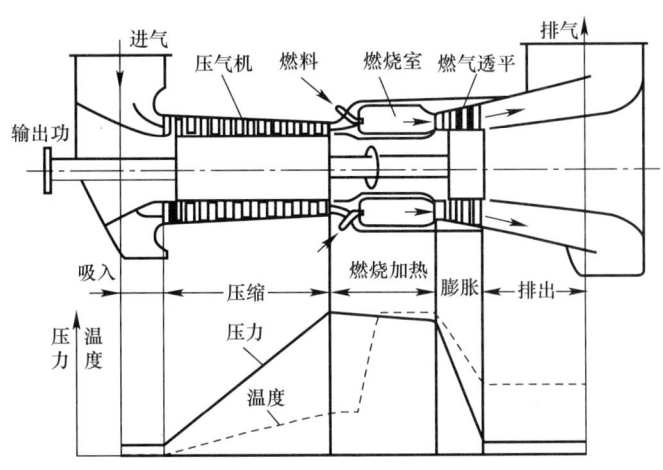

图14-8 燃气轮机工作过程

资料来源:卡特彼勒亚太地区官网,http://www.cat.com/zh_CN。

2. 燃气轮机的分类

国外主要的燃气轮机厂家包括美国GE、德国SIEMENS、法国ALSTOM和日本三菱等。国内主要厂家有哈尔滨动力设备股份有限公司、南京汽轮机有限公司、东方汽轮机有限公司、上海汽轮机有限公司等。成熟的大型燃机主要包括B级燃机、E级燃机、F级燃机,按照透平进气温度定义和划分。B级燃机透平进气初温低于1104℃,出力40MW等级;E级燃机透平进气初温低于1205℃,出力150MW等级;F级燃机,透平进气初温约1315℃,出力250MW等级;最新燃机透平进气初温约1425℃,出力约300MW等级,称为H级燃机[7]。表14-2给出了燃气轮机根据用途、结构形式等的分类。

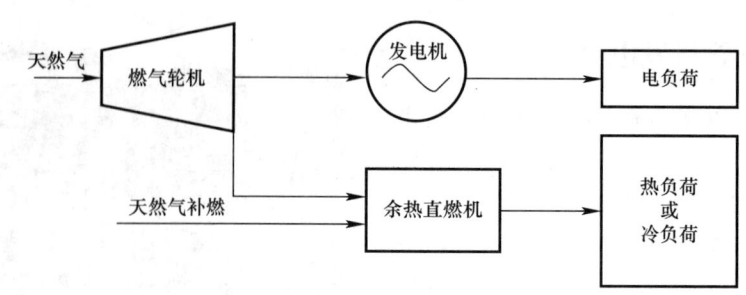

图 14-9　燃气轮机热电联供示意图

燃气轮机分类　　　　　　　　表 14-2

燃气轮机分类	功率大小	微型燃气轮机
		小型燃气轮机
		大中型燃气轮机
	用途	电站燃气轮机
		舰船燃气轮机
		航空燃气轮机
	结构形式	微型燃气轮机
		轻型燃气轮机
		重型燃气轮机
	轴系布置	单轴机组
		分轴机组
		双轴机组
		三轴机组
		四轴机组

3. 微型燃气轮机的应用

微型燃气轮机（Microturbine 或 Micro-turbines）是一类新近发展起来的小型热力发动机，其单机功率范围为 25～300kW，其基本技术特征是采用径流式叶轮机械（向心式透平和离心式压气机）以及回热循环（见图 14-10 和图 14-11）。微型燃气轮机具有代表性的厂家主要是英国的 boman 公司，美国的 Capstone 和霍尼韦尔（GE）公司，微型燃气轮机具有体积小、安装简单、组合灵活、气源压低及无人值守、联合循环效率高等特点。

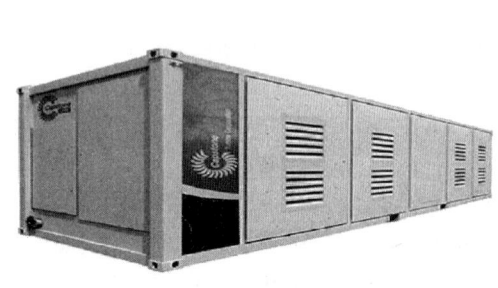

图 14-10　微型燃气轮机

图 14-11　微型燃气轮机构造图

资料来源：Capstone 官网，http://www.capstoneturbine.com。

14.2 现场发电系统（包括可再生能源发电）的设备

对于现场发电系统，由于是就近供电，所需功率较小，一般为几十到数千千瓦，这个功率范围正是微型燃气轮机的功率范围，将数台微型燃气轮机发电机组就近安装在用户现场进行分布式就近供电，可以避免传统的大规模集中供电的长远距离传输电力损耗大、浪费资源等缺点，又摆脱了传统发电设备污染较大的弊端。近年来随着全球范围内的能源与动力需求结构特别是电力系统的放松控制以及环境保护等要求的变化，微型燃气轮机得到了电力、动力等有关部门的高度重视。微型燃气轮机在未来我国电力、动力等国民经济领域和国家安全等方面具有重要的作用和战略意义，先进燃气轮机技术将是21世纪能源动力系统中的核心关键技术[8-10]。

4. 微型燃气轮机发电机组的优缺点

（1）发电效率高，带回热器时效率可达26%～30%；不带回热器时为17%～20%。
（2）无需润滑油，维护工作量小，维护费用低。
（3）噪声低，距机组10m远处噪声仅为65dB（A）。
（4）相对于燃气内燃机而言，其体积小、重量轻。
（5）机组工作寿命长，运动部件寿命平均为40000h，额定运行寿命可达10年。

微型燃气轮机的主要问题不仅是设备费用偏高，而且在部分负荷运行时，其运行的燃烧温度将大大降低，导致其效率大打折扣。因此设计时需要对用户的能耗做出准确的预测。

目前沈阳黎明发动机厂正在自主开发95kW微型燃气轮机，国内已投运的微型燃气轮机项目有上海交通大学（1×30kW+1×60kW，美国Capstone产品），北京广渠门燃气加压站（1×80kW，英国Bowman产品）及杭州燃气集团（4×65kW，美国Capstone产品）。

14.2.2 燃气内燃机发电机组

燃气内燃机是将气体燃料与空气混合后，直接输入气缸内部燃烧并产生动力的设备（见图14-12），是一种将热能转化为机械能的热机，具有体积小、热效率高、启动性能好等优点，发电功率范围为5～18000kW。燃气内燃机的余热主要来自于内燃机排出的烟气和缸套的冷却水，高温烟气的温度能达到500℃以上，缸套冷却水温度在85～95℃（见图14-13）。世界生产燃气内燃机产品的公司主要为美国的通用电气GE、卡特彼勒Caterpillar、康明斯

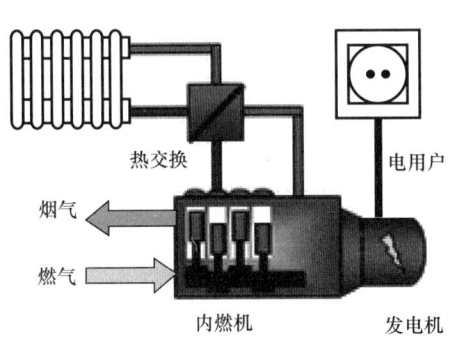

图14-12 内燃机工作原理

图14-13 燃气内燃机发电机组

资料来源：一比多产品网页，http://product.ebdoor.com/Products/37405523.aspx。

Cummins、德国的 MWM、芬兰的瓦锡兰 Wärtsilä 等,国内主要有胜利油田胜利动力机械集团有限公司、中国石油济南柴油机股份有限公司等。

1. 燃气内燃机工作原理

内燃机将燃料和空气混合,在其汽缸内燃烧,释放出的热能使汽缸内产生高温高压的燃气。燃气膨胀推动活塞做功,再通过曲柄连杆机构或其他机构将机械功输出,驱动从动机械工作。图 14-14 给出了燃气内燃机冷热电联供示意图。

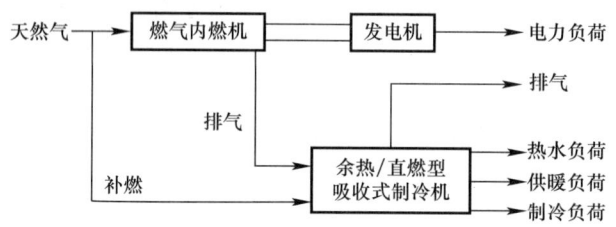

图 14-14　燃气内燃机冷热电联供示意图

2. 燃气内燃机分类（见表 14-3）

表 14-3　燃气内燃机的分类

分类依据	分类	分类依据	分类
根据所用燃料分	天然气、柴油机、汽油机	根据活塞运动方式分	往复式、旋转式
根据缸内着火方式分	点燃式、压燃式	根据气缸冷却方式分	水冷式、风冷式
根据冲程数分	二冲程、四冲程	根据进气冲量压力分	自然吸气式、增压式

3. 燃气内燃机的优缺点

相对于其他原动机来说,燃气内燃机具有以下优点:

(1) 规格齐全,价格低廉,发电效率高;

(2) 启动快,启动能耗小;

(3) 部分负荷运行性能好,当内燃机在 50% 负荷下运行时,其效率只比满负荷运行时低 8%～10%;

(4) 高可靠性和安全性。

但是大型燃气内燃机也有一些不足的地方:

(1) 运行维护成本偏大,一般高于燃气轮机一倍;

(2) 大型内燃机设备体积重量较大,布置选择方案受到限制;

(3) 大型内燃机噪声偏大,一般均接近或超过 100dB,而燃气轮机在 65dB 左右;

(4) 余热品质差,一般需三段回收才能达到总电热效率 80%,中冷器冷却水 35～55℃,缸套冷却水 85～99℃,烟气温度 400～500℃,但其烟气流量大大低于同容量燃气轮机烟气流量;

(5) 烟气含氧量低,加上三段余热回收,余热锅炉一般不能补燃,供热调节能力低。

国内江苏昆山高新技术产业园区内福特造纸公司采用了 MWM 公司的 MWM TCG2016 V12C 600kW 燃气内燃机热电联供系统。

4. 热电联产发电系统中燃气内燃机与燃气轮机的比较

在推进城市热电联产和天然气综合利用工作中,如何直接利用城市低压管网气源,是发展小型城区和楼宇天然气热电联产的关键,燃气轮机往往要将进入燃烧室的天然气压力提高到16kg以上,需要使用增压机,对低压管网的安全运行造成一定难度,增压机的投资也比较大。燃气内燃机可以利用自身的增压涡轮对天然气进行加压,为我国天然气的有效合理利用创造了有利条件。

由表14-4可知,对于1MW以下的冷热电联产系统,内燃机占据了绝对的主导地位,这是由于此容量范围内的燃气轮机发电效率通常较低,节能和经济效益不明显。对于1~5MW的冷热电联产系统,燃气轮机数量大约为内燃机的一半,对于5~10MW及以上范围,燃气汽轮机比例超过内燃机机组,这是因为此范围内燃气轮机一次发电效率较高,如果进一步采用联合循环,整个系统的发电效率、调节灵活性和经济效益都将大大提高[11]。

美国不同规模建筑冷热电联产系统内燃机与燃气轮机情况比较　　　　表14-4

功率（MW）	内燃机		燃气轮机	
	数量（座）	平均功率（MW）	数量（N）	平均功率（MW）
0~1	662	0.14	20	0.77
1~5	83	2.19	42	2.81
5~10	16	5.99	16	6.09
10~15	7	12.73	11	12.67

14.2.3 光伏发电系统

1. 光伏发电原理与组成

光伏发电是根据光生伏特效应原理,利用太阳能电池将太阳光能直接转化为电能。不论是独立使用还是并网发电(见图14-15和图14-16),光伏发电系统主要由太阳电池板(组件)、控制器和逆变器三大部分组成,它们主要由电子元器件构成,不涉及机械部件,所以,光伏发电设备极为精炼,可靠稳定寿命长、安装维护简便。

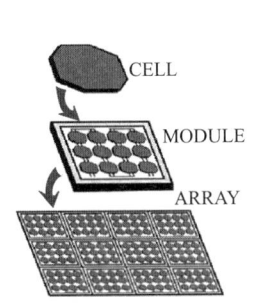  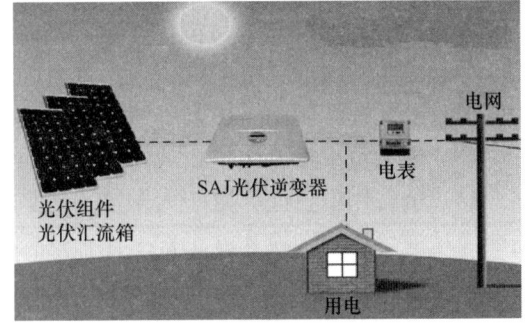

图14-15　光伏组件及阵列　　　　　　　　图14-16　光伏并网发电原理图
资料来源:中国风电产业网,www.windchn.com.　　资料来源:太阳能光伏网,www.ofweek.com.

2. 光伏发电系统分类

光伏发电系统分为独立光伏发电系统、并网光伏发电系统及分布式光伏发电系统。

(1) 独立光伏发电也叫离网光伏发电。主要由太阳能电池组件、控制器、蓄电池组成,若要为交流负载供电,还需要配置交流逆变器。独立光伏电站包括边远地区的村庄供电系统，太阳能户用电源系统，通信信号电源、阴极保护、太阳能路灯等各种带有蓄电池的可以独立运行的光伏发电系统。

(2) 并网光伏发电就是太阳能组件产生的直流电经过并网逆变器转换成符合市电电网要求的交流电之后直接接入公共电网。可以分为带蓄电池的和不带蓄电池的并网发电系统。带蓄电池的并网发电系统具有可调度性，可以根据需要并入或退出电网，还具有备用电源的功能，当电网因故停电时可紧急供电。带蓄电池的光伏并网发电系统常常安装在居民建筑。不带蓄电池的并网发电系统不具备可调度性和备用电源的功能，一般安装在较大型的系统上。

(3) 分布式光伏发电系统，又称分散式发电或分布式供能，是指在用户现场或靠近用电现场配置较小的光伏发电供电系统，以满足特定用户的需求，支持现存配电网的经济运行，或者同时满足这两个方面的要求。

3. 光伏发电系统的优缺点

光伏发电的优点主要体现在：

(1) 太阳能资源分布广泛，就地可取，不需运输；

(2) 太阳能作为可再生能源，周而复始，无枯竭危险；

(3) 安全可靠，无噪声，无污染，建设周期短。

光伏发电的缺点主要体现在：

(1) 太阳能照射能量分布密度小，系统要占用较大面积；

(2) 由于四季、昼夜、阴晴等气象条件的变化，光伏发电系统具有不稳定性；

(3) 目前光伏发电系统初投资较高，约 7000~15000 元/kW。

4. 光伏发电系统实施需考虑的因素

太阳能光伏发电需要综合考虑各种因素，只有掌握了准确的资料后，才能确定电池板的安装方式、最低功率、规格（太阳能电池板每天的有效发电量必须大于负载的用电量）及蓄电池的容量、性能及控制方式。使产品达到最佳性价比。如果对相关因素的估算失误，就会直接影响到独立光伏发电系统性能和造价。

(1) 现场的地理环境，包括地点、经纬度、海拔等。

(2) 安装地点的气象条件，包括逐月太阳能总辐射量、直接辐射量、日照时长、年平均气温、最长连续阴雨天数及降雪等特殊气象情况。

(3) 最大负载量，包括负载每天工作时间及平均耗电量，连续阴雨天需工作的时间。

(4) 负载用电特性，由于太阳能电池阵列输出的电流是直流，如果负载是交流的话，需要经过逆变器的转换才能正常工作，这样太阳能最终供给负载的能量损耗就增大，从而所需太阳能电池就会增大，导致太阳能供电系统造价增大。

5. 光伏发电系统的发展现状和前景

2015 年 1~6 月，全国新增光伏发电装机容量 773 万 kW，截至 2015 年 6 月底，全国光伏发电装机容量达到 3578 万 kW。

根据《可再生能源中长期发展规划》[12]，到 2020 年，我国力争使太阳能发电装机容量达到 1.8GW，到 2050 年将达到 600GW。预计，到 2050 年，我国可再生能源的电力装机将占全国电力装机的 25%，其中光伏发电装机将占到 5%。未来十几年，我国太阳能装机容量的复合增长率将高达 25% 以上。

14.2.4 风力发电系统

1. 风力发电系统原理与组成

风力发电的原理是利用风力带动风车叶片旋转,再透过增速机将旋转的速度提升,来促使发电机发电。风能作为一种清洁的可再生能源,越来越受到世界各国的重视。风能其蕴量巨大,一台单机容量为 1MW 的风电装机与同容量的火电装机相比,每年可减排 $2000tCO_2$、$10tSO_2$。一般来说,三级风就有利用的价值。但从经济合理的角度出发,风速大于 4m/s 才适宜于发电。据测定,一台 55kW 的风力发电机组,当风速为 9.5m/s 时,机组的输出功率为 55kW;当风速为 8m/s 时,功率为 38kW;风速为 6m/s 时,只有 16kW;而风速为 5m/s 时,仅为 9.5kW。可见风力越大,经济效益也越大。

风力发电源由风力发电机组、支撑发电机组的塔架、蓄电池充电控制器、逆变器、卸荷器、并网控制器、蓄电池组等组成(见图 14-17 和图 14-18)。风力发电机组包括风轮、发电机、铁塔。风轮中含叶片、轮毂、加固件等组件。

图 14-17 风力发电机

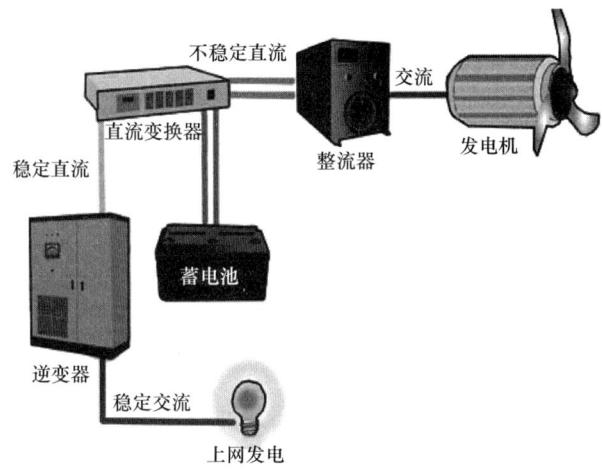

图 14-18 风力发电原理图

资料来源:中国科学院网站 http://www.cas.cn/kxcb/kpwz/201109/t20110915_3349809.shtm。

2. 分力发电机的种类

风力发电机归纳起来可以分为两类:水平轴风力发电机和垂直轴风力发电机。

水平轴风力发电机可分为升力型和阻力型两类。升力型风力发电机旋转速度快，阻力型风力发电机旋转速度慢。对于风力发电，多采用升力型水平轴风力发电机，平时说的风力发电机通常也是指水平轴风力发电机，最大功率为5MW左右。

垂直轴风力发电机在风向改变时无需对风，在这点上相对于水平轴风力发电机是一大优势，但这些装置有较大的启动力矩，要求较高的启动风速，结构复杂，这也制约了垂直轴风力发电机的应用。

根据定浆矩失速型风机和变速恒频变桨矩风机的特点，风力发电机分类如表14-5所示。

国内目前装机的风力发电机分类　　　　表14-5

分类	形式	常用规格	发电形式
异步型	笼型异步发电机	125kW、750kW、800kW、12500kW	定子向电网输送不同功率的50Hz交流电
异步型	绕线式双馈异步发电机	1500kW	定子向电网输送50Hz交流电，转子由变频器控制，向电网间接输送有功或无功功率
同步型	永磁同步发电机	750kW、1200kW、1500kW	由永磁体产生磁场，定子输出经全功率整流逆变后向电网输送50Hz交流电
同步型	电励磁同步发电机	2000kW	外接到转子上的直流电流产生磁场，定子输出经全功率整流逆变后向电网输送50Hz交流电

3. 风力发电系统的优缺点

风力发电系统的优点主要体现在：

(1) 清洁，环境效益好；

(2) 可再生，永不枯竭；

(3) 建设周期短；

(4) 装机规模灵活。

风力发电系统的缺点主要体现在：

(1) 有噪声、视觉污染；

(2) 系统占地面积较大；

(3) 由于风力的气象条件的变化，风力发电系统具有不稳定性；

(4) 目前风力发电系统的初投资较高，约7000~10000元/kW。

4. 风力发电系统实施应考虑的因素

目前市场上的风力发电机组兆瓦级的一般切入风速是3m/s，切出风速是27m/s，额定风速在10m/s左右，因此在建设风力发电系统时应考虑气象条件和社会自然条件等多方面因素。

(1) 风能质量要高，风力发电场场址的首要条件，是风能资源丰富。年平均风速大于3m/s以上的时数在5000h以上，有效风能密度在200~300W/m^2以上时建设风力发电厂最为经济。

(2) 风力发电场的场址应考虑盛行风向稳定。风向稳定不仅可以增大风能利用率，还可以延长风机寿命。

(3) 风力发电场址的自然灾害要少。强风、冰雹、雷暴、地震等都会对风力发电机等造成影响。

（4）风力发电场址的地势要较平坦，地质条件要好，以便进行土建施工，交通便利以利于风电设备的运输。

（5）风电场的建设一般会对飞禽及鸟类正常生活和迁徙有影响，为保护生态，场址应尽量避开鸟类飞行路线、候鸟及动物栖息地等，远离自然保护区、军事设施、人口密集地区等。

5. 风力发电系统的发展现状与前景

中国 10m 高度层的风能资源总储量为 32.26 亿 kW，其中实际可开发利用的风能资源储量为 2.53 亿 kW。根据国家能源局发布的 2015 年上半年全国风电并网运行情况。2015 年上半年，全国风电新增并网容量 916 万 kW，全国风电累计并网容量 10553 万 kW，累计并网容量同比增长 27.6%。2015 年上半年，全国风电上网电量 977 亿 kWh，同比增长 20.7%；风电弃风电量 175 亿 kWh，同比增加 101 亿 kWh。平均弃风率 15.2%，同比上升 6.8 个百分点。由此看出在风电快速发展的同时，风电的弃风消纳问题已经成为我国风电发展的最大障碍。

但目前随着国家电力行业的市场化转型、智能电网的建设以及一系列的互联网行动计划，旨在促进电力需求侧的响应和清洁能源高效利用方面的技术进步和应用。2013 年 2 月 27 日，国家电网公司发布《关于做好分布式电源并网服务工作的意见》，也为风电发电并网提供了便利条件。尤其在节能减排、环境治理的大背景下，国内的风电行业正迎来新的发展期。全球风能理事会发布的最新版《全球风电发展年报》预测，未来五年内全球风电市场将继续保持增长势头，2015 年全球新增装机容量将再次达到 5350 万 kW，累计装机突破 4 亿 kW 大关。

14.2.5 生物质发电系统

1. 生物质发电系统的原理

生物质发电是利用生物质所具有的生物质能进行的发电，是可再生能源发电的一种，包括农林废弃物直接燃烧发电、农林废弃物气化发电、垃圾焚烧发电、垃圾填埋气发电、沼气发电等（见图 14-19 和图 14-20）。

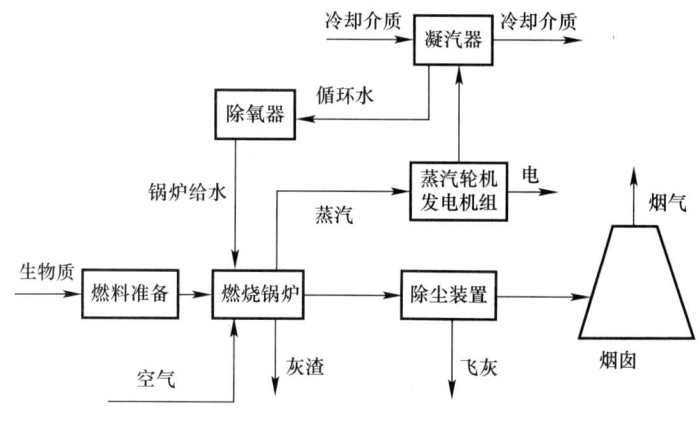

图 14-19 生物质直燃发电系统流程

图 14-20　生物质发电机

资料来源：胜动科技官网，http://www.sdnetech.com/h-pd-35-0 443 6-1.html。

2. 生物质发电的形式分类

（1）燃烧发电。直接燃烧发电是将生物质在锅炉中直接燃烧，生产蒸汽带动蒸汽轮机及发电机发电。生物质直接燃烧发电的关键技术包括生物质原料预处理、锅炉防腐、锅炉的原料适用性及燃料效率、蒸汽轮机效率等技术。

（2）混合发电。生物质还可以与煤混合作为燃料发电，称为生物质混合燃烧发电技术。混合燃烧方式主要有两种：一种是生物质直接与煤混合后投入燃烧，该方式对于燃料处理和燃烧设备要求较高，不是所有燃煤发电厂都能采用；一种是生物质气化产生的燃气与煤混合燃烧，这种混合燃烧系统中燃烧产生的蒸汽一同送入汽轮机发电机组。

（3）气化发电。生物质气化发电技术是指生物质在气化炉中转化为气体燃料，经净化后直接进入燃气机中燃烧发电或者直接进入燃料电池发电。气化发电的关键技术之一是燃气净化，气化出来的燃气都含有一定的杂质，包括灰分、焦炭和焦油等，需经过净化系统把杂质除去，以保证发电设备的正常运行。

（4）沼气发电。沼气发电是随着沼气综合利用技术的不断发展而出现的一项沼气利用技术，其主要原理是利用工农业或城镇生活中的大量有机废弃物经厌氧发酵处理产生的沼气驱动发电机组发电。用于沼气发电的设备主要为内燃机，一般由柴油机组或者天然气机组改造而成。

（5）垃圾发电。垃圾发电包括垃圾焚烧发电和垃圾气化发电，其不仅可以解决垃圾处理的问题，同时还可以回收利用垃圾中的能量，节约资源，垃圾焚烧发电是利用垃圾在焚烧锅炉中燃烧放出的热量将水加热获得过热蒸汽，推动汽轮机带动发电机发电。垃圾焚烧技术主要有层状燃烧技术、流化床燃烧技术、旋转燃烧技术等。发展起来的气化熔融焚烧技术，包括垃圾在450～640℃温度下的气化和含炭灰渣在1300℃以上的熔融燃烧两个过程，垃圾处理彻底，过程洁净，并可以回收部分资源，被认为是最具有前景的垃圾发电技术。

3. 生物质发电技术经济指标（以生物质气化发电为例）

生物质气化发电包括小型气化发电和中型气化发电两种模式。小型气化发电采用简单的气化—内燃机发电工艺，发电效率一般在14％～20％，规模一般小于3MW。中型气化发电除了采用气化—内燃机发电工艺外，同时增加余热回收和发电系统，气化发电系统的总效率可达到25％～35％[13]。生物质气化发电技术指标如表14-6所示。

14.2 现场发电系统（包括可再生能源发电）的设备

生物质气化发电技术指标　　　　　　　　　　　　　表 14-6

指标	1～3MW	6MW
气化效率（%）	75	78
厂自用电率（%）	10	10
电站发电效率（%）	17～20	28
年运行时间（h/a）	6000	6500
生物质用量（kg/kWh）	1.3～1.8	1.1

表 14-7 所示为 1～3MW 生物质气化电站投资概算，在新建小型兆瓦级生物质气化电站的投资中，主体设备投资约占总投资的 60% 左右，单位投资随着发电规模的增大而减小[14]。

1～3MW 生物质气化电站投资概算　　　　　　　　　　　表 14-7

工程或费用名称	3MW	2MW	1MW
主体设备（万元）	850	610	315
安装材料和配件（万元）	35	30	18
土建（万元）	140	120	80
设备安装和调试（万元）	80	75	65
配套设备和配件（万元）	80	65	30
其他不可预见费用（万元）	130	100	50
总投资（万元）	1315	1000	560
投资成本（元/kW）	4380	5000	5600

4. 生物质发电系统的发展现状和前景

中国是一个农业大国，生物质资源十分丰富，开发潜力巨大。为推动生物质发电技术的发展，2003 年以来，国家先后核准批复了河北晋州、山东单县、江苏如东 3 个秸秆发电示范项目，颁布了《可再生能源法》，并实施了生物质发电优惠上网电价等有关配套政策，从而使生物质发电，特别是秸秆发电迅速发展。

《可再生能源"十二五"规划》中明确表示，2015 年我国生物质发电装机达到 1300 万 kW，其中农林生物质发电 800 万 kW、沼气发电 200 万 kW、垃圾焚烧发电 300 万 kW，分别为 2010 年装机量的 4.0 倍、2.5 倍和 6.0 倍，将带来行业的爆发式增长，按农林生物质和垃圾发电厂装机容量约为 3 万 kW 计算，相当于 5 年内要分别新建农林生物质和垃圾发电厂 200 座和 83 座，总投资超过 900 亿元；沼气电厂规模一般较小，新建的数量更多。

14.2.6 燃料电池发电系统

燃料电池（Fuel Cell）是一种将存在于燃料与氧化剂中的化学能直接转化为电能的发电装置。

燃料电池工作方式与常规的化学电源不同，更类似于汽油、柴油发电机，它的燃料和氧化剂不是存储在电池内，而是存储在电池外的储罐中。当电池发电时要连续不断地向电池内送入燃料和氧化剂，排出反应产物，同时也要排出一定的废热，以维持电池工作温度的恒定[15]。燃料电池发电系统如图 14-21 和图 14-22 所示，其分类如表 14-8 所示。

图 14-21 美国 Adobe Systems 燃料电池发电系统

资料来源：Bloom Energy, http://www.bloomenergy.com/newsroom/photo-gallery/。

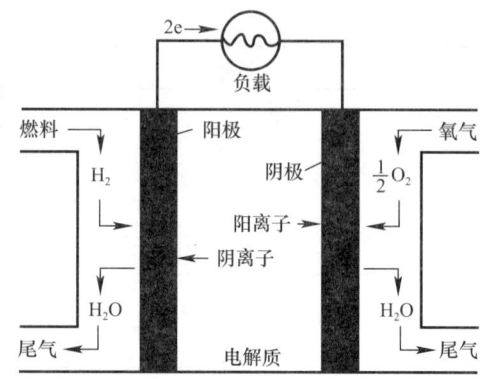

图 14-22 燃料电池构造示意

燃料电池发电系统分类　　　　表 14-8

简称	燃料电池类型	电解质	工作温度（℃）	电化学效率	燃料、氧化剂	功率输出
AFC	碱性燃料电池	氢氧化钾溶液	室温～90	60%～70%	氢气、氧气	0.3～5kW
PEMFC	质子交换膜燃料电池	质子交换膜	室温～80	40%～60%	氢气、氧气（或空气）	1kW
PAFC	磷酸燃料电池	磷酸	160～220	55%	天然气、沼气、双氧水、空气	200kW
MCFC	熔融碳酸盐燃料电池	碱金属碳酸盐熔融混合物	620～660	65%	天然气、沼气、煤气、双氧水、空气	2～10MW
SOFC	固体氧化物燃料电池	氧离子导电陶瓷	800～1000	60%～65%	天然气、沼气、煤气、双氧水、空气	100kW

此外还有潮汐能、地热能等可再生能源发电系统，在本节中不再赘述。

14.3 现场发电系统（包括可再生能源发电）的并网和配电

现场发电系统是一种新型的供电系统，它以分散的方式布置在负荷所在的配电网络中，具有节能、环保、投资小、供电可靠和发电方式灵活的特点，用其应对高峰期电力负荷比用集中供电的方式更经济、有效[16]。且现场发电系统多采用以小型燃油、燃气、微型燃气轮机以及太阳能、风能、生物质能、地热能等可再生能源发电其环保效益明显。目前应用较广泛的现场发电系统多为光伏发电系统、风力发电系统及天然气冷热电三联供系统。

14.3.1 光伏发电系统的并网和配电

1. 光伏发电系统并网和配电原理

典型的光伏并网系统结构包括：光伏阵列、DC-DC 变换器、逆变器和集成的继电保护装置，如图 14-23 所示。变换器将光伏电池所发电能逆变成正弦电流并入电网中。通过 DC-DC 升压斩波变换器，可以在变换器和逆变器之间建立直流环，升压斩波器根据电网电压的大小来提升光伏阵列的电压以达到一个合适的水平,同时 DC-DC 变换器也作为最大功率点跟踪器。控制器控制光伏电池最大功率点跟踪、控制逆变器并网电流的波形和功率,使向电网转送的功率与光伏阵列所发的最大功率电能相互平衡。逆变器用来向交流系统提供功率,继电保护系统保证光伏系统和电力网络的安全性。

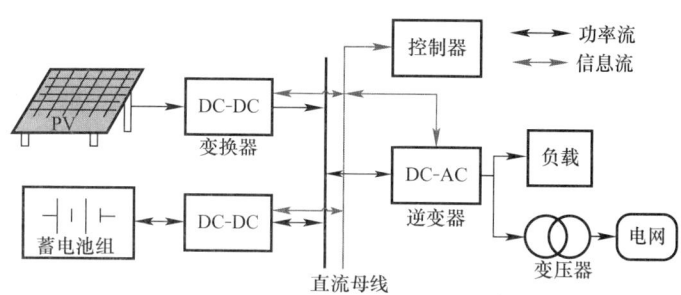

图 14-23 光伏发电系统并网原理图

此外,大型的光伏并网系统还会有蓄电池和隔离变压器。由于光伏发电量波动较大,如果全部注入电网会引起电网电能质量的恶化,蓄电池可用来平衡光伏阵列发出的额外电量,同时保证光伏发电的效率和电网的稳定。隔离变压器一般用于容量 10MW 以上的光伏电站,由于这种电站需要连接到中、高压电网,故需要升压和隔离环节[17]。

2. 光伏发电系统并网和配电的控制方案

传统的光伏电站容量很小,电网实际上还是将其当成用电设备,并不寻求对电站进行主动调度和控制,但随着光伏电站的规模越来越大,电网必须将光伏发电站当作真正的"发电站"来对待,这就对光伏电站提出了更高的要求,不单是被动地满足电能质量要求,而是主动地对电站进行调度和管理。一般来说,电网对光伏发电输入容量的控制模式有如下 3 种(见图 14-24):

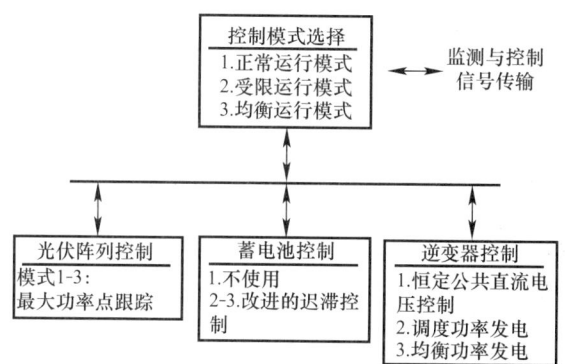

图 14-24 光伏并网发电系统控制方案

(1) 正常运行。光伏并网系统传输尽可能多的电能,此时光伏电池工作效率最高,发出的电能不通过蓄电池,直接经过逆变器输送给电网。

(2) 受限运行。光伏发电站按照电网设置的预期输入功率运行,从而达到削峰、主动负荷控制等目的。蓄电池用于补偿光伏阵列发电和分配入网电量之间的不平衡。由于此时系统操作员可能会持续更改分配入网电量,光伏发电系统中电力波动不可避免,而蓄电池会经历反复充放电过程，控制不当将减少蓄电池寿命。

（3）均衡运行。该模式用于缓解光伏电源的电力波动，即减轻与电网在公共耦合点的电压和谐波不平衡，使其向电网传输更多高质量电能。管理系统需要增加额外的控制模块用于电力均衡值的确定，并向电网逆变器发出控制命令。而这个实时值很难估计，使用一个低通滤波器可以简单有效地达到目的。蓄电池同样用于平衡发电和输入电能之间的不平衡。

3. 光伏发电系统并网的孤岛检测

一个性能完善的光伏并网发电系统需要各种保护措施保证用户的人身安全，同时防止设备因意外而造成的损坏。由于光伏发电系统和电网并联工作，因此光伏发电系统须能及时检测出电网故障并切断其与电网的连接。如果不能及时发现电网故障，就会出现光伏发电系统仍向局部电网供电的情形，从而使本地负载仍处于供电状态，造成设备损坏和人员伤亡。这种现象被称为孤岛效应。实际工作中，孤岛效应的检测需要用软件和硬件共同配合来实现。目前孤岛检测主要分为被动式检测和主动式检测两种。

（1）被动式检测。利用电网断电瞬间，逆变器输出功率与局部负载功率不平衡造成的逆变器输出端电压值和频率变化作为孤岛效应检测的依据。其具有检测方法简单、对系统运行无干扰等优点。但是如果在电网停电的瞬间，逆变器输出功率与局部负载功率达到平衡，该方法将失去作用。被动防孤岛效应保护方式主要有电压相位跳动、3次电压谐波变动、频率变化率等。

（2）主动式检测。在系统工作中，对逆变器输出电流、频率或相位施加一定的扰动信号，并对其进行检测。如果电网正常，因电网的巨大平衡作用，逆变器输出不受扰动信号的影响；一旦电网出现故障，这些扰动量就会在逆变器输出端逐步累计，直至超出规定范围，从而反映出电网故障。主动防孤岛效应保护方式主要有频率偏离、有功功率变动、无功功率变动、电流脉冲注入引起阻抗变动等[18]。

14.3.2 风力发电系统的并网和配电

并网型风电系统有恒速恒频（CSCF）和变速恒频（VSCF）两种工作方式[19]。CSCF方式下，风速变化时风机转速恒定，输出电能频率恒定，其发电效率较低，而且由于机械承受应力较大，相应的装置成本较高。VSCF方式下，风机转速随风速的变化而变化，实现了不同风速下的高效发电，风速较低时风机转速相应下降，从而使系统的机械应力和装置成本都大大降低。

1. 风机驱动双速异步发电机并网

双速异步发电机系指具有两种不同的同步转速（低同步转速及高同步转速）的电机，根据异步电理论，异步电机的同步转速 n_s 与异步电机定子绕组的极对数 p 及所并联电网的频率 f 的关系式为：

$$n_s = 60f/p$$

因此只要改变 p，就可得到不同的 n_s。即在低风速时采用多极对数或低同步转速的电机，对应于低功率输出；在高风速时采用少极对数或高同步转速的电机，对应于高功率输出。一般改变 p 的方法主要有三种：

（1）采用两台定子绕组 p 不同的异步电机，一台为低同步转速的，一台为高同步转速的；

(2) 在一台电机的定子上放置两套 p 不同的相互独立的绕组，此即双绕组双速电机；

(3) 在一台电机的定子上仅安置一套绕组，靠改变绕组的连接方式获得不同的 p，此即单绕组双速电机。

双速异步发电机并网时多采用晶闸管软并网方法来限制并网瞬间的冲击电流（见图 14-25），同时也在低速（低功率输出）与高速（高功率输出）绕组相互切换过程中起限制瞬间电流的作用。双速异步发电机通过晶闸管软切入并网的过程如下：

(1) 当风速传感器测量的风速达到启动风速（一般为 3.0～4.0m/s），并连续维持 5～10min 时，控制系统计算机发出启动信号，风机开始启动，此时发电机被切换到小容量低速绕组，当发电机转速 n 接近 n_s 时，根据预定的启动电流值，异步发电机通过晶闸管接入电网，进入低功率发电状态。

(2) 若风速传感器测量的 1min 平均风速远超过启动风速，则风机启动后，发电机被切换到大容量高速绕组，当 n 接近 n_s 时，根据预定的启动电流值，异步发电机通过晶闸管接入电网，直接进入高功率发电状态。

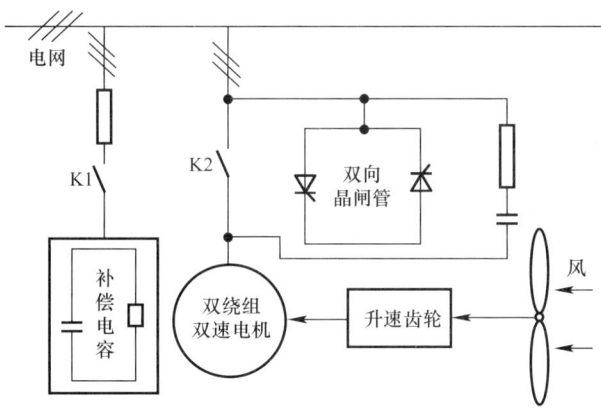

图 14-25 双速异步发电机经晶闸管软并网原理图

2. 风机驱动滑差可调异步发电机并网

为提高风电机组的效率，国外的风力发电机制造厂家研制出了滑差可调的绕线式异步发电机（见图 14-26），这种发电机可在一定的风速范围内，以变化的风机转速运转，而发

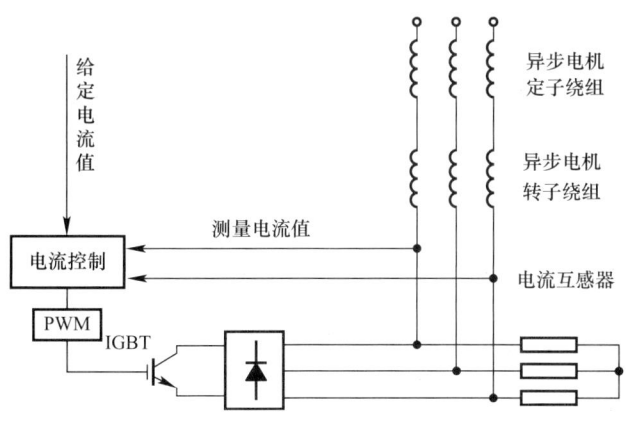

图 14-26 滑差可调异步发电机机构图

电机仍输出额定功率，无需借助调节风机叶片桨矩来维持其额定功率输出，这样就避免了风速频繁变化造成的功率起伏，改善了输出电能的质量；同时也减少了变桨矩控制系统的频繁动作，提高了风电机组运行的可靠性，延长了使用寿命。

在采用变桨矩风机的风电系统中，一般利用具有转子电流控制器的滑差可调异步发电机与变桨矩风机配合，共同完成 P 的调节，以实现发电机电功率的稳定输出。

（1）当风速低于额定风速时，通过转速控制环节、功率控制环节及 RCC 控制环节将发电机的滑差调到最小，s 为 1%，同时通过变桨矩机构将叶片攻角调至 0，并保持在 0 附近，以便最有效地吸收风能。

（2）当风速高于额定风速时，P 上升，大于额定功率，则功率控制单元改变转子电流给定值，使异步发电机转子电流控制环节动作，调节发电机转子回路电阻，增大发电机的滑差使 n 上升。由于风机的变桨矩机构有滞后效应，叶子攻角还未来得及变化，而风速下降时 P 也随之下降，则功率控制单元又将改变转子电流给定值，使异步发电机转子电流控制环节动作，调节发电机转子回路电阻值，减少发电机的滑差（绝对值）使 n 下降。由上述的基本工作原理可知，在 n 上升或下降的过程中，发电机转子电流将保持不变，P 也将维持不变，可见在风速短暂变化时，借助转子电流控制环节的作用即可维持 P 恒定，从而减小了对电网的扰动影响。

3. 变速风机驱动双馈异步发电机并网

双馈异步发电机输出端电压的控制是靠控制发电机转子电流的大小来实现（见图 14-27）。当发电机的负载增加时，发电机输出端电压降低，此信息由电压检测获得，并反馈到控制转子电流大小的电路，也即通过控制三相半控或全控整流桥的晶闸管导通角，使导通角增大，从而使发电机的转子电流增加，定子绕组的感应电动势增高，发电机输出端电压恢复到额定电压，反之亦然。

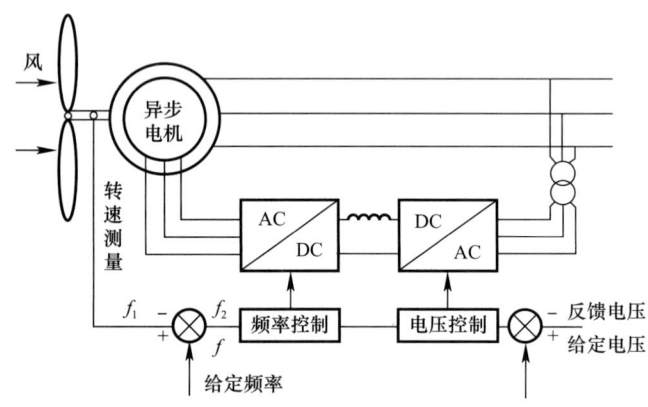

图 14-27　变速风机及双馈异步发电机与电网连接图

在双馈异步发电机组成的 VSCF 风电系统中，异步发电机转子回路中可采用不同类型的循环变流器作为变频器。

（1）采用交—直—交电压型强迫换流变频器：可实现由亚同步运行到超同步运行的平稳过渡，可扩大风机变速运行的范围。此外，由于采用了强迫换流，还可实现功率因数的调节，但由于转子电流为方波，会在电机内产生低次谐波转矩。

（2）采用交—交变频器：可省去交—直—交变频器中的直流环节，同样可实现由亚同步到超同步运行的平稳过渡及实现功率因数的调节，其缺点是需应用较多的晶闸管，同时在电机内也会产生低次谐波转矩。

（3）采用脉宽调制控制的由 IGBT 组成的变频器：利用 PWM 控制技术，可获得正弦形转子电流，电机内不会产生低次谐波转矩，同时能实现功率因数的调节。现代兆瓦级以上的双馈异步风力发电机多采用这种变频器[18]。

4. 风机驱动同步发电机并网

风机驱动同步发电机并网系统工作于 CSCF 方式下，同步发电机的 M 对风机来讲是制动转矩性质，在 M 变化时 n 维持不变（即维持 n_s），以保证发电机的频率与 f 相同，否则发电机将与电网解列。此系统要求有精确的调速机构，当风速变化时，能维持 n 不变，等于 n_s。

同步发电机在转子未加励磁，励磁绕组经限流电阻短路的情况下，由原动机拖动，待 n 升高到接近 n_s 时，将发电机投入电网，再立即投入励磁，靠定子与转子之间电磁力的作用，发电机自动牵引同步运行（见图 14-28）。

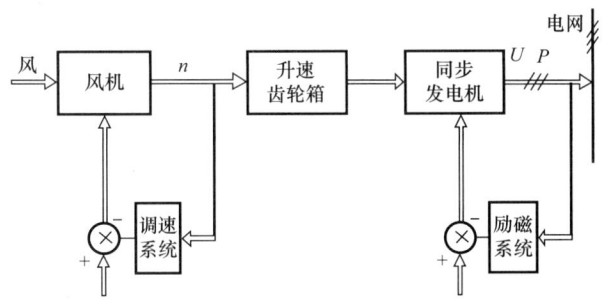

图 14-28　同步发电机与电网连接图

14.3.3　天然气冷热电三联供系统的并网和配电

冷热电三联供的宗旨是以冷热电联产技术为基础，与大电网和天然气管网组网运行，向城区内的用户同时提供电力、蒸汽、热水和空调冷热水等能源服务系统。其提供的电力系统必须和外部电力系统并联使用，能源匹配和如何接入电网就显得至关重要。三联供电力系统并网时需要分析并网点及负荷性质，有针对性地选择并网电压等级，做到性价比最高。目前三联供系统的实施大多按照自发自用、余电上网的原则进行，一般原动机发电后经变压器升压，并入空调机房配电所或项目变电所母排。当系统母排上没有电压时，发电机组孤岛模式运行。此时，系统母排市电高压开关柜分闸闭锁。当系统母排上有电压，发电机组启动与系统母排并联运行。并网后在夏季和冬季三联供系统将在白天电价峰值期间运行，春秋季、夜间谷价时可以切除。

以微型燃气轮机三联供系统为例，其工作原理图见图 14-29。天然气燃料经气体压缩后进入燃烧室，与来自空气压缩机并经回热器加热后的空气进行燃烧，将燃料的化学能转为热能；产生的高温高压燃气进入涡轮透平空间膨胀做功推动涡轮透平叶片高速转动，热能转变为机械能；涡轮透平经传动轴带动永磁发电机发电，产生变频的交流电，机械能转化为电能。

第 14 章 能源微网的核心层——现场发电系统

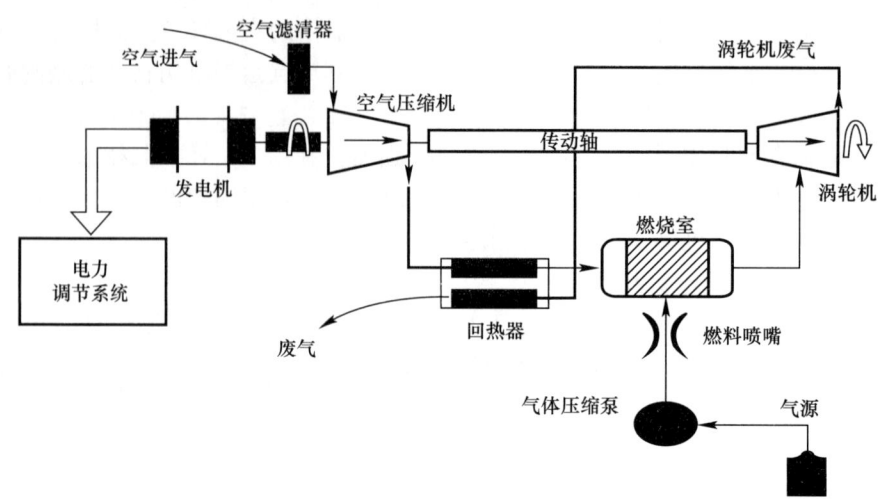

图 14-29 微燃机工作原理图

变压变频的交流电并不能直接作为交流电源或并网,需经过电力调节系统方可使用。电力调节系统由各种电力电子变换电路组成,控制着微燃机以及内部所有子系统的运行。图 14-30 为三联供系统的并网和配电构框图。由发电机产生的变压变频交流电首先经过整流器将交流电转变为直流电,再经逆变电路将直流电转换为频率为 50Hz 的交流电,然后并入电网或供给电负荷。

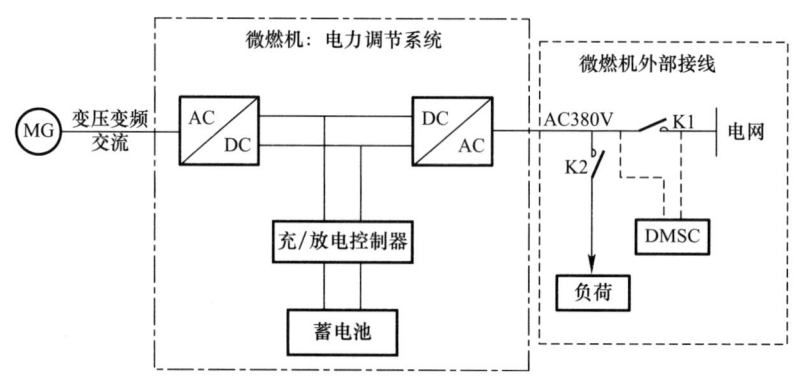

图 14-30 三联供系统并网结构框图

冷热电三联供系统共有两种工作模式:孤岛或并网,可通过 DMSC(双模式控制器)来设定。

1. 并网模式

开关 K1 闭合。微燃机启动过程中,电力调节系统作为一个变频电源,驱动微燃机,直到微燃机进入到点火阶段。已经有电力输出。微燃机正常运行后,由涡轮透平带动永磁发电机工作在发电状态,其发出电能经电力调节系统为负荷提供电源,多余的电能直接送入电网;如果微燃机出力小于负荷需求时,不足部分由电网补充。微燃机停止运行过程中,为了保护内部的各个部件,需要将回热器和微燃机内部部件残留的热量散尽,此时,电力调节系统同样作为一个变频电源从电网吸收能量来驱动发电机工作在电动状态。

2. 孤岛模式

开关 K1 断开。微燃机启动过程中，蓄电池经放电控制器为电力调节系统提供变频电源，进而驱动永磁发电机运行在电动状态。微燃机正常运行后永磁发电机发出电能经电力调节系统为负荷提供电源，同时经充电控制器为蓄电池充电；若微燃机出力小于负荷需求，不足部分由蓄电池经逆变器补充。微燃机停止过程中，同样是由蓄电池经放电控制器为电力调节系统提供变频电源，永磁发电机工作在电动状态。孤岛运行时，系统将根据设定输出符合需要的电压和频率的电力。

14.3.4 现场发电系统并网和配电存在的问题

随着现场发电系统的快速发展，应用范围越来越大，现场发电系统的并网在带来巨大节能效果的同时，也出现了许多不良的影响。

1. 电能质量的问题

由于现场发电系统的启动和停运与用户需求、气候条件、政策法规等众多因素有关，因此其投入与退出具有不确定性，这使配电网的电压常常发生波动。现场发电系统的频繁投退会使配电网线路上的潮流发生较大变化，从而加大电压调整的难度[19]。

现场发电系统采用大量电力电子技术和设备，因此将给系统带来大量谐波，对电网造成谐波污染。另外，若现场发电设备无隔离变压器而与配电网直接相连，则有可能向配电系统注入直流，使变压器和电磁元件出现磁饱和现象[20]。

集中供电模式下的配电网一般呈辐射状，稳态运行时电压沿馈线潮流方向逐渐降低。现场发电系统接入后，由于馈线上的传输功率减少且现场发电系统输出无功的支持，导致一些负荷节点的电压被抬高甚至超标[21]。

2. 对继电保护的影响

配电网中大量的继电保护装置早已存在，不可能为了新增的现场发电系统而做大量改动，现场发电系统必须与之配合并适应它。当配电网的继电保护装置具有重合闸功能时，则当配电网系统故障时，现场发电系统的切除必须早于重合时间，否则会引起电弧的重燃，使重合闸不成功。

当有现场发电系统功率注入配电网时，会使继电器原来的保护区缩小，导致保护拒动。

3. 对电网可靠性的影响

有时现场发电系统会对可靠性产生不利的影响，但有时会对可靠性产生有利的作用，要视具体情况而定，不能一概而论。

不利情况：大系统停电时有些现场发电系统的燃料会中断，或供给辅机电源失去，现场发电系统同时停运，仍无法提高供电的可靠性。现场发电系统与配电网的继电保护配合不好，可能使继电保护误动作，反而使可靠性降低。不适当的安装地点、容量和连接方式会使配电网可靠性变坏。

有利情况：现场发电系统可部分消除输配电网的过负荷和堵塞，增加输配电网的输电裕度。特殊设计的现场发电系统可使它在大电力输配电系统发生故障时，现场发电系统仍能保持运行。这些都有利于提高系统的可靠性。

4. 电网效益问题

现场发电系统的接入可能使配电网的某些设备闲置或成为备用；还有可能使配电系统

负荷预测更加困难。

5. 孤岛效应问题

孤岛效应指的是在大电网断开后，独立的并网发电系统继续向城区负荷供电的现象。现场发电系统在孤岛情况下运行时可能会给用户和线路维修人员的人身安全带来危害，会给线路和设备安全造成威胁，用户的供电质量也很难得到保障，现场发电系统的孤岛运行还可能带来非同期重合闸的危险。IEEE 15743 标准规定，对非计划性孤岛，分布式电源的连接系统应在孤岛形成 2s 内检测到孤岛并断开现场发电系统。

14.3.5 现场发电系统并网的意义及"黑启动"

随着我国城市化进程的不断加快，未来对能源的需求高速增长，与此同时，能源供应约束严重，供需矛盾日益突出，能源安全已成为全社会共同关注的首要问题。这促使我国政府重新审视能源长期发展战略，寻求一条可持续发展的能源道路势在必行。现场发电系统以其可再生、污染小、能源利用率高等特点，逐渐被人们所接受。其优点如下：

（1）现场发电系统中各电站相互独立，用户可以自行控制，不会发生大规模停电事故，所以安全可靠性比较高；

（2）现场发电系统可以弥补大电网安全稳定性的不足，在意外灾害发生时继续供电，已成为集中供电方式不可缺少的重要补充；

（3）可对城区电力的质量和性能进行实时监控，发展中小城市或商业区的居民供电，可大大减小环保压力。

由于现场发电系统属于新兴科技，设备的一次性投入较高，冷热电联产系统一般使用天然气作为能源，成本也相对较高。因此只有其产生的电能以及冷、热能量被充分利用，并且保证一定的运行时间才能显现出良好的经济性。但是如果系统独立运行，由于电力负荷的波动，很难保证发电机能够连续满负荷运行。当现场发电系统并网之后，机组多余的电量可以通过大电网向外界输送，不足的部分由大电网补充，因此可以使发电机组始终在一个比较经济的工况下运行。同时，并网后由于有了大电网的电力系统作为支撑，发电设备受到负荷波动的冲击比较小，用户的用电质量可以得到很大的改善。当大电网出现故障时，现场发电系统也可以作为备用电源为重要负荷提供用电保障。

现场发电系统的另外一个重要的意义就是在电网"黑启动"方案中的作用。

电网"黑启动"是指整个系统因故障停运后，不依赖其他网络的帮助，通过系统中具有启动能力机组的启动，带动无启动能力的机组，逐步扩大电力系统的恢复范围，最终实现整个电力系统的恢复过程[22]。

电力系统受各类自然灾害和人为因素导致电网发生局部失电或大面积失电等严重事故无法避免，采取有效的故障自愈措施有利于快速恢复供电，其中在电力系统大停电后采取切实可行的"黑启动"预案对快速恢复系统供电具有重大意义[23,24]。

针对大面积停电，各地方电网都制定了"黑启动"方案，但"黑启动"方案的关键点就是"黑启动"电源，其中最常用的"黑启动"电源就是水电厂，但由于水资源的匮乏以及水电厂既要考虑居民和工厂的用水，又要保证电力的供应，压力非常大。带有储能装置的风能发电厂、光伏发电厂、天然气冷热电联供系统等可再生清洁能源的现场发电系统，以其能源利用率高、污染小、可靠性高等特点受到了广泛关注，是很好的"黑启动"电源。

1. 现场发电系统"黑启动"能力分析

现场发电系统同传统的水电站"黑启动"相比结构更简单，单机容量更小，需要厂用电量更少，更适用于"黑启动"，并网逆变器可以对频率、电压等进行控制，具有孤岛运行能力。

由于现场发电系统分散的发电电站较多，只要有一个分布式能源电站"黑启动"成功，其他机组即可相继启动。我国风电规模已经连续3年翻番增长，光伏产能已经跃居世界前列，新能源电站规模已经具备较大的"黑启动"能力，随着应对全球气候变暖的形势，装机规模必将迅速扩大。

现场发电系统参与电网"黑启动"几乎不需要额外投资，在电网相对薄弱又缺水电的地区，"黑启动"具有更广泛的应用价值。

2. 现场发电系统"黑启动"的优缺点

现场发电电站作为"黑启动"电源仅需要很小的额外投资，且分布式能源资源丰富、污染小、能源利用率高。但是与水电机组受蓄水量影响相比，风电、光伏电站受风力、日照的影响更大，如果通过两者的相互结合，优势互补，则具有较强的"黑启动"能力。

很多"黑启动"实践证明，在极端情况下，单一"黑启动"电源、单一"黑启动"路径，难以恢复电网；多电源、多路径实施"黑启动"能保证更可靠、更迅速、更全面地恢复电网。现场发电系统参与"黑启动"，可以提高电网恢复的速度及可能性，具有广泛的应用价值[25]。

14.4 高能效的热电联供＋热泵（CHP＋HP）系统

14.4.1 最高效率的理想配置

图14-31给出热电联供＋热泵系统的理想配置供热流程。

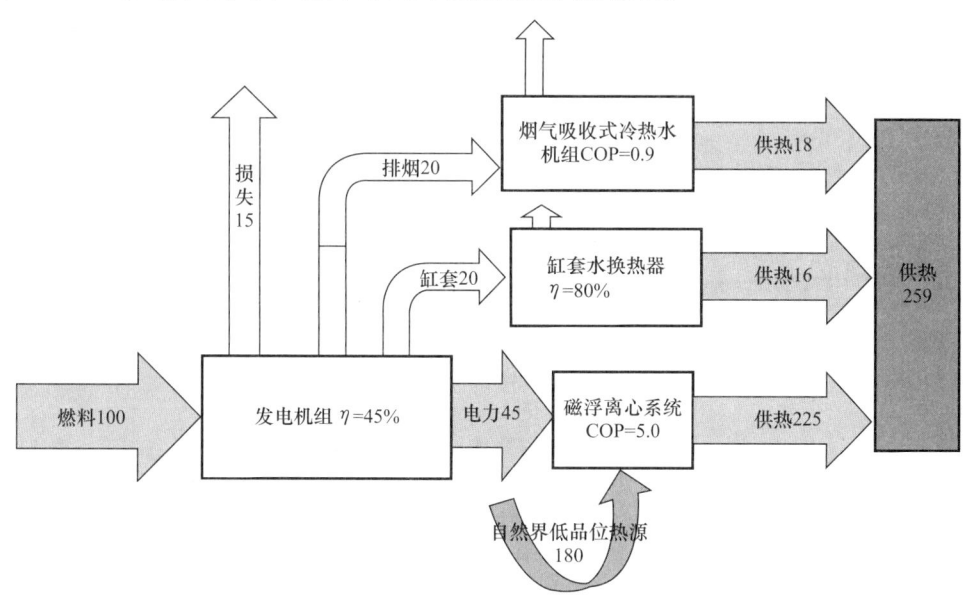

图14-31 热电联供＋热泵系统供热的最高效率理想配置

图 14-31 中有几个要点：

(1) 发电机组用目前效率最高的燃气内燃机发电机组，发电效率可高达 45%。但如果考虑环保需求，增加脱硝装置，则发电效率会略有下降。

(2) 以磁浮离心机为主机的电动热泵系统。磁浮离心机是一种两级压缩机，与常规离心机不同的是它利用磁悬浮轴承使转子悬浮，从而没有任何机械磨损，不需要润滑油，也免去复杂的润滑油路系统。其压缩机转速在 15000~48000rpm 之间调节，有很高的满负荷效率（有报道制冷 COP 在 6.7 以上）和部分负荷效率（IPLV 在 8.0 以上），并适合作热泵用。由于其机型比较小（有报道最小机型冷量可达 180Rt），可以组合成单元式模块化能源站，集装箱化安装，特别适合在直供电模式下使机组贴近用户，以类似箱式变压器的方式向用户供冷供热，构建城区分布式热泵系统。

(3) 如果是直供电模式，热电联产余热可在能源中心就近位置应用，缩短输送管道。

在供热工况下，热泵的低品位热源从何而来是最大的问题。空气源是最方便获得的自然界低品位热源，但在北方严寒地区难以应用，在夏热冬冷地区应用也会遇到频繁除霜降低效率问题。如果系统采用分布式热泵系统，必须要配置能源总线，因为磁浮离心机还无法作为空气源热泵使用。如果是集中热泵系统（有机房）则有两种方法配置：

第一种方法，空气源热泵＋水源热泵（离心机）的双级耦合系统。

从图 14-32 和表 14-9 可以看出，当室外气温在 -2.2℃时，用冷媒为 410A 涡旋式压缩机的空气源热泵制 30℃水，其 COP_1 为 3.42。将 30℃水作为第二级水源热泵离心机的热源，制成供热所需的 52℃热水，此时离心机 COP_2 可以达到 7.45。此时系统 COP 约为 2.8。

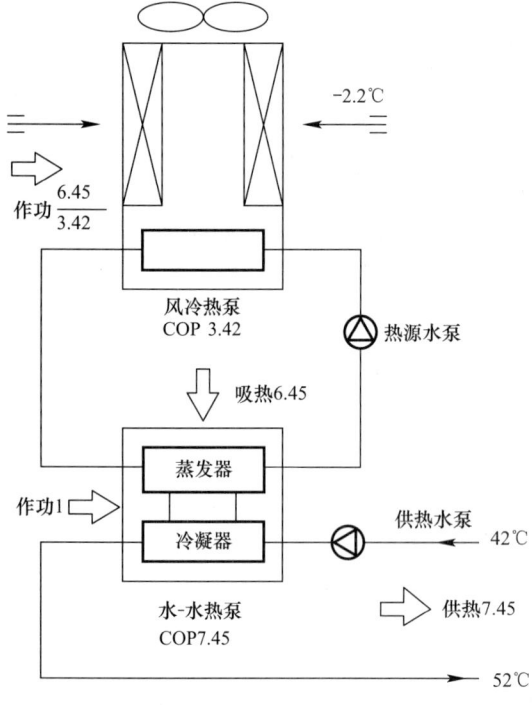

图 14-32 双级耦合热泵
资料来源：华东建筑设计研究院叶大法总工绘制

根据室外气温变化，单双级耦合热泵存在一个切换温度。取室外空气温度 4℃为切换温度。由此得到不同室外温度情况下，串联耦合机组的冬季运行能效比，进而可计算供暖季的运行费用。

双级耦合热泵系统性能　　　　表 14-9

室外温度（℃）	-2.2						
风冷热泵出水温度（℃）	20	25	30	35	45	48	50
风冷热泵制热系数（410A/涡旋）	—	3.73	3.42	3.22	—	—	2.4
风冷热泵出水温度（℃）	20	25	30	35	45	52/45	55/48

14.4 高能效的热电联供＋热泵（CHP＋HP）系统

续表

室外温度（℃）	−2.2						
风冷热泵制热系数（134A/螺杆）	—	—	3.49	3.22	—	2.49	2.4
离心水水热泵出水温度（℃）	52						
离心水水热泵制热系数	—	6.58	7.45	—	—	—	—
风冷、水水组合制热系数	—	2.61	2.47	—	—	—	—

资料来源：华东建筑设计研究院叶大法总工

第二种方法，是用热源塔技术。所谓热源塔，就是冬夏均利用冷却塔。夏季，冷却塔是直接蒸发冷却设备。冷却塔循环水喷淋在换热层表面形成水膜与空气充分接触，水膜表面的饱和水蒸气分压力高于空气中的水蒸气分压力，形成压力差，成为水蒸发的动力。水的蒸发带走热量，使得循环水温度降低，趋近于空气的湿球温度，为水循环制冷机组提供了温度较低的冷源。而在冬季，热源塔是直接采集室外低品位热能的设备。热源塔利用循环低熔点盐溶液喷淋，在换热层表面形成液膜，此时室外湿空气的焓值高于盐溶液，相对高温的空气直接向盐溶液显热传热，空气中的水蒸气遇到低温的盐溶液会产生凝结，向盐溶液释放热量，进行潜热换热。使循环盐溶液的温度趋近于室外空气的湿球温度，为水循环热泵空调提供了稳定的热源来源。

热源塔热泵供暖的主要优势是其COP高于空气源热泵，也就是比空气源热泵更节能，而且可以适应更低至零下的气温。据测算，CaCl溶液开式能源塔的冬季运行能效比在3左右。这是因为相比空气源热泵，热源塔还吸收了空气中的潜热。

图14-33是供冷模式下最高效率的配置。在供冷模式下比较麻烦的是内燃机缸套水的应用，如果城区能源系统用四管制，即同时供冷供热，则可以充分利用作为生活热水供应。而如果是双管制，可将缸套水接入排烟换热热水，作为吸收式制冷机热源，或单独提供单效吸收式制冷机。

再看下最高效率配置的经济效益，见表14-10。

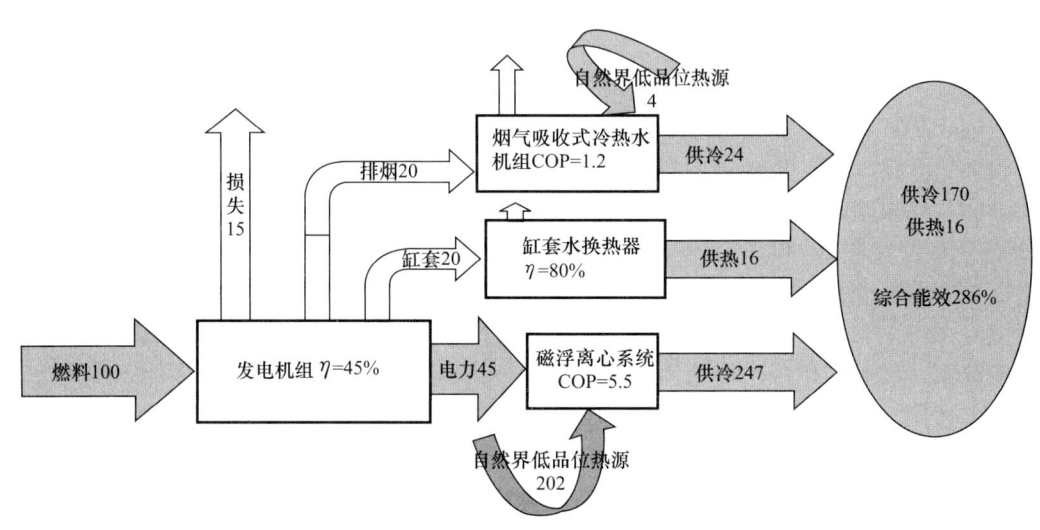

图14-33 电联供＋热泵系统供冷的最高效率理想配置

最高效益配置下的经济效益　　　　　表 14-10

1m³ 天然气投入	供热			供冷		
	电力收入（元）	供热收入（元）	合计（元）	电力收入（元）	供冷收入（元）	合计（元）
电力上网	3.51	1.70	5.21	3.51	2.00	5.51
电力驱动热泵	—	13.00	13.00	—	14.30	14.30

14.4.2 一般配置下的能效比

有些项目，既不愿意做成分布式热泵，而是用第二代分布式能源的能源中心方式；也不想花更多投资购买能源效率高的发电机组；在夏热冬冷地区用冬夏两用的空气源热泵机组。这种节约投资的办法使得系统效率降低。假定空气源热泵供热平均能效 COP 为 3.0。则系统能效为 154%（见图 14-34）。相比用电网电力（供电效率 38%）驱动同样的空气源热泵，系统能效为 114%，效率提高了 35%。

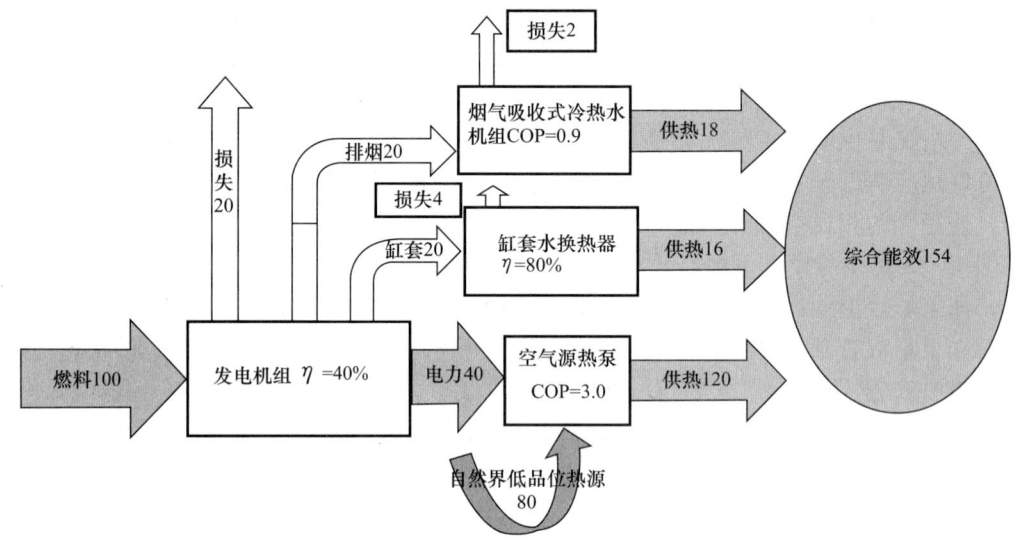

图 14-34　一般配置的热电联产＋热泵供热模式综合能效

很多热电联产项目更倾向于选热电比较高的燃气轮机或微型燃气轮机。以热电比 1.6∶1 计算，燃气轮机最高效率约为 30%，按一次能效 80% 计算，系统能效只有 135%，比电力驱动空气源热泵的效率仅高 18%。此时热电联产系统的投资回报就成了问题。上述两种情况下，投资分布式能源没有实际意义。既然用无处不在的空气作为热源，也就没有必要做城区能源系统。当然，可以考虑用热电联产直供电模式，直接驱动用户就近安装的分布式空气源热泵，就是变供冷供热为供电。

在上述用空气源热泵供热的基础上，考虑夏季改用离心机供冷，可以大大提高全年综合能效。图 14-35 中给出供冷能效，可能高达 268%。比用电网电力直接驱动离心机的效率（209%）要高 28%，比电网电力直接驱动空气源（热泵）冷水机组的能效更是要高出 1 倍以上。

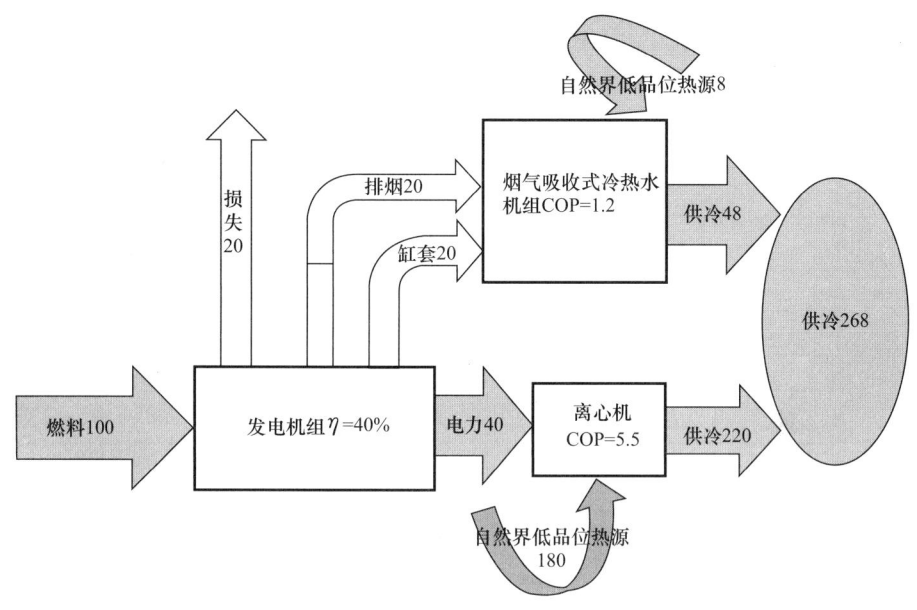

图 14-35 一般配置的热电联产＋离心机供冷模式综合能效

14.5 热电联供＋热泵系统的配置方法

14.5.1 冷热电三联供系统的决策方法

冷热电三联供系统一般设备容量较大、设备种类较多，系统配置复杂，如何合理配置各设备容量显得尤为重要，它直接关系到系统的初投资、节能性、经济性等各方面，是冷热电三联供系统中研究的关键问题之一。目前在国内较为常见的联供系统配置设计方法是单点设计法，即根据建筑单位面积的设计冷热电负荷来计算所需的冷热电负荷，然后以此来确定三联供发电机组、余热利用设备、辅助冷热源的类型和容量。而在分析联供系统的运行时，通常人为地规定机组的运行小时数，或是根据"以热定电"、"以电定热"的运行策略。这种设计和运行方法比较主观，容易造成系统的配置设计不当、运行不经济等方面的问题。天然气冷热电三联供系统的一次能源效率甚至低于冷凝式燃气锅炉，因此必须发挥系统产生高位电的价值才能充分发挥其优势，对系统的节能性做出客观的评价。可采用多目标工程优化方法对系统进行配置，基本方法如下：

联供系统设备容量优化配置方法，分成以下 5 个模块：项目信息及负荷分析模块、夏季规划求解模块、冬季规划求解模块、蓄冷装置优化模块、输出结果模块。本方法结合系统负荷特性，考虑全寿命周期内系统的初投资及运行费用，对城区型冷热电三联供系统中各种供能和蓄能设备的容量的配置进行优化，提高系统的投资和运行经济性，同时提高各设备的使用率，其运行流程如图 14-36 所示，可用于城区型冷热电三联供系统方案决策阶段。

1. 项目信息及负荷分析模块

项目信息及负荷分析模块中包括输入项目信息、动态负荷模拟、负荷特征分析三个步骤。项目信息包括气象参数、建筑信息、围护结构参数、各种设备开启时间和比例等参数。

第14章 能源微网的核心层——现场发电系统

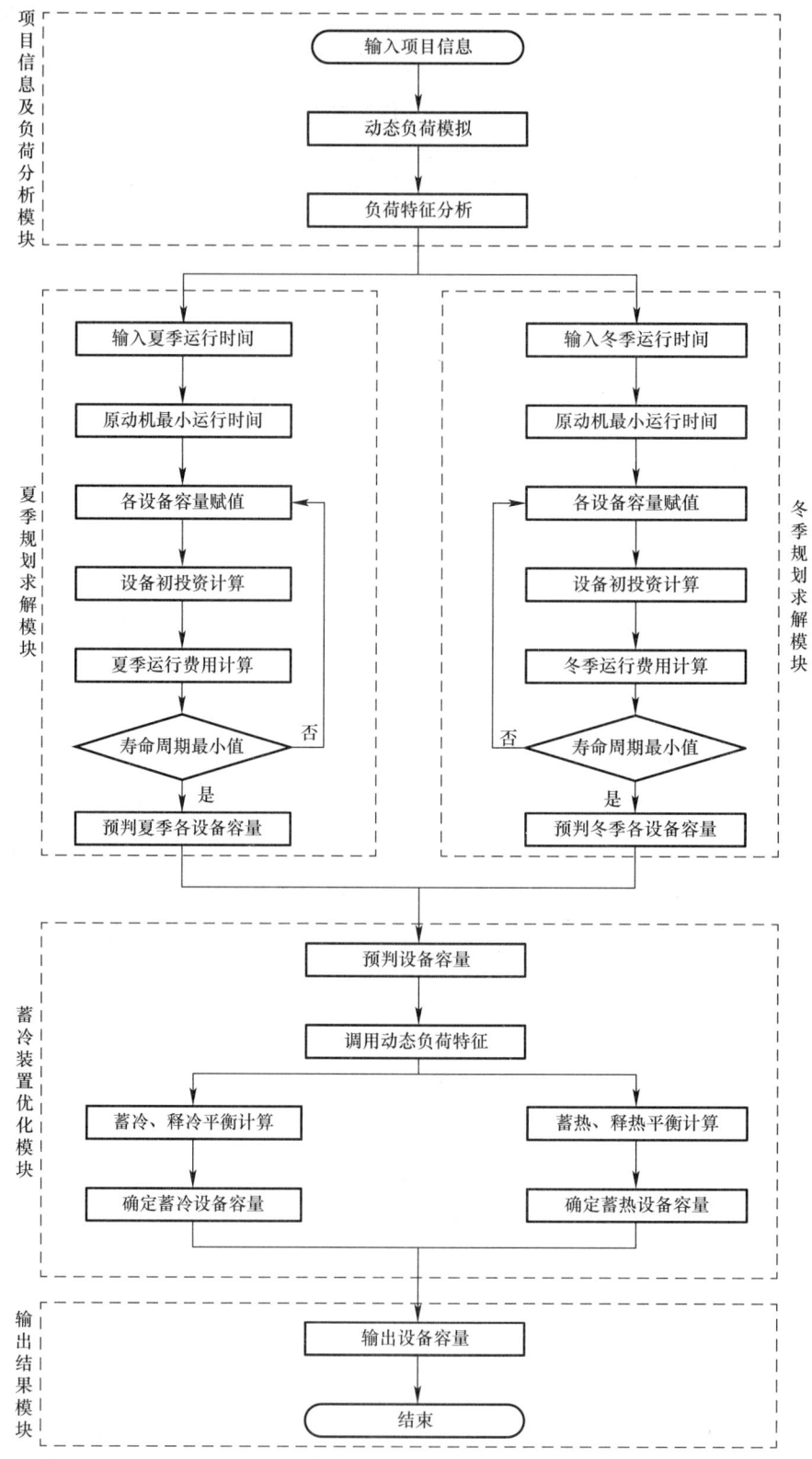

图 14-36 联供系统设备容量优化配置流程图

14.5 热电联供+热泵系统的配置方法

动态负荷模拟时可采用 DesT、Equest、Energy Plus 等常规动态负荷计算软件进行全年 8760h 动态负荷模拟。负荷特征分析步骤主要包括系统冷负荷随时间逐时变化数据及曲线图、热负荷随时间逐时变化数据及曲线图、最大冷负荷、最大热负荷等主要参数分析。

2. 夏季规划求解模块

夏季规划求解模块中包括输入夏季运行时间、输入原动机最小运行时间、各设备容量赋值、设备初投资计算、夏季运行费用计算、寿命周期费用循环判断、预判夏季设备容量 7 个步骤。

夏季各设备容量赋值时其逻辑关系为：

$$\eta_1 = \frac{A_1}{A_1 + A_2}$$

$$\eta_2 = \frac{A_3}{A_1 + A_2}$$

$$\eta_3 = \frac{A_4}{A_3}$$

$$A_1 = \frac{A_5}{\eta_5}$$

$$L_{max1} = A_4 + A_5 + A_6$$

$$A_4 + A_5 > A_6$$

式中 A_1——原动机夏季发电量，kW；
A_2——原动机夏季产热量，kW；
A_3——原动机夏季余热利用量，kW；
A_4——吸收式热泵机组夏季制冷量，kW；
A_5——压缩式热泵机组夏季制冷量，kW；
A_6——压缩式冷水机组制冷量，kW；
L_{max1}——最大冷负荷，kW；
η_1——原动机发电效率；
η_2——原动机余热利用效率；
η_3——吸收式热泵制冷效率；
η_5——压缩式热泵制冷效率；
η_7——压缩式制冷效率。

夏季运行费用计算时其逻辑关系为：

当 $L_n > A_4 + A_5$ 时，逐时运行费用 $O_n = \frac{A_1 P_{gas}}{9.886\eta_1} + \frac{(L_n - A_4 - A_5) P_n}{\eta_7}$；

当 $A_6 < L_n < A_4 + A_5$，且 $L_n < A_5 + A_6$ 时，逐时运行费用 $O_n = \frac{A_6 P_n}{\eta_7} + \frac{(L_n - A_6) P_n}{\eta_5}$；

当 $A_6 < L_n < A_4 + A_5$，且 $L_n > A_5 + A_6$ 时，逐时运行费用 $O_n = \frac{A_1 P_{gas}}{9.886\eta_1} - \frac{(A_4 + A_5 - L_n) P_n}{\eta_5}$；

当 $L_n < A_6$ 时，逐时运行费用 $O_n = \frac{L_n P_n}{\eta_7}$；

夏季总运行费用 $O_{\text{cooling}} = \sum_{n=1}^{8760} O_n$。

式中 L_n——逐时冷负荷，kW；
  O_n——逐时运行费用，元；
  P_n——逐时电价，元/kWh；
  P_{gas}——天然气价格，元/m³；
  O_{cooling}——夏季总运行费用，元。

该模块循环计算方法为多目标规划求解方法，夏季寿命周期内费用最小值判据如下：不断调整设备容量配置，直至达到初投资和系统使用年限内运行费用最小为止。

$$\text{Min}\left(\sum_{i=1}^{6} y_i + \alpha O_{\text{cooling}}\right)$$

式中 y_i——各设备价格；
  α——系统使用年限。

3. 冬季规划求解模块

冬季规划求解模块中包括输入冬季运行时间、输入原动机最小运行时间、各设备容量赋值、设备初投资计算、冬季运行费用计算、寿命周期费用循环判断、预判冬季设备容量 7 个步骤。

冬季各设备容量赋值时其逻辑关系为：

$$\eta_1 = \frac{B_1}{B_1 + B_2}$$

$$\eta_2 = \frac{B_3}{B_1 + B_2}$$

$$\eta_4 = \frac{B_4}{B_3}$$

$$B_1 = \frac{B_5}{\eta_6}$$

$$L_{\text{max2}} = B_4 + B_5 + B_6 \eta_8$$

$$B_4 + B_5 > B_6 \eta_8$$

式中 B_1——原动机冬季发电量，kW；
  B_2——原动机冬季产热量，kW；
  B_3——原动机冬季余热利用量，kW；
  B_4——吸收式热泵机组冬季制热量，kW；
  B_5——压缩式热泵机组冬季制热量，kW；
  B_6——燃气锅炉冬季制热量，kW；
  L_{max2}——最大热负荷，kW；
  η_4——吸收式热泵制热效率；
  η_6——压缩式热泵制热效率；
  η_8——燃气锅炉效率。

冬季运行费用计算时其逻辑关系为：

当 $L_n > B_4 + B_5$ 时，逐时运行费用 $O_n = \dfrac{B_1 P_{\text{gas}}}{9.886 \eta_1} + (L_n - B_4 - B_5)\eta_8 P_{\text{gas}}$；

当 $B_5 < L_n < B_4 + B_5$，且 $L_n > B_4$ 时，逐时运行费用 $O_n = \dfrac{B_1 P_{gas}}{9.886 \eta_1} + \dfrac{(B_4 + B_5 - L_n) P_n}{\eta_6}$；

当 $B_5 < L_n < B_4 + B_5$，且 $L_n < B_4$ 时，逐时运行费用 $O_n = \dfrac{L_n P_n}{\eta_6} + \dfrac{f_1(L_n - B_5) P_{gas}}{9.886 \eta_1}$；

当 $L_n < B_5$ 时，逐时运行费用 $O_n = \dfrac{L_n P_n}{\eta_7}$；

冬季总运行费用 $O_{heating} = \sum\limits_{n=1}^{8760} O_n$。

式中　L_n——逐时热负荷，kW；

　　　O_n——逐时运行费用，元；

　　　P_n——逐时电价，元/kWh；

　　　P_{gas}——天然气价格，元/m³；

　　　$O_{heating}$——夏季总运行费用，元；

$f_1(L_n - B_5)$——判定函数，当 $L_n - B_5 > 0$ 时，函数为 $f_1(L_n - B_5) = L_n - B_5$，当 $L_n - B_5 < 0$ 时，函数为 $f_1(L_n - B_5) = 0$。

该模块循环计算方法为多目标规划求解方法，冬季寿命周期内费用最小值判据如下：不断调整设备容量配置，直至达到初投资和系统使用年限内运行费用最小为止。

$$\text{Min}\left(\sum_{i=1}^{6} y_i + \alpha O_{heating}\right)$$

式中　y_i——各设备价格；

　　　α——系统使用年限。

4. 蓄能装置优化模块

蓄冷装置优化模块中包括预判设备容量、蓄冷释冷平衡计算、确定蓄冷设备容量 3 个步骤。若项目无蓄冷、蓄热需求，可跳过蓄冷装置优化模块直接执行下一个模块。

本方法中预判设备容量的依据如下：

当 $A_1 \leqslant B_1$ 时，原动机夏季发电量为 A_1，吸收式热泵机组夏季制冷量为 A_4，吸收式热泵机组冬季制热量 $B_4 = 0.7 A_4$，压缩式热泵机组夏季制冷量为 A_5，压缩式热泵机组冬季制热量为 $B_5 = 1.3 A_5$，压缩式冷水机组制冷量为 A_6，燃气锅炉制热量 $B_6 = L_{max2} - 0.7 A_4 - 1.3 A_5$。

当 $A_1 > B_1$ 时，原动机夏季发电量为 B_1，吸收式热泵机组夏季制冷量为 $A_4 = 1.5 B_4$，吸收式热泵机组冬季制热量为 B_4，压缩式热泵机组夏季制冷量 $A_5 = 0.8 B_5$，压缩式热泵机组冬季制热量为 B_5，压缩式冷水机组制冷量 $A_6 = L_{max1} - 1.5 B_4 - 0.8 B_5$，燃气锅炉制热量为 B_6。

本方法中蓄冷、释冷平衡的计算依据如下：

$$A_6 = \dfrac{\eta_9 A_6' T_1}{T_2} + A_6'$$

式中　A_6'——优化后的压缩式冷水机组制冷量，kW；

　　　T_1——低谷电价持续时间，h；

　　　T_2——峰值电价持续时间，h；

　　　η_9——蓄能装置蓄冷热力完善度。

本方法中蓄冷设备容量的计算依据如下：

$$A_7 = (L_{\text{max}1} - A_6' - A_4 - A_5)T_1$$

式中 A_7——蓄冷设备容量，kWh。

需要说明的是，本节中所涉及的随变量变化的函数均可以由其他类型函数代替，且在规划求解时目标最小值的计算方法也可以按等额多次分付现值计算方法等其他财务计算方法代替目标最小值计算。

14.5.2 热电联产＋热泵系统"以热定电"配置流程

国家发展改革委、国家能源局等管理部门对分布式能源热电联产所提出的规划原则都是"统筹规划，以热定电"。在需求侧能源规划中，所谓"以热定电"，应理解为"以热需求确定电力驱动热泵的电力需求"，将分布式能源技术与热泵技术结合，以达到最大能源效率。

需求侧能源规划中系统配置流程见图 14-37。

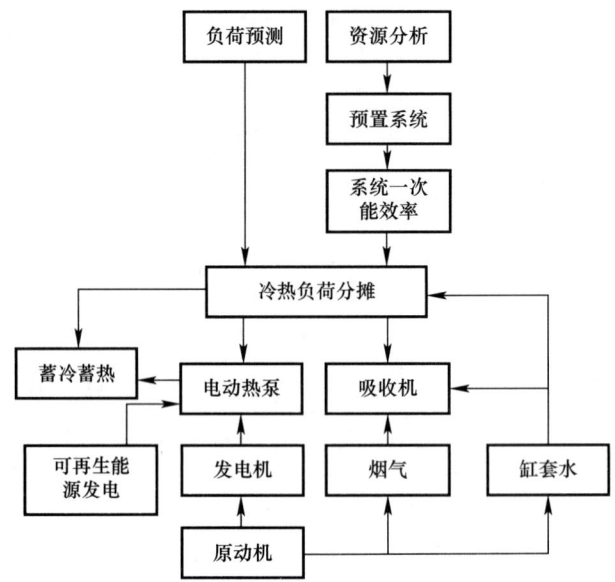

图 14-37 热电联产＋热泵系统"以热定电"配置流程

流程如下：

(1) 城区建筑冷热负荷预测（包括部分负荷）。

(2) 资源分析：城区天然气和电力供应情况、可再生能源资源量分析、投资预算额度、管网路由、直供电的可能性、可能采购的制冷机和热泵性能，预先搭建系统构架，得到如 14.4 节的流程图，并计算得到各节点能效。

(3) 负荷分摊。将冷热负荷按热泵、吸收机和蓄冷蓄热在系统中占据的能效比例进行分摊。以图 14-31 为例，假定某城区预测负荷为 25900kW，热泵承担 22500kW，选的是磁浮离心机，则相应发电机组为 4500kW，吸收式机组 1800kW。如果进一步根据负荷分布曲线，考虑蓄冷蓄热，则发电机组容量可进一步降低。

(4) 根据上述分摊量和部分负荷特性确定设备的台数和容量。

如果按图 14-3 中仅用余热承担全部热负荷，电力上网，则需要发电机组为 21MW，俨然是一个小型发电厂。

以下以上海某商务区为例，分析热电联供＋热泵系统配置的考虑方法。

根据该商务区的负荷分析，冷负荷率在50%以下的时间频度占到80%左右，热负荷率在50%以下的时间频度占到90%左右，表明该城区能源系统全年大部分时间将处于低负荷运行状态。若考虑分期投入和分批入住，在项目投运后较长的一段时间内，负荷率将维持在更低的水平。

项目采用天然气热电联供系统为核心、用自发电力驱动热泵、综合蓄能技术的多能源耦合的城区集中供能系统。夏季能源系统供冷参数为：供水温度5℃、回水温度13℃；冬季能源系统供热参数为：供水温度52℃、回水温度42℃。

目前用于城区能源系统的燃气热电联供主要有两种方式：

(1) 燃气内燃机发电＋烟气热水型吸收式机组供冷或供热；
(2) 燃气轮机＋烟气吸收式机组供冷或供热。

两种方式供冷/供热的单位一次能源利用率 $\eta_{1(c/h)}$（不含输送水泵能耗）和运行能源费 D 可以分别用下列两式计算：

$$\eta_{1(c/h)} = \frac{Q_L \times (W \times COP_{c/h} + Q \times \eta_{c/h})}{Q_L}(\text{kWh/kWh})$$

$$D = \frac{B}{Q_L \times (W \times COP_{c/h} + Q \times \eta_{c/h})}(\text{元/kWh})$$

式中　W——热电联产发电效率；
　　　COP_c——离心式冷水机组制冷系统能效，取5.5；
　　　COP_h——风冷热泵与水-水热泵组合制热系统能效，取2.4；
　　　Q——热电联产产热效率；
　　　η_c——余热制冷效率；
　　　Q_L——天然气低位热值，取10kWh/m³；
　　　B——天然气价格，取3.2元/m³。

方案的能源利用率和运行能源费分析　　表14-11

方案	发电效率 W (%)	热效率 Q (%)	余热供能效率（%）		一次能源利用率（%）		能源费（元/kWh）	
			冷 η_c	热 η_h	冷 η_{1c}	热 η_{1h}	D_c	D_h
内燃机	43	40	100	90	277	143	0.11	0.22
燃气轮机	29	37	140	90	208	103	0.15	0.31

方案的基本原则是自发电力驱动制冷机和热泵实现供冷供热。由于燃气轮机发电效率低，在同等条件下，其供冷供热的一次能源利用率低于燃气内燃机，而运行燃料费高于燃气内燃机（见表14-11）。

由于燃气轮机采用中压燃气（2.0MPa），远高于燃气内燃机采用的低压燃气（0.4MPa），相应安全标准要求燃气轮机与民用建筑保持适当间距，如果一定要将燃气轮机机房设置在公共建筑内，则要求机房的建筑结构与主体建筑结构断开，并设有泄爆设施。也可以将天然气减压后送入机房，然后再用增压机增压，送入燃烧室。

燃气轮机的燃烧温度可达1000℃以上，高温燃烧使排气中的氮氧化物 NO_x 可控制在50mg/m³以下，优于燃气内燃机的250~500mg/m³。但燃气内燃机可以采用SCR装置脱硝处理，达到环保要求。

夏季供冷的设备组成方案为：天然气内燃发电机组＋烟气余热利用（热水吸收式冷水机组）＋电力驱动离心机冷水机组＋电力驱动水/水热泵机组＋蓄冷水槽。供冷系统原理图如图14-38所示。

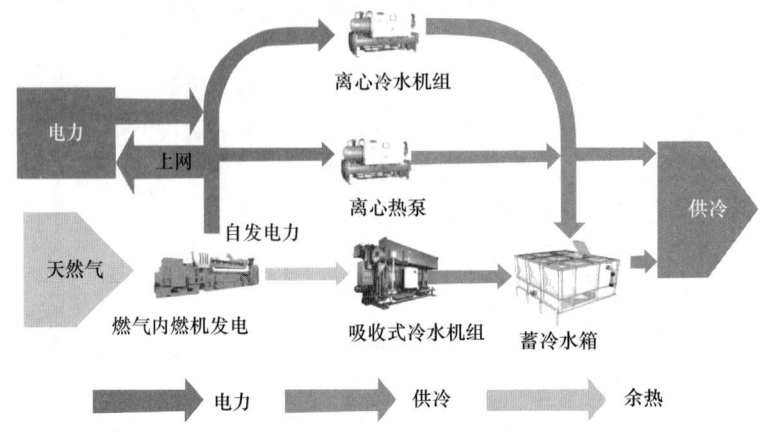

图14-38　供冷系统原理图

电制冷机组利用廉价低谷市电进行水蓄冷；平峰电段发电机机组开启，所发电力供给电制冷机组及水泵使用，不足电力通过市电补充，受燃气价格限制不上网售电。发电机组产生高温烟气（约360℃）和缸套水（约90℃）提供给烟气热水型吸收式冷水机组使用。

根据表14-12的分析，按照能源费用最低原则，供冷系统的运行策略可按下列（1）至（6）的次序加载能源设备，按（6）至（1）的次序减载能源设备：

(1) 用谷电段市电驱动电动离心式冷水机组和水-水热泵机组蓄冷；
(2) 平电段和峰电段用热电联产余热通过烟气热水型吸收式冷水机组供冷；
(3) 平电段和峰电段用自发电驱动电动离心式冷水机组/水-水热泵机组供冷；
(4) 平电段和峰电段用市电驱动电动离心式冷水机组供冷；
(5) 峰电段用蓄冷槽释冷；
(6) 峰电段用市电驱动电动离心式冷水机组供冷。

夏季供冷运行方案经济分析　　　　表14-12

单位供冷量能源价格 （元/kWh）	天然气价 （元/m³）	夏季电价（元/kWh）		
		谷电	平电	峰电
	3.2	0.293	0.757	1.227
市电驱动离心机 COP$_{5.4}$		0.054	0.140	0.227
热电联产＋自发电驱动离心机＋余热制冷	0.118			

资料来源：华东建筑设计研究院。

根据测算，当负荷率为77%时，峰电段可以不用开启市电驱动的制冷机；当负荷率为30%时，仅需蓄冷便可满足工作时间的供冷需求。

冬季供热方案的设备组成方案为：燃气内燃发电机组＋烟气余热利用、缸套循环水余热换热器＋热电联产发电驱动水源热泵机组＋热电联产发电驱动空气源热泵机组＋蓄热水槽。供热原理图如图14-39所示。

由空气-水热泵与水-水热泵组成的双级耦合热泵利用廉价的低谷电蓄热；平电段和峰电段发电机组开启，所发电力供给热泵机组及水泵使用，不足电力通过市电补充，发电自用不作上网售电。发电机产生的高温烟气（约360℃）和缸套水（约90℃）通过烟气热水型吸收式机组和缸套水换热器供热。

按整个冬季在转换温度之下用双级耦合热泵、转换温度之上用空气源热泵的运行策略，热泵的季节平均供热COP可达到2.9。输入100单位的燃料，设发电机组效率为40%，单双级耦合热泵平均COP为2.9，则热泵供热116；余热供热36；总供热量152。如果系统计算负荷为11.4MW，则所需发电机组的容量为：

$$\frac{11.4}{152} \times 40 = 3.0 \text{MW}$$

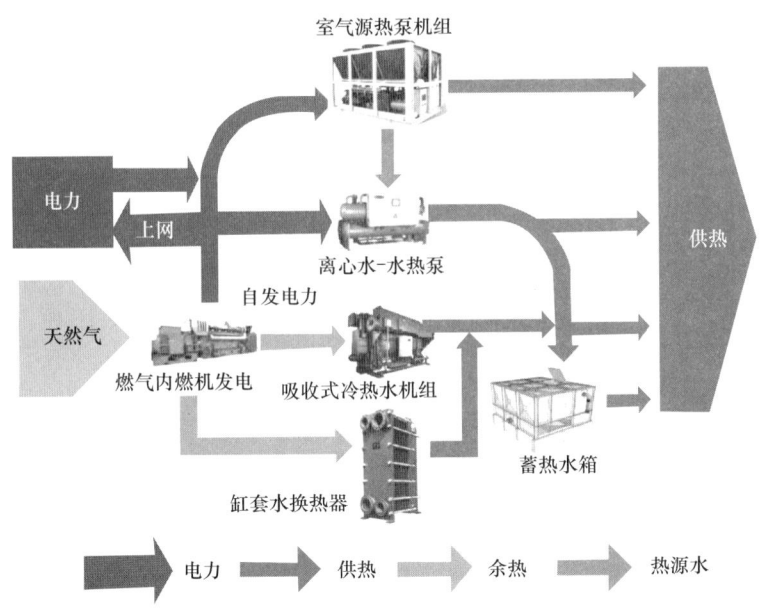

图14-39 供热系统原理图

本章参考文献

[1] 龙惟定．分布式能源热电联产"以热定电"的新理解．暖通空调，2011，41（2）．

[2] 黄建恩，郭民臣．热电冷联产系统节能性的㶲分析．暖通空调，2006，36（12）．

[3] 魏熙臣．对热电联产机组指标规定的质疑//中国电机工程学会热电联产为"十一五"节能20%作贡献研讨会论文集，2006年．http://www.renhe.cn．

[4] D. JC MacKay. Sustainable energy. University of Cambridge，2008. http://www.withouthotair.com．

[5] 龙惟定．绿色生态城区的智能能源微网．暖通空调，2013，43（10）．

[6] 梁有伟，胡志坚，陈允平等．分布式发电及其在电力系统中的应用研究综述．电网技术，2003，12．

[7] 杨旭中，康慧，孙喜春编著．燃气三联供系统规划、设计、建设与运行．北京：中国电力出版社，2014．

[8]　袁春，陈彬兵，陈兆海等编著. 微型燃气汽轮机发电技术. 北京：机械工业出版社，2012.
[9]　丰镇平. 微型燃气轮机技术进展及应用展望. 西安：西安交通大学，2009.
[10]　翁一武，苏明，翁史烈. 先进微型燃气轮机的特点与应用前景. 热能动力工程，2003，104（18）.
[11]　沈建锋，张岗，杨世杰，刘伟，陈耀耀. 燃气轮机和内燃机发电机组性能及经济性分析. 煤气与热力，2014，34（6）.
[12]　国家发展和改革委员会. 可再生能源中长期发展规划，2007.
[13]　吴创之，周肇秋，马隆龙，阴秀丽. 生物质发电技术分析比较. 可再生能源，2008，26（3）.
[14]　衣宝廉. 燃料电池现状与未来. Chinese journal of Power Sources，1998，22（5）.
[15]　梁才浩，段献忠. 分布式发电及其对电力系统的影响. 北京：中国电力出版社，2001.
[16]　雷珽，艾芊. 光伏并网策略及应用研究. 低压电器，2010，2.
[17]　闫耀民. 永磁同步电机风力发电系统的自寻优控制. 电工技术学报，2002，12：82-86.
[18]　李珂. 并网型风力发电系统研究综述. 微电机，2010，43（2）.
[19]　葛清，应康，夏翔等. 分布式发电对电压跌落及失电损失分摊的影响. 华东电力，2007，35（4）.
[20]　裴玮，盛鹃，孔力等. 分布式电源对配电网供电电压质量的影响与改善. 中国电机工程学报，2008，28（13）：152-157.
[21]　赵岩，胡学浩. 分布式发电对配电网电压暂降的影响. 电网技术，2008，32（14）：5-9.
[22]　熊惠敏，房鑫炎，郁惟镛等. 电力系统全网停电后的回复——黑启动综述. 电力系统及其自动化学报，1999，11（3）：12-17.
[23]　印永华，郭剑波，赵建军等. 美加"8·14"大停电事故初步分析以及应吸取的教训. 电网技术，2003，27（10）：8-12.
[24]　唐斯庆，张弥，李建设等. 海南电网"9·26"大面积停电事故的分析和总结. 电力系统自动化，2006，30（1）：1-7.
[25]　赵济仁，张伟，马静辉等. 新能源电站参与黑启动的构想. 第四届电力安全论坛论文集，2010.
[26]　李建云，邰春林，周志华等. 宾馆建筑天然气冷热电联供系统优化. 煤气与热力，2013，33（3）.

第 15 章 能源微网的框架层——热泵能源总线系统

15.1 作为智能电网备份的热泵系统

15.1.1 智能电网备份热泵

可再生能源和清洁能源现场发电的最大特点是不稳定,特别是供应(发电)与需求(负荷)的不匹配,表现在时间上的不匹配与功率上的不匹配。对于热电联产系统,还有一个热与电的不匹配问题,在城区范围内,不可能将电力和供热同步用掉。按照目前的技术水平,大规模蓄电还无法实现商业化运行。而所有发电设备都有一定的热电比范围,如果发出的电力用不掉,就会影响产热,致使系统无法运行。

因此,如何通过蓄能使负荷平准化、协调供应和需求,是智能电网技术中重点研究的课题,称为"智能电网备份"(Smart Grid Ready)技术。研究中的"备份"办法有很多,例如用燃料电池、电动汽车、各种蓄电池等,但可以立即实现的是利用热泵蓄热从而间接蓄电,称为"智能电网备份热泵"(Smart Grid-Ready Heat Pump)技术[1]。

要体现可再生能源和分布式能源现场发电的价值,就必须通过智能电网,整合所有的能源资源,包括在输电层面的大规模并网、配电层面的中等规模并网和商业或住宅建筑的小规模并网的电力,并对这些资源实现可调度性和可控性。为解决可再生能源和分布式能源发电的波动性以及产电、供电、用电之间的不平衡,蓄能系统(包括蓄电和蓄热系统)就成为智能电网的重要组成部分。通过蓄能系统使负荷平准化、协调供应和需求、将能源的生产和供应脱钩。通过对发电和需求自动控制确保供应和需求的平衡[2,3]。

从表 15-1 可以看出,将发电高峰用热低谷时的电力,驱动热泵蓄热,在发电低谷和用热高峰时使用,是成本最低的间接蓄电技术,称为"电网交互式蓄热"(Grid-interactive Electric Thermal Storage)。因此,热泵蓄热成为智能电网的重要组成部分。它可以是集中在能源中心的大型热泵和蓄热水池,也可以是分散到各个用户的小型热泵或热泵热水器。

智能电网蓄能成本比较   表 15-1

蓄能技术	成本	
	美元/kWh	美元/kW
电网交互式蓄热(GETS)	30~60	100~200
地面压缩空气蓄能(CAES)	200~250	700~800
锌溴电池	280~450	425~1300
铅酸电池	330~480	420~660

续表

蓄能技术	成本	
	美元/kWh	美元/kW
钠硫电池	350～400	450～550
飞轮	1340～1570	3360～3920

资料来源：Paul Steffes，Grid-interactive Electric Thermal Storage (GETS)．http：//www.gridwiseac.org/pdfs/forum papers11/steffes pres gi11.pdf．

在图 15-1 中，可再生能源和燃气热电联产形成的电力微网，为分布式热泵供电。在供冷供热高峰时期热泵和热电联产的余热共同供冷供热；在供冷供热低谷时期或在可再生能源发电高峰时期，热泵蓄热。而热泵的热源/热汇来自于集成低品位可再生热源的能源总线。

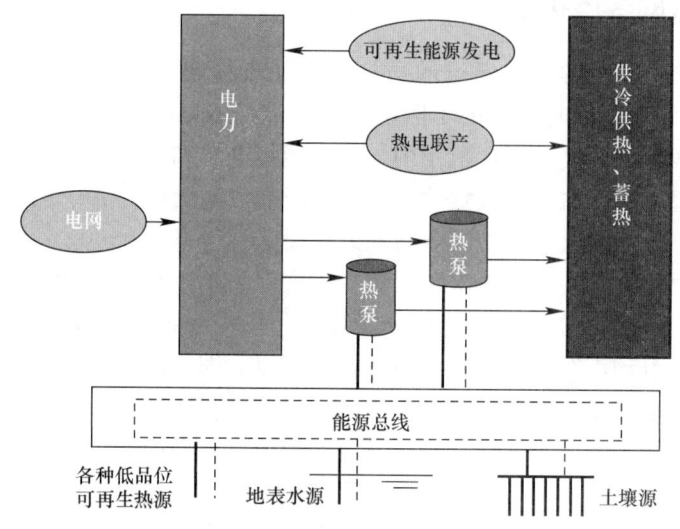

图 15-1 智能电网备份热泵

15.1.2 能源微网中的热泵

城区能源系统，尤其是第一代和第二代分布式能源，由于有高度集中冷热源和较长的输送距离，需要较高的热媒温度，一般很少用热泵作热源。第一代热电厂模式，没有供冷，因此用抽凝机组产生的蒸气，或换热产生的高温热水（100℃以上）供热。如果终端需求只是建筑供暖，那么这种将高品位能源输送到终端，然后降温降压使用（室温级别的应用），会造成很大的能量损失和㶲损失。第二代分布式能源是冷热电联产，输送距离短，可以用70℃或60℃的热水供热，一般用热电联产的烟气余热锅炉、内燃发电机的缸套冷却水或辅助燃气锅炉供热，生成这样的温度并不困难。但第三代分布式能源由于要利用自发电、要利用低品位可再生热源、要对位建筑供暖需求，所以必须配置热泵。要求系统中应用的热泵，第一要有尽可能高的热效率；第二要有尽可能高的供热温度（60℃以上）；第三由于负荷的多变要有较高的综合部分负荷效率（IPLV）；第四要有稳定可靠的热泵热源/热汇。

由于区域供冷供热系统和第二代分布式能源的供冷功能需要大冷量机组，以便减少城区级别的集中供冷机组台数，并同时利用大型机组较高的 COP 以降低能耗。因此，多用离心式压缩机的冷水机组或螺杆式压缩机的冷水机组，而且这些机组并不兼用供暖。

15.1 作为智能电网备份的热泵系统

热泵系统中的压缩机，工作条件比空调制冷中的压缩机要差得多。一般要求有较高的冷凝温度（通常50~60℃），排气压力和温度也高。用于空气热源的热泵，要求蒸发温度在0℃以下，甚至-20~-30℃，这样导致压缩机的压缩比大，压差大。而且由于室外气温多变，压缩机经常在不稳定工况下工作，湿压缩的可能性很大。因此，热泵系统中压缩机的效率比空调制冷用的压缩机效率要低4。

我国相关国家标准对热泵机组的名义工况温度条件作了规定，如表15-2所示。

冷水（热泵）机组名义工况下的温度条件（单位：℃）　　　　表15-2

项目	使用侧		热源侧（或放热侧）					
	冷、热水		水冷式		风冷式		蒸发冷却水	
	进口水温	出口水温	进口水温	出口水温	干球温度	湿球温度	干球温度	湿球温度
制冷	12	7	30	35	35	—	—	24
热泵制热	40	45	15	7	7	6	—	—

资料来源：GBT 18430.1-2001，蒸汽压缩循环冷水（热泵）机组工商业用和类似用途的冷水（热泵）机组。

如果要求热泵机组既满足供热的需求又满足供冷的需求，则供热水温一般情况下只能达到45℃。这一温度水平比较适用于单栋建筑或低温辐射供暖，而对于城区尺度的城区能源系统则难以满足要求。管网热损失1~2℃，建筑入口热交换器损失1~2℃，再加室内管网热损失，就要求末端盘管必须放大，需要多消耗金属。而如果是大空间建筑（例如体育场馆、航站楼和候车厅），用全空气系统，则送风温度只有40℃左右。当空间射流到达人体时，风温已接近体温，会使人产生冷风感。在我国严寒、寒冷地区，冬季不可能用空气热源，而要保证有15℃的热源侧供水温度也十分不易。这些都局限了热泵在城区能源系统中的应用。

由于螺杆式压缩机在低蒸发温度或高压缩比工况下，用单级压缩仍然可正常工作，且有良好的性能，因此，城区能源系统中如要使用热泵也是用螺杆机。但螺杆机组的容量小，致使集中式的城区能源系统需要安装的热泵台数过多。而且，螺杆式机组的能效相对离心机而言比较低。因此，某些城区能源系统用螺杆机作地源热泵主机，由于在蒸发侧和冷凝侧都增加了换热和输送，所以系统能效并不比空气源热泵高多少。根据上海建筑科学研究院的调研，全国地源热泵的平均系统能效比，供冷工况为3.58，供暖工况为2.96。当然，空气源热泵的能效比在运行工况下可能更低，但从城区能源系统的投入产出关系来看，这样的投资显然不合理。

也有制造商提供两级压缩的离心机作热泵用，制热出水温度最高可达77℃，完全满足供暖需求。因为机组用两台压缩机串联对制冷剂气体进行压缩，使系统获得一个更高的总压比，从而解决在供热工况时高压应用的需求。但这会在一定程度上牺牲夏季供冷的效率。

最新的美国空调供暖制冷研究院（AHRI）标准中，对热泵机组的要求更高了。

美国 AHRI 标准 551/591 中热泵机组的应用条件　　　　表15-3

	水源蒸发器		水冷冷凝器		
	进水温度（℃）	污垢系数（m²·K/kW）	出水温度（℃）	温差（K）	污垢系数（m²·K/kW）
供热模式	4.0~27.0	≤0.18	40.6~71.1	2.8~11.1	≤0.18
	空气源蒸发器				
	进口空气温度（℃）				
	-9.4~15.6				

资料来源：AHRI Standard 551/591 (SI), 2015 Standard forPerformance Rating of Water-chilling and Heat Pump Water-heating Packages Using the Vapor Compression Cycle。

表15-3中的热泵应用条件覆盖了热泵在建筑应用中的主要需求，也反映了近年来蒸汽压缩机制冷机（热泵）设备的发展。一些创新产品例如磁悬浮变频离心机更加适合在能源微网中作为分布式热泵应用。

15.1.3 磁悬浮变频离心机运行原理

磁悬浮离心式制冷压缩机从最初的研究至今，已经有20多年的历史。目前，国外已在许多领域广泛应用磁悬浮离心机（见图15-2），磁浮压缩机最大生产商是DANFOSS-TURBOCOR公司。

图15-2 磁悬浮离心压缩机
资料来源：http://www.turbocor.com/.

磁悬浮离心机的关键技术是磁轴承和定位传感器。即利用由永久磁铁和电磁铁组成的径向轴承和轴向轴承组成数控磁轴承系统，压缩机的运动部件悬浮在磁衬上实现无摩擦的运动。磁轴承上的定位传感器为电机转子提供超高速的实时重新定位，以确保精确定位。从而使整个空调系统无需润滑油，可避免壳管式换热器中油膜覆盖在换热管上导致换热效率下降的影响，提高系统换热效率15%以上[5]。

市场上通行的磁浮离心机产品采用了磁悬浮轴承、两级离心压缩、变速永磁电机和智能化电子控制系统。

图15-3为磁悬浮变频离心机的工作区间，以额定工况点的状态为"1"，横轴为相对

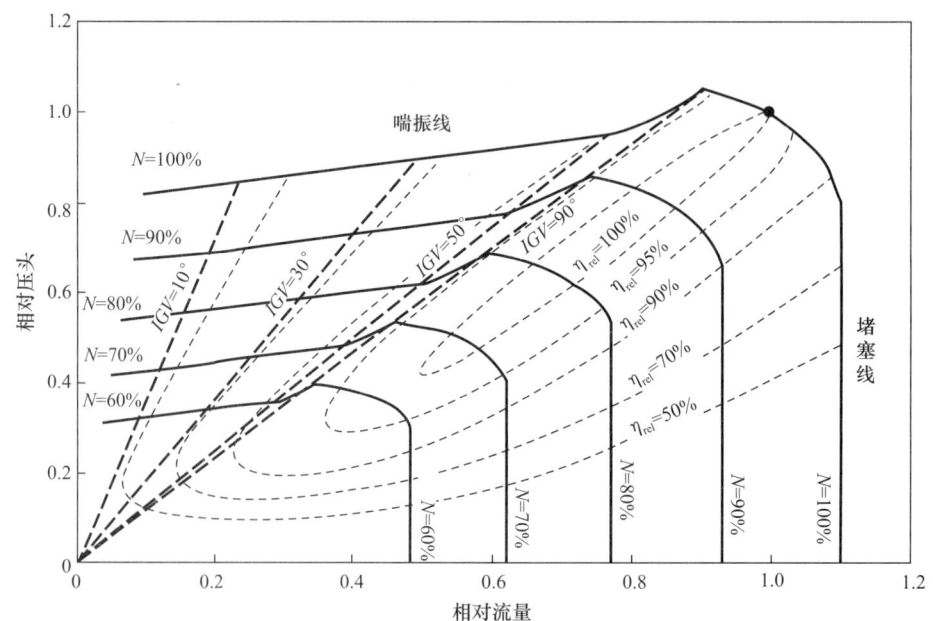

图15-3 磁悬浮离心压缩机高效工作区间
资料来源：查晓东，林怀宇. 磁悬浮离心变频技术的中国发展之路，暖通空调专辑．

于额定点的制冷剂流量，纵轴为相对于额定工况点的压力比，IGV 为导叶开度。可以看出，磁悬浮变频压缩机在绝大部分工作区间内都可以保证导叶全开，完全靠调整压缩机的转速来改变制冷剂流量，从而适应热负荷的变化。因为压缩机功耗与转速的三次方成正比，所以转速降低带来了耗功的迅速下降。磁悬浮变频压缩机在制冷工况的部分负荷下有着极为显著的节能效果[6]。

采用公开文献中获得的传统定频和普通变频离心机组的能效数据与多机头磁悬浮无油变频离心机组进行对比，可得到能效曲线和结果（以 600Rt 离心机组为样本），如图 15-4 所示。

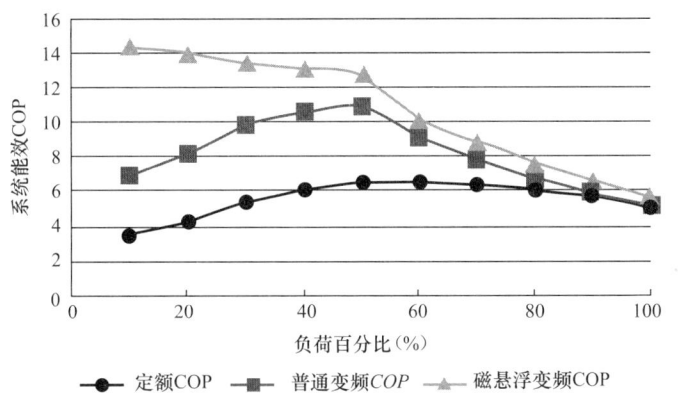

图 15-4　不同负荷率下变水温工况的比较

资料来源：查晓东，林怀宇. 磁悬浮离心变频技术的中国发展之路，暖通空调专辑

按照《冷水机组能效限定值及能源效率等级》GB 19577—2004 的规定，制冷量在 525～1163kW 范围的冷水机组，一级能效对应的额定工况性能系数为 5.5，磁悬浮变频离心式冷水机组的额定工况实测性能系数已达 6.23（见表 15-4），远超过一级能效的要求。

磁浮离心机部分负荷测试数据　　　　　　　　　　　　　　表 15-4

被测量＼负荷率	100%	75%	50%	25%
冷冻水进水温度（℃）	11.95	10.86	9.49	8.36
冷冻水出水温度（℃）	7.00	7.00	6.98	7.00
冷冻水流量（m³/h）	113.40	113.31	113.29	113.45
冷却水进水温度（℃）	30.00	26.01	23.02	20.33
冷却水出水温度（℃）	34.45	29.35	25.15	21.47
冷却水流量（m³/h）	141.90	141.87	141.89	141.91
功率因数	0.93	0.93	0.91	0.87
输入功率（kW）	105.12	59.33	31.28	15.28
制冷量（kW）	654.85	510.25	331.73	180.00
性能系数（W/W）	6.23	8.60	10.61	11.78
综合部分负荷性能系数	9.79			

资料来源：沈珂，刘绍江. 高效磁悬浮变频离心式冷水机组的研制. 制冷与空调，2014.6。

当然，我们更关心磁浮离心机在冬季供暖时的特性和工况。表 15-5 是某型磁浮离心机在意大利作热泵使用时的数据。机组的 COP 与供热的水温、热源水温有密切关系。在城区能源系统中，考虑到输送距离，所以要求供水温度高一些。但因此而降低了机组的效率。

磁浮离心机在供暖工况下的制热量、水温和效率　　　　　表 15-5

制热量（kW）				
	冷凝器进/出口温度（℃）			
蒸发器进/出口温度（℃）	30/35	35/40	40/45	45/50
10/5	286.0	288.8	287.3	282.7
12/7	304.5	309.4	306.8	298.0
15/10	327.3	336.5	333.9	318.3
20/15	349.3	370.4	374.2	361.3
25/20	353.1	391.4	409.1	408.4
功率（kW）				
	冷凝器进/出口温度（℃）			
蒸发器进/出口温度（℃）	30/35	35/40	40/45	45/50
10/5	46	51.8	56.9	61.5
12/7	46	52.1	57.4	61.7
15/10	45	51.9	57.5	61.9
20/15	41.1	49.5	56.4	62.2
25/20	34.3	44.6	53.8	62.1
COP				
	冷凝器进/出口温度（℃）			
蒸发器进/出口温度（℃）	30/35	35/40	40/45	45/50
10/5	6.2	5.6	5.0	4.6
12/7	6.6	5.9	5.3	4.8
15/10	7.3	6.5	5.8	5.1
20/15	8.5	7.5	6.6	5.8
25/20	10.3	8.8	7.6	6.6

资料来源：意大利克莱门特（CLIMAVENETA）集团。

从表 15-5 可以看出，当供水温度为 50℃，热源温度为 20℃时，磁浮离心机还有接近 6.0 的 COP，是非常不错的表现。问题是冬季要找到 20℃ 的热源，有一定困难。不过从表中也可发现，即使蒸发器进口水温降低到 10℃，在供热温度 50℃ 的情况下，COP 还能有 4.6，这要高于用其他形式压缩机的热泵，更高于空气源热泵的制热性能。这也使得全国各气候区使用地埋管换热器和利用城市污水作为水源热泵热源有了可行性。

15.1.4　冬季供暖工况下热泵的热源

在夏热冬冷地区和夏热冬暖地区，可以使用热源塔作为冬夏两用的热源热汇。简单的可以采用冷却塔逆用技术（见图 15-5），即将夏季为冷凝器提供冷却水的冷却塔，在冬季系统制热时作为吸热塔吸收空气中的热量，为热泵机组提供低品位热源。为了保证冬季不发生冻结，塔内的传热介质被替换为盐溶液[7]。

在冷却塔逆用技术中，利用冷却塔从空气中提取热量的热泵系统主要通过机组外网 8 个阀门的切换来实现冬夏两种工况的转换（见图 15-6）。夏季工况时，阀门 1、2 和阀门 7、8 打开，阀门 3、4 和阀门 5、6 关闭，系统按制冷方式运行，为室内提供冷水；冬季工况时，阀门1、2和阀门7、8关闭，阀门3、4和阀门5、6打开，系统按照制热方式运行，为室内提供供暖热水。

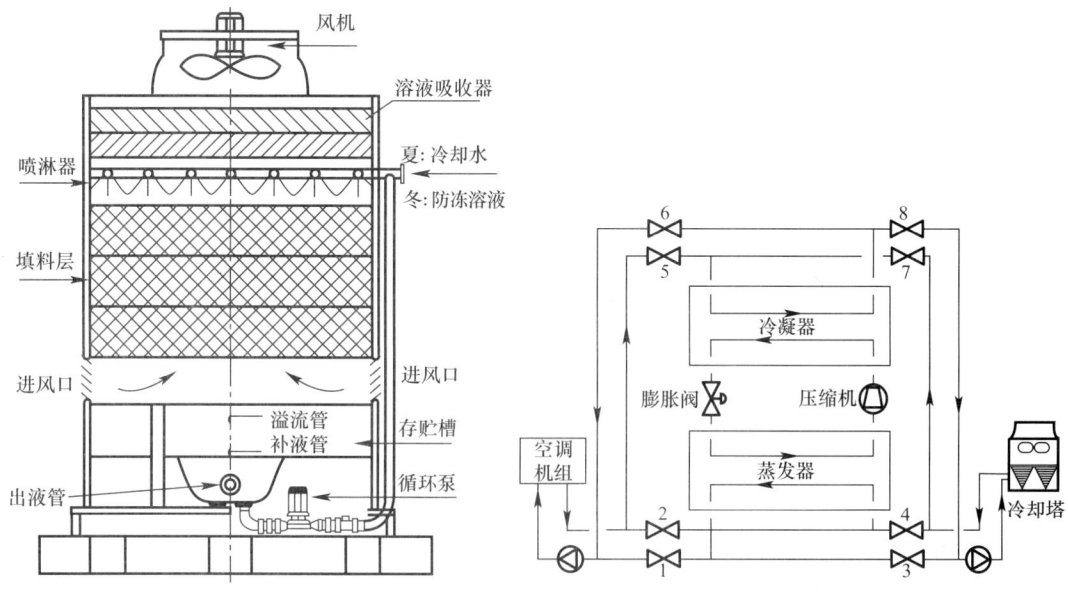

图15-5 开式热源塔示意
资料来源：张晨，杨洪海，吴建兵，刘秋克. 三种典型结构热源塔的比较. 制冷与空调，2009，9（6）。

图15-6 利用冷却塔取热的热泵系统原理图
资料来源：同图15-5。

热源塔有开式和闭式两种结构形式之分。开式热源塔结构如图15-5所示，实际上是常规开式冷却塔的逆用，近年来在公共建筑节能改造中常有应用。各地因环保的原因拔除燃煤锅炉，而夏热冬冷地区某些城市为了平衡天然气供应对单供暖的天然气气源需求不予批准，有些城市的天然气价格也使很多用户无法承受。因此，将供冷冷水机组和冷却塔经简单改造变身为热泵热源塔系统，确是成本低、见效快的方法，受到欢迎。但这些改造项目，一般规模不大。大规模城区能源系统仅有个别案例。

理论上，开式热源塔由于冷却水及防冻溶液是与空气直接接触进行热质交换，换热效率高，在室外空气湿球温度-10℃以上气候条件下，其COP值要高于同等条件下的空气源热泵。但开式热源塔也存在几个短板：

（1）冷却水或防冻溶液易漂失。尤其以氯化钠、氯化钙等盐溶液为主的防冻液，易对周边环境有腐蚀作用，例如周边停放的汽车外壳和居民晾晒的衣物上会出现斑点，产生扰民和纠纷。

（2）夏季冷却塔水质易受空气中污染物和微生物影响，甚至会传播军团病（Legionellosis），冬季由于空气中水蒸气凝结，导致防冻液稀释，冰点温度不稳定。

（3）为了保证盐溶液不结冰，必须保持溶液浓度。一种办法是采用蒸馏方法将多余水分蒸发，但这需要加热热源，一般用余热，但在冬季供暖工况下，其实并没有余热可用，所以这种办法一定会牺牲系统效率。另一种办法则是往溶液中加盐，一些自动加盐装置效果都不理想，所以很多项目采取最原始的人工加盐方法，劳动强度大、机房室内环境恶化。

为克服开式热源塔的问题，研制了闭式热源塔（见图15-7）。闭式热源塔采用了低温宽带换热盘管，防冻溶液在管内循环。冰点温度稳定；喷淋溶液在管外循环，有效抑制结霜。但其换热效率不及开式，且喷淋溶液仍然易随空气飘逸损失[8]。

夏热冬冷地区冬季大部分时间（70%以上）内空气源热泵能够正常供暖，为解决余下30%时间段内的供暖需求，可以将空气源热泵（ASHP）和水源热泵（WSHP）耦合形成单双级热泵系统（见图15-8）。

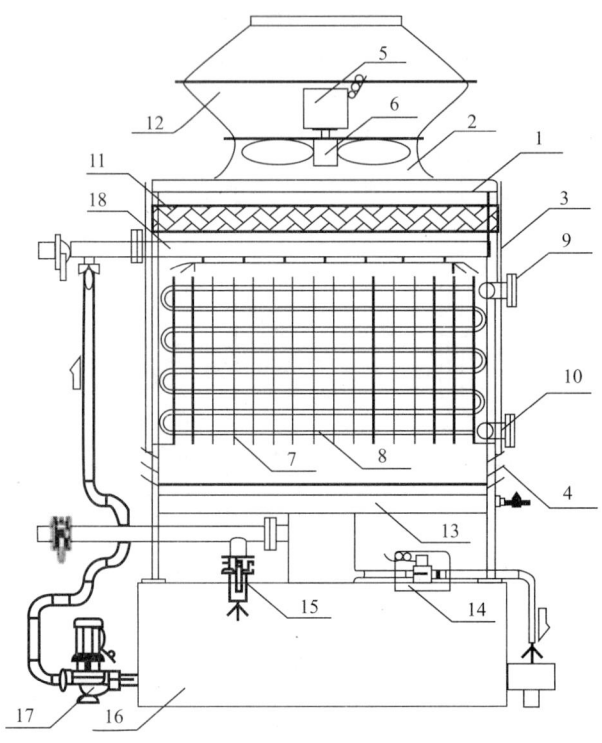

图15-7　闭式热源塔示意

1—塔体框架；2—出风筒；3—围护板；4—进风栅；5—变速电动机控制装置；6—斜射旋流风机；7—高效肋片；8—换热管；9—进液口；10—出液口；11—斜流折射分离器；12—斜射旋流分离器；13—接水盘；14—凝结水控制装置；15—溶液控制阀；16—溶液池；17—喷淋泵控制装置；18—喷淋器

资料来源：宋应乾，马宏权，龙惟定．能源塔热泵技术在空调工程中的应用与分析．暖通空调，2011，41（4）。

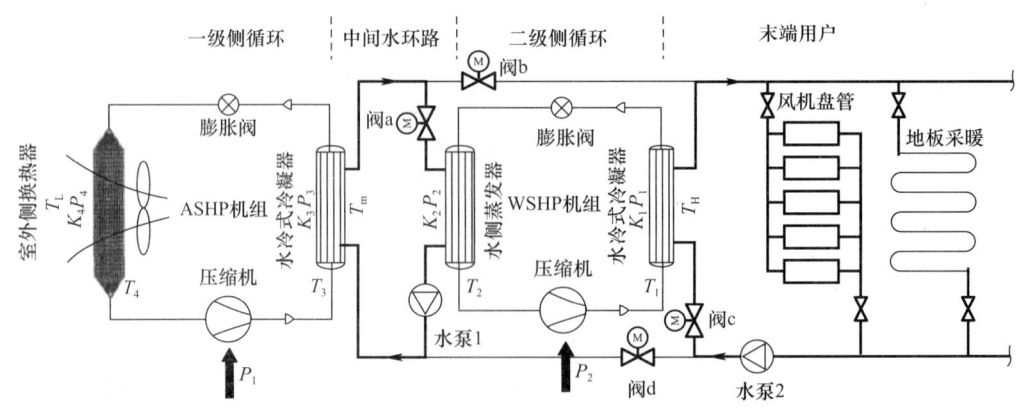

图15-8　双级耦合热泵系统示意

资料来源：王伟，马最良．双级耦合热泵供暖系统有限时间热力学性能优化．应用基础与工程科学学报，2007，15（2）。

双级耦合热泵系统中的第一级为空气源热泵，其制热能效比与室外空气温度以及冷凝器出水温度的关系如图15-9所示。

从图15-9可以看出，如果要求空气源热泵的供水温度 $t_g=50℃$，则当室外温度为-5℃时，其系统能效比仅为1.5；而当空气源热泵供水温度 $t_g=15℃$ 时，系统能效比可以提高到3.6。而15℃的水，对于水源热泵来说是比较理想的热源。因此，考虑采用双级耦合热泵系统，即先由空气源热泵制备15℃或20℃的温水，再将该温水作为低温热源供应给水源热泵。此时空气源热泵机组的COP可提高到3.6（15℃出水温度）和2.9（20℃出水温度）。此时水源热泵机组如果用磁浮离心机，供热温度为50℃，则COP分别可达5.1和5.8（见表15-5）。

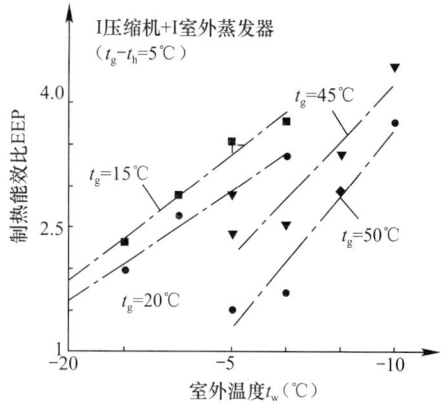

图15-9 空气源热泵的制热能效比
资料来源：马最良，姚杨，姜益强. 双级耦合热泵供暖的理论与实践. 流体机械，2005，33（9）。

经推导，可得到双级耦合运行模式下，系统制热能效比 EER 的计算公式为[9]：

$$EER = \frac{COP_1 \times COP_2 + COP_1 - 1}{COP_1 + COP_2 - 1}$$

以空气源热泵出水温度15℃，水源热泵用磁浮离心机，供热温度50℃计算，综合 EER 为2.72。如果空气源热泵出水温度20℃，则综合 EER 反而下降为2.43。从一次能效率考查，双级耦合热泵的能效还是要高于锅炉供暖。

考虑运行经济性，这里引入单双级耦合热泵系统的"切换温度"概念。即：空气-水热泵单级运行的能效比与空气-水＋水-水的双级耦合热泵运行的能效比相等时，所对应的室外空气温度（图15-10中A点）即切换温度。当室外温度为切换温度时，系统无论单级

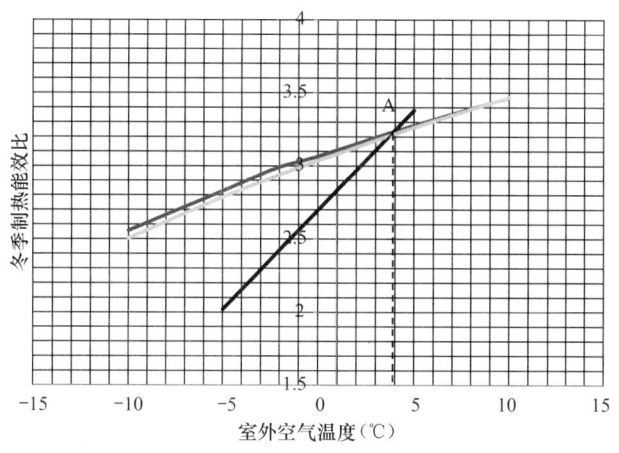

—— 空气源热泵出水温度20℃下耦合 EER
—— 空气源热泵出水温度50℃下风冷热泵 EER_1
—— 空气源热泵出水温度为25℃下耦合 EER

图15-10 切换温度
资料来源：刘志渊提供。

运行还是双级运行，其能效比是基本一致的；当高于切换温度时，单级运行能效比高于双级运行。系统在单级模式和双级耦合运行模式之间转换。

假设冬季供水温度为50℃，冷凝器出水温度分别为20℃和25℃，可得到双级耦合热泵运行的 EER 与室外空气温度的关系、空气源热泵单独运行的 EER 与室外空气温度的关系，如图15-10所示。可以看出，单双级热泵的切换温度可取室外空气温度4℃。

综上所述，双级耦合热泵系统具有以下优点：

（1）用水循环管路将两个单级热泵耦合构成的双级热泵，系统控制和能量调节比较简单。同时还为设备布置提供了灵活性。

（2）系统在低温工况下运行参数显著改善。热泵机组排气温度较低、制热性能系数较高、相对制热量大等。

能源微网中最理想的冬季热源是集成各种可再生热源的能源总线。能源总线在能源微网中可以发挥如下作用：

（1）整合城区中不同空间分布的可再生热源。例如，地源热泵适于地埋管的土地位置分散、河流或湖泊位于城区的一隅、污水处理厂距离核心城区比较远、需要有辅助的冷却塔或热源塔等。

（2）让城区二级开发商能够分享可再生热源。由于建筑红线的限制，各二级开发的土地范围内不一定有可利用的可再生热源资源（例如，地源热泵的地埋管埋地面积不够），要利用地表水资源会遇到水权和取水管道土地使用权等诸多问题。只有将这些资源作为公共基础设施，才有可能使整个城区分享可再生热源的资源。

（3）能源总线连接分布式热泵，将高效水源热泵安装在贴近用户的位置或建筑群中间，这样减少了对城区能源系统能效影响最大的供冷供热管道长度，适合采用小容量、安装灵活的模块化机组。如磁浮离心机可以做成集装箱式，在露天公共用地中安装，用快速接管与空调楼内水系统连接，即插即用，无人值守，成为类似移动通信基站或箱式变压器那样的公共设施（见图15-11）。

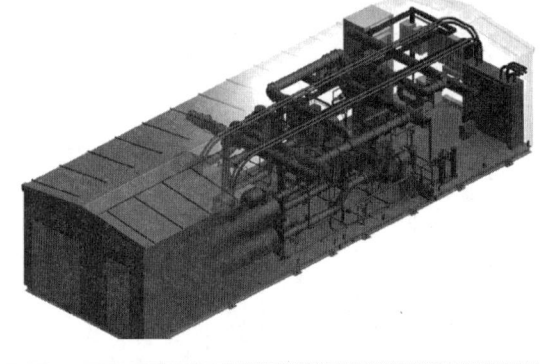
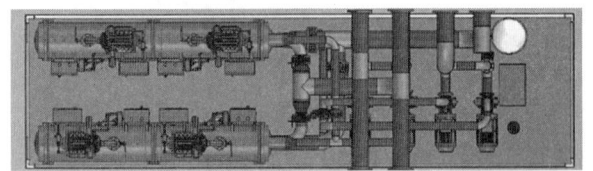

图15-11　集装箱式磁浮离心机冷站示意
资料来源：苏州必信空调提供。

(4) 能源总线变输送与环境温度有一定位差的冷水/热水为与环境温度更为接近的冷却水/热源水，而且其供水允许波动的温度范围在 15℃ 左右（例如上海地区夏季土壤源换热温度 18℃，冷却塔换热温度 32℃，在此温度范围内对制冷机性能影响不大），从而降低了管道保温要求。

(5) 这种供能形式特别适合于第三代分布式能源直供电模式。可以充分发挥分布式发电（热电联产和屋顶光伏联网）的价值；用损失小、造价低的供电取代损失大、造价高的供冷供热管网（直接供电到贴近建筑的热泵机组）；用损失小、温度允差大的能源总线取代损失大、温差小的供冷供热管网；用可再生热源进一步提升能源微网的综合能效，使其高于任何一种集中或分散的供能模式。

15.2 能源总线系统

15.2.1 概述

能源总线系统是以集成利用各种低品位热能（浅层地热、空气能、太阳能）为主，只有通过热泵技术，提升其热能品位，才能实现供冷供热，同时提高系统用能总效率。热泵技术是能源总线系统的关键，可利用的热泵技术包括土壤源热泵、地表水源热泵（江河湖海）、吸收式热泵、吸附式热泵、空气源热泵技术等。

15.2.2 能源总线的冷/热源

当冷热源的来源为多个源、同时有多个冷、热需求，即有多源多汇的情况时，可采用能源总线系统。判断一个城区是否适用能源总线系统，首先应分析建筑群负荷曲线，同时使用系数越高的建筑群，即最大最小冷热负荷出现的时间相近，由于其负荷不具有互补性，采用能源总线的优势小；相反，同时使用系数越低的建筑群，由于其负荷具有互补性，其采用能源总线的优势大。能源总线系统适合于高容积率、高负荷率和具有一定负荷参差率的城区。

从满足负荷需求的特点来看，能源总线系统供能的情况可分为如下几种：

(1) 单独满足供热或供冷需求，此时总线管网单一供应热媒或冷媒水；

(2) 同时满足供热和供冷需求，此时能源总线汇聚了来自不同用户的余热/余冷，具有热回收的特点；

(3) 总线水直接供能。在供暖（供冷）季节的末期，此时建筑内供暖或供冷负荷都不大。此时用户端停开热泵或制冷机组，直接用总线水供热或供冷。

1. 冷热源温度特点

能源总线系统中冷热源热量宜来自于地表水、地下水或与土壤的换热。当天然冷热源不足时，考虑太阳能加热或空气源冷却。能源总线具有多源多汇的特点，不同热特性的热源水汇于总线管网内，多源系统由于各个热源的性能参数不同，统一调度会出现混水现象。混水过程存在㶲的变化，㶲变化大小与很多因素相关，不同的设计参数会导致混水过程能量发生增加或者减小，或者不变。

以下以上海市为例，说明几种常用的热源温度特点。

(1) 土壤源。地表浅层土壤温度呈三层分布，地表冻土层附近土壤温度受室外大气影响，温度全年波动大；冻土层以下有一恒温层，温度全年基本不变；恒温层下到地壳深处有一定的正温度梯度，土壤温度随深度缓慢上升。上海地区冻土层较浅，5m以上土壤温度受室外气象影响而波动；5m以下到35m处土壤温度基本恒定，接近全年平均气温（15.7℃）；35m以下土壤温度以5℃/100m的温度梯度上升，地下100m土壤温度约为19℃[10]。刚进入夏季运行工况时，土壤温度在20℃左右，冷却水温度23～25℃；运行至夏季后期，由于局部排热，土壤温度会有4～6℃的温升，约25℃，冷却水温度28～30℃（见表15-6）。

上海地区土壤源热泵运行的土壤温度数据　　　　　表15-6

夏冬排热量与取热量不平衡率	第一年夏季运行结束时土壤温度（℃）	第一年冬季运行前土壤温度（℃）	第二年夏季运行开始时土壤温度（℃）	5年土壤总温升（℃）	5年后土壤温升率（℃/年）
10%	24.3	24.0	19.05	2.77	0.41
3%	23.5	23.2	18.3	0.81	0.11

资料来源：叶大法，吴玲红，梁韬．上海世博轴江水源与地源热泵联合系统设计．

(2) 地表水源。夏季（8月）最高在27.8～28.6℃，冬季（2月）最低在5.6～6.4℃。在换热器深度大于3m的情况下，能够获得5℃左右的温差。对于江河湖海等流动水体，水温的日较差相比气温很小，较之于冷却塔而言，更加有利于末端机组可靠运行（见图15-12）。

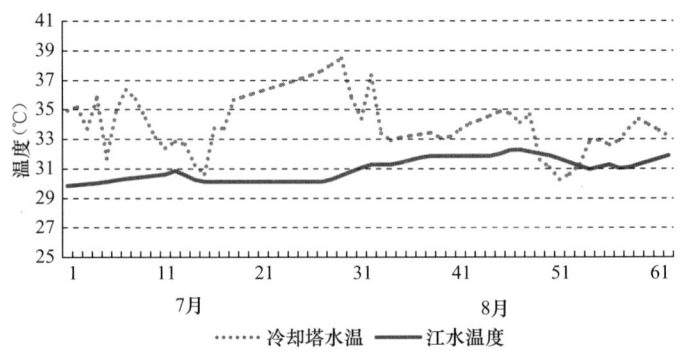

图15-12　江水温度与计算冷却塔温度值对比图[11]

资料来源：谭洪卫，李潇潇，朱金明，杨晓敏．黄浦江水温变化规律与上海地区江水源热泵节能潜力研究．

(3) 污水：冬季11～12℃，夏季最高25～26℃。

(4) 空气源：按照上海计算工况，夏季为34℃，冬季为4℃。

2. 源侧换热器

能源总线源侧换热器的种类包括：

(1) 地埋管换热器（土壤换热器）

土壤源系统对于岩土体有较高的要求，因为岩土体的特性将会影响系统的初投资以及换热器的换热。同时，土壤源系统需要足够大的埋管面积。根据管路埋置方式不同，地埋管换热器分为水平地埋管换热器、竖直地埋管换热器、桩基埋管热交换器。

由于土壤源热泵系统实际上属于季节性蓄热系统，将浅层土壤作为蓄热层，通过热

(冷)量的冬蓄夏取、夏蓄冬取来满足全年的建筑冷、热负荷需求。在实际使用中，应注意由于使用时间上的不平衡和使用强度上的不平衡而造成土壤热积累，大面积埋管城区土壤出现逐年温变，以致影响机组运行效率。《民用建筑供暖通风与空气调节设计规范》GB 50736—2012 中对于土壤源热泵系统的冷热平衡有以下的规定：对于地下水径流流速较小的地埋管城区，在计算周期内，地源热泵系统总释热量和总吸热量应相平衡。当地埋管系统的最大释热量和最大吸热量的比值≤0.8~1.25 时，不需要设置辅助冷热源，按照两者之间计算出来较大的换热器长度进行设计。

(2) 地表水换热器

地表水系统中地表水指的是河流、湖泊、海水、中水或达到国家排放标准的污水、废水等，分开式和闭式两大类。开式地表水换热系统（open-loop surface water system）是指地表水在循环泵的驱动下，经水处理直接流经水源热泵机组或通过中间换热器进行热交换的系统。开式地表水系统对于过滤器、管道防腐蚀等要求较高，维护管理复杂，费用高。闭式地表水换热系统是将封闭的换热盘管放入具有一定深度的地表水体中，传热介质通过换热管管壁与地表水进行热交换的系统。

使用地表水作为热泵的冷热源时，同样要注意向水中的排热。《地源热泵工程技术指南》中推荐地表水源热泵的排热条件：1kW 的制冷负荷所用的地表水表面积不小于 79.3m^2，可用深度不小于 1.83m；对于深度约 4.6m~6.1m 的浅水池或湖泊，热泵向水体的排热不应超过 13W/m^2，水体不应产生温度分层现象[12]。

(3) 冷却塔

在冬夏季冷热负荷不平衡的地区，以土壤源为主要冷热源的能源总线系统，需配备冷却塔作为辅助的散热设备。在确定冷却塔容量时，有三种方法：

1) 按照基础冷负荷选取，此时冷却塔作为基础冷源；
2) 按照峰值负荷选取，此时冷却塔作为调峰冷源；
3) 按照全部设计冷负荷扣除土壤源制冷负荷选取。

无论何种方式选取，运行控制原则都是尽量使冷却塔和土壤源热泵处于最佳工况下运行。以将冷却塔作为基础冷源，土壤源作为调峰冷源为例，运行策略是[13]：

在供冷季初期，室外气温较低时，此时冷却塔效率较高，尽量使冷却塔满负荷运行；

在供冷季中期，负荷率最大的时期，由于初期蓄热较少，土壤内热积累较少，土壤温度较低，尽量由地源提供冷量，不足由冷却塔补充；

在供冷季后期，经过一个供冷季的运行，土壤内的热积累较多，土壤温度已有 4~6℃ 的温升，再改由冷却塔满负荷运行，不足量由土壤源补充。这种方式形成优势互补，对冬夏热平衡也更加有利。

(4) 太阳能集热器

在以供热为主的地区，由于冬夏季冷热负荷不平衡，供热的不足可以用太阳能集热器补热，实现太阳能的跨季节蓄热，并提高冬季系统的运行性能。在北方已有太阳能—地源热泵联合供热的案例，证明了该系统的技术和经济可行性。能源总线系统中，太阳能作为补热热源，具有几种可能的运行工况[14,15]：①太阳能—地源热泵联合供暖运行工况；②太阳能—地源热泵交替供暖运行工况；③太阳能 U 形埋管土壤蓄热工况；④太阳能蓄热水箱蓄热工况等。联合运行模式可以改善热泵性能，提高日间系统运行效率，还可以把 U

形埋管作为一个热源缓冲体，暂时储存富余太阳能，以改善无太阳能利用时的系统运行效率。交替运行模式可以在充分利用太阳能的前提下有效恢复埋管周围土壤温度，从而可提高太阳能与地热能的综合利用效率。

3. 源侧连接形式

能源总线系统是多源系统，源侧是多种或多点的集成。源与源之间的连接形式有串联和并联两种模式。各热源串联连接时，热源侧媒介水依次流经各个热源进行源侧换热；各热源并联连接时，热源侧媒介水分流，同时经过各个热源进行换热，之后在总线中混水供能[2]。能源总线是尽可能利用可再生能源和未利用能源，可利用的能源无论种类还是数量都要受当地环境资源条件限制。因此，采用串联还是并联方式，取决于源的特性、空间分布、自然条件和用户负荷特点。

串联运行模式下：

(1) 冷媒水/热媒水换热温差大，利于节省管网投资；

(2) 总线出水温度低，利于末端机组节能运行；

(3) 当各类热源能源品质相差很多时，采用串联可以避免混水损失。

并联运行模式下：

(1) 各热源之间存在负荷分配，运行调节策略较为复杂；

(2) 可能导致热源处于部分流量下运行，造成源侧换热量下降，需分析流量下降对源侧换热器的影响；

(3) 当各类热源能源品质不一致时，可能存在混水损失。

例如，有冷却塔、土壤源两个源，其中冷却塔得到的冷却水温度按照32～37℃的标准工况考虑，假若是开式系统+板式换热器，按照1℃温差考虑，能得到33℃冷却水。在上海市，刚入夏季运行时经土壤源换热后的冷却水一般为25℃，此后逐渐衰减，经过一个供冷季运行后冷却水出水温度可以达到30℃。那么当33℃的水与25℃的水混合时，就可能存在㶲的增加或减少。

源侧连接形式亦可以根据实际需求，通过预先设计的旁通管道和阀门来转换，从并联模式转为串联模式，反之亦然。多源的特点，要求设计者在设计中不但按照传统思路考虑用户的负荷变化（需求多少），而且要考虑不同季节和使用模式下热源的变化（能供应多少），设计多种情景，制定相应的策略，为后期的运行调节实现节能运行创造条件。

图15-13是双管能源总线供冷模式示意图：来自分散的热源/热汇的水通过能源总线供水管道，提供给分散布置的水源热泵，根据供回水温度的变化，可以在不同地埋管群间调度，在部分负荷时让一部分埋管群"轮休"，在高峰负荷且地温开始升高时投入地表水和冷却塔。如果城区中有夏季供热需求（如酒店、医院）可以取回水管中水作为热水热泵的热源。但此时的回水应仍回到回水管中，有利于地下热平衡。冬季运行方式与夏季没有很大差别，可以采用规模化太阳能热水器补热。

4. 多源的运行调节

(1) 多源的冷量调节策略

多源的能源总线系统运行调节主要体现在冷量分配上。以多点的地埋管联合运行的土壤源热泵系统为例，当负荷下降时，是多点地埋管平均分担冷量还是逐一关闭，需要进行仔细分析（见图15-14）。具体运行时，可监测随用户负荷变化的关键参数，包括：

15.2 能源总线系统

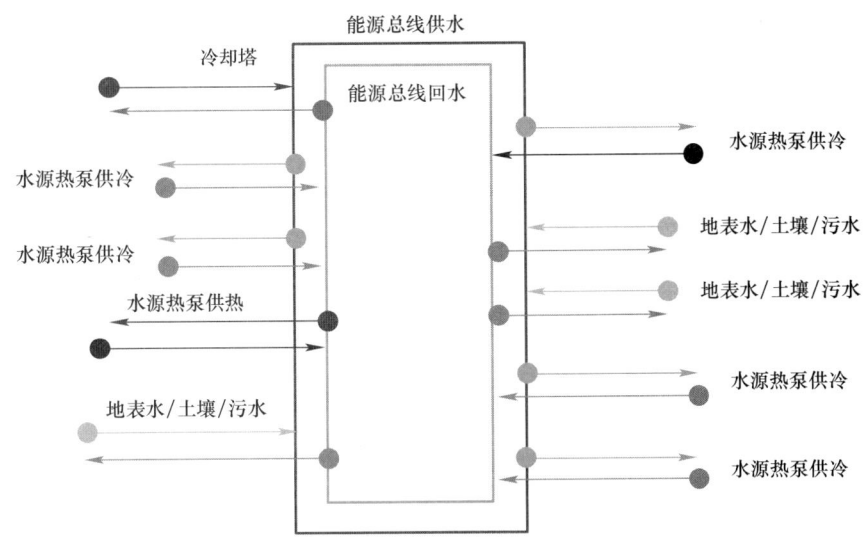

图 15-13　双管能源总线供冷模式示意图

1) 总线水流量（表示末端机组的加载和卸载）；
2) 总线回水温度（表示城区用户负荷总变化）；
3) 各热源点的进、出水温度（表示各热源换热量）；
4) 总线水供水温度的变化（影响用户末端机组的能效）。

在多源多汇的能源总线系统中，考虑到冷量分配和管网水力变化的复杂，在设计中需分季节、分时段、分情景制定运行调节策略，通过比较各热源点换热量的大小和用户端机组能效变化，确定合理的运行模式。

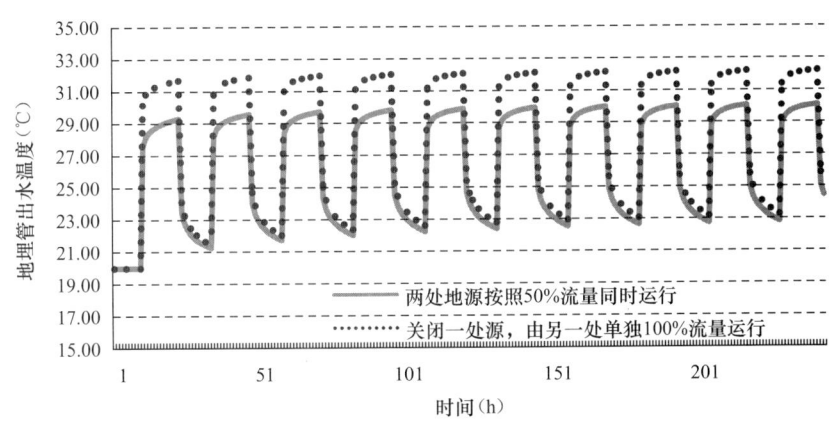

图 15-14　多点土壤源热泵系统冷负荷变化时两种调节方式下两处地埋管换热器运行10天的出水温度
资料来源：王培培. 城区集散式热泵能源总线系统性能研究. 同济大学博士论文，2015年。

(2) 总线水同时供冷供热时的控制策略

能源总线也是多汇系统，由于多用户系统的运行参数不同，特别是在供热/冷季节初/末期，可能存在同时供冷供热的现象，此时能源总线既是制冷循环的高温热源，也是制热循环的低温热源，在总线水侧出现热回收。此时可能有三种方式：

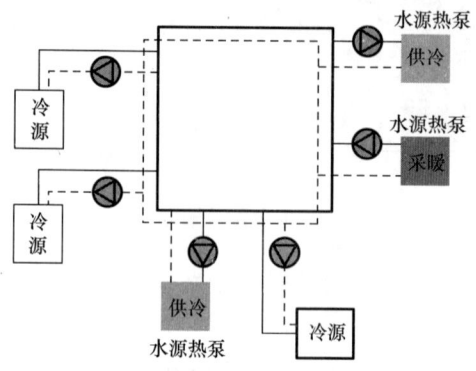

图 15-15 双管制能源总线系统同时供冷供热用户侧调节图示

1）双管制总线管网，依据用户供冷供热需求，调节末端媒介水的流向，如图 15-15 所示。此时总线中媒介水一般为中温水，温度在 12～18℃ 之间为宜。

2）双管制总线管网，末端用户媒介水流向一致，或为单管制总线管网。此时，运行控制中需要判断总线水温的变化，以及是否需要投入补热/冷源。

设 Q_{Ni} 为各城区冷负荷、Q_{Kj} 为各城区热负荷，源侧总线热量变化 ΔQ_{EBS} 即总线与外界的热量交换，则有：

$$\Delta Q_{EBS} = \sum_{i=1}^{n_1}\left[Q_{Ni}\left(1+\frac{1}{COP_{ci}}\right)\right] - \sum_{j=1}^{n_2}\left[Q_{Kj}\left(1-\frac{1}{COP_{hj}}\right)\right] \quad (15-1)$$

$\Delta Q_{EBS}=0$ 时，热量平衡，无需外界补热或补冷；$\Delta Q_{EBS}\neq 0$ 时，总线从外界的吸热量与向外界放出的热量不相等，需要外界补热或散热。

总线供水温度的不同选择，影响能源总线系统的末端热泵机组输入功率变化。对于供冷系统，总线供水温度升高则水源热泵机组耗功增加；对于供热系统，总线供水温度升高则热泵机组耗功减小。因此，当能源总线同时供热供冷时，存在最佳的总线供水温度 T_{EBS1}。

设定 δ 为全部城区总冷、热负荷之比[16]，则有：

$$\delta = \frac{\sum_{i=1}^{n_1} Q_{Ni}}{\sum_{j=1}^{n_2} Q_{Kj}} \quad (15-2)$$

若定义 W_{EBS} 为全部供冷城区与全部供热城区末端热泵机组的能耗之和，则 W_{EBS} 与总线供水温度 T_{EBS1}、城区冷、热负荷比例 δ 相关联，具有如下关系（见图 15-16)[16]：

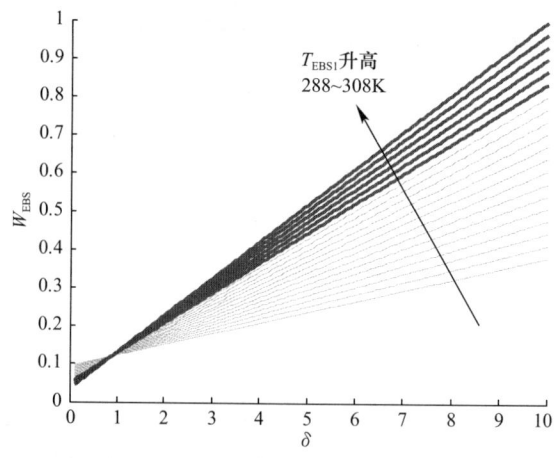

图 15-16 能源总线系统能耗与供水温度和城区冷、热负荷比例的关系图

资料来源：同图 15-14。

$$\begin{cases} \delta>0.88\text{ 时,总线放热量大于吸热量,}W_{EBS}\text{随着}T_{EBS1}\text{的升高而增加;} \\ \delta=0.88\text{ 时,总线内冷热量平衡,}W_{EBS}\text{与}T_{EBS1}\text{大小不相关;} \\ \delta<0.88\text{ 时,总线吸热量大于放热量,}W_{EBS}\text{随着}T_{EBS1}\text{的升高而减少.} \end{cases}$$

当确定了城区的总冷、热负荷比例 δ 之后,可以确定节约输入功率的最佳总线水温度 T_{EBS1}。

(3) 能源总线系统源侧配置

能源总线驱动水源热泵取代空气源热泵,是因为水源热泵的能效比高于空气源热泵,但这一高能效比会由于输送能耗而有所降低。降低的幅度随能源总线管网长度和沿程阻力而变化。系统配置的底线是尽可能高于空气源热泵的能效。

假设空气源热泵的 COP=3.0,电网供电效率 38%,图 15-17 给出当末端水源热泵机组 COP=5.0 时,不同的能源总线管道沿程阻力条件下系统的一次能源利用系数。可以看出,当能源总线管网按常规设计(沿程阻力控制在 300Pa/m)时,能源总线管道长度不应超过 1.8km,否则其能效就会低于空气源热泵。如果能源总线是圆环状分布的,直径最大约为 0.57km。

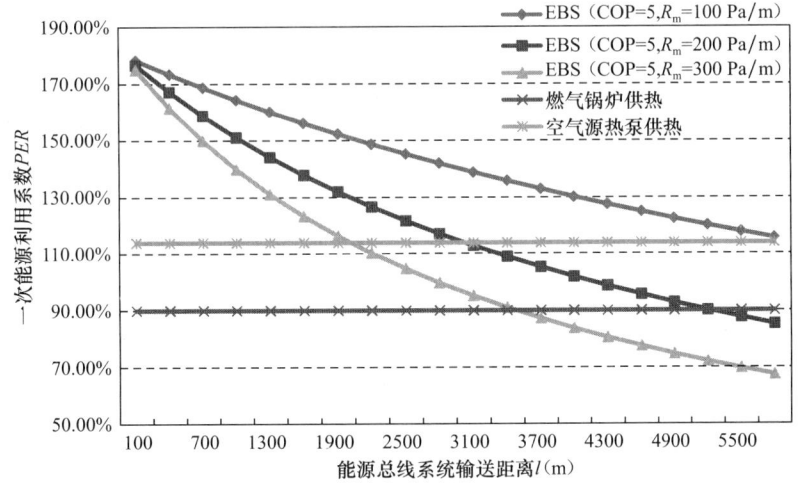

图 15-17 机组 COP=5 时能源总线系统一次能源利用系数的比较
资料来源:同图 15-16。

从图 15-18 可以看出,当末端水源热泵机组 COP=4.0 时,能源总线的允许管道长度大大缩短。所以,要求分布式热泵机组的 COP 高,才能发挥能源微网和能源总线系统的综合效益。

15.2.3 能源总线管网配置

能源总线管网的形式取决于自然冷源与热用户空间分布、城区建筑负荷特点等因素,可以分为枝状和环状管网,单管制总线管网和双管制总线管网,以及导引型和非导引型管网等,之前在本书第 9 章已有介绍。此处着重介绍管网配置中水泵的设置和水力调节方式。

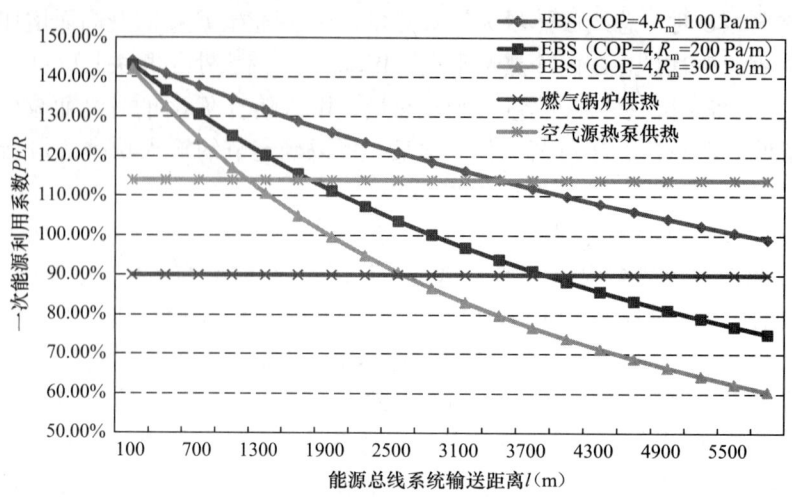

图 15-18　机组 COP＝4 时能源总线系统一次能源利用系数的比较
资料来源：同图 15-16。

1. 管网水泵设置

有两种管网水泵设置方式，分别为：

（1）源侧设置循环泵，用户侧设置用户泵，总线上设置总线循环泵

这种方案的优势在于系统补水定压点比较容易选择，即在循环水泵的入口（一般情况下是系统动水压线的最低点）。缺点在于由于循环泵的循环水流量大于各末端机组实际流量之和，因而总线循环水泵产生了不必要的耗功[17]。

（2）源侧设置循环泵，用户侧设置用户泵，总线上不设置循环泵

总线不设置循环水泵时，同样有两种水泵方案：

第一种方案中，源侧循环泵负责热源内部的水循环，以及总线管网中媒介水的输送，用户泵只负责建立媒介水从管网到流经末端机组换热器再返回总线管网的资用压头。这个方案的水压图表现总线管段为供水压力（供水压线）大于回水压力（回水压线）。

第二种方案中，源侧循环泵主要只负责热源内部的水循环，克服从总线回水主干管的水流经源侧换热器到回到总线供水干管的沿程阻力与局部阻力；用户泵既承担总线管网中媒介水的输送，又承担在末端用户前建立必要的资用压头，以克服流经末端机组换热器的阻力。这个方案的水压图表现为总线管段回水压力（回水压线）大于供水压力（供水压线）。

在第二种方案中，如果总线供能半径过大，为避免供水压力可能过低，回水压力可能过高，此时在总线干管上可适当分段设置加压泵[17]。

当总线不设置循环水泵时，比较难以选择补水定压点。需要确定各种运行工况下动水压线最低点以综合确定定压系统的定压点和压力值。

2. 环状管网水力调节

若能源总线为多源环网，当总线上设置总循环泵时，管网内的媒介水单向流动。当总线上不设置总循环泵时，其结构特点造就了管网中存在水力交汇点，以及源侧、用户侧和管网三者水力工况的相互影响。

(1) 调整水力交汇点

能源总线为多源环网，总线上不设置总循环泵时，按照热力环网的运行经验可知（亦如同第9章提到），此时在管网的某些位置上必然存在着水力交汇点。在交汇点的两侧是来自不同源的媒介水。水力交汇点就像活塞一样把两个"源"的水分开。但当某个用户的泵发生变化时（末端用户负荷加载或卸载变化时），水力交汇点就会像活塞一样变到一个新的位置上。这时实际上整个环网系统已被这些水力交汇点分成了若干个独立运行的媒介水系统，系统的大小和供能范围的变化又会导致源侧循环水泵工况的变化。在实际运行时，水力交汇点的具体位置自然形成，而且经常变动[18]，可以是一个管段（处在两个用户之间），也可以是一个点（恰好在用户分支接管处）。当水力交汇点是一个管段时，来自不同冷热源的媒介水在环网中被分割成几段存在，每个源都在满足距离自己较近的用户需求，用户所需的媒介水由一个冷热源提供；但当水力交汇点是一个点时流入该用户末端机组的水是则由两个冷热源共同提供。对于环网的多源系统而言，如果不主动调整水力交汇点的位置，其存在可能会造成某个管段没有用户分流，冷热源空载运行[19,20]。

假设图 15-19 中的源侧循环泵负责热源内部的水循环，用户泵负责克服总线管网中的沿程阻力和局部阻力，并克服媒介水流经末端换热器的阻力。那么热源1至水源热泵用户1组成的媒介水回路其水压线便如图 15-19 所示。在总线供水管和回水管上表现为回水压线大于供水压线。而其交点即为水压线交点 Q_1。水压线交点理论上可以存在于热源1至用户1组成的媒介水回路上的任意一点，本例中则位于热源出口处附近，即为图中所示 Q_1 点。对于热源2和用户2，也应有类似的水压线图，假设其水压线交点同样位于热源2的出口 Q_2 点。设计中应使该总线管网中的水力交汇点位于 Q_1 和 Q_2 之间，以及用户1和用户2之间，这样可以明确热源1和热源2的供能对象和供能范围，方便在运行中根据需要调节热量和流量。

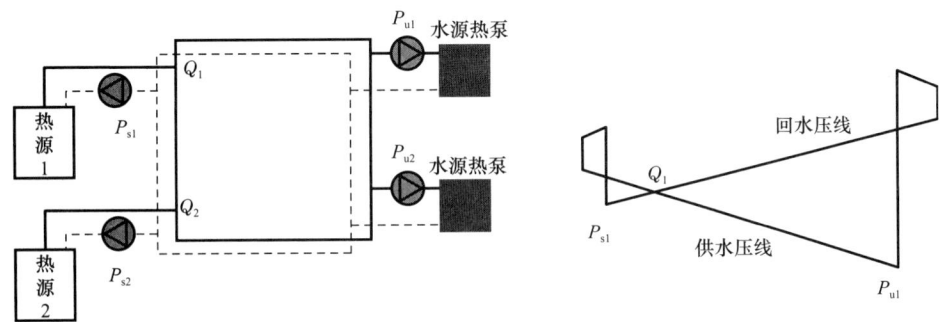

图 15-19 双管制多源环状能源总线系统水压线示意图

因此，在设计中要主动考虑到水力交汇点的位置，确定每个源的供能对象和范围，并且在系统调试阶段将水力交汇点调整到位，才能使系统按照设计实现热量和流量的分配。在调整水力交汇点时，需保证系统定压正常[20]。

(2) 能源总线管网水力解耦

能源总线系统是多泵系统，用户侧、总线和热源侧水力工况耦合，用户侧的工况变化会导致整个管网内水力工况不稳，不但影响热量和流量的分配，甚至可能影响水泵的安全运行。要保持水力工况稳定，可以设置均压管，将用户端的水力工况变化与总线或与热源侧解耦。

均压管直径一般为相邻管段直径的3倍,目的是使其管内的压降接近为0,即均压管内为同一压力值,从而起到稳压的作用,借以减少管路间水力工况的相互干扰[17,21]。同时,多源多汇的能源总线系统,源开启数量和用户数量的变化,会使系统流量发生很大变化,均压管也可以均衡冷热源循环媒介水流量、末端机组流量和总线管网媒介水流量的不一致。

均压管的设置可以有以下几种方式(见图15-20)[17]。

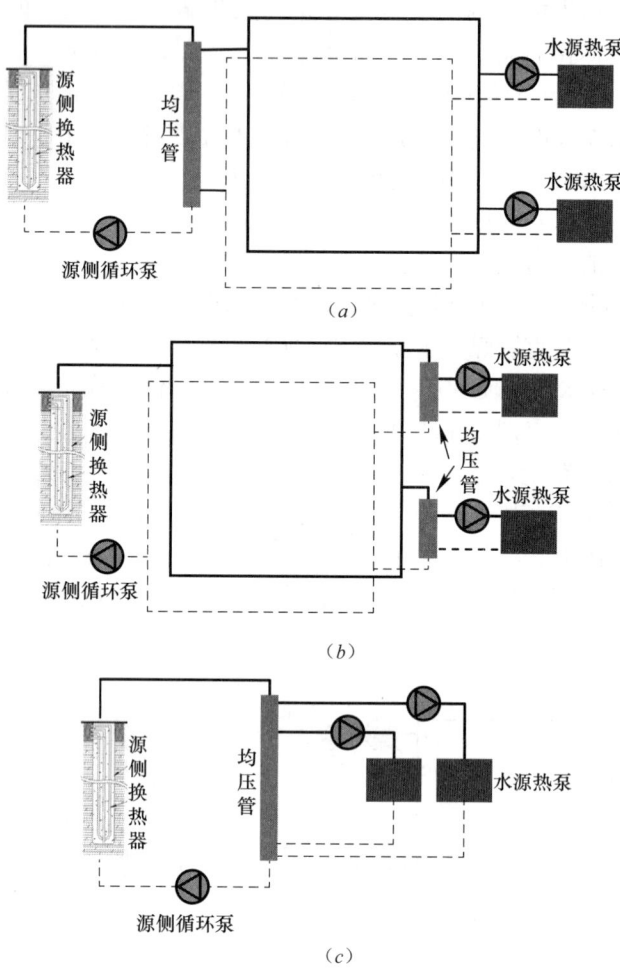

图 15-20　能源总线系统中均压管的连接方式[17]
(a) 源侧设置均压管;(b) 用户侧设置均压管;(c) 用户侧设统一均压管

第一种方式是在每个源与总线管网连接处设置均压管,使源侧水力工况与总线管网解耦,也就是当源侧进行变频运行时,总线内水力工况不受影响;反之亦然。在图15-19中,Q_1 和 Q_2 点即可设置均压管。

第二种方式是在总线与每个用户分支前安装均压管,使得用户的工况变化与总线水力工况解耦。

第三种方式适合小型系统,使各用户自成回路。由于均压管内的压力为同一数值,因此各分系统的共用点的压力相等,从而消除了各分系统由于工况变动引起的互相干扰。

如果使均压管内压力保持设定值,均压的同时起到定压作用,可以更好地发挥解耦作用,系统水力工况也更加稳定。

(3) 水系统定压

能源总线系统是闭式循环的水系统,需要给系统定压。在多源环状管网中,冷热源启动的数量和用户负荷的不同,会造成系统流量和压力分布发生很大的变化。不但如此,动水压线压力最低点还会发生变化。对于多源环状管网,系统定压是保证系统水力工况稳定运行的另一个关键问题。以往多热源环状管网采用多点定压的方法,但如果辅助定压点不适应工况变化,会导致系统超压或欠压现象。

可以借鉴多热源环状供热管网中一点定压,多点补水的方法确定多源环状能源总线系统定压点和压力值,具体方法如下[22]:

1) 根据各种运行工况水力分析结果,确定出每个运行工况下动水压线最低点,以及对应的保证系统不倒空的压力值 P_i;
2) 各种运行工况下,动水压线最低点与定压点之间的相对压力 ΔP_{0i};
3) 各种运行工况下,定压点必须满足的压力值 P_{0i}

$$P_{0i} = P_i + \Delta P_{0i} \tag{15-3}$$

4) 则该多源环状管网定压点压力设定的下限值 P_0 为:

$$P_0 = \max\{P_{0i}\} \quad i = 1, 2, \cdots\cdots k \tag{15-4}$$

15.2.4 能源总线系统的能效比和㶲效率计算[16]

能源总线系统的能效比为制冷量(制热量)与消耗的电功率的比值。

$$\eta_{\text{EBS}} = \frac{\sum Q_{Ni}}{\sum_{i=1}^{n} W_i + \sum_{j=1}^{m} W_{spj} + \sum_{i=1}^{k} W_{lpi} + W_{\text{EBSp}}} \tag{15-5}$$

式中 W_i——用户侧(能源站)i 的主机功率,kW;

W_{spj}——源侧 j 的泵与风机功率,kW;

W_{EBSp}——总线输配系统水泵功率,kW;

W_{lpi}——用户侧建筑供冷/供热系统 i 的泵与风机功率,kW;

Q_{Ni}——用户侧建筑冷热负荷,kW。

节能的本质在于节㶲。能源总线系统集中利用低品位能源,使供能侧和用户侧的能源品位相当,其㶲效率为系统有效冷量㶲(热量㶲)与系统供给㶲的比值,即

$$\eta_{\text{ex,EBS}} = \frac{\sum E_x, Q_{Ni}}{\sum_{i=1}^{n} W_i + \sum_{j=1}^{m} W_{spj} + \sum_{i=1}^{k} W_{lpi} + W_{\text{EBSp}}} = \frac{\sum Q_{Ni}\left(\frac{T_0}{T_n} - 1\right)}{\sum_{i=1}^{n} W_i + \sum_{j=1}^{m} W_{spj} + \sum_{i=1}^{k} W_{lpi} + W_{\text{EBSp}}}$$

(15-6)

能源总线系统中使用的热源为自然能源时,考虑自然能源的㶲值极低,并认为其为免费㶲,如土壤源、闭式水源等的热量㶲,冷却塔的进出口空气㶲差,自然水源提取和释放的㶲差,这些自然能源的㶲不列入㶲效率计算。

实例计算显示,共享冷却塔和天然水源的能源总线系统,其单位冷量㶲损失低于常规

的单体建筑供冷，其中以天然水源能源总线系统㶲损失为最小[23]。

15.3 㶲网（Anergy Grid）

15.3.1 基本概念

当系统由一任意状态可逆地变化到与给定环境相平衡的状态时，理论上可以无限转换为任何其他能量形式的那部分能量，称之为㶲（Exergy）。简单地说，就是指定状态下所给定能量中有可能做出有用功的那部分能量，而与此相对的，即为㶲（Anergy），也就是一切不能转换为㶲的能量。任何能量都是由㶲和㶲两部分所组成，即

$$能量=㶲+㶲$$

㶲（Anergy）是低温的能量，不能转化为有用功，只能用于供冷供热。㶲网（Anergy Grid），即是主要利用低温能源，如浅层地热能、人工环境产生的废热、空气源以及江河湖海等存在于自然界中的水源等这些可再生能源和可回收的未利用能源的一种能源利用综合网络，可视为是能源总线的一种类型。Anergy Grid 系统管网中提供 12~18℃ 的中温水，利用热泵技术向终端用户供热供冷，目标更加强调低能耗和零/低碳排放[24,26]。热源主要为浅层地热能，补热系统则以太阳能加热和空气冷却系统为主，用以保持能源网络的供需平衡，维持能源网络一次能源的低能耗。

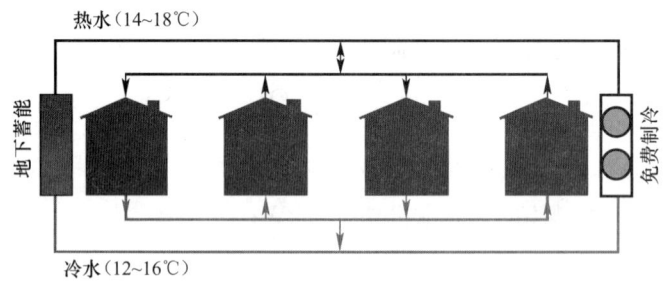

图 15-21 Anergy Grid 图示

资料来源：Dominik Brem. Moving toward a carbon neutral campus: An anergy grid replaces fossil fuels. SWISS-US ENERGY INNOVATIONS DAYS 2015. August 19-21, 2015. Zurich, Switzerland. http://www.energyinnovationdays.com/app/download/。

15.3.2 Anergy Grid 管网形式

Anergy Grid 的拓扑结构包括枝状和环状两种类型，与前述的能源总线管网结构类似，此处不再赘述。其管网形式也包含单管制和双管制，当有额外热源（高于35℃）或者冷源（低于6℃）时，也可以采用三管制或四管制，如图 15-22 所示。

此外，按照媒介流动和水泵设置，Anergy Grid 的又可分为导引型和非导引型两种形式。主干管上设置总循环泵，引导管网中媒介水朝一个方向单向流动，可称之为导引型管网（Directed Networks）；主干管不设总循环泵，用户侧分别设置水泵，根据冷热媒介水的温度和用户供冷供热的实际需求，决定用户侧的媒介水流动方向，导致管网中媒介水流

15.3 㶲网（Anergy Grid）

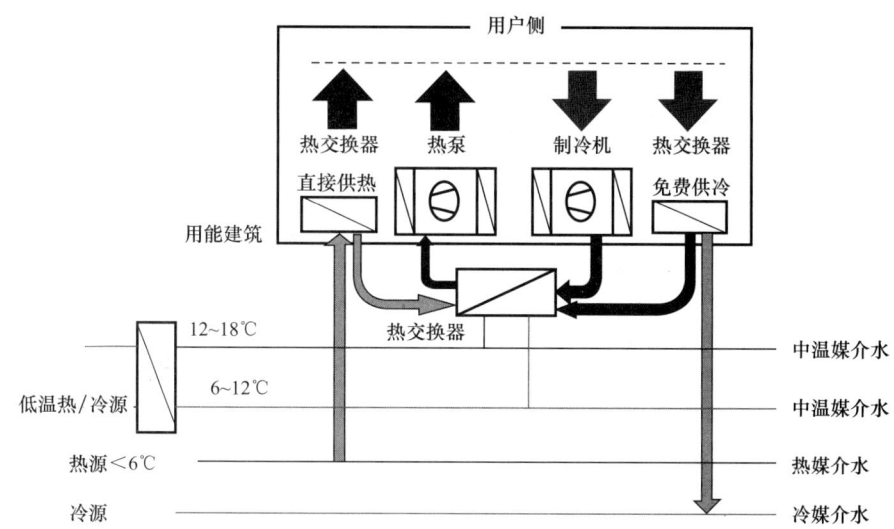

图 15-22　双管制 Anergy Grid 管网与额外冷热源的结合[25]

动方向不完全一致，可称之为非导引型管网（Undirected Networks）。如图 15-23 所示。很明显，非导引型管网中的由于冷热混合而导致的㶲损失要小于导引型管网[25]。但对于非导引型管网，设计中要注意设备的承压情况。

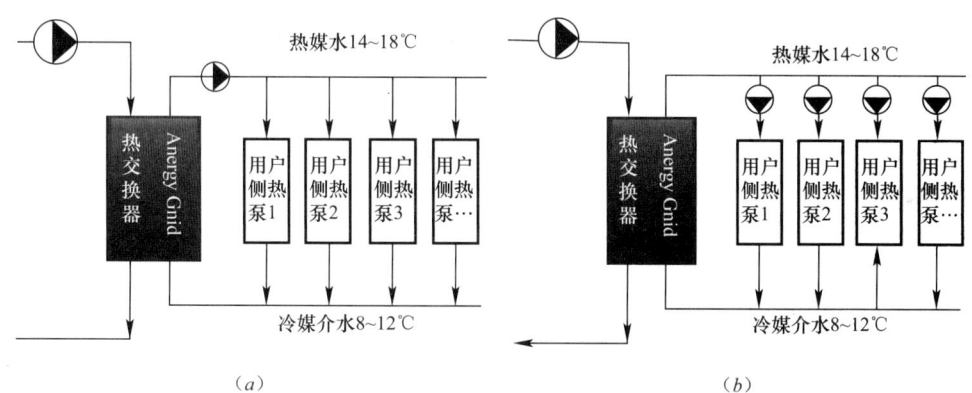

图 15-23　按照媒介流动和水泵设置的不同，Anergy Grid 管网的两种形式
（a）导引型管网（Directed Networks）；（b）非导引型管网（Undirected Networks）
资料来源：Andreas Hanglberger. The Energy Bus-an innovative "cold" district heating and cooling（DHC）concept _ Theory and application at Dongtan, Chongming Island. Bachelor thesis. Tongji University, Munich University of Applied Sciences，2015，6。

15.3.3　实际案例[24,26,27]

Anergy Grid 的一个实际案例是苏黎世联邦理工学院（ETH Zurich）在 Hönggerberg 校园实施的一个"能源科学与技术"（Energy science and techonology）的科学城校园（Science City Campus）的示范项目（见图 15-24），该项目采用地热能给建筑供热供冷，最终目标是使 Hönggerberg 校园在 2025 年之前实现二氧化碳零排放。该项目获得 2012 年国际可持续校园网络奖（International Sustainable Campus Network，ISCN）。

图 15-24　科学城校园❶

资料来源：http://www.cafe-future.net/news/pics/10761-org.jpg。

Hönggerberg 科学城校园总面积 44.2 万 m^2，20 多幢建筑，师生总人数超过 10000 人。2014 年的能源需求数据为：

(1) 热负荷：21.6GWh；

(2) 冷负荷：22.2GWh；

(3) 电负荷：52.2GWh。

科学城校园项目预计 2025 年全部完成，届时校园内将新增 10 幢新建建筑，完成 9 幢建筑的改造，所有建筑都将接入 Anergy Grid 管网（见图 15-25）。管网采用环形拓扑结构、双管制、非导引型管网形式，用户侧分散设置水泵，满足用户不同的供冷供热需求。

图 15-25　科学城 Anergy Grid 网络

资料来源：ETH Zurich. Anergy Grid for Enhanced Energy Efficiency of Campus Buildings. International sustainable campus network conference 2012. June 19-21，2012. Eugene，OR，USA. http://www.international-sustainable-campus-network.org/downloads/conference-and-symposia/iscn-conference-2012。

管网中流动的媒介水通过土壤源换热器收集来自地表浅层热量，通过地源热泵技术和来自 Limmat 河水的免费供冷来满足城区内建筑的制冷和制热的全部需求，同时回收建筑的余热或余冷。地源热泵的埋管为双 U 形，深度 200m，总计约 800 根，分 5 处布置。此外，采用太阳能加热以及空气源制冷用来保证系统的放冷放热平衡。管网年供热量为

---

❶ 彩图见本书附录 1。

15.3 㶲网（Anergy Grid）

15GWh，年供冷量为13GWh。预计运行25年后，管网中制冷季来自地源侧的最高出水温度21℃，制热季最低出水温度2℃（见图15-26）。该项目总投资在4千万美元左右，总计约季节性蓄热400万 m^3，减少 CO_2 排放约10000t/a。该项目系统流程如图15-27所示。

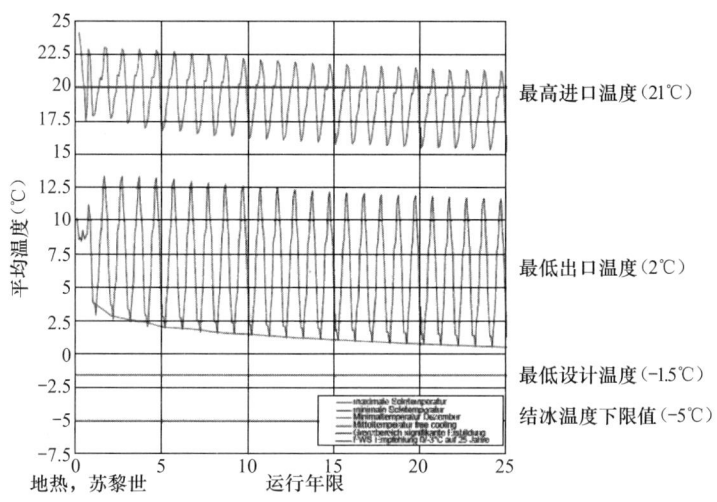

图15-26　25年运行期内土壤蓄热的预测温度
资料来源：同图15-25。

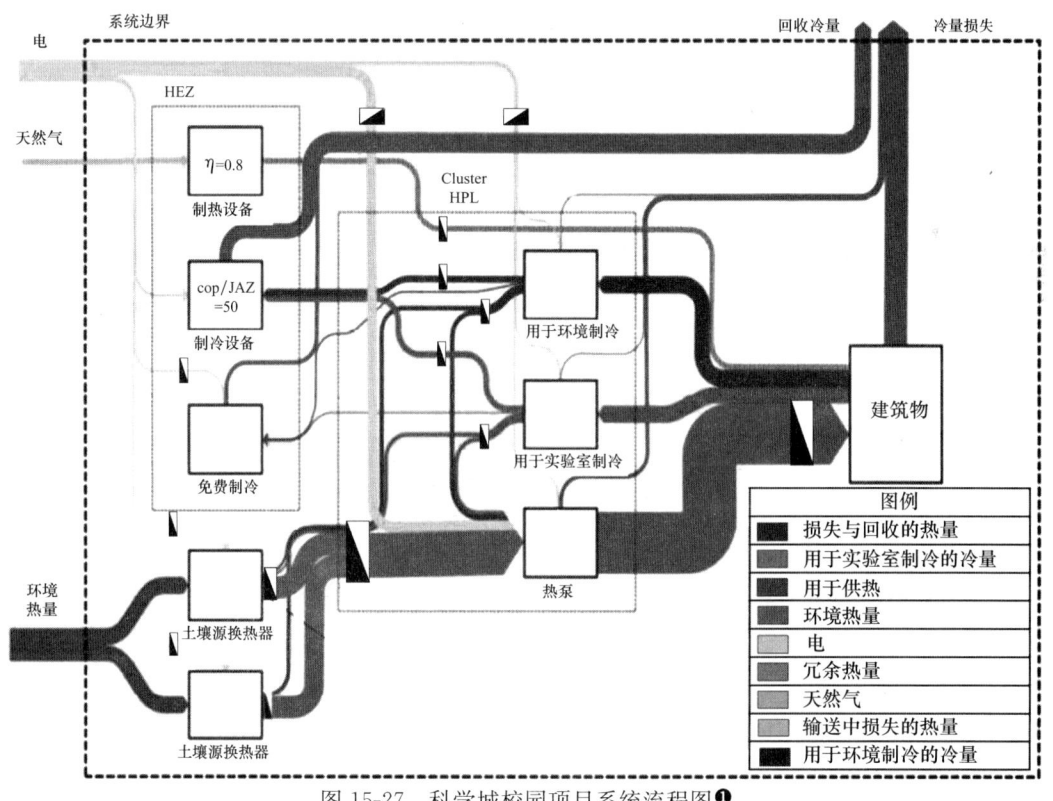

图15-27　科学城校园项目系统流程图❶
资料来源：同图15-25。

---

❶　彩图见本书附录1。

第 15 章 能源微网的框架层——热泵能源总线系统

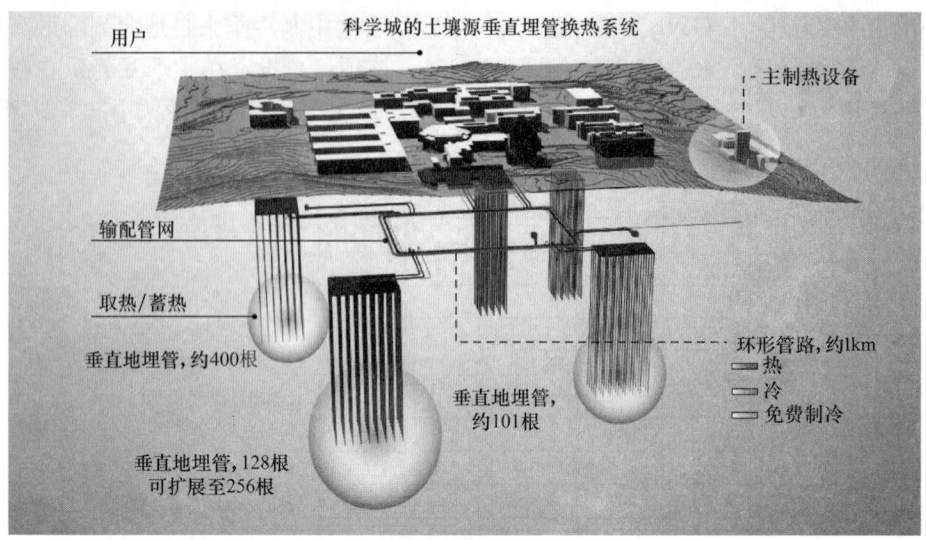

图 15-28　Hönggerberg 科学城校园 Anergy Grid 示意图
资料来源：同图 15-25。

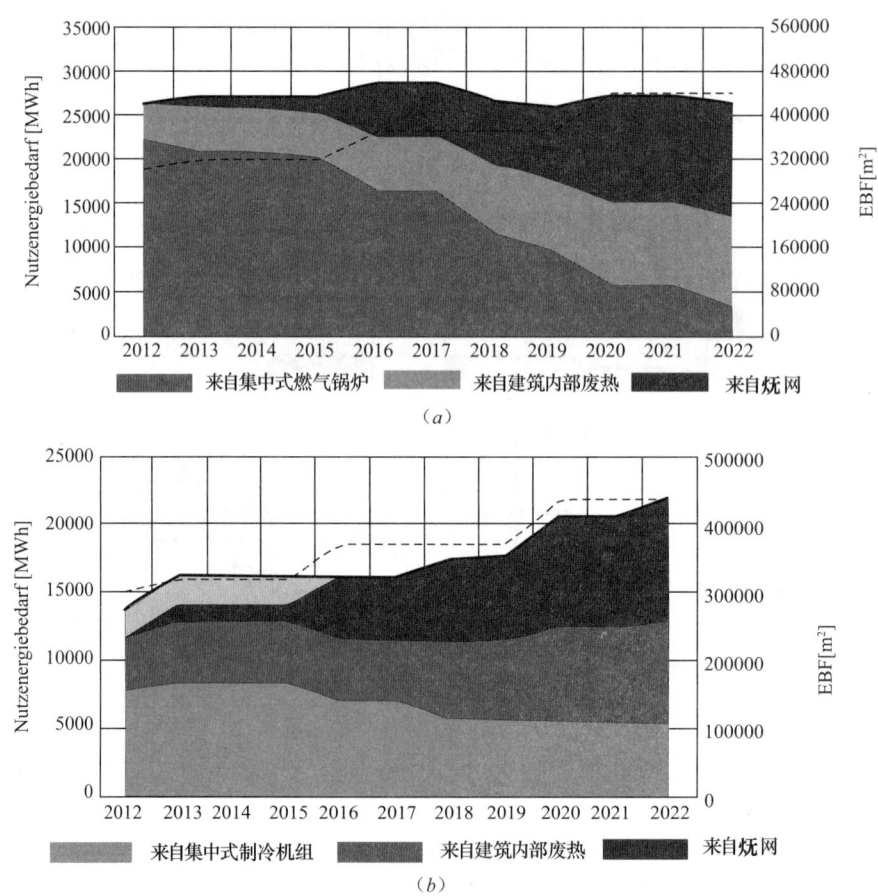

图 15-29　科学城校园项目预计用能[26]
(a) 热源；(b) 冷源

本章参考文献

[1] European Heat Pump Association, Smart cities and aspectsof heat pump integration, European Heat Pump News, No. 2, June 2011. http://www.ehpa.org/uploads/media/2011-2 ehpa newsletter final.pdf.

[2] International Energy Agency (IEA). 2050 技术路线图——智能电网（中文版）. http://www.iea.org,2011.

[3] 龙惟定. 绿色生态城区的智能能源微网. 暖通空调, 2013, 43 (10).

[4] 徐邦裕, 陆亚俊, 马最良等. 热泵. 北京: 中国建筑工业出版社, 1988.

[5] 百度百科. 磁悬浮空调. http://baike.baidu.com/subview/3991833/3991833.htm.

[6] 查晓东, 林怀宇. 磁悬浮离心变频技术的中国发展之路. 暖通空调, 2014, E12: 1-5.

[7] 欧阳坤泽, 邹道忠. 利用冷却塔取热的气源热泵系统的理论分析和运行实践. 全国暖通空调制冷 1998 年学术年会论文集, 1998.

[8] 张晨, 杨洪海, 吴建兵, 刘秋克. 三种典型结构热源塔的比较. 制冷与空调, 2009, 9 (6).

[9] 王洋, 江辉民, 马最良, 姚杨. 单双级混合式热泵供暖系统总制热能效比的研究. 暖通空调, 2004, 34 (11).

[10] 叶大法, 吴玲红, 梁韬. 上海世博轴江水源与地源热泵联合系统设计. 第 3 届中国制冷空调工程节能应用新技术研讨会论文集, 2008.

[11] 谭洪卫, 李潇潇, 朱金明, 杨晓敏. 黄浦江水温变化规律与上海地区江水源热泵节能潜力研究, 上海市制冷学会 2007 年学术年会, 2007.

[12] 美国制冷空调工程师协会编. 地源热泵工程技术指南. 徐伟等译. 北京: 中国建筑工业出版社, 2001.

[13] 白玮, 龙惟定, 王培培. 多源能源总线系统的技术要点初探. 2012 全国暖通空调年会论文集, 2012.

[14] 郭长城, 石惠娴等. 太阳能—地源热泵联合供能系统研究现状. 农业工程学报, 2011, 27 (12).

[15] 杨卫波, 倪美琴等. 太阳能—地源热泵系统运行特性的试验研究. 流体机械, 2009, 37 (12).

[16] 王培培. 城区集散式热泵能源总线系统性能研究. 上海: 同济大学, 2015.

[17] 石兆玉. 供热系统分布式变频循环水泵的设计. 暖通空调标准与质检, 2006, 3.

[18] 王魁吉, 孙玉庆. 多热源环网供热技术. 暖通空调, 2002, 32 (6).

[19] 石兆玉. 在多热源联网中分布式输配供热系统的应用. http://www.jlgrxh.com/newscot.aspx?id=74.

[20] 石兆玉. 供热系统多热源联网运行的再认识. 中国建设信息供热制冷, 2006, 2.

[21] 石兆玉. 实施分布式循环供热系统时应注意的几个问题. www.jlgrxh.com/newscot.aspx?id=72.

[22] 徐文忠, 冯永华. 多热源环状供热管网补水定压系统及定压点压力确定方法. 中国: CN101943440A. 2011-01-12.

[23] 樊瑛, 龙惟定. 能源总线系统的㶲分析与碳分析. 暖通空调, 2013, 43 (1).

[24] ETH Zurich. Anergy Grid for Enhanced Energy Efficiency of Campus Buildings. International sustainable campus network conference 2012. June 19-21, 2012. Eugene, OR, USA. http://www.international-sustainable-campus-network.org/downloads/conference-and-symposia/iscn-conference-2012.

[25] Andreas Hanglberger. The Energy Bus-an innovative "cold" district heating and cooling (DHC) concept _ Theory and application at Dongtan, Chongming Island. Shang hai: Tongji University, 2015.

[26] Dominik Brem. Moving toward a carbon neutral campus: An anergy grid replaces fossil fuels. SWISS-US ENERGY INNOVATIONS DAYS 2015. August 19-21, 2015. Zurich, Switzerland. http://www.energyinnovationdays.com/app/download/.

[27] https://www.ethz.ch/en/.

第 16 章 能源微网的管理层——泛在能源管理系统

16.1 能源微网管理系统的构成

16.1.1 能源微网的系统结构

能源微网的基本结构单元包括分布式电源、储能装置、控制装置、负荷等[1]，如图 16-1 所示，其中包含风力发电、光伏发电、水轮发电机、柴油发电机、微型燃气轮机以及燃料电池、蓄电池等多种电源形式，并针对敏感负荷、可中断负荷、可调节负荷三种负荷对供电质量要求的不同，采取个性化供电方案[2,3]。敏感负荷与可调节负荷由多电源供电，可中断负荷由配网或者其他馈线上的剩余电力供电。敏感负荷与可调节负荷馈线上的隔离开关在主网故障时会快速隔离重要负荷与故障，保证其所连敏感负荷及可调节负荷供电的不间断。

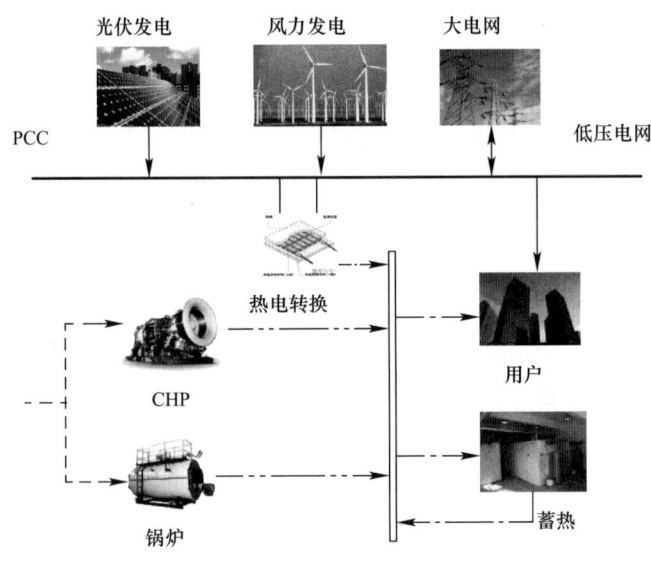

图 16-1 典型的微网结构图

16.1.2 能源微网的能量流

能源微网能量源的多样性、供电能力的各异性以及负荷结构的复杂性导致其内部各层次元素的不同和层次间联结关系的差异[4]。能源微网从燃料输入到能量终端用户主要有电能流、热能流等能量流，则具体的能源微网供能系统关系如图 16-2 所示。

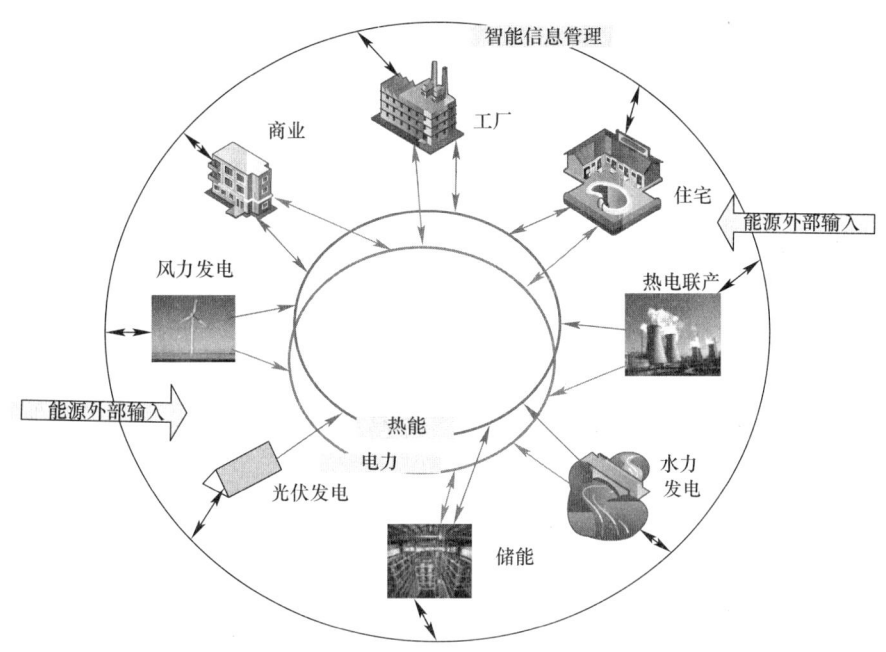

图 16-2 能源微网供能系统关系图

16.1.3 能源微网的信息流

对大电网而言,微网系统可以看作是一个电源或者负荷,因此需要综合大电网需求与微网系统的运行目标,来调节微网系统与大电网之间的能量交换。根据系统的负荷预测、发电状况、天气情况、电价和气价信息等,微网能量优化管理系统可以协调微网内各个分布式电源和负荷,保证微网的安全、经济、稳定运行。微网能量管理系统信息流如图 16-3 所示,根据热电冷负荷预测、可再生能源发电预测、电价及气价等信息,微网能量管理系统完成对电力系统电能交换、可控分布式电源的调度、负荷侧需求响应的控制管理,最终实现整个微网的能量优化调度。

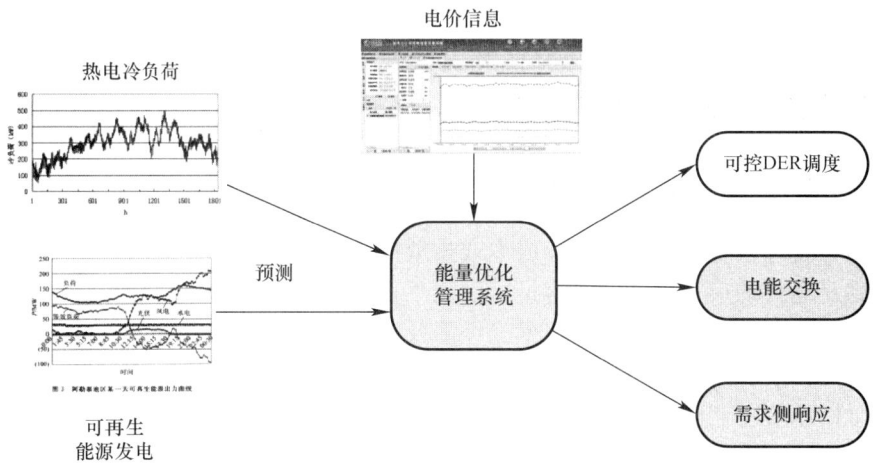

图 16-3 微网能量管理系统信息流

资料来源:http://www.govinfo.so,http://www.naritech.cn。

16.2 能源微网能量管理系统的分层结构

微网能量管理系统[5]的分层结构如图 16-4 所示，主要分为：主网分布式能量管理系统、微网中央控制单元和控制分布式电源、负荷等的本地控制器[6]。主网分布式能量管理系统管理大电网调度中心与微网系统间的信息交换；微网中央控制单元根据主网分布式能量管理系统和控制分布式电源、负荷的本地控制器提供的信息，融合负荷预测结果、分布式电源发电的出力和报价、储能单元的剩余容量以及气价电网电价，管理各分布式发电单元以及储能单元的运行状态，来实现微网系统的能量平衡和经济运行；微网智能能量管理中心与分布式电源、负荷等的本地控制器之间的信息交换由本地能量控制器负责[7]。

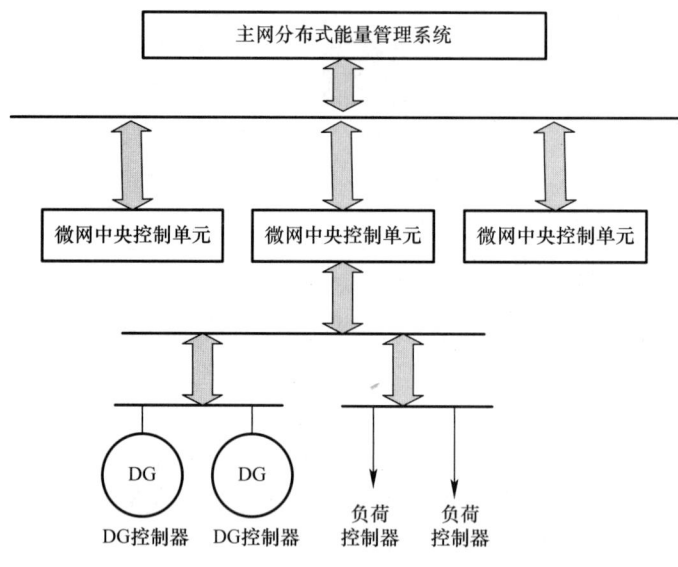

图 16-4 微网供能系统结构图

16.3 微网管理系统的功能和任务

16.3.1 能源微网能量管理系统的目标

微网能量管理系统以最小化运行成本或排放成本或损耗成本或停电成本等为目标，在保证系统满足运行约束（包括设备容量、供能平衡等）的前提下，为分布式电源和负荷等提供参考运行点[8]。微网能量管理技术、经济及环境因素之间的关系如图 16-5 所示。

微网优化调度与传统电力系统调度的区别在于：

（1）微网系统可同时为负荷提供热能和电能，尤其是 CHP 的应用，需要对热电进行联合优化；

（2）在电网正常运行时，微网可以与大电网自由进行能量交换；

（3）微网具有更灵活的调度手段，如切除或延缓某些非敏感性负荷的供电等。

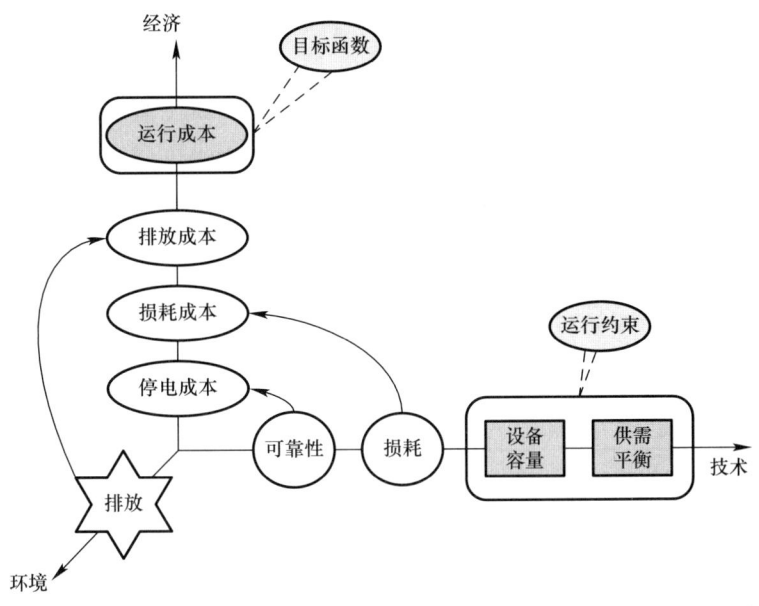

图 16-5 微网能源管理目标分析

16.3.2 微网能量管理系统的工作流程

首先根据分布式电源发电出力预测、负荷预测（热、电、冷）、市场清算价格预算等制定生产计划，然后结合储能水平、分布式电源有效出力等进行生产计划调整，根据调整好的生产计划对主配网的交换功率、负荷需求以及分布式电源的出力等进行调整控制，如图 16-6 所示。

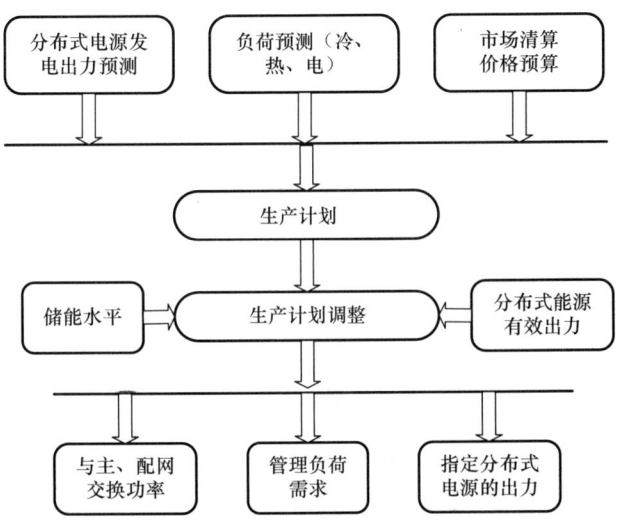

图 16-6 微网能源管理系统的流程

16.3.3 微网能量管理系统的软件体系

根据微网能量管理的目标及工作流程，基于计算机操作系统，微网能量管理系统的开发应从软件支撑平台、数学建模以及高级应用软件三个方面来进行[9]。微网能量管理系统软件体系结构示意图如图 16-7 所示。

底层支撑平台的设计直接关系到整个微网能量管理系统的结构合理性、开放性以及集成能力，是整个系统结构的基础。其中数据库管理系统是微网能量管理系统支撑平台的核心，其准确性、完整性直接关系到应用软件的成败，是支撑平台与应用软件主体思想的集中体现。应用服务可面向所有应用软件提供服务，通常有系统管理、告警服务、图形界面管理、报表工具、WEB 服务等。

中间层数学建模及仿真研究可分为三部分：预测模型、分布式能源单元级建模、微网系统级建模，它是确保微网系统安全、经济、可靠运行的关键，又是研发微网能量管理应用软件的基础。

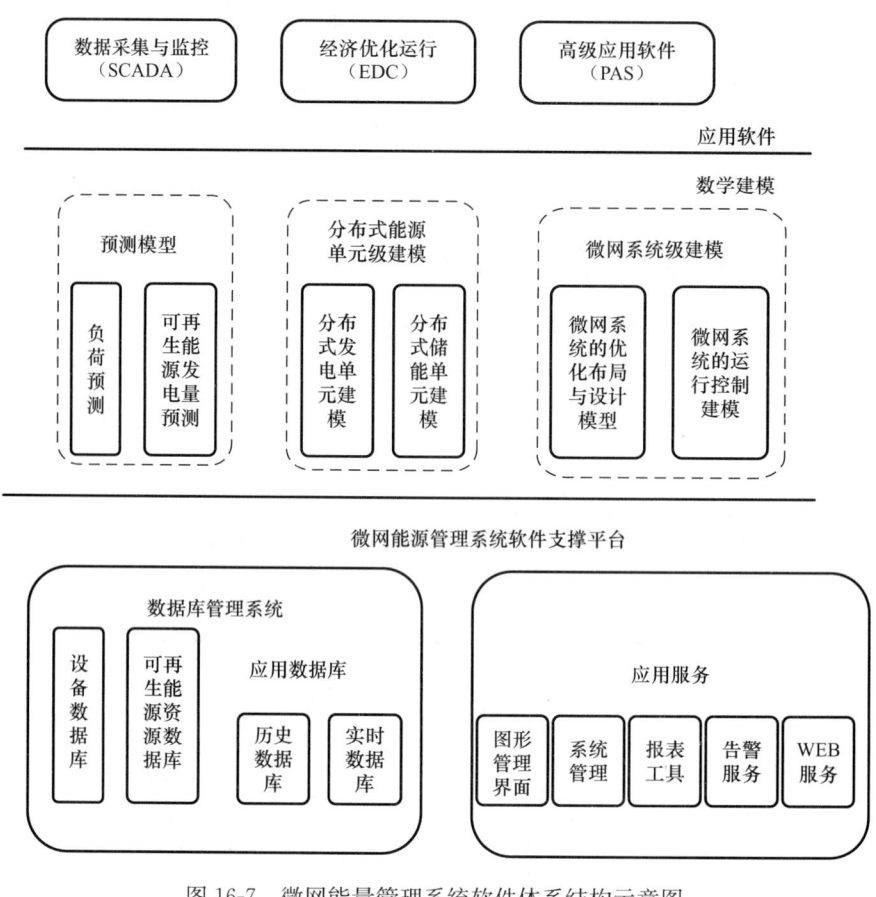

图 16-7　微网能量管理系统软件体系结构示意图
资料来源：查徐虹. 多能互补微网能量管理策略研究. 北京：华北电力大学.

16.3.4　能量管理优化算法

国内外学者在微网能量管理方面开展了大量的研究工作，但是由于微网设备种类繁多，微网模型并不完全统一，而且考虑各种不同的目标函数和约束条件也会使得问题模型的复杂度有较大差异，从而造成优化算法的选取有较大差别[10]。应用在本领域的优化算法主要包括数学优化算法和智能优化算法。

1. 数学优化算法

目前的数学优化算法有：混合整数线性规划、动态规划、二次规划、混合整数非线性规划以及微网能量管理的 MILP 模型等。微网优化模型中存在着各种约束：网络约束为非线性约束，而考虑分布式发电的开停机状态会使得模型中存在整数变量等。

2. 智能优化算法

除各种传统数学优化方法之外，还有一系列智能优化算法也被用于微网能量管理问题的求解。智能优化算法主要包括遗传算法、粒子群优化算法和蚁群优化算法等。智能优化算法的优点是：

(1) 有较强的全局寻优能力；

(2) 可以处理含离散变量的问题，不要求所求解的问题满足连续、可导、凸性等条件，一般不需要导数信息；

(3) 鲁棒性强，实现简单。

16.4 微网能源管理策略

能源微网系统的运行控制特性包含两个方面的内容：孤岛运行时主要体现微网系统内多能互补协调控制的运行特性；并网运行主要体现微网系统与大电网的能量交互作用。

微网系统有多种运行状态，在不同状态下，系统的控制目标各不相同：在并网运行时主要强调各种可再生能源的能量转化效率；在孤岛运行时强调在兼顾可再生能源利用效率的前提下注重微网电压、频率的稳定[11]。

16.4.1 孤岛模式下的能量管理策略

能源微网在孤岛运行模式下，由于大电网无法提供有功无功功率支持，所以微网只能最大化利用内部的所有分布式电源，来满足微网内所有负荷的有功无功需求。根据连接元件的不同，可将微电网中分布式电源分为两类：一类是旋转电机（如微型燃气轮机或通过整流输出高频交流电的电源），这类电源容量相对较大并且无功电压支撑能力较强，因此计算时可作为微网内的平衡节点；另一类是通过电力电子接口与电网连接并带有电力电子无功补偿设备的电源（如燃料电池），它们通常拥有一定的电压支撑能力，计算时可作为 PV 节点，其他各节点计算时均作为 PQ 节点。

孤岛模式下微网的能量管理策略如表 16-1 所示。

独立模式下的能量管理策略表 表 16-1

微网内能量供需状况	储能状况	能量管理策略
发电量>负荷需求	>设定容量	逐步关停成本较高的发电单元
	<设定容量	向储能单元充能
发电量<负荷需求	>设定容量	通过储能单元向微网放能
	<设定容量	逐步开启成本较低的发电单元
发电量=负荷需求	>设定容量	关停成本较高的发电单元，通过储能单元向微网放能
	<设定容量	继续向储能单元充能

孤岛运行模式下，微网中所有分布式电源的最大总容量通常只能满足微电网的全部负

荷需求，因此，应尽可能减少电能损耗，此时微网以网损最小为运行控制的目标。

16.4.2 并网模式下的能量管理策略

由于大电网的支撑，并网运行模式下微网系统的能量管理系统管理目标是：在维持自身内部能量平衡的基础上，通过内部能量的合理调度与管理，实现系统运行的经济性和稳定性。根据微网系统是否向电网输出电能，并网模式的微网能量管理策略又分为两种：微网系统并网不上网情况下的管理策略和微网系统并网且上网情况下的管理策略[12]。

1. 微网系统并网不上网

微网系统的能量管理模型将大电网作为电源，只能从大电网买入电能而不能卖出，此种模式下，微网系统应尽可能地使用供电成本较低的电源发电来满足负荷需求，从而减少系统的运行成本。此时微网的能量管理策略与孤岛运行模式下的能量管理策略基本相同，即可以将大电网设定为微网的某个发电单元。在实际运行中，需将分布式电源发电成本与大电网电价进行比较：若分布式发电单元的发电成本高于大电网电价，则逐步关闭成本较高的分布式发电单元，采用大电网供电满足负荷需求；若分布式发电单元的发电成本低于大电网电价，则逐步开启分布式发电单元，满足负荷需求。同样，对于储能单元，可以结合大电网电价的高低调整充电功率的大小：主网电价较低时，储存电能，充电功率较大；主网电价高时，释放电能，充电功率较小，或者不充电。值得注意的是，当储能单元存储的电能释放到只够维持供给微网内关键负荷不断电时，储能单元应停止释放电能，不再运行，进入待机状态。

2. 微网系统并网且上网

微网系统既可以从主网买入电能又可以向主网卖出电能，即微网系统可以自由地与主网交换电能。此时，微网能量管理的策略为：在维持系统能量平衡的基础上，需要更加合理地调配发电单元、储能单元与主网之间的能量交换，通过与电网的电能交换获得更多的经济利益，进而优化整个系统的运行成本。与微网并网不上网模式相比，这种策略的特别之处在于：在主网电价较低时，微网系统应利用其储能单元尽可能地从主网买进电能进行储存；在主网电价较高时，微网系统应利用其储能单元尽可能地向主网输出电能。

16.4.3 不同时间尺度上的管理策略

微网系统因其体量小、惯性小的特点，网架结构较为薄弱，波动性强的分布式能源占比大，孤岛运行时需要维持电压和频率稳定，还要考虑与大电网连时的模式切换问题，为了适应系统要求，在时间尺度上微网系统的能量管理一般分成短期功率平衡和长期功率平衡管理计划，其系统架构如图 16-8 所示。

16.4.4 能源微网的能量管理系统

能量管理系统（Energy Management System，EMS）是现代电网调度自动化系统的统称，主要针对输发电系统，对电网进行决策管理调度以及控制，将电网的各种实时信息提供给调度管理人员，提高电能质量，保证电网安全运行以及改善电网运行经济性。

EMS 系统包括数据采集与监控（Supervisory Control And Data Acquisition，SCADA）系统、电力系统的经济调度（Economic Dispatching Control，EDC）功能、电力系

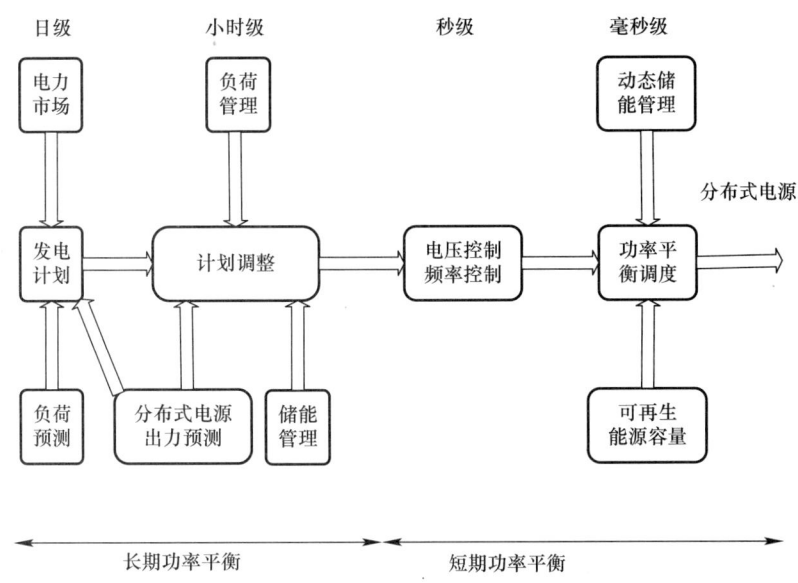

图 16-8 能量管理系统架构

统高级应用软件（Power Application Software，PAS）以及调度员培训仿真（Dispatcher Training Simulator，DTS）功能等，成为电力系统的必要技术手段，为整个电力系统的安全稳定运行提供保证。

随着物联网应用的普及，人们利用无线传感器网络的泛在感知和低成本特性，实现对网络低成本的全面监测，获取无法在线监测的重要参数，并以此为基础实施优化控制，达到降低网络错误、提高能源效率的目标。

16.5 UGCCNet 简介

2011 年，经美国电气和电子工程师协会标准协会（IEEE-SA）批准，由我国企业主导制定的 IEEE 1888 标准（Ubiquitous Green Community Control Network Protocol，UGCCNet，泛在绿色社区控制网络协议）正式发布[13]。这是一款以实现绿色节能为目的的功能性网络体系架构，基于互联网技术（TCP/IPv6），通过远程网络和传感器物联网，实现对城区范围内的耗能设施进行统一管理和智能控制，达到节能和合理用能的目的。目前该标准已经在国际标准组织正式立项。IEEE 1888 兼容 BACnet，LonWorks 和 ModBus 等工业控制协议，支持对可再生能源和分布式能源的远程分布式管理，支持 WiFi 等无线网络技术，采用广域 IPv4/IPv6 网络进行传输，在统一的平台上对各种用能设备进行控制[14]。IEEE 1888 协议体系架构见图 16-9。

泛在控制网络协议成为构建城区能源管理系统的基础。城区能源微网能源管理系统（Community Microgrid Energy Management System，CMGEMS），是整个微网系统的协调控制核心，可以根据天气情况、热电负荷需求、电价信息、燃气价信息等，协调整个微网系统内的分布式电源以及负荷等设备，是微网系统安全、经济、可靠、环保、高效运行的可靠保障[15]。

城区能源微网能源管理系统要在统一平台上实现以下控制功能：

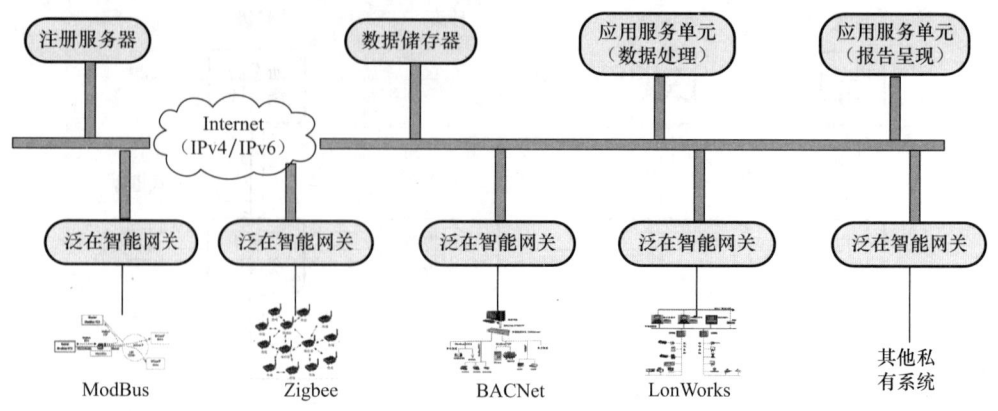

图 16-9　IEEE 1888 协议体系架构

（1）核心层可再生能源和分布式能源的电力调度；
（2）热泵蓄能控制；
（3）用户端电力能源产销控制、计量与计费；
（4）能源总线源/汇的协调控制；
（5）能源总线管网控制；
（6）能源中心和能源站的运行管理；
（7）用户端热（冷）能计量与计费；
（8）城区能耗监测、统计与分析；
（9）系统诊断；
（10）能源系统运行状态和能效的实时演示。

UGCCNet 以物联网技术为基础[16,17]，采用成熟先进的 IT 技术和数据通信技术，通过远程控制绿色社区网络，进行有效可行的设备控制和资源管理。通过信息交互、协同服务、集中监测和统一管理，对社区环境进行监测和调节，对社区能源的使用进行管理和控制，以达到高效、绿色、节能的效果[18,19]。

16.5.1　UGCCNet 体系结构

UGCCNet 是面向应用的控制协议，采用分层设计方法，在不同层次支持不同通信协议，通信系统架构主要包括三部分：感知延伸系统、数据传输系统以及控制管理系统。UGCCNet 继承了 TCP/IP 的特点，融合了各种有线、无线的远范围与近距离通信方式，使得 UGCCNet 在底层的接入方式上有很大的包容性[20]。其体系结构如图 16-10 所示。

UGCCNet 在网络层采用 IPv4 和 IPv6 协议；传输层可使用 TCP 协议提供可靠的、面向连接的端到端通信；利用下一代网络的消息交互信令，在设备之间可以实现无缝连接，进行数据的采集、记录和消息的交互。UGCCNet 的应用层包含业务管理支撑系统和应用系统。业务管理支撑系统对网关、应用系统以及用户信息等进行监测和管理，保证了 UGCCNet 的可控性。应用系统中的应用服务器利用网关转换消息格式，使之符合下层协议的格式要求。因此，应用服务器既可以直接从下层接收实时数据流，也可以根据业务的需求从应用数据库服务器获取历史数据记录。应用服务器还可向下层发送控制指令、配置指令等消息，实现对网络终端的控制。

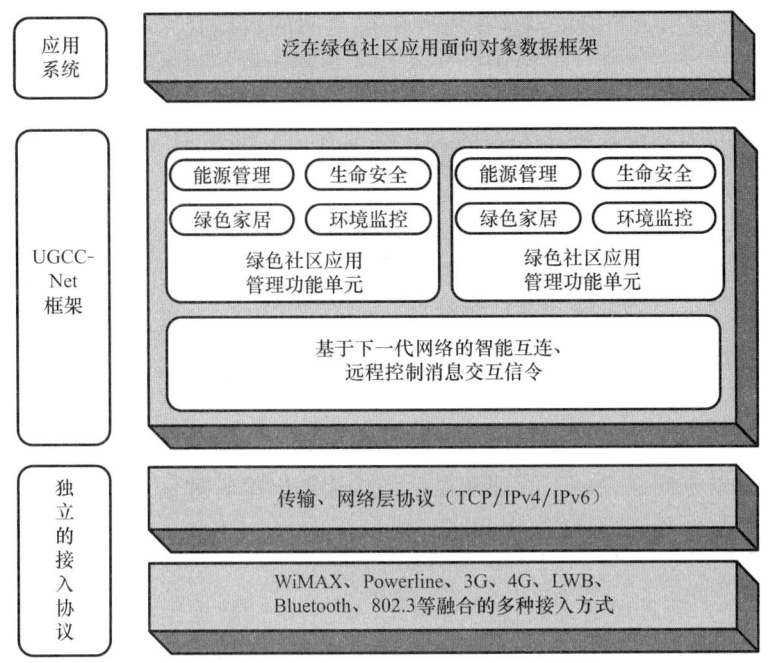

图 16-10　UGCCNet 开放体系架构

16.5.2　UGCCNet 的关键技术

1. 无线传感器网络技术

无线传感器网络（Wireless Sensor Networks，WSN）是一种分布式传感网络，由部署在监测城区内的大量微型传感器节点组成，通过无线通信方式形成一个多跳的自组织网络，利用传感器节点感知、采集和处理网络覆盖城区中被感知对象的信息并发送给观察者。无线传感器网络是 UGCCNet 的核心技术，主要用于网络中的信息感知。

UGCCNet 的网络终端是大量微型传感器节点，其基本组成包括：传感器模块、控制处理模块、无线通信模块以及电源模块。在网络中，传感器模块获取被监测对象的实时数据之后，由控制处理模块进行转换和处理，通过多跳网络将其发送至远程控制管理中心。远程控制管理中心对数据进行存储和分析处理，最终根据分析处理结果做出相应的反应，或者根据需求将数据发送至网络中的订阅设备。

2. 下一代互联网技术

下一代互联网（Next Generation Network，NGN），是指在一个统一的网络平台上以统一管理的方式，实现任意时间和地点为网络节点的互联，提供多种形式的信息访问与信息管理。UGCCNet 中的设备通过下一代互联网技术进行互联互通，每个设备都具有唯一的 IPv6 地址，同时采取有效的网络管理措施，保证整个网络具有稳定可靠的性能，从而扩大了设备远程通信的范围和网络监测的范围，有助于实现现有建筑基础设施和各种设备之间的互联互通，最终形成泛在的物联网络。

3. SIP 信息交互技术

会话初始化协议（Session Initiation Protocol，SIP）是下一代互联网中的核心协议之一，是一种应用层控制协议，可用来创建、修改或终止多媒体会话，解决 IP 网上的信令控制。UGCCNet 使用 SIP 协议对应用层和下层之间的数据交互进行规范。网络中所有的会话都由 SIP 协议进行管理，网络中的每个接入点都由唯一的 SIP URI 进行标识，用户须在 SIP 注册服务器登记其当前接入标识之后才能顺利入网。

网络中主要存在两种类型的 SIP 消息：请求消息和响应消息。请求消息包含请求行、消息头（header）、消息体（body）；响应消息包括状态行、消息头和消息体。

4. 可扩展标记语言（XML）开发技术

可扩展标记语言（Extensible Markup Language，XML）由 W3C 制定，是一套定义语义标记的规则，可以对文档和数据进行结构化处理，从而能够在部门、客户和供应商之间进行交换，实现动态内容生成，企业集成和应用开发，是当前处理结构化文档信息的有力工具。UGCCNet 使用 XML 作为设备之间信令交互和数据模型的描述语言，主要用于描述交互报文的消息体部分、交互数据的属性以及其他有用的信息，简化了文档信息在网络中的传输，可以方便地表示、管理和显示结构化的网络管理信息。

16.5.3 UGCCNet 的交互信令

UGCCNet 中，每种设备都有特定的功能，网络中的数据信息交互主要由网关、应用数据库服务器、网络终端 APP 和注册服务器四种设备完成。在 UGCCNet 中，共有 4 种交互信令，所有的消息体都携带由可扩展标记语言描述的命令类型：

（1）注册命令：用于网络中登记注册各种设备。通过解析网络中的设备地址，无论设备的地理位置在何处，只要设备上线都可以确保交互信令实时进行，保证设备的互联互通。注册命令主要包含注册请求消息和响应消息两种。

（2）会话建立：在整个网络中会话是最主要的通信过程之一。只要终端设备应经注册入网，则当终端设备获取或者产生数据信息时，就可以向应用服务器发起数据传输请求。请求消息的消息头部分包含请求源地址或者源主机号等信息。服务器收到请求后即向终端设备回复一个响应消息，响应消息的消息头内容表示传输进程已成功结束，或者在传输过程中发生错误。

（3）控制命令：控制命令是远程控制器向受控设备发起的信息。控制器可以对受控设备的工作状态进行远程遥控，也可以向受控设备发出查询消息，此时，远程控制器可以主动查看受控设备的工作状态信息或者数据信息。

（4）事件查询与订阅：事件的查询与订阅是客户端与服务器之间进行的数据交流。客户端是订阅者，服务器是数据信息的提供者。通过事件的订阅，服务器会根据事件类型定时向客户端发送数据信息，保证能提供一个全面、实时的信息服务。客户端可以在任意时刻向服务器提出事件查询请求，以获取相应信息。

16.5.4 功能模块

1. 绿色社区应用管理功能模块

如图 16-10 所示，在绿色社区应用管理功能单元中，包含了四个子功能模块，分别是：

（1）能源管理模块：监测和管理网络系统内的能耗设备，统计网络系统内能耗设备的运行状态、工作效率，合理分配系统内的能源资源。

（2）环境监控模块：监测和控制各种商业建筑和民用建筑室内的温度、湿度、CO_2 以及 VOC 浓度，监测和控制城区空气质量、风速、室外温度以及水污染状态，最大限度地减少能源消耗和环境污染，创建舒适绿色的居住环境。

(3) 生命安全模块：监测和控制建筑内部消防系统和城区消防系统，实时跟踪环境变化，实时记录、查询险情，做到最大限度地警情预防和最快速度的警情响应。

(4) 绿色家居模块：监测和控制室内家具设备的运行状态，通过建立标准的网络接口实现家电的互联互通及远程控制。

2. 网络管理功能单元

UGCCNet 的网络管理功能模块是为了建立增值服务，可以通过此功能模块进行运营级的业务。UGCCNet 的网络管理功能模块是建设数字型生态社区必不可少的单元。

按照网络的要求，可将网络管理的机制划分为安全、权限、管理、计费等方面，实现认证和授权。利用计费系统，对流量和用户的计费情况进行采集和统计。通过开发数据和服务的接口规范，在安防控制、公共设施以及其他的建筑、网络系统中进行接入认证，实现简单、安全的获得数据的手段。

与传统的网络设备采用主—从控制方式不同，UGCCNet 最大的特点是信息交互、协同服务、集中监测和统一的管理。通过统一的远程控制信令和信息采集信令，为数据交互提供统一的平台，以提高设备的兼容性和协议的一致性，从而避免信息孤岛的产生。

16.5.5 基于 UGCCNet 的城区能源管理系统的优势

当前，除了基于 UGCCNet 的能源管理系统，还有以下三种常见的能源管理方法：

(1) 总量管理：管理城区的终端没有安装传感器，通过对城区的能源购入总量、使用时间和自然资源（如水）消耗量进行统计，控制管理城区内的能源资源开发强度和能源资源输入总量。

(2) 人工管理：管理城区内各建筑末端装有传感器，但没有数据采集设备，并且传感设备陈旧，不具有通信或其他输出功能。使用人工取值的方法采集数据，定期进行人工统计，进而管理控制各建筑的能源系统。

(3) 独立管理：高档建筑或者重点设备设有配套的监控设备，单独管理控制，不能实现个设备的互联互通。

各管理方法的比较如表 16-2 所示。

各种能源管理办法比较　　　　　　表 16-2

系统 项目	总量管理	人工管理	独立管理	基于 UGCCNet 的 能源管理系统
过程监控	无法进行	人工进行	重点设备独立监控	集中统一监控
统计频率	根据能源购入频率统计	每日统计	按秒或者分钟统计	按秒或者分钟统计
调控实时性	无法进行	实时性较差	独立设备可实时调控	城区统一实时调控
计划实绩对比	根据统计总值对比	根据统计总值对比	根据统计独立对比	统计城区各项对比
平衡管理	无法进行	无法进行	独立设备平衡管理	城区统一进行平衡管理

综上所述，基于 UGCCNet 的能源管理系统具有如下优势：

(1) 完善能源信息的采集、存储、管理和能源的有效利用；

(2) 在城区层面对能源系统采用分散控制和集中管理；

(3) 减少管理环节，优化管理流程，建立客观能源消耗评价体系；

(4) 减少能源系统运行成本，提高能源系统效率；

(5) 加快系统的故障诊断和处理，提高能源系统应对事故的反应能力；

(6) 通过优化能源调度和平衡指挥系统，节约能源和改善环境。

本章参考文献

[1] 曾杰. 可再生能源发电与微网中储能系统的构建与控制研究. 武汉：华中科技大学，2009.

[2] 黄伟等. 含分布式发电系统的微网技术研究综述. 电网技术，2009，9：14-18.

[3] 于建成，迟福建，徐科等. 分布式电源接入对电网的影响分析. 电力系统及其自动化学报，2012，24 (1)：138-141.

[4] BelfkiraR, ZhangL, BarakatG. Optimal sizing study of hybrid wind/PV/dieselpower generation unit. Solar Energy，2011，85 (1)：100-110.

[5] 袁越，李振杰，冯宇等. 中国发展微网的目的方向前景. 电力系统自动化，2010，34 (1)：59-63.

[6] 李武华. 新能源直流微网的控制架构与层次划分. 电力系统自动化，2015，9.

[7] Christos-SpyridonKaravas. A multi-agent decentralized energy management system basedon distributed intelligence for the design and control of autonomouspolygenerationmicrogrids. Energy Conversion and Management，2015，103：166-179.

[8] Colson C M, Nehrir M H. A review of challenges to real-time power managementofmicogrids, New-york：IEEE Power & Energy Society General Meeting，2009.

[9] 裴玮. 微网运行控制的关键技术及其测试平台. 电力系统自动化，2010，1.

[10] 徐立中. 微网能量优化管理若干问题研究. 浙江：浙江大学电气工程学院，2011.

[11] 徐虹. 多能互补微网能量管理策略研究. 北京：华北电力大学电气与电子工程学院，2013.

[12] 张颖媛. 微网系统的运行优化与能量管理研究. 安徽：合肥工业电力系统及其自动化，2011.

[13] 韩突，张东霞，胡学浩等. 中国微电网标准体系研究. 电力系统自动化，2010，34 (1)：69-72.

[14] 龙惟定. 绿色生态城区的智能能源微网. 暖通空调，2013，43 (60).

[15] 赵旭. 泛在绿色社区控制网络协议研究与分析. 计算机技术与发展，2011，12.

[16] 唐昱佳. 基于物联网的能源管理系统设计. 计算机应用与软件，2011，12.

[17] 韩辉. 基于物联网的能源管理系统设计及实现. 智能处理与应用，2015，5.

[18] George Kyriakarakos. Intelligent demand side energy management system for autonomouspolygenerationmicrogrids. Applied Energy，2013，103：39-51.

[19] George Kyriakarakos. On battery-less autonomous polygenerationmicrogrids：Investigationof the combined hybrid capacitors/hydrogen alternative. Energy Conversion and Management，2015，91：405-415.

[20] 赵旭. 基于IEEE1888的无线传感器网络管理平台的设计与实现. 北京：北京交通大学，2011.

第17章 绿色生态城区分布式能源的经济学问题

本章讨论的分布式能源，均指独立于大供电系统之外的、城区级别的、单机规模在6MW及以下的城区型分布式冷热电三联供系统，集成天然气发电与可再生能源应用，产生的电力、冷、热在用户侧就地消纳，其供冷热属性、供能范围与用户特点具有城区能源的特征。百兆瓦以上、以发电上网为目的的热电联产项目，以及单一的小规模的可再生能源发电项目等，不属于本章讨论范围。

17.1 投资绿色生态城区的分布式能源能否赢利

分布式能源系统代表着一种先进的生产力，是实现节能减排和环境保护的能源工程应用趋势。但由于分布式能源投资巨大，投资回收年限长，其收益性受到多种因素的影响。自2011年一系列分布式能源支持性政策发布后，大量可再生能源和天然气分布式能源项目落成，但由于种种因素，真正赢利的项目凤毛麟角。为此，业内有观点认为对于天然气冷热电联供的分布式能源项目，在我国的政策和市场环境下小型（MW级及以下）项目不可能赢利。同时业内也存在反对此观点的声音。投资分布式能源是否能够赢利，离不开一些关键要素的考量，如投资环境是否良好（有利的投融资政策）、市场环境是否良好（政策是否支持并且持续、机制体制是否健全）、市场风险是否可控（行业平均成本是否过高、隐性成本是否过多、技术风险是否过高）、市场开放程度（供应链、销售链交易双方处于公平交易）、是否可以得到公平报酬（政府价格管制、与政府合作模式）等。本节从分布式能源的商品属性着手，探讨影响分布式能源项目利润的几个关键要素。

17.1.1 城区型的分布式能源属于自然垄断，但为什么不具有高收益率

从商品属性来讲，分布式能源系统提供的产品（电、冷、热）属于准公共产品（quasi-pubic goods），具有非排他性和不充分的非竞争性。分布式能源的非排他性表现在选择性进入（selective access），即从消费者排他的角度看，这些产品虽然只有付费才能消费，但并不能排除其他消费者对同一产品的消费，是共用的[1]。同时，分布式能源提供的产品具有拥挤性特点，即在人数较多时，增加一些人的消费对营运成本没有影响，其边际成本为零。但是超过一定人数后，生产者的边际成本就会大于零。作为准公共产品的分布式能源商品，也具有公共产品同时具有的其他一些属性[2]，包括：

(1) 不可分性，要么向所有人提供，要么不向任何人提供；
(2) 投资大；
(3) 在一定城区内自然垄断；
(4) 消费具有非排他性；
(5) 消费具有一定的社会文化价值。

分布式能源提供的商品属于准公共产品，在一定范围内形成自然垄断。但由于分布式能源提供的准公共产品的规模和范围较小，涉及的消费者数量有限，容易使消费者根据一致性同意原则，订立买卖合同，自主地通过市场方式来供给。由于消费者数量有限，因此达成契约的交易成本较小，有利于准公共产品的供给[3]。当分布式能源按照市场方式提供准公共产品时，可以平衡获益者与非获益者的负担，提高资源的使用效益。

可见，分布式能源服务属于由私人部门提供准公共产品的服务，虽然在一定城区内可形成自然垄断，但事实上分布式能源提供的产品同时具有可替代性。不同于公路桥梁、燃气、电力等传统准公共产品，分布式能源的消费者寻找其他替代产品的成本并非不可计量。如，在某种特殊情况下（不满意分布式能源运营商提供的服务，或者认为该服务成本过高），消费者会通过建设、安装自己的能源供应系统而获得可替代产品。而这种成本在多数情况下是可以接受的。用户的流失而造成的负荷率低下对于分布式能源运营来讲几乎是致命的。因此，由私人部门提供的分布式能源服务，在面对普通的终端能源用户，双方的交易市场实际上是一个完全竞争市场，双方交易地位平等。

与此同时，分布式能源服务还需要面对另外两个上下游交易市场，上游是天然气供应企业，处于绝对垄断地位；下游除了普通的终端能源用户，还有一个很重要的买方是分布式能源余电量的电网公司，在我国也是一个处于垄断地位的企业。因此，这两个市场是不完全竞争市场，在这两个市场中，分布式能源处于弱势地位。上游市场原料价格的上涨和下游售电渠道的不畅通，都会对分布式能源项目收益造成极大影响。综合上述分析，意味着分布式能源行业不可能是一个高收益率行业。

17.1.2 分布式能源的收益构成和赢利要素

随着我国经济的转型，建设绿色生态城区成为城市规划和建设的主题，智慧、低碳、可持续成为城市建设目标。作为能源高效合理利用的先进生产力的体现，分布式能源在众多绿色生态城区建设案例中得到应用。随着分布式能源领域的探索深入，投资方也逐渐摒弃了以往视分布式能源为发电项目的想法，不再单纯只计算靠发电得到的收益，转而计算全面的收益所得，包括

(1) 直接收益：
1) 发电收益，包括因自发电而减少购电的收益以及余电上网的收益；
2) 能源产品的售出收益（冷、热、热水、蒸汽）；
3) 从国家和地方政府获得的各种补贴和奖励。
(2) 间接收益，主要是成本的减少：
1) 能源梯级利用的节能效益；
2) 余热、废热回收利用的节能效益；
3) 可再生能源利用的效益；
4) 能源服务公司的激励性税收减免；
5) 其他激励性政策下的成本减少（融资、建设等）。

但事实上，由于政策环境、市场环境的不完善，以上收益所得并不能被分布式能源投资商全部纳入囊中，分布式能源项目的投资收益率并不高。那么，究竟哪些要素影响了分布式能源的收益率？归结下来，有以下几个原因：

（1）分布式能源领域技术发展不完善，增加了项目市场风险；

（2）政策与配套机制缺位，压缩了分布式能源的赢利空间；

（3）能源体制改革推进缓慢，面对垄断市场，分布式能源没有话语权；

（4）分布式能源属于技术密集和经验密集的领域，但目前从设计施工到运营维护，都缺乏专业的分布式能源服务公司和人才队伍，能源系统技术构造能力低，缩小了从高效的能源系统运营中赚取收益的空间；

（5）分布式能源投资商、运营商的商业运营能力（市场营销能力，财务运作能力以及经营能力[4]）不足，传统"坐商"的观念没有改变，不注重用户市场的开发。

一个健康完善的市场化环境有利于投资者实现合理的利润目标，但我国分布式能源行业刚刚起步，离最终完善的市场化目标还路途遥远。面对纷繁芜杂的分布式能源市场，投资者该如何衡量自己的利润空间？本节将上述诸多原因归结为四个要素以作探讨，这四个要素是：

（1）技术发展要素；

（2）政策管理要素；

（3）能源体制改革要素；

（4）项目运营要素。

1. 技术发展要素

技术的发展和变化实际上给分布式能源项目带来的是市场风险。天然气分布式能源在我国尚未形成产业化，主要发电设备未实现国产化，依赖进口，主设备投资在总投资中占据了很大比重。发电、供热、制冷三套系统相互匹配融合难度较高，施工、控制等环节的投入也相对高于传统供能方式，初投资巨大，投资回收期长。在长达10年甚至以上的投资回收周期内，由于技术进步以及经济环境发生变化，可能会导致分布式能源项目已有的供求关系和产品价格出现变化。分布式能源项目的终端能源用户需求下降或者市场上能源产品价格下降，都会影响投资者的收益，这就是市场风险。技术发展还可能带来法规、技术规范的变化，导致不得已追加投资满足新的法规和技术规范，这也是市场风险。如国家能源局于2015年发出了未来5年配电网建设行动改造计划[5]，其中特别强调改造后的配电网应能满足新能源、分布式电源等多元化负荷发展需求，探索以配电网为支撑平台，构建多种能源优化互补的综合能源共赢体系。对于尚未投产的分布式能源项目，这无疑是一个促进未来分布式能源与配电网协调、加快未来分布式电源接入公共电网、促进电网全额消化分布式电源电量的有利信号。但对于已投产的分布式能源项目，这可能是一个未来收益模型发生改变的风险信号。预见风险情景并进行控制，是每个项目立项投产之前必须完成的工作，对于分布式能源来说，应该更加重视这一类风险，在项目前期进行充分的论证和市场调研，委托专业队伍对主要的市场风险进行清晰的判断和预见。

通常而言，在市场经济体制中，由于新技术的出现带来的市场风险应由项目的发起人和确定人承担。因此，如果该分布式能源项目的发起者是政府，则政府应承担一部分风险。如项目的发起者是私营企业，这些风险可能会增加项目的融资成本，从而减少项目收益。

从整个行业的发展来看，设备国产化技术和能源储备技术的发展对于项目的投资和收益影响特别大。以设备国产化为例，分布式能源系统初投资中目前成本占最大比例的是燃机[6]。但我国燃机市场基本上被三大燃气轮机制造商（通用电气、西门子、三菱重工）垄断。进口设备带来的最大问题就是抬高了分布式能源系统的设备成本。燃机作为最核心的设备，通常其购置成本就占到一个分布式能源工程项目总投资的10%～20%。分布式能源关键设备国产化（尤其是燃气轮机和燃气内燃机设备）能很大程度上降低项目总投资，对于投融资压力很大的分布式能源项目工程而言，意义重大。与此相对的是，我国燃机国产化任重而道远。尽管我国在21世纪初期就决意以市场换技术的方式进行技术引进，发展国产燃气轮机（2001年，发改委《燃气轮机产业发展和技术引进工作实施意见》），但十多年来，国内燃机市场仍旧被三大外资设备制造商垄断，目前正在运行的商业项目中所用燃机，无一例外都是进口设备。燃机进口，造成的不仅仅是项目初投资的增加，更增加了项目的技术风险和隐性成本（计划外维修费用等）。机组设备生产商处于绝对强势的技术地位，在后期维保的售卖中，常存在交易条款与价格的不公平合理，也增加了项目成本和市场风险。

2. 政策管理要素

政策管理方面的主要问题包括：

(1) 政策细则不明朗，具体配套措施和补贴政策少，难以实施。

自2011年开始，国家就加大了对分布式能源的扶持力度，出台了多项鼓励政策。从政策出台的密集程度和内容来看，国家对支持分布式能源发展的思路和决心是明确和坚决的。但因政策细则不明朗，条款大多是原则性的规定，具体配套措施和补贴政策很少，可操作性不强，目前国内分布式能源发展仍然可以说是步履艰难。如《关于发展天然气分布式能源的指导意见》中，提出了要给予天然气分布式能源项目一定的投资奖励或贴息，要求符合《关于促进节能服务产业发展增值税、营业税和企业所得税政策问题的通知》（财税〔2010〕110号）要求的天然气分布式能源项目，可享受相关税收优惠政策，以及要求供气企业给予价格折让的条款。文件虽然明确，但只是指导意见，没有强制措施，实施很困难。在投资补贴和税收优惠政策方面，也缺少减免设备进口税，包括减免进口关税和进口环节增值税等具体的配套措施。国内仅上海和长沙出台了天然气分布式能源的地方设备投资补贴政策，大部分地区还没有专门出台财税、金融等方面的优惠政策。融资贷款方面也缺乏鼓励性政策和配套细则，融资成本高，影响了企业经营分布式能源的收益。

(2) 公私合作模式（PPP、BOT等）方面的政策、机制等不健全。

分布式能源项目提供的是准公共产品，尤其是城区级别，多属于基础设施项目。这类项目如果是政府发起，以公私合营投融资建设（PPP）或者特许经营模式投融资建设（BOT）能最大化调度社会资源，兼顾效率与公平。但目前，我国少有以PPP或BOT模式建设的分布式能源项目，主要原因在于投融资、政府监控管理、风险分担、效益分享等诸多政策细则、机制不健全，社会资本对政府监管模式、政府信用等方面心存疑虑，而政府在这方面缺少经验，管理上越位、缺位、错位，也导致诸多社会资本不敢轻易涉足分布式能源项目的投资建设。

(3) 对分布式能源价格体系的管制缺位，定价机制不完善。

天然气分布式能源行业属于价格敏感行业，天然气价格的变化对分布式能源行业会带来巨大的震荡。由于我国进口天然气渠道不畅，开发油气田的资格限制等原因，国内各地天然气价格一直持续上涨。2014年天然气价格上涨之后有大量天然气分布式能源项目搁浅，气价已经成为影响分布式能源发展乃至存活的核心因素。2011年国家发展改革委等四部委联合发布的《关于发展天然气分布式能源的指导意见》明确"十二五"期间建设要1000个左右天然气分布式能源项目,但截至2014年底,已建和在建项目104个,筹建项目53个[7]。截至2015年底,已建和在建项目总数都不可能完成指导意见中的目标。天然气项目增长缓慢,有很多影响因素,其中气价的影响至关重要。2015年我国油气改革加速,4月天然气各省门站价首次下调,增量气门站价下调0.44元/Nm^3。11月底,各省非居民用天然气最高门站价又进一步下调0.7元/Nm^3[8]。之后部分省市根据国家文件进行天然气销售价格调整,大部分同步下调0.7元/Nm^3(见表17-1)。

截至2015年底的部分省市非居民用天然气销售价格　　　　　表17-1

地区	价格（元/m^3）	地区	价格（元/m^3）
北京	2.51	郑州	2.9
青岛	3.65	合肥	3.3
西安	2.46	四川	1.65
重庆	1.64	广东	2.42

非居民用天然气的大幅降价,对气价非常敏感的天然气分布式能源市场,可以说是一个积极信号。另一个积极信号在于分布式能源余电上网,国家发展改革委于2014年将天然气分布式能源的上网电价在原来以燃煤脱硫标杆电价的基础上提升了0.35元/kWh[9]。这些信号可以说是分布式能源发展的曙光,但自始至终缺乏针对性的分布式能源价格体系,例如支持性优惠气价、补偿天然气利用季节性峰谷差的季节性气价,以行业平均水平或以效率较高公司成本为基础,结合公正合理的投资回报率制定的上网电价。目前,处于交易弱势地位的分布式能源商还需要和天然气供应商协商气价,上网电价也大都参考天然气热电联产发电上网电价执行❶。天然气热电联产以发电上网为目标,与分布式能源在发电效率、发电量、运行策略、成本核算等方面差异很大,天然气热电联产发电上网电价并不能代表分布式能源的社会平均成本。

关于分布式能源定价问题,将在第17.3节中详细论述。

3. 能源体制要素

分布式能源市场上下游分别由天然气供应商和电网公司占据垄断地位,意味着分布式能源商只能在中间狭窄的区间内获取有限的利润空间。在售电刚性收入的前提下,处于垄断地位的电网公司对待分布式能源余电上网的态度就显得更加关键。如果电网公司拒绝收购分布式能源余电,分布式能源只能依旧以并网不上网作为首选,多余电力不售予电网,那就很难做到将每一份能源"吃干榨净",而这本应该是分布式能源实现收益的关键。

我国目前仍缺乏有效的机制保证分布式能源电力出路,余电上网遭遇很多障碍,交易双方不平等,用户平级交易财税困难(用户本身没法开电业局的发票,企业购电无法凭票计入用电成本)等。目前最大的阻碍仍然在售电企业。电网公司对于分布式能源的态度一部分是因为技术问题[4](大电网难以管理和协调数量众多的小型发电负荷),一部分则是因为利益问题(长期的垄断经营,使得电网公司不习惯也不愿意收益的减少)。但分布式能源的优点在于近距离直接供应用户,减少远距离输送损失,以及能源梯级利用的"吃干

---

❶ 截至2015年底,仅上海市规定天然气分布式发电机组临时结算单一制电价调整为0.726元/kWh。上海市《关于调整本市天然气发电上网电价的通知》(上海市物价局,沪价管〔2015〕14号),2015年12月2日。

榨净"。如今限制这两点充分发挥的一个因素恰恰是末端多余电力的出路。目前大多数分布式能源采取了自产自用的方式,多将分布式能源所发电力用于能源站用电或者城区内的公共用电,但用电量有限,不可避免地限制了分布式能源的容量。2015年底,国家发展改革委和国家能源局联合印发了推进电力体制改革的配套文件[10],公布了推进电力交易市场的措施以及售电侧改革的实施意见,明确将向社会资本开放售电业务,多途径培育售电侧市场竞争主体。对于分布式能源领域而言,能否抓住此次契机,努力推动实现分布式能源城区电力特许经营的方式(省一级发展改革委有权批准),以及跨变压器电力直供,是一个决定未来发展的关键时刻。

4. 项目运营要素

在分布式能源项目的赢利要素中,投资者或运营者的项目构造能力和商业运营能力尤其重要。项目构造能力包括项目的商业模式构造能力和项目的能源系统技术构造能力;而商业运营能力包括市场营销能力,财务运作能力以及经营能力[4]。

商业模式构造能力包括决定投融资模式、能源服务模式、收费模式等商业模型。在分布式能源供应和转化的商业服务中,政府(或项目发起者)、投资者、运营商、一次能源供应商、终端能源用户都属于市场参与者,形成共赢的价值链条,是构建商业模式时投资者考虑的关键。分布式能源的投资密度大,其收益周期长于一般工程项目(分布式光伏一般6~8a,天然气分布式能源一般8~10a,或者更长),对此项目发起者(和投资者)应有清晰而准确的预期,并为此选择合适的投融资模式降低投融资风险,如BOT,BOOT或BOO模式。充分利用政策,选择低成本融资渠道,是增加项目收益的一条有效途径。

能源系统技术构造主要是分布式能源系统的综合规划和设计、方案比选、技术集成、施工建造与管理能力等[4]。分布式能源项目利益相关方众多,各方利益有时难以平衡,技术方案的变更、分布式能源站选址、管网建设、收费模式等问题上意见不一致,都可能影响到项目最终的效果与收益。分布式能源项目是资金密集、技术密集和经验密集的工程项目,选择经验丰富的专业人才队伍与配备专业化工程管理队伍是提高能源系统技术构造能力的关键。高效的分布式能源系统,是项目存活以至于获取收益的根本。

此外,投资者必须明白良好的商业运营对最终收益的影响,摒弃以往当"坐商"的发电企业的想法,主动展开市场营销,以一个综合能源供应商视野来分析自己的市场,开发用户市场。分布式能源提供的能源服务产品具有可替代性,用户的流失而造成的负荷率低下对于分布式能源运营来讲几乎是致命的。在这种情况下,很多项目基本上以合同约定的方式限制消费者寻找其他可替代产品的行为,因此,努力开发消费者市场是分布式能源项目能否成功获利的前期工作重点之一[11]。另外,还需务必具备良好的财务运作能力,保证投资进度、建设进度与城区负荷成长进度相符合,保证运行成本可控,不至于投融资压力过大。投资者也应该避免急于收回投资的心理,明白绿色生态城区的终端能源用户负荷增长需要一个过程。除了管网建设和能源站土建在一些项目中一次性完成是低成本的选择之外,设备购置与安装可以分阶段进行。

为增加项目的技术构造能力和商业运营能力,投资者应选择专业的能源服务公司并尽量促使其尽早参与能源系统方案的可研、设计和建设,全程参与重要的过程,如责任试车、调适过程,使其在运营管理和维护阶段了解系统中的每个设计细节和部件特性,保证系统的高效和安全运行。能源服务公司同时具备完善的能源服务项目商业模式整体运行管理能力，从经营者视角出发，凭借其丰富的运行经验和与用户面对面的沟通经验，给予投资者在开发用户市场、收费机制、投资进度控制等方面不可或缺的帮助和建议。

因此，投资分布式能源项目能否最终实现赢利，在当前的市场和政策环境下，很难一概而论。仔细规划、谨慎决策、量力而行才是投资者需要具备的态度。面对分布式能源领域，既要避免一哄而上的攀比心态，也要避免闻之色变的态度。政府决策者更应当避免以工程拉动GDP，满足任期内政绩的短视心理，以科学客观的态度对待分布式能源项目。在项目前期充分调研论证，尽量争取能降低风险的投融资模式（合作投资、公私合营、特许经营等）、通过大量详实的数据分析确定技术方案（城区供能模式与集散式、或分散式供能模式比较、主机设备容量的优选、优化发电供热供冷策略、产能与储能设备的容量与调节）、以至少一个设备寿命周期长度论证资源可达性（如15年内天然气等资源的可获得性），明确有利于投资控制的工程建设方案，足够的风险控制（技术风险、市场风险、政策风险、政府信用风险等），选择有能力的专业技术合作队伍以及建设运营模式（EPC、O&M、EMC等），各方面做到有的放矢，才是最终实现赢利的必要条件。

17.2 城区分布式能源的投融资和运营模式

城区规模的分布式能源项目从根本上说是提供准公共产品的服务，属于城市基础设施经营项目，通常具有的特点包括：

(1) 自然垄断性强，政府干预性强。

绿色生态城区基本上是政府或政府主管企业负责建设开发，城区规模的分布式能源项目的发起者大多数情况下是政府主管部门、城市功能区的一级开发商或者城市能源公司（或基础设施投资公司）。专业的城市功能区如交通枢纽、医学园区、大学园区等能源基础设施一般由相应的城市管理部门与功能区业主直接负责发起。

(2) 服务影响大（范围、质量）。

城区规模的分布式能源项目服务的建筑面积小则十几万平方米，大则几十甚至上百万平方米，对其所提供服务的质量（冷、热、电）和稳定性要求都非常高，如数据中心、交通枢纽、医学园区等。

(3) 投资密度高，投资回收期长。

城区级别的分布式能源项目初投资巨大，投资回收期也长于一般的商业工程项目，给投融资带来很大的压力。

(4) 开发准备期、建设执行期、投产运营期长。

(5) 利益相关方较多，造成方案决策难、建设管理难、利益协调难。

城区分布式能源项目的利益相关方众多，市场主体包括项目的发起方、投资方（项目发起方或其代表、或能源服务公司）、项目运营方（能源服务项目公司）、建设方（可能是投资方组建的项目公司，也可能是项目运营方委托的建设总承包商）、终端能源用户等。有时项目的发起方还包括政府主管部门和功能区业主。众多利益相关方在一起，往往造成设计方案变化多，各方意见利益难以统一。

(6) 进入正常有序的运营后，具有稳定持续的收益。

正常有序的运营意味着在责任试车保修期过后，整个能源系统基本达到设计状态，能效比参数达到设计标准。

天然气分布式能源投建阶段的投资模式大致可分为独立投资模式和合作投资模式两种。独立投资模式下为单一投资主体,对投资主体的资金能力与风险承担能力要求严格。合作投资模式,可具备两个或两个以上主体间的合作。这种模式下各主体的资金压力相对较小,所承担的风险也随之降低。从投资主体的性质上,独立投资又分公共部门独立投资和私营部门独立投资;合作投资模式也包括私营部门间的合作投资或者公私合营模式,即PPP模式。PPP模式是为减少政府的财政压力而逐渐应用于城市基础设施建设领域。伴随绿色生态城区开发建设的分布式能源项目属于城市基础设施或公用事业类项目,项目发起者必须需要委托专业的项目公司进行整体规划设计、投融资建设以及运营管理。如果基于PPP模式进行建设和管理,既能实现政府对城市基础设施或公用事业项目建设运行的监督控制,保障社会福利最大化,又能借助私营部门的专业技术力量实现资源的高效配置。

如今,尽管PPP模式在我国刚刚起步,但发展前景被各方看好。根据国务院研究发展中心的测算,到2020年,我国与城镇化相关的融资需求约为42万亿元[12]。2013年以来,以财政部和国家发展改革委为首的政府部门密集出台政策措施推广PPP模式,可以预计,PPP模式将成为我国绿色生态城区建设融资需求的主要解决方案。从广义上讲,PPP泛指公共部门与私人部门为提供公共产品或服务而建立的各种合作关系[13],世界银行将PPP模式分成了外包类、特许经营类和私有化类,其中作为特许经营类中的BOT融资模式也是PPP模式的一种。BOT模式引入我国时间较长,也已有基于BOT模式建设和运营的分布式能源项目。此处先简要介绍BOT模式。

17.2.1 BOT模式

1. BOT定义

BOT(Build, Operate and Transfer)即建设—运营—移交。在该模式下,项目的发起者(政府)通过特许权协议,授权项目公司,负责该项目的融资、设计、建造、运营和维护,项目公司在规定的特许期内向该项目的使用者收取合理的费用,回收投资,获取合理收益[4]。在特许期内,政府对基础设施项目具有监督权;特许期满后,项目公司将项目无偿或有偿移交给政府。通常情况下,项目公司是由项目投资方联合私营公司、其他股东专门为该项目成立。如今,BOT模式是政府在开发建设基础设施项目时采用的一种融资运营模式,实质上是由私营企业参与基础设施建设,并向社会提供公共产品的一种有效方式。私营企业参与提供公共产品,在提高社会福利供给的同时,可以更加有效地提高社会资源的利用效率。

BOT模式还有一些市场化变体,如BOO(建设—拥有—运营)和BOOT(建设—拥有—运营—移交)。三者的区别在于项目建成后的所有权。BOT模式中,项目建成后,在特许经营期内,投资主体只拥有经营权;BOOT模式中,在特许经营期内,投资主体既有项目的经营权,也有项目设施的所有权。这两种模式在特许经营期结束后,都需要将项目的经营权和所有权移交给项目的发起者(政府),但BOO模式中,投资主体最终拥有项目的经营权和所有权,并不移交给项目的发起者。如果是既有的项目设施,还有可能存在TOT(转让—运行—移交)模式。私营投资者出资收购已经建成的基础设施项目的产权或经营权,或租赁经营,在特许经营的合同期内运营管理,合同期满后再无偿移交给项目原拥有者（如政府）[14]。

BOT、BOOT、BOO 适用于新建的分布式能源项目，TOT 模式则适用于既有分布式能源或者城区能源的改造项目，或新建分布式能源收购项目。此处仅探讨目前在我国已有案例的 BOT 模式。

2. BOT 项目模型与各参与主体

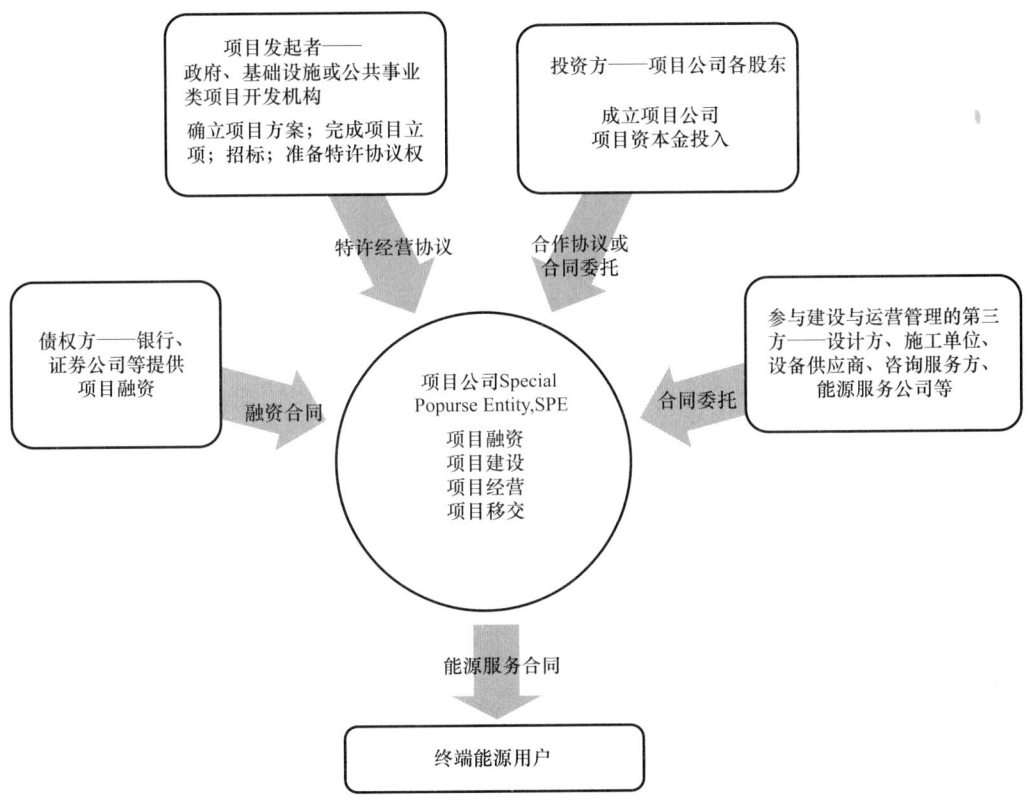

图 17-1 BOT 项目模型与各参与主体[15]

（1）项目发起者。BOT 模式主要适用在城市基础设施建设或者公共事业类的项目中。这类项目中，政府通常是项目的发起者，并且决定是否采用 BOT 模式。对于分布式能源项目来讲，城区级别的分布式能源项目发起者也通常是政府或相关部门，小规模的分布式能源项目，项目发起者可以是能源公司或者是项目开发商。

（2）投资方。由项目发起方或其代表，以及其他投资方组成。分布式能源项目的投资方可以是政府、能源供应商（如燃气公司或各类发电企业）、私营企业（如能源服务公司）、外资等。

（3）项目公司。独立法人实体。作为借贷主体完成项目融资，是项目贷款的直接债务人。作为项目的运营主体完成项目建设、经营管理和项目移交，是 BOT 项目的运营主体。

（4）债权人。银行、证券公司、信托公司、保险公司等。大多数 BOT 项目的借贷期都很长，而且融资巨大，经常会多方融资。

（5）合同委托方。项目公司通过转包合同，委托第三方公司完成 BOT 项目的设计、建设和运营。如通过 EPC 合同（Engineering-Procurement-Construction，设计－采购－施工合同）委托总承包单位承揽整个建设工程的设计、采购和施工，总承包单位对建设工程的质量、安全、工期和造价全面负责，最后向项目公司提交一个符合合同约定、满足使用功能、竣工验收合格的建设工程；又如通过签订 O&M 合同（Operation and Maintenance，运营与维护）委托专业的能源运营公司负责分布式能源项目的固定资产运行、维护以及相应的日常经营管理。

（6）终端能源用户。

3. BOT 项目的融资特点

BOT 项目最大的特点是政府将基础设施的经营权有期限地抵押以获得项目融资，在这种融资模式下，政府可以极大程度上减少开支，对于发展中国家来说，有效地解决了由于经济发展推动的基础设施建设中强劲的资金需求，填补了巨大的资金缺口，并给予国际资本投资机会，加速技术转移和效率提高[12]。这也是为何 BOT 模式特别是在发展中国家得到广泛应用的原因。

BOT 项目属于项目融资（project finance），即项目的发起人为经营项目成立一家项目公司，以该项目公司作为借款人筹借贷款，以项目公司本身的现金流量和全部收益作为还款来源，并以项目公司的资产作为贷款的担保物。融资不主要依赖项目发起人的资信或涉及的有形资产，债权人只考虑项目本身是否可行以及项目的现金流和收益是否可以偿还贷款，其放贷收益取决于项目本身的效益。

相较于公司融资，项目融资优点在于：

（1）可以实现资产负债表外融资。因为是项目公司融资，而非项目投资者（股东）直接从银行贷款，项目公司的融资一般不会反映在项目投资者的合并资产负债表上，不会增加其资产负债比率，恶化其部分财务指标，增加未来项目投资者其他项目的融资成本[4]。因此，这种融资方式很受股本投标人的欢迎。

（2）可以实现融资的无追索（non-recourse）或有限追索（limited recourse）。通常情况下，项目投资者除了向项目公司注入一定股本外，不以自身的资产来保证贷款的清偿。若是无追索权的项目融资，贷款的还本付息完全依靠项目本身的经营效益。贷款银行为保障自身的利益必须从该项目拥有的资产取得物权担保。如果该项目由于种种原因未能建成或经营失败，其资产或收益不足以清偿全部的贷款时，贷款银行也无权向该项目的主办人追索。若是有限追索权的项目融资，除了以贷款项目的经营收益作为还款来源和取得物权担保外，贷款银行还要求有项目实体以外的第三方提供担保。贷款行有权向第三方担保人追索。但担保人承担债务的责任，以他们各自提供的担保金额为限，所以称为有限追索项目融资[16,17]。BOT 项目中，通常项目投资方对项目借款人（即项目公司）提供某种担保，但并不涵盖项目的全部风险。

（3）允许高水平的负债结构，贷款利息具有"抵税"作用[18]。项目融资在某种程度上意味着资本结构的优化和资本成本的降低。

（4）主要考虑项目未来能否产生足够的现金流量偿还贷款以及项目自身风险等因素，对投资者投入的权益资本金数量没有太多要求。因此，项目融资中绝大部分资金是依靠银行贷款来筹集的，在某些项目中甚至可以做到 100% 的融资。资金需求量大，多为中长期融资（>5 年），而且项目融资担保结构复杂，融资成本相比公司融资成本较高。

17.2.2 PPP 模式

1. PPP 模式概述

PPP 模式指政府公共部门与私人部门合作过程中，让非公共部门所掌握的资源参与提供公共产品和服务，从而实现政府公共部门的职能并同时也为私人部门带来利益[19]。是政府与社会资本提供公共产业或服务而建立的公私合作模式，是公共基础设施项目建设的一种商业模式（见图17-2）。公共合作伙伴的代表是地方和国家政府，私营合作伙伴则可能是私营企业、国有企业或者特定专业领域的企业财团。2015年6月1日，我国《基础设施和公用事业特许经营管理办法》正式施行。该办法明确了在能源、交通、水利、环保、市政等基础设施和公用事业领域开展特许经营，境内外法人或其他组织均可通过公开竞争，在一定期限和范围内参与投资、建设和运营基础设施和公用事业并获得收益[20]。

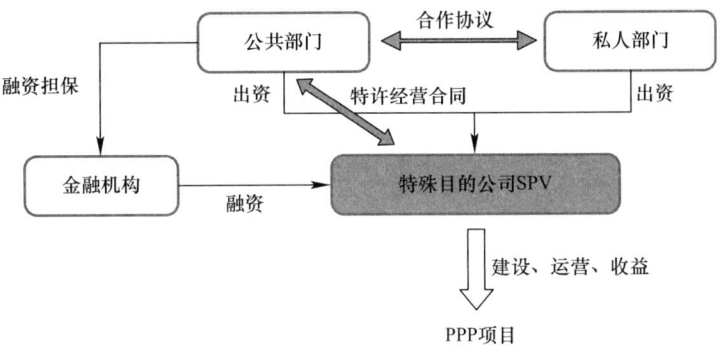

图 17-2 典型的 PPP 项目结构

在PPP模式中，首先政府与私营合作伙伴要共同组成特殊目的机构（Special Purpose Vehicle，SPV），针对基础设施或公用事业项目，与政府签订特许经营合同，并在SPV负责项目设计、融资、建设、运营。待特许经营期满后，SPV终结并将项目移交给政府[21]。PPP模式作为公私合作的基础设施经营管理模式，最大的特征是使公共部门与私营部门在建设中互利双赢、优势互补。

伴随着绿色生态城区开发建设的分布式能源项目提供公共产品，项目规模大，投资大，未来形成稳定的需求，社会资本通过项目完成后向终端能源用户收取服务费以及能源费回收投资并获取稳定的收益，适合以PPP模式进行投融资。PPP模式强调社会资本的深度参与，分布式能源项目中私营方的类型可以是能源供应商、开发商、能源服务公司等，也可以是其他实力雄厚的投资集团。

2. PPP 模式与 BOT 模式的差异

从广义上讲，PPP泛指公共部门与私人部门为提供公共产品或服务而建立的各种合作关系，因此前述的BOT也可以是PPP模式的一种。但传统的BOT模式与现今广泛采用的PPP模式，还是存在些微差异。相比BOT模式，PPP模式在政府为项目发起人的分布式能源项目中优势更加突出（见图17-3），这是因为PPP模式具有三个特征：伙伴关系，利益共享和风险分担[16]。

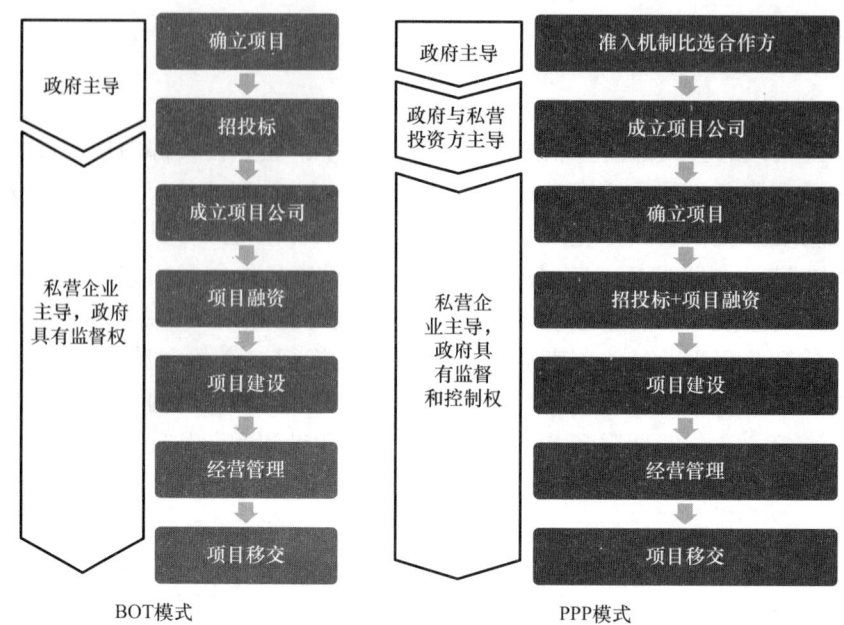

图 17-3　PPP 和 BOT 模式运行程序图

（1）BOT 模式中政府与私营企业是垂直的合作关系[22]，即政府授权独立法人的项目公司独立建造和经营分布式能源设施（包括能源站输送能源的管网），而不是与政府合作，政府与企业为发包与承包的上下关系；PPP 模式通过政府与私营企业共同出资建立特殊目的公司 SPV，更强调政府与私营企业间的平等的伙伴关系。由于增加了政府潜在的债务负担，政府也更加关心分布式能源项目的投资收益，双方形成利益共享和风险分担机制[16,19,23]。

（2）在 BOT 操作规则中，政府负责项目的前期工作，这不可避免地增加了项目投资的风险❶。与 BOT 模式不同，投资方在 PPP 项目前期就参与，与政府共同组建特殊目的公司，SPV 负责完成项目的前期调研、可行性研究、确立项目实施的具体方案等工作。分布式能源领域属于技术密集、经验密集型的领域，需要大量的专业人才对项目的可行性进行详细调研和专业论证，相比由政府主持完成这一系列工作，SPV 的工作会更专业更高效，不仅能够缩短前期工作周期，更能通过科学论证降低项目的投资风险。

（3）BOT 模式中，政府规划设计、预测收入并给以定价，企业投标经营。但这种"一口价"的方式难免出现双方预测不准的情况。尽管 BOT 模式不会造成政府的债务负担，但私营企业投资风险大，担保结构复杂，私营资本可能望而却步。政府与私营企业的利益不同，无论是政府还是私营企业，单方面利益最大化都不是全社会最优。PPP 模式的优点在于尽管增加了政府潜在的债务负担，但政府分担投资风险，能够降低融资难度，双方合作也能够协调不同利益主体的不同目标，形成社会利益最大化。分布式能源领域在我国尚处起步阶段，商业模型、技术领域都存在不确定性，这给分布式能源项目融资带来很

---

❶　管理学家 PeterF.Drucker 曾经指出："政府必须面对一个事实：政府的确不能做、也不擅长社会或社区工作。"进入知识经济时代，资源的汲取与分配应该以高效率的方式进行。政府负责政策制定与规划，而将政策执行落实于民间社区或私营部门，这样不仅可以减轻政府长久以来的财政负担，还可将社区及民众力量引入公共服务的进程当中，以强化公民意识与社会认同感，同时提高了资源使用效能和建设、运营效率。

大的难度。BOT模式下毫无疑问会增加分布式能源项目的论证时间、担保的复杂度以及融资成本。PPP模式下，政府通常与提供贷款的金融机构达成一个直接协议，这个协议不是对项目进行担保的协议，而是一个向借贷机构承诺将按与SPV签订的合同支付有关费用的协定，这个协议使SPV能比较顺利地获得金融机构的贷款。政府分担融资风险，对于借贷方和投资方都有利。

3. PPP模式内涵

（1）PPP模式也属于无追索或者有限追索权的项目融资。

（2）PPP模式下，私营企业可以通过组建项目公司参与到城市基础设施建设项目的确认、设计和可行性研究等前期工作中来，这降低了私营企业的投资风险，有效地实现对项目建设与运行的控制。这对缩短项目建设周期，降低项目运作成本甚至资产负债率都有值得肯定的现实意义。

（3）PPP模式实际上是在政府与私营企业之间建立一种利益共享、风险共担、全程合作的共同体体系，这种模式下政府和企业之间建立起的利益补偿机制，降低政府违背承诺的风险。

17.2.3　分布式能源项目应用PPP/BOT模式的谈判要点

PPP模式和BOT模式，都是公私合作经营基础设施，增加社会产品供应的一种方式。合作契约是公共部门和私营企业双方合作的基础。但特许经营期要经历好几届政府，我国很多当地政府尚不完全具备契约精神，还停留在用行政权力来约束企业，约束其他政府部门的传统思维上。长达10～30年的合同期，不完全具备契约精神的合作伙伴，对于私营投资者而言意味着项目中会出现很多不可控的因素。鉴于此，私营投资者要尽量利用商业市场规则，通过合同降低风险，并且明白政府转变职能的逐步性，积极与政府谈判，力争最优结果。

1. 明确风险分担内容

特许经营项目风险按照发生的不同阶段可以简单概括为：贯穿项目周期的政治法律风险、融资与贷款偿还期的融资风险、建设期的履约风险、特许经营期的经营风险。

政治法律风险。由于分布式能源提供冷、热、热水等能源产品，与群众的生活息息相关。而在有可能长达30年的特许经营期内，众多因素变化都可能导致公共产品（冷、热、热水等）价格上涨。当触及公众利益时，会涉及政治风险。通常来讲，政治（包括政策和民众诉求）、法律方面的风险应该由政府来承担，并就由此造成的损失给予私营投资方补偿。

融资风险。在BOT项目中，项目公司是融资主体，政府完全不承担融资风险。私营投资者提供部分担保，并通过保险等方式规避融资风险。在PPP项目中，政府承担一部分的融资风险。

建设期履约风险。为从资金方面保证项目的顺利实施，特许经营项目的投资者需要提供建设期的履约担保。2015年6月1日起实施的《基础设施和公用事业特许经营管理办法》中明确规定特许经营协议中包含履约担保的内容。有的项目中还要求增加针对运营和移交后保修期内的维护担保，也属于项目投资人担保。由于在项目建成后，项目发起人，也就是政府的风险已大大降低，此时的项目风险更多地是由项目投资方来承担。而项目投资方为了自身投资回报，势必会尽量保证项目的高效运营。维护担保增加了投资方的财务成本，实无必要。投资者可以在谈判中要求免除维护担保[4]。

特许经营期的经营风险。除了政治、法律条件发生变化而影响项目收益，市场条件发生改变时也可能导致项目收益不足，此时政府可以提供可行性的缺口补助，对此在合同谈判时，应争取详细的政府承诺和履约条款。此外，政府应承诺隔离同类竞争性项目。

2. 明确效益分享结构

分布式能源项目集成利用清洁能源、未利用能源以及可再生能源，综合能源利用效率高，有效实现减碳节能的国家战略目标，对减缓气候变化有实际贡献，增加社会福利，明显是社会效益大于商业效益。这与政府职能目标一致，政府所追求的是社会福利增加，而非商业利润，基于此，政府应做到不与民争利。根据这个原则，以及双方的出资比例、风险分担模式，建立收益分享模型。私营投资者可以在谈判中积极争取有利的效益分享模式。

3. 避免大的融资比例

我国基础设施以BOT模式融资建设时，政府一般希望投资方能投入30%以上的资金作为项目本金。分布式能源领域并非一个高盈利率领域，应尽力避免过大的融资比例。项目融资采用的是浮动利率，融资比例过高，会极大程度影响项目的收益，延长投资回收期，增加投资风险。

4. 在政府支持下，签订照付不议（take or pay）条款

项目融资中长期的项目产品销售协议意味着未来稳定现金流，这是融资的信用基础。在分布式能源项目中，原则上需要政府提供能源终端用户的支付担保（这一点需要在特许经营协议中明确）。支付担保属于项目发起人担保，基于公平对等原则，在项目投资人提供了建设期履约担保，为保证项目正常运行与收益，政府应提供支付担保。但政府若不愿提供支付担保，就应就接入费标准、能源服务价格、基本能源消耗量、价格调整公式等给予认可并提供支持性文件，并且在政府支持下，分布式能源项目的运营公司与能源用户签订照付不议合同。分布式能源项目中，能源产品表现为冷（热）、电、热水，照付不议条款针对能源产品的基本费（或最低能源消费量），即无论用户是否实际使用了能源，都需缴纳基本费（或按照最低量缴纳能源费）。

5. 明确政府的承诺可达

事实上，PPP模式的主要风险除了前述提及的几种风险外，特别要重视的是政府的信用风险。分布式能源项目影响因素众多，收益不确定性大。政府官员如果在短期利益的驱使下，设置不合理的目标，如过高的投资回报率、过高的公共产品价格，或者涉及投资补偿时缺乏具体条款与措施，最终承诺无法兑现时，就会产生信用风险。而且，分布式能源项目长达10~30年的项目，会经历历届政府。政府换届、行政部门调整都可能对项目产生影响。为规避这些风险，需要清晰量化政府的承诺，如财政补贴（投资补助、财政补贴、贷款贴息等）、政府投入资源的方式（包括财政资金，也包括土地、政策等）、投资补偿的具体条款等。为此，还要综合考察政府的综合财政能力和债务状况，考察PPP项目的财政投入资金占政府预算资金总规模的比例。

17.2.4 EPC，O&M以及EMC商业模式

1. EPC模式

EPC（Engineering，Procurement and Construction）模式，即设计－采购－施工模

式,是一种工程项目建设管理模式。通常,建设单位将建设工程发包给总承包单位,由总承包单位承揽整个建设工程的设计、采购和施工,是一个建设工程总承包模式,也叫交钥匙总承包模式。

2. O&M 模式

O&M(Operation and Maintenance)模式即运行与维护模式,是一种委托运行管理模式。由于分布式能源工程项目涉及供配电、燃气工程、能源动力、暖通空调、机械、电气控制、给排水等多方面技术知识和实际运行经验积累,投资方(业主)往往不具备这些技术人才与知识储备,因此通过 O&M 合同将分布式能源项目的运行管理委托给具有经验的能源服务公司。投资方(业主)对运行和维护有关的重大问题可以参与并发表意见,但不能干扰和阻碍运营方日常运营和管理。同时,分布式能源项目运行所需的一次能源购买需要业主负责,同时,业主还要保证在运行期一次能源的库存量。

运营方的收益来自于业主支付的报酬,该报酬所包含的内容和计算方法在 O&M 合同中明确规定。通常报酬涵盖四方面内容:

(1)基本运行服务费;
(2)基本奖金:运营方实现了安全运行;
(3)效能奖金:运营方实现了经济运行或者节能运行;
(4)罚款:出现安全事故或者没有达到预期的能耗效果。

3. EMC 模式

EMC(Energy Management Contract),即合同能源管理,是指能源服务公司与客户签订节能服务合同,向客户提供能源效率审计、节能项目设计、原材料和设备采购、施工、培训、运行维护等综合性服务,并从节能效益中回收投资和获取利润的一种商业运作模式。

EMC 模式下根据风险与利益对等原则,也对应不同的效益分享模式,包括节能效益分享型、节能量保证型、节能效益支付型以及运行服务型。

运行服务型的 EMC 模式,是一种能源项目的投资方(业主)与专业能源服务公司签订长期合同,委托能源服务公司提供能源优化与节能服务。运行服务型的 EMC 模式与 O&M 模式的区别在于:EMC 模式下,能源服务公司提供的是与能源系统优化与节能有关的全部综合性服务,其获取的收益也与能源系统的节能效益息息相关。

运行服务型的 EMC 模式非常适合结合在 BOT 模式或者 PPP 模式中。通过项目公司(或投资方)的委托,或者作为项目公司的股东之一,能源服务公司在分布式能源项目前期工作中就参与,借助其丰富的能源系统运行经验,与项目公司(或投资方)一同构造项目实施方案和商业运行模型,帮助开拓用户市场,设计项目建设进度,充分以经营者的视角参与到能源技术方案的比选、设计、施工、调试、竣工验收等讨论与实际工作中。可以说,这对全面优化分布式能源项目的技术方案、商业运行和经营管理是最佳模式。

17.3 怎样设计多赢的能源定价和收费机制

价格是市场的信号,但基于分布式能源的商品属性,很显然,分布式能源产业中价格不仅仅是市场需求信号,也反映了利益相关方的利益分配,而利益分配方式决定了多赢的格局。

分布式能源项目中最主要的利益相关方有四个,分别是政府、私营投资方、分布式能源项目运营公司(能源服务公司)以及终端能源用户。四方对项目的期望目标分别是:

(1) 政府希望尽可能吸引私有资金参与基础设施建设,公共部门可获得超越原有要求的额外的设施与服务,减少地方财政债务,并且尽量减少给私营投资方(或特殊目的公司)的资助、保证以及减税优惠;

(2) 投资者(项目运营公司)希望可以获得政府的资助、保证以及减税优惠,并得到稳定而长期的收益,尽快回收投资。

(3) 能源服务公司希望日常运营时至少保证最低的收益,用户使用能源时不增加额外的运营成本,实现节能运行以增加收益,用户分享的末端节能收益越少越好。

(4) 能源用户则希望能源供应服务价格合理。在考虑隐性成本后,所缴纳的能源使用费用不能比单体建筑自建小型能源系统成本高出太多;希望价格调整有约束;也希望分享末端节能收益。此外,对能源商品质量影响大的用户(如医院、数据中心、银行、保险公司等用户)也希望能源供应安全稳定,技术参数有保障。

四个利益相关方的期望目标并不一致,但相互交叉,可以从中看出,能源价格与财政补贴这两个因素是影响各方期望与满意度的敏感因素。其中,能源价格体系包括两套体系:一是天然气价格和余电上网电价定价体系,主体为天然气供应商、分布式能源商和电网公司,这套体系的特点是无论是销售还是购买,交易的一方都是垄断企业,而另一方处于弱势地位,意味着在这个体系中,除了市场职能,政府的管理职能不可或缺,必须具备合理的财政补贴和配套制度;二是分布式能源产品(冷、热、热水等)定价体系,主体是分布式能源运营商和能源终端用户,在这个体系中双方是平等的交易主体,以市场的调节职能为主。因此可以说,多赢的能源定价机制关键在于明确政府职能和市场职能的各自归属。

17.3.1 分布式能源价格体系与收费机制

1. 价格体系

分布式能源的价格体系组成包括:

(1) 作为能源用户:

1) 购买天然气的气价;

2) 发电不足时从电网公司购电的电价。

(2) 作为能源生产者与销售者:

1) 多余电力的上网电价;

2) 向终端能源用户售出的冷、热及卫生热水价格。

目前国内多数分布式能源的价格体系现状是:

(1) 天然气气价。2015 年之前国内多数分布式能源项目得到的天然气气价在 3 元/m³ 左右,有些甚至高达 3.6 元/Nm³,全国少数城市给予天然气分布式能源优惠气价,如上海市给予分布式能源的优惠气价 2.43 元/Nm³。2015 年 4 月各省门站价首次大幅度下调(见表 17-2),11 月底,各省非居民用天然气最高门站价再次下调 0.7 元/Nm³,且降低后的最高门站价格水平作为基准门站价格,供需双方可以基准门站价格为基础,在上浮 20%、下浮不限的范围内协商确定具体门站价格[24]。

部分省（区、市）非居民用天然气基准门站价格表 ［单位：元/千立方米（含增值税）］　表 17-2

省份	基准门站价格	省份	基准门站价格
北京	2000	湖北	1960
天津	2000	湖南	1960
河北	1980	广东	2180
山西	1910	广西	2010
内蒙古	1340	海南	1640
辽宁	1980	重庆	1640
吉林	1760	四川	1650
黑龙江	1760	贵州	1710
上海	2180	云南	1710
江苏	2160	陕西	1340
浙江	2170	甘肃	1430
安徽	2090	宁夏	1510
江西	1960	青海	1270
山东	1980	新疆	1150
河南	2010		

（2）支付的电费也包括两部分：一是向电网公司购电的电量费用；二是电网公司为其提供备用费用。其中，电量费用根据分布式能源用户的实际购电量，按照用户的销售目录电价进行收取；备用费用按照分布式能源用户的用电设备容量（kVA）或其最大需求量（kW）进行收取。

（3）多余电力上网电价。采用固定电价机制。2014 年之前以当地脱硫燃煤发电机组的标杆电价为上限，2014 年底《国家发展改革委关于规范天然气发电上网电价管理有关问题的通知》发布后，新投产的天然气分布式能源余电上网以当地新投产天然气热电联产发电上网电价为标杆电价，并建立气电价联动机制，最高上网电价不得超过当地燃煤发电上网标杆电价或当地电网企业平均购电价格的 0.35 元/kWh。2015 年上海市公布其分布式能源上网临时结算单一电价为 0.726 元/kWh。

（4）向终端能源用户售出的冷、热及卫生热水等能源价格，分布式能源商与终端能源用户之间是纯粹的市场买卖行为，因此冷、热及卫生热水等能源定价是在市场职能的调节下，反映市场的供需状况，通常是双方协商，以买卖合同方式约定基本价格和收费体系、建立价格传导机制，并约定价格调整公式。定价方式是成本定价，能源服务公司按照自身的运营成本和最低内部收益率为据与用户协商。此时，能源服务公司主要考虑这几个影响其运营和收益的关键要素：

1）城区的开发、建设进度；
2）用户负荷成长情景；
3）能源服务合同年限；
4）节能收益分享模式；
5）关键财务指标（包括总投资额、最低收益率、投资回收年限）；
6）保证自身最低运营收益的运营情景。

目前常用的冷、热价格构成体系包括接入费、基本费和流量费。

接入费是回收管网等公共输配系统的投资，按照建筑面积计算；

基本使用费用以回收前期的固定资产投资。

基本费单价＝前期设备固定投资/城区能源服务合同供应总容量（kW）

客户缴纳的基本费＝基本费单价×合同约定的最大负荷（kW）

基本费不依客户是否使用而缴纳，属于照付不议合同条款。

流量费是指客户按照实际能量消耗量缴纳。流量费单价通常有两种确定依据：①基于市场调查的用户可接受水平或行业内通行的价格标准；②与分散式、传统的能源供应方式比较得到的计费标准。

若分布式能源商不具备售电资格，则不存在与用户的电力交易，卫生热水通常仅以流量费计算。

2. 收费机制

国内很多城区能源项目（包括分布式能源）在收取能源费用时采取了单一制、两部制或三部制的价格机制。

（1）单一制：所有的固定投资成本以及运行成本均以能量使用费的方式向用户逐月收取。

这种机制存在很明显的缺点，一个是每月用户缴纳的能源费用很高，用户不满意度高；更为重要的是用户如果因某种原因而少缴或不缴能源费用，就会严重影响能源服务公司的运行，甚至导致城区能源系统不运行赔钱，运行更赔钱的现象，直至危及整个项目的存活。

（2）两部制：以基本使用费＋能量使用费方式收取，涵盖所有的固定投资回收以及运行成本。由于包含了管网建设费用，两部制下基本使用费高。而基本费是照付不议，所以在与能源用户签订供冷供热的区域能源销售合同时，谈判难度大、成本高，甚至会影响后期的招商引资。

（3）三部制：以接入费＋基本使用费＋能量使用费的方式收取。较之前两种机制，三部制比较合理地分摊了城区能源系统的建设成本，保证投资方的投资回收，用户心理满意度有所提升，也保证了能源服务公司的最低营运收益。

城区能源系统提供冷、热、热水、蒸汽等作为商品出售给用户，如果收费过高，就很难通过洽谈使得所有用户签署用能协议。在部分城区能源的项目当中，由于决策事先并未充分征求消费者的意见，在项目上马后只能通过行政命令要求用户接入，这样的协议很难在后期运营当中得到双方很好的执行。

在城区能源系统的运行费用不能比常规系统明显节省的前提下，如何实现能源服务商与终端用户均认可并可持续的用能收费方案呢？此处给出四项原则：

（1）接入费用和运行收费不能高于用户自建常规系统。要求能源服务商优化系统设计与建设周期，控制系统成本提高运营水平，使得经济上用户能有收益或至少持平。

（2）根据用户的偏好和需求提供灵活的计量收费模式。要求能源服务商在接口费的收取，计量模式的采用上根据客户的建筑功能和使用特点提供个性化的选择，做到科学合理兼顾灵活方便。

（3）不能发生合同签署与执行主体的转移。要求合同谈判方与使用方分离时不能由合同谈判方代为行使合同签署权，学校不能代表学生签署用能协议，同理公寓建造者不能代表租客签署用能协议，商铺业主不能代表未来店家签署用能协议，这些情况如确实要签署，需要对价格和服务做仔细核实后写到建筑售楼说明书中去。

（4）做好客户沟通与服务。城区能源作为一种新的供能模式其所反映的是商品行为，必须通过大量的宣传与沟通来消除客户的疑虑，并提高服务水平来吸引客户。

只有实现了收费合理、计量公正和账目透明，城区能源的用能方案才能使用户更容易接受，城区能源系统的运营才能走上良性循环的道路。

17.3.2 分布式能源定价机制的讨论

上述价格体系中，天然气气价和上网电价属于政府管制价格，向终端用户售出的冷、热、卫生热水等则属于市场定价，二者在定价机制上不同。我国天然气气价一直以来沿用成本定价，分布式能源上网电价，则是参考行业（天然气发电）平均成本结合某一固定投资回报率制定价格上限。但事实上成本信息非对称，成本属于项目的微观信息，政府决策者不可能熟知项目建设和运行中的所有成本细节，这造成政府的价格管制最终可能出现两种情况：①制定的价格小于社会平均成本，影响该领域项目的利润获得，投资者积极性不高；②根据企业上报成本信息定价，由于企业的逐利行为而导致虚报成本信息，结果制定的价格高于社会平均成本，消费者剩余被侵占❶。

目前在分布式能源领域，不合理定价现象诸如：

（1）政府对天然气气价和余电上网电价管制中，信息不对称，缺乏分布式能源行业的合理成本信息，也存在垄断企业的价格寻租现象，未能真实地反映分布式能源项目的行业平均成本和合理的投资回报率；

（2）在一些政府主导的分布式能源项目中，出于公众承受能力和招商引资等方面的考虑，政府介入分布式能源商与终端能源用户之间，用福利价格代替市场价格，低价收费，政府对分布式能源项目的亏损给予补贴，掩盖了一些由于运营管理水平等导致经营成本较高、成本失控的现象；

（3）项目招标时，没有完整的预算成本作为标底，变成了一对一谈判方式确定服务价格，最终导致价格受项目公司谈判能力和政府部门决策公正性所左右，不能反映行业平均水平。

一直以来，分布式能源的价格体系中，业内多有争议的是气价高、上网电价低以及一些项目中不合理的政府指导性定价。如今尽管天然气分布式能源的余电上网价格上限提高，气价大幅度下降，但依然不是根据分布式能源的行业平均水平或效率较高公司成本为基础，结合行业公认的合理的投资回报率确定出的。根据业内专家的测算结果，提升后的上网电价距离保证分布式能源最低内部收益率的电价还有一定的差距❷。

---

❶ 消费者剩余（consumer surplus），又称消费者净收益，是指消费者消费一定数量的某种商品愿意支付的最高价格与这些商品的实际市场价格之间的差额，是衡量消费者福利的指标。

❷ 按照新的电价政策，以北京的燃煤脱硫标杆上网电价 0.4683 元/kWh 计算，如今天然气分布式能源余电上网电价最高大概是 0.8183 元/kWh。为保证项目 8% 的最低内部收益率，当气价为 3 元/Nm³ 时，装机容量为 220MW、175.5MW 的城区天然气分布式能源余电上网电价分别为 0.823 元/kWh 和 0.837 元/kWh；而装机容量为 6082kW、2978kW 的分布式能源上网电价则分别为 1.183 元/kWh 和 1.384 元/kWh。当气价上升到 3.5 元/Nm³ 时，上述四个项目的电价需分别调至 0.95 元/kWh、0.926 元/kWh、1.352 元/kWh、1.707 元/kWh。数据来源引自"建议制定分布式能源能效电价"，能源观察网，http://www.chinaero.com.cn/rdzt/fbsnyzt/zjgd/2013/12/143404.shtml。

1. 如何考虑外部效应补偿

因此，为保证行业的健康发展，政府对分布式能源行业的支持，应首先体现在支持建立公平公正的定价机制，避免垄断企业的价格寻租行为。政府可以对政府主导的分布式能源项目进行成本监控，尽量获得全面客观的成本信息，充分了解行业平均成本以及平均利润水平，这对于政府主导的分布式能源项目显得尤为重要。除此之外，还应考虑外部效应的补偿和余电上网配套机制的建立。

1. 如何考虑外部效应补偿

气价、上网电价的定价机制中，燃气公司、电网公司是垄断企业，拥有设施的产权，在与分布式能源的交易中占有利地位。分布式能源项目具有明显的正外部效应❶，表现在

（1）节能、减排的社会效益；

（2）上网电量对于电网的调峰作用；

（3）缩小天然气利用的季节性峰谷差，减少储气设施。

但显然分布式能源并未因这些外部效应而获得回报。那么，谁应该负责补偿分布式能源项目的外部效应呢？从获益者的角度来看，应该是政府、电网公司和燃气公司。燃气公司可以给予分布式能源项目优惠的季节性气价。电网公司亦如是。但如果分布式能源上网的余电量很小，时间分散，对电网并没有起到调峰作用，那么政府就应该当仁不让地成为为分布式能源的正外部效应买单的一方。政府应通过给予分布式能源优惠气价、上网电价补贴，使其产生的社会收益转化为私人收益。在这个过程中，分布式能源投资商因得到金钱收益而满意度增加，政府因有效发挥职能，激励产生正外部性活动的行为后果而提高满意度。事实上，目前很多地方政府对天然气调峰电厂给予上网电价补贴，如北京的补贴政策为 0.14 元/kWh。这个补贴政策扩大惠及对象，给予天然气分布式能源同样的上网电价补贴是完全可行的。如今天然气发电价格管理实行省级负责制，各地完全可以根据当地政府财力给予分布式能源相应的财政补贴。

2. 面对不完全竞争市场，政府如何制定配套机制

目前我国采用固定上网电价模型，新的上网电价除了引导分布式能源不背离就地利用的原则，避免以发电上网为目的的分布式能源外，也考虑了一直以来低上网电价给分布式能源带来的发展阻碍。固定上网电价机制模型，简单有效，但也忽略了一个因素。售电上网本身是市场买卖行为，仅有引导性政策，没有配套制度保证，如何让处于垄断地位的一方心甘情愿地与另一方公平地做交易呢？

参考一些国家采用的上网电价模型，也许可以给我们一些启示。瑞典斯德哥尔摩地区连接到 Fortum 公司配电网的分布式发电售电上网电价由三部分组成：①政府给予的补贴费（0.035SEK/kWh）；②电网公司收购价，以电力交易市场 Nord Pool Spot 每小时价格为计算基准❷；③电力证书（electricity certificates）的市场交易价格。2003～2011 年的电力证书市场交易价格约 0.25SEK/kWh。三项加总大概 0.5SEK/kWh 左右。在这个定价模型中，考虑了政府给予清洁能源正外部效应的补偿，也考虑了发电成本、用户承受能力，这两点实际上是通过电力交易市场的价格信号体现，最后电力证书交易制度则保证了分散

---

❶ 外部性是指那些生产或消费对其他团体强征了不可补偿的成本或给予了无需补偿的收益的情形。——保罗·萨缪尔森. 经济学.

❷ Nord pool spot 是欧洲最主要的电力交易市场，瑞典市场的电力交易价格可以参考其网站 http://www.nordpoolspot.com/#/nordic/table.

的分布式发电在售电交易中占有一席之地。很明显，此模型以市场机制为基础。我国目前还不具备成熟的电力交易市场，但电力证书的交易制度值得借鉴。作为推动可再生能源分布式发电的配套制度，瑞典的电力证书交易基于市场机制。可再生能源发电的自发电用户1MWh发电量就可以获得一份电力证书，电力证书可以自由地在市场上交易，交易价格由市场机制决定，政府每年向电力供应商、电网公司或电力大用户发放电力证书配额（根据其售电量或者用电量），促其进行电力证书交易。电力证书交易制度可以保证即便电力供应商处于垄断地位，仍然有动力去购买清洁电力。将电力证书的价格完全交给市场决定，更能保证价格的合理性和双方在交易中处于平等地位。类似的例子还有美国的Energy Portfolio Standard，也是给电力供应商设定分布式能源发电配额，用电力证书交易来保证分布式能源电力市场份额。

这种与政策相配套的市场机制值得我们借鉴。我国20世纪末期就开始推广绿色电力，主要以用户认购的制度为主，绿色电力认证和电力证书交易并没有推广，最终效果并不理想。但很多机构的研究证明[25-28]，我国可以实行绿色电力证书及交易制度，一些城市已经率先研究具体的操作细则，这说明我国已具备了实施电力证书交易制度的可行性。为分布式能源发电量身定做认证指标，制定认证体系，为电网公司发放分布式能源发电的指标配额，促其主动收购分布式能源上网电量，在交易市场形成的初期，可以由政府定价，随着交易市场的扩大和成熟，最终改为市场机制决定价格走向。同样，上网电价构成中也可包含配额的交易价格。

17.4 政府应该怎样鼓励分布式能源的发展

基于天然气的分布式能源设计原则是"以热（冷）定电，热（冷）电平衡，自发自用，多余上网，余缺网补"。目前电网公司缺乏发展天然气分布式能源的内在动力，各地对天然气分布式能源的并网政策不一致，大部分地区不允许直供，有的地区甚至不允许并网。分布式能源领域的技术、产品、政策、法规等各方面的完善都有待时日，其市场发展也更加需要政府的强力推动和保障。

1. 明确我国分布式能源项目的界定标准，明确补贴政策惠及对象

自国家鼓励发展分布式能源以来，大到上百兆瓦，小到几千千瓦的天然气热电联产项目纷纷上马，争当分布式能源先锋。我国对分布式能源的容量并没有清晰定义，业内对分布式能源的容量界定存在着诸多争论，有主张分布式能源应是"楼宇型"、"用户型"，只能是兆瓦级的小型冷热电联供，并援引美国、丹麦等国家分布式能源建设经验用于佐证。而且电网公司的并网标准和国家刚刚出台的6MW以下的分布式发电可拿到经营许可证的政策也都指向这个界定标准。有个别省份也就此出台了分布式能源站的定义，如广东省规定分布式能源站的容量不得超过10MW，单机规模在5MW以下。

但同时也存在另一些主张，认为由于气价和进口设备价格导致在我国小型、微型的天然气分布式能源难以赢利。而从我国城市化建设角度出发，目前大量的新区建设，为配合新区能源需求，应以大型、上百兆瓦级的天然气分布式能源为建设重点。天然气分布式能源协同电网调峰，以此可换取较高的上网电价，保证售电渠道畅通和合理收益。

本书著者从分布式能源本身能量就地消化，避免产生输送损失出发，认为兆瓦级的天然气分布式能源，与低压配电网相连接，与分布式能源的概念更加相符。国家应出台统一的关于分布式能源站的界定标准，明确分布式能源财政补贴的惠及对象。至于更大容量的天然气热电联产机组，可以享受国家关于热电联产的专项优惠政策，不必用分布式能源的名义建设和争取资金。

2. 将PPP模式引入分布式能源项目建设中，保证项目合理的投资回报率，扩大盈利模式

对于由政府发起的分布式能源项目，可以引入PPP模式融资、建设和运营。但由于分布式能源系统的收益与生态城区的用户负荷成长、生态城区的开发进度密切相关，这导致很长一段时间内分布式能源项目负收益，投资回收期很长。社会资本具有逐利性，漫长的投资回收期和低投资回报率（有些甚至达不到8%，而社会资本期望PPP项目的内部收益率至少不低于10%）是不足以吸引社会资本的。但如果给予PPP项目过高的回报率，不但会背离减轻政府财政负担这个初衷，而且降低公众的满意度，形成社会的负担。因此，对于政府而言，如何吸引社会资本参与，是用PPP模式建设分布式能源项目的核心所在（见图17-4）。参考成功案例，可知政府除了给予财政补贴，提供低成本的融资渠道，也可以给予私营企业投资相关商业项目以获得较高的投资回报，补贴分布式能源项目的运营成本，增加整体投资利润回报。这也极大程度上可以避免私营企业急切通过分布式能源项目获得投资回报的心理，使分布式能源项目的收费机制、经营管理机制也更加合理。

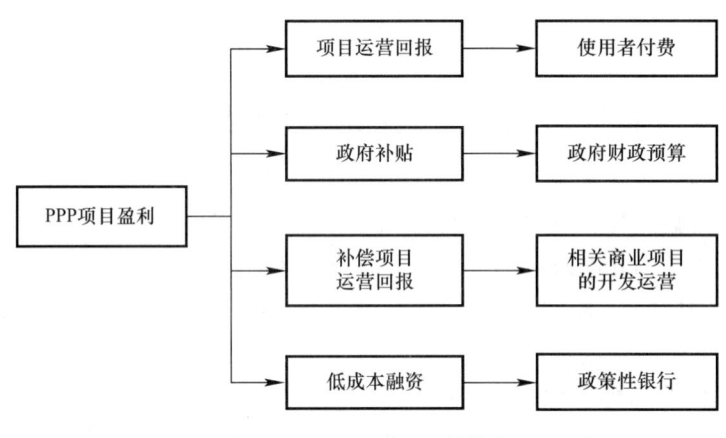

图17-4　PPP项目盈利模式

3. 政府应摆正自己的位置，不错位不越位，尽力维护分布式能源发展的市场环境，尊重其市场规律

在PPP模式中，政府与私营投资方共同组建特殊目的的项目公司SPV后，项目的经营由项目公司负责，政府绝对不应该行政干预，强行插手项目的设计、建设、运行以及商业运营中。政府参与的主要目的应该是保证项目顺利实施（无论是分担项目风险，还是保证私营投资方的利益），因此主要任务是监管，同时也制约特许经营者不正当的经营行为，避免项目仅有利于私营投资方的情况，维护公共福利的最大化。政府可以制定取消或者收回特许经营资格的具体规定，明确特许经营的时效性以及建设投资进度要求，约束分布式能源运营方在获得特许经营权后盲目追求垄断利润，损害终端用户的权益。

但目前，有一些政府部门通过行政审批等手段，强行干预分布式能源项目，如要求分布式能源商给予用户优惠的能源价格等。这明显是错位的认识。政府部门应避免直接参与到市场机制中，更不应该破坏市场规律，强行参与利润分配。政府对待分布式能源的发展，既不能过分保护，也不能站在对立的角度，将分布式能源的投资方视为既得利益者。若是 BOT 或 PPP 项目，政府更应该建立契约精神，利用契约而非行政权力来约束政、企双方的行为。

4. 推动分布式能源发展产业链的全面市场化，疏通发展的关键购买和销售环节

政府应积极解决分布式能源发展的瓶颈问题，包括推动上游天然气供应的能源体制改革，并督促有关部门与燃气经营企业探讨对分布式能源实施季节性气价的可能性，补偿分布式能源的外部效应；对下游，则应全力推动分布式能源商品供应渠道的畅通，推动售电渠道畅通，不维护垄断企业的寻租行为，促进分布式能源的余电上网和电力直供。

近两年，国内针对大用户和高耗能企业的电力直供试点让分布式能源售电有了改革的希望。电力直供有两种方式：一种是发电方不必通过公用输电网即可直接实现对用户的直供；另一种是直供必须经由电网公司的媒介作用才能实现。如能赋予城区的分布式能源直供电力合法的地位，第一种直供方式相当于分布式能源对城区内用户的供电，其营业管理不需要电网公司参与，由城区分布式能源的经营者与用户双方协商即可完成，但需要给予分布式能源电力特许经营权。直供必须经由电网公司的媒介作用才能实现时，用户、城区的分布式能源、电网公司三方同时参与，而且电网公司处于交易的核心地位。按照 2015 年底发布的《关于售电侧改革的实施意见》，分布式能源商可以作为第三类售电公司进入售电市场，或者"拥有分布式电源或微网的用户可以委托售电公司代理购售电业务"，由省级政府批准[10]。

5. 给予分布式能源项目融资优惠、财政补贴、税收减免等激励性政策

设备投资方面：以低成本融资、进口设备税收减免（如减免关税和增值税）等为主要补贴政策。

能源服务方面：以能源经营服务公司的税收优惠政策为主，鼓励专业化能源服务公司和合同能源管理模式的发展。

能源生产侧：补贴分布式能源产生的正外部效应，给予分布式能源优惠气价、按照分布式能源生产行业平均成本确定上网电价。

能源消费侧：分布式能源产生的电、冷、热及卫生热水的价格是分布式能源商与用户通过市场行为协商而定，不需要给予补贴政策。如属于公益性项目，为保证项目的公益性而实行福利性定价与项目商业化自主定价之间建立科学合理、灵活的价格调整机制。同时，加强对公益性分布式能源项目的规制，设计成本监控的体制与机制，避免最终由政府财政补贴运营亏损。

6. 完善分布式能源市场化相应的配套机制

尽管自 2011 年以来国家出台了一系列的政策鼓励分布式能源发展，但因为缺少配套制度，使得分布式能源发展阻碍重重，余电上网交易便是一例。在这方面，类似于前文论述的瑞典和挪威政府联合开发的电力证书交易模式，以及美国 Energy Portfolio Standard（能源配额制）、荷兰绿色证书交易制度等，都可供我国政府作为推动分布式能源交易机制的政策参考。

在这些交易制度中，政府制定配套制度，促使市场交易形成，价格杠杆在一定程度上起到了有效配置资源的作用。而目前在我国分布式能源项目分布式能源商与电网公司之间的交易，主要是政府指导性定价，引导性政策加行政命令促使电网公司收购发电量。但对于电网公司来说，大量的小型发电负荷如何管理协调是个技术难题，更何况我国两大电网公司完全处于垄断地位。因此即使是在行政命令下，电网公司依然没有购买分布式发电的动力，最终导致交易失败。若我国能借鉴这种电力证书交易制度，同样是不完全竞争市场里政府干预，但粗放的行政命令转化为市场交易的催化剂，必然能有效地推动我国分布式能源的发展。

7. 推动设计、工程以及排放等各类法规、标准与技术规范的制定和完善

目前，我国仍缺乏全国统一的针对分布式能源系统的污染物排放标准，项目实际建设中只能参考《火电厂大气污染物排放标准》GB 13223—2011，北京市可以参考其地方标准，但也主要是针对内燃机的。此外，诸如建设、施工、验收等标准、后评估细则等都需要进一步完善，以指导工程实践。目前正在实施的国家及部分地方标准和规范如：

(1) 国家层面法规、标准与规范

1)《分布式发电管理暂行办法》(发改能源〔2013〕1381号)；

2)《火电厂大气污染物排放标准》GB 13223—2011。

(2) 行业标准

1)《燃气冷热电三联供工程技术规程》CJJ 145—2010；

2)《燃气热泵空调系统工程技术规程》CJJ/T 216—2014；

3)《空气源三联供机组》JG/T 401—2013；

4)《分布式电源接入电网测试技术规范》NB/T 33011—2014；

5)《分布式电源接入电网监控系统功能规范》NB/T 33012—2014；

6)《分布式电源接入电网运行控制规范》NB/T 33010—2014；

7)《分布式电源孤岛运行控制规范》NB/T 33013—2014；

8)《电化学储能系统接入配电网技术规定》NB/T 33015—2014；

9)《电化学储能系统接入配电网运行控制规范》NB/T 33014—2014。

(3) 企业规范与标准

1) 国家电网公司，《分布式电源并网相关意见和规范》；

2) 国家电网公司，《分布式电源接入电网技术规定》Q/GDW 480—2010。

(4) 地方政策与标准

1) 上海市工程建设规范，《分布式供能系统工程技术规程》DG/TJ 08—115—2008，J 10602—2008；

2) 上海市建交委，《上海市天然气分布式供能系统后评估实施细则》(沪建交联〔2013〕777号)；

3) 北京市地方标准，《固定往复活塞式内燃机大气污染物排放标准》DB 11—1056—2013。

17.5 城区能源经营者应如何平衡发展

城区能源是新型能源产业，经营者和传统的供能形式有很大差别。其先期规模庞大的投资和能源站占地对土地征用、系统规模和寿命设计、融资和资本运作、财务和风险分析、营运管理与交税、价格设计和谈判都有相当的要求，并不单单是将能源站做大一点。只有通过产业化市场化的手段配置资源和化解风险，才能使空调用户和城区供冷提供商处于良性互动状态。用户可以得到更好的服务和更低的价格，城区能源提供商可以通过使用量的增加有机会提高能源和设备利用效率，降低运营成本。城区能源经营者应从如下主要方面考虑以期实现城区能源系统的可持续发展。

17.5.1 技术经济可行性

城区能源系统投资巨大，投资的合理性往往关系到能源投资公司未来的发展，因此在项目决策阶段应进行详细、可靠的项目可行性分析与评价。项目可行性的判断应该是公正而全面的，不能以偏概全，同时城区能源系统的决策还是应该分级的，从宏观方向、可操作性、可实施性三个不同的层面为决策提供分析。通常项目的可行性从以下几方面加以分析与评价：

1. 三个主要判断原则

（1）是否能够有效节约能源；
（2）是否能够有效节约资源；
（3）是否能够有效保护环境；

其中节约能源既包括是否能够实现更高能效的系统节省能源，也包括是否能够通过城区能源系统优化能源结构。节约资源不仅指土地、淡水、建材、配电等传统意义上资源上的节省，也将初投资和运行管理费用视为资源统一加以分析。保护环境不仅包括污染物排放，也包括了温室气体排放、噪声和热岛效应等因素。这三个判断原则概括了城区能源系统需要决策中的三个主要方面，但是不同的利益主体可能会有不同的侧重点，建设者关心节约资源以减少成本，用户关心能效以减少费用，而管理者关心环境问题，因此这三个判断原则更多地是用于分析而不能直接用于项目的决策分析。

2. 辅助判断原则

在明确了三条主要判断原则的基础上，由于涉及的内容广泛，在实际当中不具备较高的可操作性，为此提出了六条辅助判断原则，以用于实际操作：

（1）能否实现最终用户与系统运营商双方经济上的可持续运行；
（2）能否实现相对常规系统有效节约土地建材配电等物质资源；
（3）能够实现相对常规系统有效节省建设过程中的系统总投资；
（4）能够实现相对常规系统有效节省运行费用和管理维护费用；
（5）能够实现相对常规系统提高能源效率和优化城区能源结构；
（6）能够实现相对常规系统减少污染物排放同时改善城区环境。

在上述的几条判断原则中，第一条判断项目是否适宜所必须具备的控制项，第二项到第四项目是项目对于建设方具备可行性的主要判断标准，第五项和第六项则是对于国家和社会方面判断项目可行性的主要标准。因此，在具体环境中判断城区能源技术是否可行，第一项是必须要具备的基础，这是因为真正意义上的城区能源系统是和商业化运行紧密联系在一起的，如果不可能实现经济上的可持续运行，则最终系统难免陷入进退两难的窘境，而后续五条则是判断项目是否适宜的有效附注评判标准，能够评判城区能源项目的建设对于建设方和国家是否能够起到资源节约、能效提高、环境改善等方面的好处，虽然这

第17章 绿色生态城区分布式能源的经济学问题

些条件大多情况下很难在单个项目中同时具备,但是能够具备较多符合的项目肯定更具有对建设方有益的节约和国家社会层面的环境改善,具有更高经济上可持续运行的概率,也更为适宜建设。

另外,对于具体城区能源系统是否适宜建设的评判,要从项目的外部条件、城区条件、用户条件和内部条件四大方面详细分析,方可得出公正的结论。详细的控制项如表 17-3 所示。

城区能源系统适用条件评价表　　　　　　　　　　　　　　表 17-3

评价范围	评价指标	门槛数值	最佳数值	重要性等级
外部条件	气候条件	CDD26＞150	CDD26＞300	★
	建筑规模	＞10^5 m^2	(5—10)×10^5 m^2	★★★
	容积率	＞1	＞2	★★★
	负荷密度	＞60W/m^2 占地面积	＞100W/m^2 占地面积	★★
	能耗密度	＞30kWh/m^{2}a	＞60kWh/m^{2}a	★★★
	建筑功能多样性	非居住建筑	有负荷参差性	★★
区域条件	需求侧管理政策	支持城区能源	能源价格优惠	★★
	能源供应结构与价格	能源供应稳定	能源价格低廉	★★★
	可再生能源利用潜力	可利用再生能源	可规模化利用	★★
	能源站的土建政策	允许能源站建设	属公共配套	★
	供配电政策	能提供集中供电	供配电优惠	★★
	环境保护政策	允许建设	支持建设	★★★
	输配管道布置	可布置配管	可经济布置配管	★★★
用户条件	终端用户的分布结构	用户有用能需求	高用能需求	★★
	终端用户的使用习惯	使用空调峰值高	使用空调时间长	★★★
	终端用户的经济承受力	可接受供冷服务	认可供冷服务	★★★
	终端用户对商业模式的认同	可接受商业模式	认同商业模式	★★★
	终端用户对空间的利用规划	可提供接口	要求提高空间利用率	★★
	终端用户对微环境的要求	可接受环境改善	要求改善城区微环境	★★
	终端用户对节能减排的要求	可接受系统节能率	要求较高节能减排	★★
内部条件	技术路线	技术路线可行	技术路线合理	★★★
	投融资方案	投融资可行	投融资恰当	★★★
	服务合同约束	合同条款健全	合同条款可行	★★★
	计量收费方案	计量准确	计量可被接受	★★★
	建设期管理方案	管理系统科学	实现系统优化	★★
	运行管理方案	专业化运管	可持续改善	★★★

注:CDD26 是指空调度日数,单位为℃·d。

(1) 适宜的外部条件:拟建设项目应具有一定建筑规模,适宜在 10 万 m^2 以上,建筑容积率高、负荷密度大、年使用量大的项目较为适宜,另外非常重要的一点,建筑功能多样性,可以通过负荷参差性降低系统装机容量的项目也更为适宜。

(2) 适宜的城区条件:项目建设的城区有需求侧管理政策(一次能源价格优惠、峰谷电价差等)、城区内有可再生能源、可提供相应的能源站土建及配电审批政策,环境保护部门允许建设。另外很重要的一点,城区内允许输配管网建设。

(3) 适宜的用户条件：城区能源系统服务于用户，因此是否适宜也需要分析用户的特点。一般而言，商业和办公用户较住宅用户更适宜于城区能源系统。同时，有较高稳定使用时数的用户比调节灵活性要求高的用户更适宜城区能源系统，对维护保养专业化要求高的更适宜采用城区能源技术，而最重要的是对于商业供能这种模式更为认可的用户更为适宜。最后在某些特殊用户中对城区能源技术也可能存在特别的偏爱，如某些建筑因为涉及对空间利用规划要求较高，无法提供冷却塔位置或机房位置，或者不能承受冷却塔的飘水噪声和锅炉房的烟囱污染，或者对节能减排有较高的要求等，可能使得城区能源技术对这些建筑更为适宜。

(4) 适宜的内部条件：城区能源技术要成功最重要的还是内部条件，合理的技术路线、恰当的投融资管理、互利共赢的合同条款、科学合理的项目建设期管理，以及可持续提高能效、降低运行成本的后期专业化运行管理，这些环节更是城区能源系统必须注重提高改善的重要内部环节。

综上可见，城区能源系统由于系统的复杂性，项目的可行性涉及至少以上四大方面的因素影响，项目的决策必须在充分论证并做各影响因素敏感性分析的基础上进行，可行性报告的编制是非常重要的环节，不能流于形式，否则一旦决策失误会带来长期的不利影响。

17.5.2 经济模式可持续性

任何一个大型市政基础设施，无论其建设的理念有多么先进，在实际中是否能够获得经济上的可持续运行是其独立生存与发展的最重要条件之一，对于市场化的城区能源系统更是如此。城区能源项目的服务商和用户处于完全竞争市场，只有商业上的成功才能保证系统的连续稳定运行。不能实现商业上的成功运行，是目前城区能源项目现状中一个突出的问题。很多早期建成的及目前在建的城区能源项目不约而同地遇到了收费困难的问题，用户不接受高于传统供能方式的收费，这是目前城区能源系统最大的现实制约因素。

为什么用户会觉得城区能源系统的收费价格高于常规空调系统呢？主要在于城区能源系统固定成本的分摊。城区能源系统由于管网等问题，前期初投资巨大，这部分投资的回收按照前文所述可以在寿命周期内分摊在流量费（冷热量）、基本费或者接口费中。通常大楼业主习惯性用常规空调的变动成本与城区能源的全部成本（固定成本分摊＋变动成本）相比较，自然觉得城区能源系统的收费比较高了。

固定成本的分摊按照分摊方式的不同，可以分为三种方式，长期分摊、中期分摊和短期分摊。分摊周期的长短取决于投资者对投资收益的期望，如果是城区能源服务商也是投资者，那么其特许经营合同期限也会影响到固定成本的分摊方式。

(1) 长期分摊方式中，系统不收取接口费，系统初投资及其利息全部折算到所销售的有效冷热量中进行回收；

(2) 中期分摊方式中收取部分接口费，通过接口费和销售冷热量中的少量分摊共同承担固定成本的回收；

(3) 短期分摊方式则是指通过收取较高接口费以期尽快回收全部建设成本，只在销售的有效冷热量中回收建设期间投入资金所产生的利息。

在不收取接口费的方式中，收费必须包含回收全部初投资的固定成本分摊和日常运行费用的变动成本（能量费、维修费、税金、管理费等）。即使收费率较高，投资的回收期仍然可能较长。这样不仅增大用户负担降低对城区能源服务的认同感，项目收益也不一定很理想。

以南京某实际 80 万 m^2 办公城区供冷实际项目分析三种收费模式的利弊。

方案一：该项目计划 5 年建成投运，不收取接口费，全年冷热量按照 0.65 元/kWh 计量收取，考虑投入资金的贷款成本，项目动态回收期为 12.2 年，25 年的系统寿命内的净现值不到 5300 万元，投资内部收益率为 13%。去除掉银行贷款利率和融资成本约 8%，净内部收益率约在 5%。在此方案中，投资收益不足以弥补其所面临的风险，25 年的系统寿命内，仅通货膨胀率都将远远高于 5%。而且建筑的投运、使用、收费等各个环节均存在不可预见的风险，商业化项目不存在政府的保护和干涉，其投资风险要高于城市基础设施建设。

方案二：考虑 50% 初投资通过接口费回收。价格确定为 0.55 元/kWh 时，投资回收期为 8.4 年，25 年寿命周期内总收益约 5300 万元，内部收益率 16%，扣除银行利率成本 8%，剩余的 8% 盈利有一定的风险担负能力，这是一个商业投资项目可以接受的收益水平，能源服务商方面的资金风险得到了较大的改善。用户侧的费用包含了部分固定成本分摊、能源运行成本和管理维护等三方面费用，也属于可接受水平。

方案三：全部初投资通过接口费分摊回收，则运行费用如果按照 0.4 元/kWh 进行计算，则动态投资回收期在 7.7 年，25 年内理论盈利约 3000 万元，投入资金内部收益率为 16%。在此种收费模式下，建设投入资金比按照 50% 固定成本设计接口费时只下降了 26%，但是固定成本的回收速度快了一倍，除系统建设期间固定成本利息需要计算外，固定成本基本无需回收，能源单价存在进一步降低的空间，在这种收费情景模式下，经过权衡计算 0.4 元/kWh 是确保系统能源可持续运行的底线。

数据计算见表 17-4。

不同固定成本分摊的城区供冷系统收费模式对比（单位：万元）　　　　表 17-4

收费模式	建设资金	接口费	投入资金	收费价格	动态回收期	25 年盈利	内部收益率
无接口费	15000	0	15000	0.65 元/kWh	12.2	5293	12.80%
50%接口费	15000	7500	7200	0.55 元/kWh	8.4	5545	15.70%
100%接口费	15000	15000	5300	0.4 元/kWh	7.7	2967	16.20%

因此城区能源系统收费模式制定中的关键问题是解决好固定成本的分摊问题。在长期分摊、中期分摊和短期分摊的三种模式中，能源服务商所需要投入的资金有较大差异，因此其能够承受的价格底限也不同。无接口费的模式能源服务商资金投入最大，回收周期最长，因而收费价格最高，且动态回收期很长，资金收益率较低，存在较大的资金风险，对于能源服务商不利。中期回收模式能源服务商投入固定成本的回收通过接口费和固定成本分摊两种方式进行，动态回收期缩短，收费价格有所下降，投入资金的内部收益率有明显提高。这种收费模式可以兼顾能源服务商和用户的利益平衡，是应该优先考虑的收费模式。固定成本的短期分摊所需要的投入资金仍接近系统建设费用的一半，这表明提高接口费并不能降低能源服务商的投入资金，只能加快固定成本的分摊速度，系统通过分摊回收的只是建设期利息，没有固定成本分摊，这提供了收费降低的空间。但固定成本的短期回收投入资金降低后，系统 25 年寿命周期内总的盈利能力也降低了，最终内部收益率和中

期分摊模式持平。这表明这种模式对能源服务商方面意味着风险与收益的同时下降，而对用户而言，意味着短期投入增大，但长期分享系统效益的机会增加。

17.5.3 风险控制全面性

1. 前期入住率低

我国正处于迅速和长期的城市化进程中，城区住宅建筑、商业等公共建筑不可避免地存在销售率、实际居住率、空调使用率三个复杂因素的影响，实际需求的冷、热负荷具有较大的不可预测性。目前我国城市商品住宅市场处于极不正常状态，住宅的居住功能减弱而资本化属性增强，这些因素也影响到城区能源系统的运行。对新建城市住宅小区可以归结成三个"一半"，即新建小区有一半住宅由于房产商捂盘惜售等原因而没有卖掉；在卖掉的住宅中又有一半是无人居住的，即用来"炒"的；在有人居住的住宅中还有一半是业主有多套房并不常住的，或者是出租的。如果住宅小区用城区能源系统，其最大负荷率就只有16%～17%，再加上真正住人的，一家人都住在一套住宅中的业主往往经济上并不宽裕，空调同时使用系数很小，负荷率就会降到10%以下。此时的城区能源系统就变成一个大"分体"空调，能源利用效率就会极不合理。而对于商业等公共建筑也存在前期租赁、出售等比例较低的情况，较低的能源利用效率导致系统的运行成本增加，能源经营者也将陷入两难的境地。如通过增加运营收费来平衡企业发展，将导致经营者、消费者双方矛盾激化，出现消费者对收费方案的不满意而抵制缴费的现象。

因此，在项目决策阶段，城区能源经营者应对项目建设周期、进度计划、预售情况、招商情况等进行充分调研，制定相应投资策略。城区能源系统可分期投入建设以适应相应的项目开发进度与用户需求，从而避免过多的初投资造成浪费，以实现城区能源经营者良性投资。

2. 城区供能半径较大

城区供能半径大小直接影响管网初投资和输送能耗（即管网运行成本），进一步影响投资者收益以及城区能源商品价格。因此，当城区内建筑物数量一定时，建筑物越分散，城区供能半径就越大，总体投资和能源单价也就越大。通常认为城区供能半径不能大于1km[29]，且供能半径越大经济性越差。为此对于部分距离城区能源站房较远而冷量需求较小的建筑物应当仔细分析其纳入城区能源系统的不利影响，综合考虑系统整体效率和经济性决定其是否将其纳入城区能源系统范围内。

3. 能源价格上涨

一次能源价格（天然气、油等）以及电力价格对城区能源系统的经济性影响很大。城区能源服务商应充分考虑投资回收期内能源原材料的可获得性、可替代性以及相应的价格风险。充分利用可获得的价格优惠政策（如分时电价、分季节气价），利用蓄冷蓄热技术、交互式热泵蓄热技术等谷期蓄能、峰期调峰，实现城区能源系统的经济化运行，降低能源价格变化给项目收益带来的风险。

4. 收费困难风险

城区能源系统服务商面临的收费困难风险主要来自于用户对费用价格不认同，造成收费困难，进而影响城区能源服务商的资金流通和系统正常运营。对此风险，城区能源运营公司应在项目前期做好市场开发工作，充分市场调研，了解市场可接受的能源价格，做好收费方案以及相应的解释和说明工作。在运行阶段，通过不断提高管理水平降低运行成本，让广大业主切实感觉到城区能源系统既能节省自身投资、又能提供专业化能源运营管理的优势，计量准确、账目公开，获得业主的信任，同时在合同中明确设定能源费用价格变动的条件，减少业主的疑虑，保证收费工作的落实。

17.5.4 运营管理科学性

城区能源系统是一个大规模的用电系统，能源成本直接影响到能源经营者公司的财政，要想提高系统的运行效率、降低能源成本就必须采取有效的方式进行管理。管理是一个企业在市场竞争中制胜的法宝，科学的管理才能创造出更多的效益。

1. 建立与完善能源管理体系

能源管理体系以降低能源消耗、提高能源利用效率为目的，针对组织活动、产品和服务中的能源使用或能源消耗，利用系统的思想和过程方法，在明确目标、职责、程序和资源要求的基础上，进行全面策划、实施、检查和改进，以高效节能产品、实用节能技术和方法以及最佳管理实践为基础，减少能源消耗，提高能源利用效率。而且引入持续改进的管理理念，采用切实可行的方法确保能源管理活动持续进行、能源节约的效果不断得以保持和改进。从而实现节能、降低系统运行成本。并且组建一支专业化的运营管理团队，以能源管理师为首，制定管理与考核目标、责任到人、责任到岗，对运管人员进行定期培训，掌握最新的节能管理技术，号召广大群众全员参与节能建设，营造低碳、环保、节能的生活方式。

2. 智能化运营管理平台

城区能源系统是利用集中设置的大型能源站房向一定城区内需要供能的单位提供能源的系统。传统的运行管理无法及时了解到系统运行的能耗情况，不能及时地加以调节控制，从而造成能源的浪费、运行成本的增加。从优化节能控制的角度考虑，有必要引入智能能源管理系统。

（1）能耗分项计量系统（见图17-5）。在大力推广节能减排的阶段，要达到最快、最

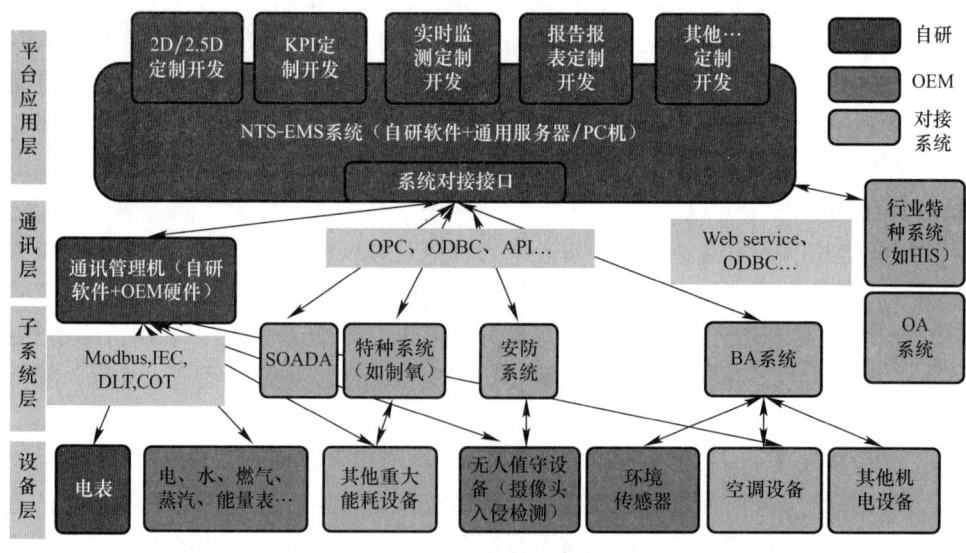

图17-5 能耗分项计量系统

明显的节能效果，不单是应用安装节能灯具、电机变频、节水卫浴等设备节能手段，更需要有一套完善的能源综合计量管理系统来管理能源，量化能耗数据、掌握能耗动态信息、找出节能降耗着手点、对比节能效果差异、建立起一套完整的能源管理节能措施，加强能源管理水平，提高管理工作效率；利用能耗量化考核指标及能源按量收费等经济指标杠杆效应，促进用户的技能意识，达到整体节能的目的[30]。

（2）空调设备监控系统。能源管理系统中监控冷冻站房及系统运行参数，为末端用户提供稳定的运行工况。同时，系统监控高低配电系统运行，采集设备运行的电流、电压、功率因素等，利用先进的控制方式结合预测软件的帮助用户降低成本。

（3）能效分析系统。通过系统集成、自动计算空调系统的效率，进行能效分析，并以图表、曲线等形式记录历史数据，供能源公司分析、查询和打印。运行能耗分析决定城区能源系统优化控制策略，使系统在高效率下运行，全面提高运行经济效益，建立最优的能源运营模式[31]。

（4）能源综合管理。建立合理的能源管理机制，使完善的技术和有效的收费制度相结合，解除业主的后顾之忧。通过监控软件和网络，将系统运行数据及自动收费数据上传到能源管理中心监测系统，管理层对数据进行比较分析，建立周报、月报表，摸索降低能耗的技术办法和节能经济指标，编制设备维护管理办法，建立节能运行考核机制。自动收费系统按实际消耗量收费不仅能保经营者利益，同时也是节能控制的有效手段，用户会自觉关掉空调系统以避免不必要的浪费。

3. 优质的服务

在竞争日益激烈的现代化进程中，城区能源经营者应将自身的角色从传统的能源供应商向能源综合服务商转变。不断提高自身的服务水平与服务意识，增加用户消费满意度。对用户投诉与故障处理应及时、迅速解决，增加用户对城区能源经营者的信任度，逐步解决用户的担心与疑虑。逐步培养用户合理用能、节约用能的理念，从而实现绿色、低碳、环保、节能的生活方式，城区能源经营者也得益于此，实现公司可持续平衡发展。

17.6 普通用户如何考虑自己的利益

尽管分布式能源代表着一种先进生产力，是未来能源利用方式的发展趋势。但目前分布式能源常常处于"鸡肋"的地位，许多项目在初期的可行性评价中，投资者顾虑重重。投资者通常关心总投资额、内部收益率、投资回收期这些财务指标，以及能源供应满足项目开发进度需求，价格不影响土地销售，入住客户可以接受长期服务等因素。而分布式能源系统前期需要巨大的初投资，后期需要向用户收取的接入费、基本费、能源费等，都可能会影响后期的地块招商。招商不足，又直接造成用户负荷不足，系统低效，最终降低运营收益，影响投资回收。不能不说开发商的顾虑是有原因的。许多有意入住绿色生态园区的用户，会比较自行建立建筑设备能源系统与采用园区的分布式能源提供的电、冷、热（蒸汽），二者经济性哪个更加合算。通常考虑的因素包括节省的机房面积、设备投资、人员工资、运行成本以及相应的一些财务成本等，与使用园区分布式能源需要缴纳的总费用进行经济性比较。

在这个比较中，用户通常会以忽略一些难以计算的收益和成本为前提，如自行建设设备能源系统时，建设投资和被占用机房面积的机会成本，以及未来的运行中包含的隐性成本。由于这些成本未来发生的时间以及如何发生都不确定，因而很难被认识并计算（同样被忽略的还包括分布式能源的节能减排等社会效益，但如前所述，这一点应该由政府来考虑并补偿）。在这种前提下进行的比较，很难说能够得到理性而科学的结论。

那么作为一个绿色生态城区的终端能源用户，该如何理性地考虑自己的收益呢？

（1）用户应清楚地认识到城区或园区级别的分布式能源服务提供的实际上是一种增值的能源外包服务。通过将复杂的建筑能源系统的建造开始到运营、维护过程都交付给更加专业的能源公司来负责，换取更高品质与更高可靠性的服务，同时也更加专注于自身的主营业务，避免无效的成本支出，对于用户来讲这是一项合理的增值服务。专业的能源增值服务，对应着高价格，对应着更高水平的专业化服务和更有价值的能源转化增值服务。

（2）用户也应将采用能源服务外包时可能获得的收益计算在内。如果城区能源服务公司与业主签订的EMC合同，明确了未来的末端节能收益将与用户分享，那么用户也可将这部分收益计算在城区能源服务产生的效益内。

（3）作为用户，在比较自行建设管理和运营能源系统与购买能源服务两者时，不能仅仅比较单体建筑能源系统的运行成本和城区能源服务的能源价格，应考虑全面的成本效益。

从成本概念上讲，对于业务价值的增值和利润的获取没有帮助的成本投入为无效成本。对于企业价值的增值和利润的取得具有正面效能的成本支出为有效成本。企业应该尽量避免无效成本的支出。如若从业务需求为导向规划成本支出，就可以认识到，能源服务外包实际上是帮助企业避免无效成本、隐性成本的有效手段。

企业自主建设并运行建筑能源设备系统的隐性成本第一项，就是投资被占用成本。这个投资包括各类研究与设计费用、设备购买成本、工程建设成本、运营成本、维护材料成本、设备报废成本、人员工资成本以及相关的各种税金。由于投资被占用在自主建设建筑能源设备系统而非其他，这意味着企业丧失了使用该笔资金在其他选择中本可以获得的收益。按照经济学的观点，这种虚拟收益属于该笔资金的隐性成本。其他各类难以预估的隐性成本则被包含在建筑能源系统的每个建设环节，包括前期可行性研究、设计、建造、采购、安装、施工、调试、运行、管理、维护等。以采购环节为例，包含的隐性成本包括：①信息不对称引起的成本；②采购人员道德缺失成本；③不合理的运输成本；④资金被占用成本；⑤决策成本；⑥由于生产厂商的原因造成的延期交货损失等。

企业当然可以通过EPC合同、O&M合同或者EMC合同转移一部分增加成本的隐性风险，但作为项目投资方（业主），有些风险则无法转移。以O&M合同为例，企业（业主）需要参与能源系统的运行和维修服务等重大问题的讨论和决策，对运行情况审阅，批准采购订单和分包合同，对事故进行处理，以及为主要设备和能源系统进行投保（财产险和雇主责任险），并支付相应的费用，包括：

（1）一次能源购买；

（2）设备采购、保险费；

（3）能源系统运行与维修费用，包括运行费、设备修理费、材料费、技术改良、设备更新等费用；

（4）向运营方支付的报酬等。

这些环节中都含有无法避免的隐性成本。也就是说，企业自行建设能源系统，实际上不得不直面该领域内的各类风险（技术风险、市场风险、政策风险等）。由专业的城区能源服务商提供城区能源服务实际上是将用能企业与这些风险隔离，使企业专注于所营业务，这无疑是增加企业效能的有效途径。

本章参考文献

[1] 许彬. 公共经济学导论——以公共产品为中心的一种研究. 哈尔滨：黑龙江人民出版社，2003.

[2] 胡家勇. 政府干预理论研究. 大连：东北财经大学出版社，1996.

[3] 吕恒立. 试论公共产品的私人供给. http://unpan1.un.org/intradoc/groups/public/documents/apcity/unpan006752.pdf.

[4] 林世平. 燃气冷热电分布式能源技术应用手册. 北京：中国电力出版社，2015.

[5] 国家能源局. 国家能源局关于印发配电网建设改造行动计划（2015—2020）的通知. http://zfxxgk.nea.gov.cn/auto84/201508/t20150831_1958.htm.

[6] 中国电力新闻网. 燃气轮机：艰难国产化之路. http://www.cpnn.com.cn/zdgc/201506/t20150612_806768.html.

[7] 新华网. 天然气分布式能源将较快发展. http://news.xinhuanet.com/energy/2015-06/15/c_127915520.htm.

[8] 国家发展改革委. 国家发展改革委关于降低非居民用天然气门站价格并进一步推进价格市场化改革的通知（发改价格〔2015〕2688号）. http://www.sdpc.gov.cn/zcfb/zcfbtz/201511/t20151118_758883.html.

[9] 国家发展改革委. 国家发展改革委关于规范天然气发电上网电价管理有关问题的通知（〔2014〕3009号）. http://www.sdpc.gov.cn/zcfb/zcfbtz/201501/t20150114_660176.html.

[10] 国家发展改革委. 国家发展改革委国家能源局关于印发电力体制改革配套文件的通知. http://www.sdpc.gov.cn/zcfb/zcfbtz/201511/t20151130_760016.html.

[11] 赵建成. 城区能源项目的运行与管理（区域能源培训内部材料）.

[12] 管清友. PPP模式的五大关键问题. http://finance.ifeng.com/a/20141103/13243799_0.shtml.

[13] 人民网. 寻找PPP模式"最大公约数". http://paper.people.com.cn/zgjjzk/html/2015-10/26/content_1629778.htm.

[14] 白一，李昊亮，叶彩华. 天然气分布式能源项目中不同投资模式的应用. 资源节约与环保，2014（9）.

[15] Build-operate-transfer. https://en.wikipedia.org/wiki/Build-operate-transfer.

[16] Project Financing. https://en.wikipedia.org/wiki/Project_finance.

[17] http://wiki.mbalib.com/wiki/项目融资.

[18] http://www.boc.cn/.

[19] 中华人民共和国财政部金融司. 公私伙伴关系PPP的概念、起源、特征与功能. http://jrs.mof.gov.cn/ppp/dcyjppp/201410/t20141031_1155368.html.

[20] 基础设施和公用事业特许经营管理办法. www.sdpc.gov.cn/zcfb/zcfbl/201504/W020150427-366817428026.pdf.

[21] PPPIRC. http://ppp.worldbank.org/public-private-partnership/.

[22] 王守清. 项目融资：PPP和BOT模式的区别与联系. 国际工程与劳务，2011，9：4-6.

[23] PPP模式在中国的发展及实践. 君合专题研究报告，2014，6.

[24] 国家发展改革委. 国家发展改革委关于降低非居民用天然气门站价格并进一步推进价格市场化改

革的通知（发改价格［2015］2688号）. http://www.sdpc.gov.cn/zcfb/zcfbtz/201511/t20151118_758883.html.
[25] 河海大学可再生能源研究所. 绿色电力自愿购买机制研究. 美国能源基金会研究报告，2013，6.
[26] 世界自然基金会等. 关于在北京开展用户自愿认购绿色电力示范的建议. www.wwfchina.org/content/press/publication.
[27] 国家发展改革委价格司. 运用价格政策促进深圳可再生能源发展的设想. http://jgs.ndrc.gov.cn/zttp/zyhjjg/200706/t20070621_142660.html.
[28] 周阳. 关于在中国开展绿色电力认证的构想. www.cnecc.org.cn.
[29] 朱纪军，刘谨. 城区供冷系统及其供冷半径探讨. 制冷，2004，1.
[30] 安然. 大型公共建筑能耗分项计量系统分析. 四川建材，2011，37（6）.
[31] 丘玉蓉. 广州大学城城区供冷能源管理系统. 制冷空调与电力机械，2008，2.

第18章 分布式能源系统的优化运行

天然气分布式能源高效、节能、环保，目前许多发达国家已将分布式能源综合利用效率提高到90%以上。《关于发展天然气分布式能源的指导意见》指出：天然气分布式能源在国际上发展迅速，但我国天然气分布式能源尚处于起步阶段。推动天然气分布式能源，具有重要的现实意义和战略意义。

18.1 燃气轮机的运行特性

发展天然气分布式能源除了加强低压配电网信息化控制、微网智能管理与控制系统等微网关键技术研究，尽快突破微电网自愈控制、智能互动用电与需求响应等技术外，还必须加快燃气轮机关键技术研发，尽快突破燃气轮机热部件和联合循环运行控制技术等核心技术。

由于燃气轮机电站技术具有先进、效率高、污染少等特点，发达国家20世纪80年代以来大力发展大功率燃气轮机—蒸汽轮机联合循环电厂。而燃气轮机发电技术在我国兴起却是近十几年的事。燃气轮机被公认为世界上最难制造的机械装备，又称制造业"皇冠上的明珠"。传统的火力发电所使用的汽轮机，工作温度一般是几百摄氏度；而直接以天然气为燃料的燃气轮机，工作温度都在1000℃以上。如此高温，寻常钢铁都要融化，而燃气轮机叶片却要保证能以每分钟3000转以上的速度工作。

业内人士指出，天然气分布式能源的关键设备是燃气轮机，燃气轮机成本占项目总投资的40%左右，要发展这个产业，必须从降低关键设备成本做起。目前，各企业及相关部门都在朝这个方向努力[1]。

18.1.1 燃气轮机发展状况

燃气轮机（Gas Turbine）是20世纪40年代兴起的一种新型动力机械，具有功率大、重量轻、尺寸小、启动快等优点。它首先广泛应用于航空和宇航领域，随后迅速向能源（发电）、石化、冶金以及海陆交通等诸多领域发展。

先进的燃气轮机已普遍应用模块化结构。运输、安装、维修和更换都比较方便，而且广泛地应用了孔探仪、振动和温度监控、焰火保护等措施，其可靠性和可用率大为提高，指标已超过了蒸汽轮机电站的相应指标。

9E、9F重型燃气轮机已在发电领域得到广泛应用。GE和西门子公司都已研发了H级燃气轮机。其中GE公司基于空气冷却透平技术的9H级燃气轮机，其联合循环效率约61%，联合循环出力可达到592MW。西门子公司全内空冷H级燃机单机出力约400MW，联合循环出力约600MW，效率也在60%以上，自2011年以来全球已投产9台，首台投产于德国巴伐利亚州。

在环保方面，由于燃气轮机的燃烧效率很高，排气干净，未燃烧的碳氢化合物、CO、

SOx 等排放物一般都能够达到严格的环保标准，再结合应用注水或注蒸汽抑制燃烧、干式低 NOx 燃烧室，或者在排气管路中安装选择性催化还原装置（SCR）等技术措施，可使 NOx 的排放低至 9ppm，满足最严格的环保要求。因此，燃气轮机发电机组，特别是燃气—蒸汽联合循环机组已作为基本负荷机组或备用机组得到了迅速的应用。

燃气轮机的应用发展现已提高到降低总能耗的高度，它是当前世界节能技术的主要发展方向之一。能量的分级利用与综合利用的全能量系统工程的概念被普遍重视，以热电联产及热动联供为核心的总能系统同样有广阔的前景，今后在能量转换过程的系统中，燃气轮机将占更重要的位置，并将大量采用燃气轮机总能系统。

现在世界上已有二十多个国家、一百多个企业生产近千种型号的燃气轮机，国内主要引进通用（GE）、西门子、三菱技术。

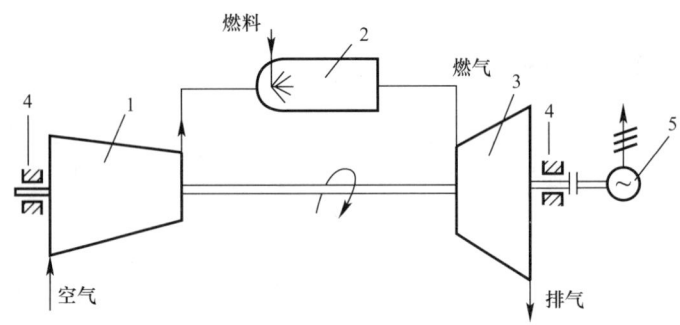

图 18-1　燃气轮机的组成
1—压气机；2—燃烧室；3—透平；4—轴承；5—发电机

18.1.2　燃气轮机组成

燃气轮机由压气机、燃烧室和燃气透平组成（见图 18-1）。压气机有轴流式和离心式两种，轴流式压气机效率较高，适用于大流量的场合。在小流量时，轴流式压气机因后面几级叶片很短，效率低于离心式。功率为数兆瓦的燃气轮机中，有些压气机采用轴流式加一个离心式作末级，在达到较高效率的同时又缩短了轴向长度。其结构和整体结构如图 18-2 和 18-3 所示。

图 18-2　燃气轮机的结构图

图 18-3　燃气轮机整体结构

资料来源：http://www.docin.com/p-485575235.html。

附属系统和设备包括：启动装置、燃料系统、润滑油系统、进气系统、排气系统等。

燃气轮机的主要优点是小而轻。单位功率的质量，重型燃气轮机一般为2～5kg/kW，而航机一般低于0.2kg/kW。

燃气轮机主要辅助模块：①启动装置，指启动电机；②压气机清洗装置；③燃料前置模块，指天然气前置模块或燃油前置模块；④DLN模块；⑤润滑油辅助模块；⑥燃气轮机控制模块；⑦二氧化碳消防模块。

18.1.3 燃气轮机运行特性

1. 燃气轮机简单循环原理（布雷登循环，见图18-4）

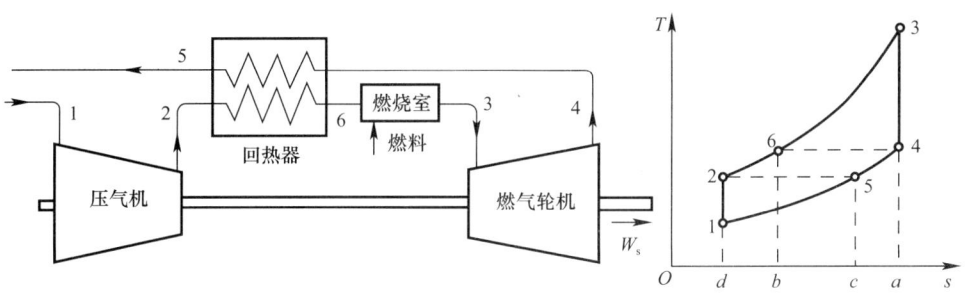

图18-4 布雷登循环原理

2. 燃气轮机的运行特性与工作区间

燃气轮机的运行特性和工作区间如下：

$$P_{GT} = \alpha_{GT} E_{GT} + b_{GT}$$

$$Q_{GT} = p_{GT} E_{GT} + q_{GT}$$

$$P_{GT\_max} = P_{GT0\_max}[1 - c_{GT}((t-t_0) + |t-t_0|)/2]$$

$$P_{GT\_min} \leqslant P_{GT} \leqslant P_{GT\_max}$$

式中 $(t-t_0)$——环境温度发生变化时，对燃气轮机的工作特性进行修正；

P_{GT}——燃气轮机发电出力，kW；

E_{GT}——输入燃气轮机的燃料热值，kW；

Q_{GT}——燃气轮机排出烟气中可利用热值，kW；

t——燃气轮机工作环境温度，℃；

t_0——燃气轮机设计工况温度，15℃；

P_{GT_max}——燃气轮机满负荷发电量，kW；

P_{GT_min}——燃气轮机最小发电量，kW；

P_{GT0_max}——设计工况下燃气轮机满负荷发电量，kW。

其他系数随不同规模的燃气轮机容量而变化，如表18-1所示，不同发电容量下燃气轮机的热电效率如图18-5所示。

燃气轮机性能参数[2]　　　　表18-1

发电容量（kW）	发电量与燃料流量关系		烟气余热与燃料流量关系		温度影响
	α_{GT}	b_{GT}	p_{GT}	q_{GT}	c_{GT}
800	0.293	−193.4	0.596	−1.4	0.0069

续表

发电容量（kW）	发电量与燃料流量关系		烟气余热与燃料流量关系		温度影响
	a_{GT}	b_{GT}	p_{GT}	q_{GT}	c_{GT}
1210	0.349	−488.3	0.578	−441.3	0.0071
2040	0.355	−797.4	0.562	−917.6	0.0068
3515	0.376	−1153.6	0.550	−1245.3	0.0066
4600	0.38	−1312.1	0.565	−1740.5	0.0075
5200	0.425	−1944.5	0.563	−2036.5	0.0071

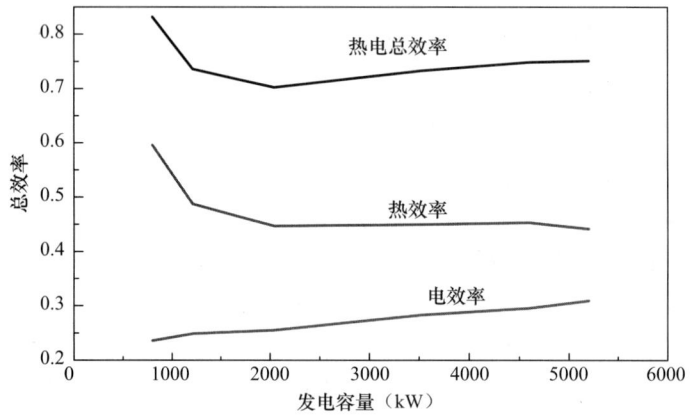

图 18-5　燃气轮机效率随容量的变化

3. 温度、压力对燃机出力及效率的影响（见图 18-6 和图 18-7）

温比：涡轮前进口燃气温度与压气机进口气流温度的比值。

压比：压气机出口的气流压力与其进口的气流压力的比值。

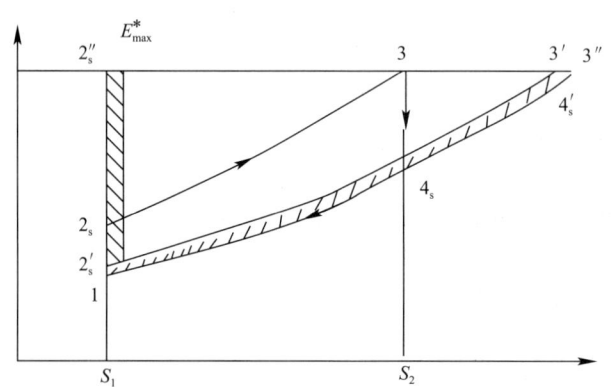

图 18-6　温度、压力对燃机出力及效率的影响

效率随温比的升高而升高；对应温比有一个最佳压比；在提高燃气温度的同时，必须提高压比。

燃气轮机会在 1650~1700℃ 终止燃气初温的增长。

在转速、压比、燃气初温等条件均保持不变的情况下，大气压力对燃气轮机效率没有影响，但是会影响燃气轮机的功率。因为燃气轮机的功率与空气流量成正比，在温度不变的条件下，空气密度与大气压力成正比，因此燃气轮机功率与大气压力成正比。

18.1 燃气轮机的运行特性

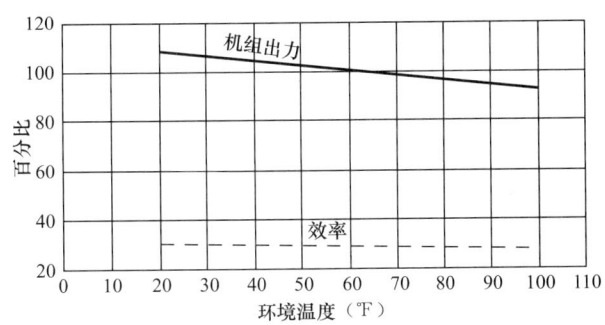

图 18-7　环境温度对燃气轮机效率和出力的影响[3]

4. 部分负荷下燃气轮机的运行特性

相对于内燃机燃气轮机应对部分负荷能力较差，在部分负荷情况下，燃气透平的进口工质的温度降低，其效率也将降低。在100%负荷下燃机轮机的电效率达30%，然而在50%和10%的负荷情况下，其电效率仅为25%和12%。其电效率随负荷率的变化曲线如图18-8所示。

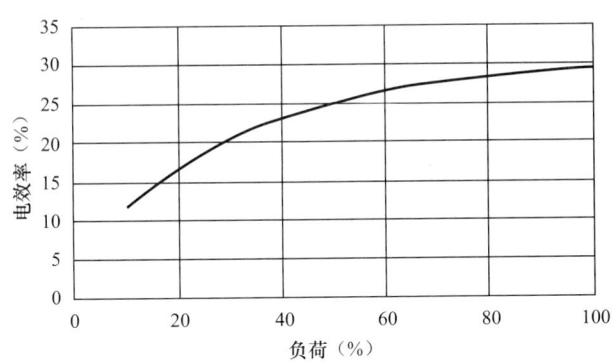

图 18-8　燃气轮机部分负荷下电效率变化曲线[3]

5. 海拔高度对燃气轮机效率的影响

海拔高度对效率的影响在于随着海拔高度的升高，环境温度和气压降低，而环境温度降低燃气轮机的效率是提高的，气压降低燃气轮机效率是降低的。由于受温度影响程度大于气压，因此总体上随着海拔高度的升高燃气轮机效率是升高的，但出力是下降的，如图18-9所示。

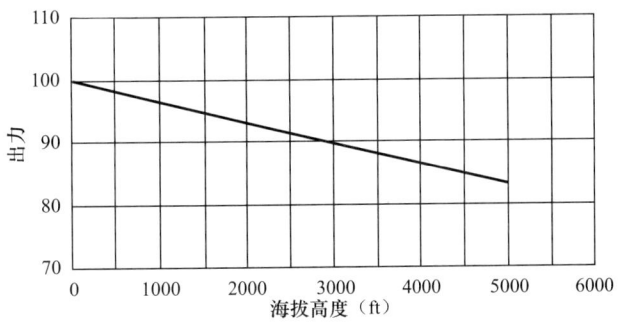

图 18-9　海拔高度对燃气轮机出力的影响[3]

18.2 燃气内燃机的运行特性

基于燃气内燃机的分布式能源系统是建立在能量梯级利用的多产品输出系统，当内燃机的发电功率变化时，直接影响余热产生的冷量和热量输出，因而也影响分布式能源系统的经济性。在分布式能源系统中，制冷量、制热量、能源综合利用率、一次能源节约率等系统参数随内燃机发电功率变化的关系，称为联产系统的特性。准确地掌握机组的变工况特性是实现机组运行优化的必备前提条件。

18.2.1 内燃机系统的构成

常规燃气内燃机发电机组（GE）的分布式能源系统的配置如图18-10所示，主机的排烟直接送入烟气型溴化锂吸收式冷/热水机组，夏季模式工作时对外输出空调用冷媒水，冬季模式工作时对外输出空调用热媒水。用主机高温回路冷却水通过换热设备生产生活卫生热水[4]。

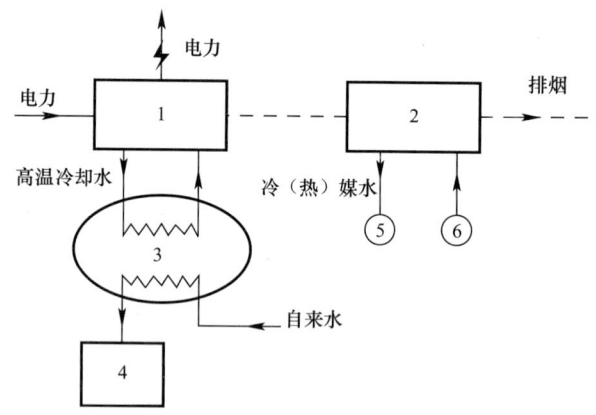

图18-10 燃气内燃机的冷热电联产系统
1—燃气内燃机发电机；2—烟气型溴化锂吸收式冷/热水机组；3—生活热水换热器；
4—生活卫生热水箱；5—空调冷（热）媒水供水池；6—空调冷（热）媒水回水池

18.2.2 燃气内燃机运行特性与工作区间

燃气内燃机的运行特性和工作区间如下：

$$P_{GE} = a_{GE}E_{GE} + b_{GE}$$
$$Q_{flue} = p_{GE}E_{GE} + q_{GE}$$
$$Q_{water} = r_{GE}E_{GE} + s_{GE}$$
$$P_{GE\_min} \leqslant P_{GE} \leqslant P_{GE\_max}$$

式中　P_{GE}——燃气内燃机发电出力，kW；

E_{GE}——输入燃气内燃机的燃料热值，kW；

Q_{flue}——燃气内燃机排出烟气中可利用热值，kW；

Q_{water}——缸套水中可利用热值，kW；

P_{GE_max}——燃气内燃机满负荷发电量，kW；

P_{GE_min}——燃气内燃机最小发电量，kW。

其他系数随不同规模的燃气轮机容量而变化，如表18-2所示，不同发电容量下燃气轮机的热电效率如图18-11所示。

燃气内燃机性能参数[2]　　　　表18-2

发电容量（kW）	发电量与燃料流量关系		烟气余热余燃料流量关系		缸套水余热与燃料流量关系	
	a_{GE}	b_{GE}	p_{GE}	q_{GE}	r_{GE}	s_{GE}
460	0.365	-46.9	0.164	9.2	0.27	9
800	0.406	-145.4	0.205	16.3	0.2	16
1050	0.421	-222.4	0.211	3.6	0.15	82
2020	0.466	-657.4	0.219	13.6	0.15	91
3000	0.479	-758.9	0.208	94.4	0.15	174
5030	0.473	-896.3	0.207	125.8	0.15	205

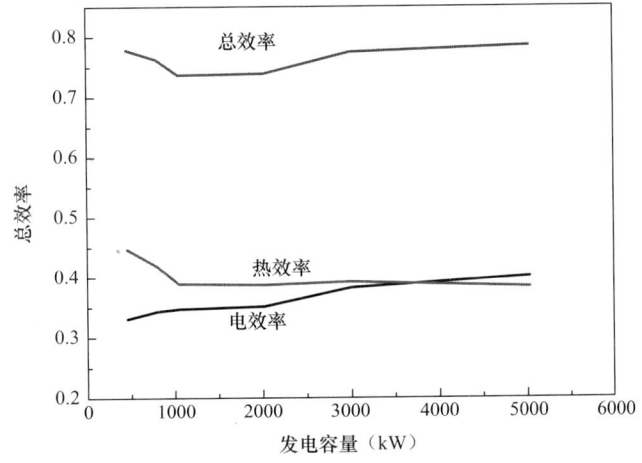

图 18-11　燃气内燃机效率随容量的变化

18.2.3　联产系统的变工况特性

1. 联产系统的性能参数

分布式能源站的冷、热、电联产系统必须经常根据负荷的变化调整运行工况。因此，当工况变化时，联产系统的输出参数（电力、冷量和热量）和描述热经济性的参数都随之变化。当前常用能量综合利用率和一次能源节约率作为评价指标。

能量综合利用率：

$$\eta_z = \frac{N_e + Q_c + Q_h + Q_{hw}}{G_Q}$$

一次能源节约率：

$$FERS = 1 - \frac{Q_{fist}^c}{Q_{fist}^s} = 1 - \frac{Q_{fist}^c}{\dfrac{N_e}{\eta_p} + \dfrac{Q_c}{\varepsilon \cdot \eta_p} + \dfrac{Q_h}{\varepsilon' \cdot \eta_p} + \dfrac{NQ_{hw}}{\eta_b}}$$

式中 Q_{fist}——一次能源消耗量（kJ），符号的右上标"c"表示联产系统，"s"表示分产系统；

η_p——电网平均供电效率，取 0.36；

η_b——热水锅炉平均供热效率，取 0.9；

ε——空调电制冷平均制冷系数，取 5.0；

ε'——空调热泵平均热系数，取 3.5。

2. 联产系统的变工况特性曲线

根据联产系统的各设备的变工况计算，分别绘制夏季与冬季三联供系统的变工况特性曲线，如图 18-12 和图 18-13 所示。

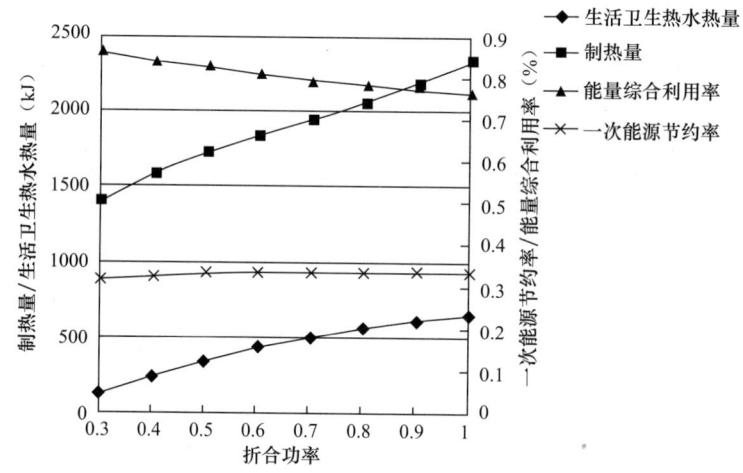

图 18-12　CCHP冬季运行变工况特性曲线[4]

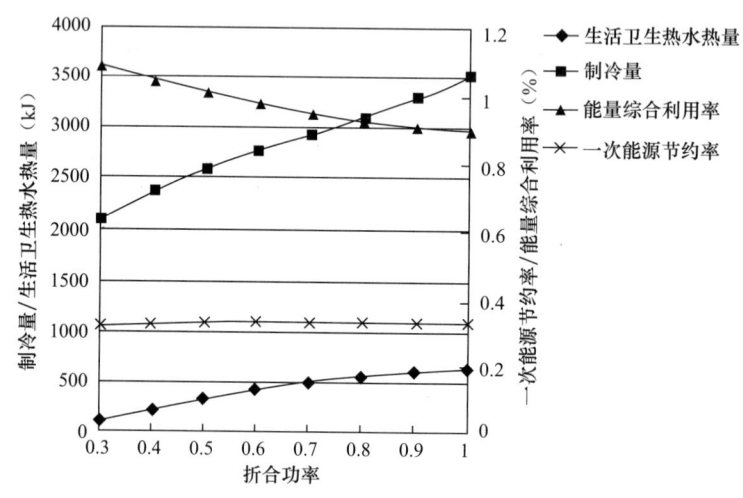

图 18-13　CCHP夏季运行变工况特性曲线[4]

由图 18-12 和图 18-13 可以看出，夏季与冬季三联供系统随内燃机负荷变化的趋势基本一致。生活热水的热量来自于内燃机的缸套水，内燃机的缸套水为闭式循环，其流量恒定，当内燃机功率降低时，缸套水出口温度降低，因此生活热水的热量呈单调递减的趋势。制冷量/制热量来自于内燃机的烟气，当内燃机功率降低时，排烟流量降低，溴化锂机组的制冷量/制热量也呈递减的趋势。综合能量利用率反映能源的综合利用程度，内燃机功率降低时，烟气做功不充分，排烟温度升高，使溴化锂机组COP提高，因此当内燃机功率降低时，其余热利用率反而提高了。

18.3 燃气轮机与燃气内燃机对比分析

18.3.1 应用范围方面的对比

燃气轮机机主要由压气机、燃烧室和汽轮机组成。压气机将空气压缩进入燃烧室，在燃烧室内与喷入的燃气（如天然气）混合燃烧，之后在汽轮机里膨胀，驱动叶轮转动，使其驱动发电机发电。燃气轮机的尾气温度很高（一般在500℃以上），是很好的驱动热源，可以用来制冷，也可以进余热锅炉产生蒸汽再供热或制冷。另外，烟气也可以不全部用来发电，而是部分用于工艺，这样它的总热效率可达80%或更高。燃气轮机的容量范围也很宽，小有几十到数百千瓦的微型燃气轮机，大到300MW以上的大型燃气轮机。

内燃机将燃料（如天然气）与空气注入汽缸混合，点火引发其爆炸做功，推动活塞运动，驱动发电机发电，回收燃烧后的烟气和各部件的冷却水的热量用于热电联产。当其规模较小时，发电效率明显比燃气轮机高，一般在30%以上，并且初投资较低，因而在一些小型的热电联产系统中往往采用这种形式。但是，由于余热回收复杂而品质又不高，因此不适于供热温度要求高的场合。

美国不同规模建筑冷热电联产系统内燃机与燃气轮机情况比较　　表18-3

功率（MW）	内燃机		燃气轮机	
	数量（台）	平均功率（MW）	数量（台）	平均功率（MW）
0~1	662	0.14	20	0.77
1~5	83	2.19	42	2.81
5~10	16	5.99	16	6.09
10~15	7	12.73	11	12.67

由表18-3可知，对于1MW以下的冷热电联产系统，内燃机占据了绝对的主导地位，这是由于此容量范围内的燃气轮机发电效率通常较低，节能和经济效益不明显。对于1~5MW的冷热电联产系统，燃气轮机数量大约为内燃机的一半；对于5~10MW及以上范围，燃气汽轮机比例超过内燃机机组，这是因为此范围内燃气轮机一次发电效率较高，如果进一步采用联合循环，整个系统的发电效率、调节灵活性和经济效益都将大大提高[5]。

18.3.2 技术性能比较

1. 发电效率比较

内燃机发电效率较高，通常在35%以上，甚至超过了40%；而微型和小型燃气轮机的发电效率约为28%~35%，低于40%（见图18-14）。左政等以3MW的燃气内燃机（G3616型）和燃气轮机（Centaur40）为对象进行了变工况下的发电效率比较，得出此功

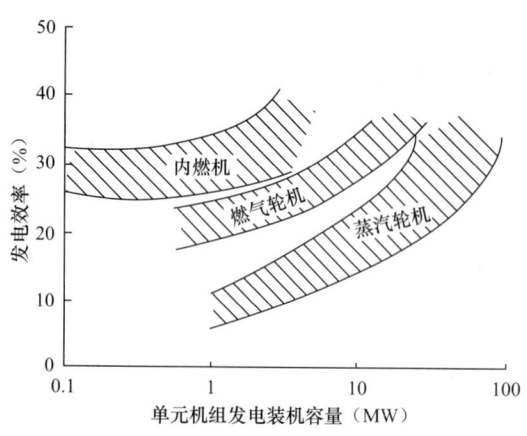

图 18-14 各种发电机组的功率与效率

率下燃气内燃机的发电效率高于燃气轮机10%以上，并且随着负荷率的降低，两者的发电效率均呈下降趋势，且下降的幅度大致相同[6]。同时，ISO标准对燃气轮机和内燃机对海拔高度和环境温度的参考条件是不同的。例如，先进的稀薄燃烧内燃机在海拔高度1500m以下输出功率不用修正，且环境温度达到40℃前功率不会有任何下降；但燃气轮机却是每超海平面100m，输出功率下降1.2%，并且环境温度在15℃以上时，燃气轮机的效率下降。

2. 热效率比较

内燃机和燃气轮机的余热利用形式不同。燃气轮机发电后的余热以排烟形式排出，排烟温度在450~550℃，而内燃机的余热一半以400~450℃的烟形式排出，还有一半以80~90℃的缸套水排出。由于燃气轮机的余热品位较高，易于回收，因此其余热回收利用效率高于内燃机。左政等以3MW的燃气内燃机（G3616型）和燃气轮机（Centaur40）为对象进行了变工况下的余热利用效率的比较，得到燃气轮机的余热利用效率随着负荷率的降低有上升趋势[6]。因此，对于冷热负荷变化较大的终端用户，燃气内燃机冷热电联供系统在部分负荷下具有更好的热电总效率和经济性。

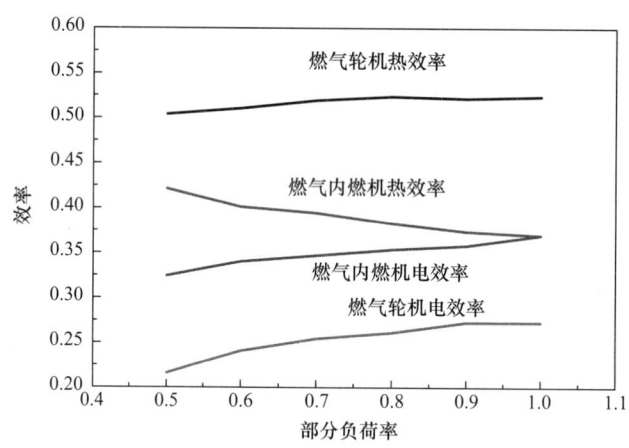

图 18-15 燃气内燃机和燃气轮机不同负荷率下热效率和发电效率的比较

以3MW燃气内燃机和3MW燃气轮机为比较对象，两者在不同负荷率情况下电效率和热效率的变化如图18-15所示。由图可知，此功率下燃气内燃机的发电效率高于燃气轮机10%以上。随着负荷率的降低，两者发电效率均呈下降趋势，且下降的幅度大致相同。对于余热利用，燃气轮机的余热利用效率明显高于燃气内燃机，其中燃气轮机的余热利用效率随着负荷率的降低而降低，而燃气内燃机的余热利用效率随着负荷率的减小而减小，出口烟气温度反而呈上升趋势。因此，尽管两者在额定工况下具有大致相同的热电总效率，燃气内燃机具有比燃气轮机更好的部分负荷特性。

18.3.3 一次能源利用率的比较

常用的一次能源利用率（也称系统热效率或总能利用效率）是指系统输出能量与输入能量的比值，并将功、热、冷等同看待，可以直接相加。因此，冷热电联供系统的一次能源利用率较高，表明系统的热力性能越好。从这个角度看，在供热季节，内燃机型和燃气轮机型联供系统的一次能源利用率相差不多；在供冷季节，内燃机型联供系统的一次能源利用率比燃气轮机型联供系统的一次能源利用率低约19%。陆伟等还比较了当用户的平均热电比不同时，燃气轮机和燃气内燃机的一次能源利用率，得到当用户负荷的平均热电比在1.5～2.5时，两者一次能源利用率基本相同；当用户负荷的平均热电比低于这一范围时，燃气内燃机系统的节能性占优势；当用户负荷的平均热电比低于这一范围时，燃气轮机系统的节能性占优势[7]。

18.3.4 对环境的影响对比

天然气属于清洁能源，SO_2和烟尘的排放量都可忽略。但在相同的发电量下，燃气内燃机的NO_x的排放浓度通常为燃气轮机的5～10倍，因此燃气轮机在环保方面具有更好的竞争力。

燃气轮机与燃气内燃机性能对比如表18-4所示。

燃气轮机与燃气内燃机性能对比分析　　　　　表18-4

	燃气内燃机	燃气轮机
主要设备厂家	Caterpillar, Jenbacher, Wartsila, Cummis, Deutz	Solar, Kawasaki, Abb, Alstom, GE
总效率	75%～90%	70%～85%
废气温度	400～550℃	450～650℃
使用寿命	20～30a	30a
维护费用	0.05～0.1元/kW	0.02～0.04元/kW
维护周期	700～1000h（更换润滑油及过滤器） 8000h（更换发动机头）	25000～40000h
特点	小机组寿命短，余热回收方式复杂，需对烟气、气缸冷却水、中冷器三段热量进行回收，需要燃气压力较低	余热回收方式简单，性能受容量、空气温度、部分负荷率等因素影响，需要燃气压力较高

18.4 吸收式冷温水机组运行特性

18.4.1 吸收式冷温水机组简介

溴化锂吸收式冷热水机组由于不采用CFC制冷工质，以高热值的燃气作为热源，对大气环境污染小，既可用于夏季供冷又可用于冬季供暖，必要时还可提供生活用热水，因而近年来发展迅速[8]。燃气溴化锂吸收式冷热水机组是目前市场上使用较为广泛的机型，其具有如下特点：

(1) 燃烧效率高,燃烧完全。燃烧产物中所含的 SO_X 和 NO_X 低,对大气的污染小。

(2) 可以做到制冷、供暖、生活热水兼用(见图 18-16)。

(3) 可省去单独的锅炉房,减少了基建费用。同时,高压发生器的压力低于大气压力,对操作人员无特殊要求。

(4) 可实现能源消耗的季节平衡。夏天空调用电紧缺而燃气消耗低,采用燃气型冷热水机组,可以减少夏季的电耗。

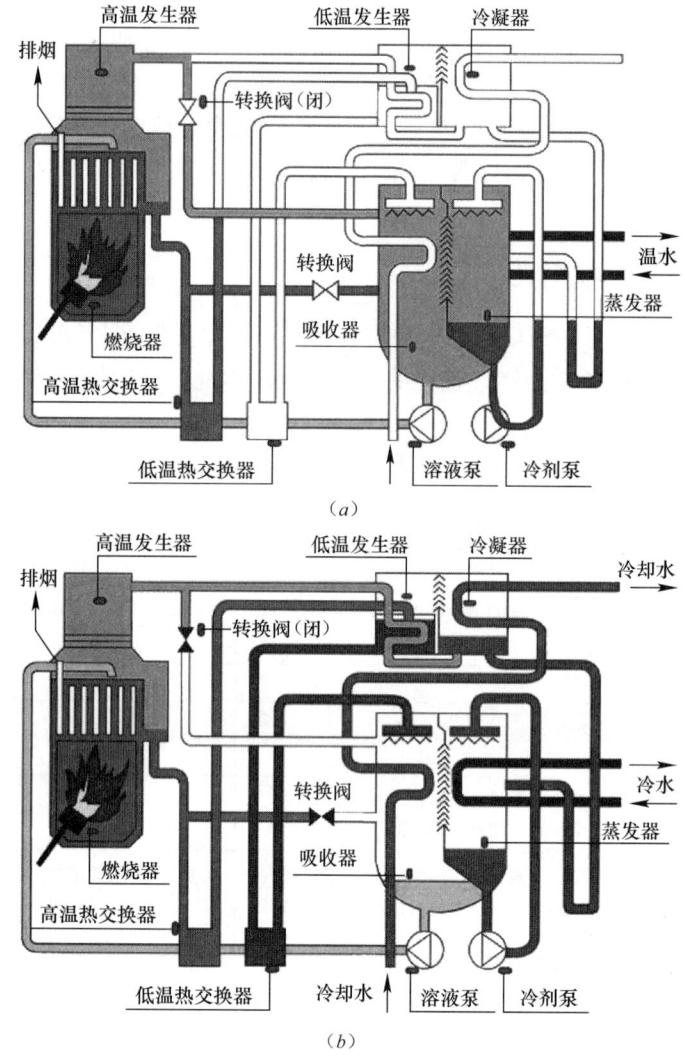

图 18-16 直燃双效吸收式冷温水机组原理图
(a) 供热循环原理图;(b) 制冷循环原理图
资料来源:澳信恒业官网 http://www.kongtiao1688.com/zykd/klzykd16dndnhzrxchlx.htm。

吸收式制冷和蒸汽压缩式制冷一样,都是利用液态制冷剂在低压低温下气化来达到制冷的目的,但两者存在两个显著不同之处:

(1) 能量补偿方式不同。按照热力学第二定律,把低温物体的热量传递给高温物体需要消耗一定的外界能量来作为补偿。蒸汽压缩式制冷靠消耗电能转变为机械功来作为能量补偿；而吸收式制冷则不同，是靠消耗热能来完成这种非自发过程。因此，在热源廉价、取用方面，特别是有废热可利用的地方，吸收式制冷具有很大的优势。

（2）使用工质不同。蒸汽压缩式制冷是由工质的相变完成的，所使用的工质中，除了混合工质外，均属单一物质，如 R717、R744、R134a 等。吸收式制冷的工质则不一样，是由两种沸点不同的物质组成的二元混合物。在这种混合物中，低沸点的物质叫制冷剂，高沸点的物质叫吸收剂，因此被称为制冷剂—吸收剂工质对，例如最常用的工质对有：氨—水工质对、溴化锂—水工质对。

18.4.2 吸收式冷温水机组运行特性

1. 冷水出口温度对制冷量的影响

外界空调热负荷随季节和空调的发热量经常变化，而机组产生的制冷量必须与外界空调热负荷相匹配，这就要求机组的制冷量也要随之变化。若机组的其他运转条件：冷却水进口温度、热源温度、冷却水和冷水流量、稀溶液循环量为定值，当外界空调热负荷低于机组名义制冷量时，冷水进口温度降低，经溴化锂吸收式机组后，冷水出口温度亦下降。即当其他内部条件和外部条件不变时，机组的制冷量随冷水出口温度的升高而增大。其关系是：在其他条件不变的情况下，在一定范围内，冷水出口温度每升高 1℃，制冷量约提高 4%～7%。

虽然结论的前提是其他参数不变，但实际上，随着冷水出口温度降低，制冷量的降低，其他参数也会发生一些变化：蒸发温度回升，吸收器出口稀溶液的温度下降，冷凝温度下降，发生器出口浓溶液质量分数上升。

2. 冷却水进口温度对制冷量的影响

冷却水进口温度过低，将引起稀溶液温度过低与浓溶液质量分数过高，两者均增加了浓溶液产生结晶的危险。同时还因稀溶液质量分数过低，使发生器中溶液剧烈沸腾，溶液液滴极易通过发生器挡液板进入冷凝器中，造成冷剂水污染。故机组运转中不允许冷却水进口温度过低。反之，如冷却水出口温度过高，吸收效果大幅度下降，也将引起浓溶液质量分数接近结晶曲线，因此，对常年使用的机组，必须控制冷却水进口温度。

3. 部分负荷下吸收式冷温水机组效率（见图 18-17）

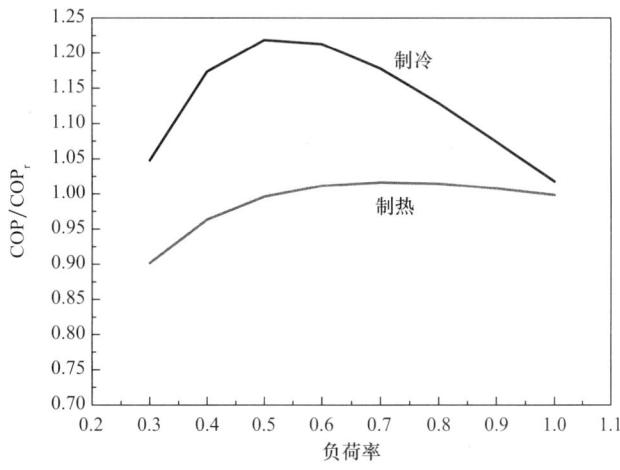

图 18-17 溴化锂机组不同负荷率下制冷和制热效率比较

吸收式冷温水机组制冷工况下设备性能系数如下：
$$COP_c = COP_{rc} \cdot \beta/(0.75\beta^2 + 0.0195\beta + 0.213)$$
式中 COP_c——部分负荷下设备的制冷性能系数；
　　　COP_{rc}——额定工况下设备的性能系数；
　　　β——负荷率。

吸收式冷温水机组制热工况下设备性能系数如下：
$$COP_h = COP_{rh} \cdot \beta/(0.22\beta^2 + 0.6698\beta + 0.112)$$
式中 COP_h——部分负荷下设备的制热性能系数；
　　　β——负荷率。

18.5 锅炉运行特性

18.5.1 静态特性

1. 汽温静态特性

稳定工况下，以给水为基准的过热蒸汽总焓升可按下式计算：
$$h''_{gr} - h_{gs} = \frac{\eta \beta Q_r (1 - r_{zr})}{G}$$

式中 Q_r——锅炉输入热量，kJ/kg；
　　　β——燃料量，kg；
　　　η——锅炉效率；
　　h_{gs}、h''_{gr}——给水焓、过热器出口焓，kJ/kg；
　　　r_{zr}——再热器相对吸热量，$r_{zr} = Q_{zr}/(\eta \cdot Q_r)$；
　　　Q_r——再热器吸热量，kJ/kg。

（1）煤水比 B/G

保持式中 h_{gs}、η、Q_r 和 r_{zr} 不变，则当锅炉给水量从 G_0 变化到 G_1，对应的燃料量变化到 B_1 时，过热器出口焓值的变化量可写为
$$\Delta h''_{gr} = h''_{gr,1} - h''_{gr,0} = (h''_{gr} - h_{gs})\left(1 - \frac{m_0}{m_1}\right)$$

式中 $h''_{gr,0}$、$h''_{gr,1}$——工况变动前、后的过热器出口焓，kJ/kg；
　　　m_0、m_1——工况变动前、后的煤水比。

对于亚临界锅炉，$h''_{gr} - h_{gs} \approx 2160$kJ/kg。若保持给水流量不变，燃料量增加10%（$m_1 = 1.1 m_0$），则过热蒸汽出口焓将增加216kJ/kg，相应的温升约100℃；如果热负荷不变，而工质流量减少10%（$m_1 = 1.1 m_0$），则过热蒸汽焓增为247kJ/kg，相应的温升约110℃。

（2）给水温度

当给水温度降低时，若保持煤水比不变，则由上式可知，过热器出口焓（汽温）将随之降低。只有调大煤水比，使之与增大了的过热蒸汽总焓升相对应，才能保持汽温稳定。

（3）过量空气系数

炉内过量空气系数主要是通过再热器相对吸热量的变化而影响过热汽温的。当炉内送

风量增大时，对流式再热器的吸热量因烟气流量的增大而增加，而辐射式再热器的吸热量则基本不变，因此再热器总吸热量及相对吸热量增大，在煤水比未变动的情况下，根据上式过热器出口汽温将降低。运行中也需要改变设定的煤水比。

(4) 锅炉效率

当锅炉效率降低时，过热汽温将下降。运行中炉膛结焦、过热器结焦、风量偏大，都会使排烟损失增大，效率降低；燃烧不完全也是锅炉效率下降的一个因素。上述情况出现时均会使煤水比发生变化。

(5) 变压运行

变压运行时的主蒸汽压力是锅炉负荷函数。当负荷降低时主蒸汽压力下降，与之相应的工质理论热量（从给水加热至额定出口汽温所必须吸收的热量）增大，如煤水比不变，则汽温将下降。如保持汽温，则煤水比按比例增加。

(6) 再热汽温

稳定工况下，再热器出口焓值 h''_{zr}（kJ/kg）按下式计算：

$$h''_{zr} - h'_{zr} = \eta B Q_r r_{zr}/(d \cdot G)$$

式中　h'_{zr}——再热器进口焓值，kJ/kg；

d——再热汽流量份额。

保持式中 h''_{zr}、η、Q_r 和 r_{zr} 不变，则当锅炉给水量从 G_0 变化到 G_1，对应的燃料量变化到 B_1 时，再热器出口焓值的变化量可写为：

$$\Delta h''_{zr} = h''_{zr,1} - h''_{zr,0} = (h''_{zr} - h_{zr})\left(1 - \frac{m_0}{m_1}\right)$$

在任何负荷下，当燃料量与给水量成比例变化时（$m_1 = m_0$）即可保证再热汽温为额定值。这个结论与主汽温调节的要求是一致的。

煤发热量、过量空气系数、受热面结焦、定压运行、滑压运行方式等对再热汽温影响的分析与过热汽温相仿。随着煤热值降低、过量空气的增加，在煤水比不变时再热汽温升高；滑压运行比定压运行更易于稳定再热汽温。

2. 汽压静态特性

(1) 燃料量扰动

燃料量增加 ΔB，汽轮机调速汽门开度不变：

1) 给水流量随燃料量增加，保持煤水比不变（$m_0 = m_1$），由于锅炉产汽量增大，汽压上升。

2) 给水流量保持不变，煤水比增大（$m_1 > m_0$），为维持汽温必须增加减温水量，同样由于蒸汽流量增大，汽压上升。

3) 给水流量和减温水量都不变，则汽温升高，蒸汽容积增大，汽压也有所上升。这是由于在汽轮机调门开度不变的情况下，蒸汽流速增大使流动阻力增大所致。但如果汽温的升高在允许的较小值，则汽压无明显变化。

(2) 给水流量扰动

给水流量增加 ΔG，汽轮机调速汽门开度不变：

1) 燃料量随给水流量增加，保持煤水比不变（$m_0 = m_1$），由于蒸汽流量增大，汽压上升。

2) 燃料量不变，减小减温水量保持汽温，则汽压不变。

3) 燃料量和减温水量都不变，如汽温下降在许可范围内，则蒸汽流量的增大使汽压上升。

(3) 汽轮机调门扰动

若汽轮机调门开大，而燃料量和给水流量均不变，由于工况稳定后，汽轮机排汽量仍等于给水流量，并未变化。根据汽轮机调门的压力—流量特性可知，汽压降低。

3. 水冷壁流量——负荷特性

直流锅炉变负荷运行时，质量流速相应变化，若为滑压运行，则汽压也随之升降，对蒸发管的水动力特性将发生影响。

(1) 流量偏差特性

1) 负荷降低的影响

水冷壁的总压差按下式计算：

$$\Delta p_z = \Delta p_{zw} + \Delta p_{lz}$$
$$\Delta p_{zw} = \rho h g$$
$$\Delta p_{lz} = R\rho w^2 / 2$$

式中 Δp_{zw}——重位压差，Pa；

Δp_{lz}——流动阻力，Pa。

对于一次上升垂直管屏，额定负荷下重位压差上 Δp_{zw} 与流动阻力上 Δp_{lz} 相差不多。在低负荷下，总压差中以重位压差上 Δp_{zw} 为主，水冷壁系统在低负荷下是自然循环特性。高负荷时，总压差中以流阻上 Δp_{lz} 为主，水冷壁系统是强迫流动特性。

对于水平管圈，由于管屏高度与管屏长度相比很小，所以重位压差凸 Δp_{zw} 所占比例不大，它显示强迫流动的流动特性。且随着负荷的降低，强迫流动特性增强，即在低负荷下，同样的吸热不均，会引起更大的流量偏差。

对于由水平管圈和垂直管屏联合组成的水冷壁系统，由于垂直管屏入口已为含汽率较高的汽水混合物，故垂直管屏 Δp_{zw} 相对很小，总压差中以流阻 Δp_{lz} 为主，所以垂直管屏呈现较强的强迫流动特性。与水平管圈一样，当负荷降低时，强迫流动特性增强。

2) 压力降低的影响

直流锅炉采用滑压运行，低负荷时压力相应降低。压力降低时汽水密度差加大，平均管的密度减小，在同样的质量流量下，Δp_{zw} 减小、Δp_z 增大，即原来显示强迫流动特性的管屏将更加增加其强迫特性，因而降低水冷壁的工作安全性。

(2) 水动力稳定性

产生水动力多值性的根本原因是水冷壁进口的给水有欠焓。当给水欠焓超过某一定值之后，就会发生水动力的不稳定。

水平管圈式水冷壁，可按下式判断是否出现水动力多值性：

$$\Delta h \leqslant \frac{7.46r}{a\left(\dfrac{\rho'}{\rho''}-1\right)}$$

工作压力（MPa）	8.0	12.0	16.0	20.0
$r/(\rho'/\rho''-1)$	21.1	33.4	18.5	71.1

随着压力的降低，汽化潜热 r 和密度比 ρ'/ρ'' 均增大，但后者增大得更快，使式中的 $r/(\rho'/\rho''-1)$ 项降低。也就是说，随着压力的降低，满足上式将变得越来越困难或者说裕度更低。

因此，水平管圈的直流锅炉低压力运行时，更应注意水动力稳定性的问题。

对于垂直管圈，重位压头不能忽略，水动力特性可认为是水平管圈的特性叠加一个重位压头而形成的。因此，垂直管圈的水冷壁一般没有水动力不稳定的问题。但压力很低时，重位压头迅速减小，仍有可能使水动力的稳定性变差。

低负荷下，水冷壁的进水温度降低，欠焓增大，容易出现水动力多值性。因此运行中应限制欠焓 Δh 小于 420kJ/kg，负荷低于一定值时，则必须限制水冷壁质量流速的进一步降低，保持在高于安全流量 G_{lj} 以上。由图 18-18 可知，压力越低，不发生水动力多值性的安全边界流量 G_{lj} 就越高。

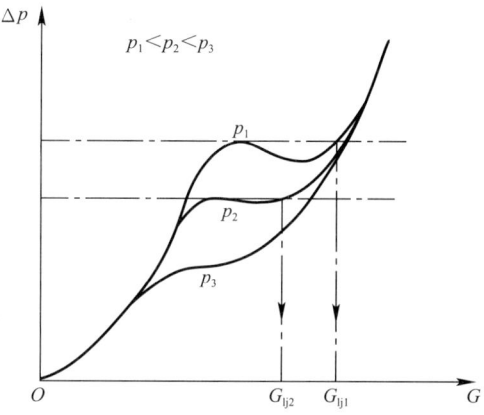

图 18-18　不发生水动力多值性的安全边界流量 G_{lj}

18.5.2　动态特性

1. 燃料量扰动

在其他条件不变的情况下，燃料量 B 增加，蒸发量在短暂延迟后先上升，后下降，最后稳定下来与给水量保持平衡。

其原因是，在变化之初，由于热负荷立即变化，热水段逐步缩短；蒸发段将蒸发出更多的饱和蒸汽，使过热蒸汽流量 D 增大，其长度也逐步缩短，当蒸发段和热水段的长度减少到使过热蒸汽流量 D 重新与给水量相等时，即不再变化。

燃料量增加，过热段加长，过热汽温升高。但在过渡过程的初始阶段，由于蒸发量与燃烧放热量近乎按比例变化，再加以管壁金属贮热所起的延缓作用，所以过热汽温要经过一定时滞后才逐渐变化。如果燃料量增加的速度和幅度都很急剧，有可能使锅炉瞬间排出大量蒸汽。在这种情况下，汽温将首先下降，然后再逐渐上升。

蒸汽压力在短暂延迟后逐渐上升，最后稳定在较高的水平。最初的上升是由于蒸发量的增大，随后保持较高的数值是由于汽温的升高（汽轮机调速阀开度未变）。

2. 给水量扰动

在其他条件不变的情况下，给水量增加，热水段延长。蒸汽流量逐渐增大到扰动后的给水流量。过渡过程中，由于蒸汽流量小于给水流量，所以工质贮存量不断增加。

随着蒸汽流量的逐渐增大和过热段的减小，出口过热汽温渐渐降低。但在汽温降低时金属放出贮热，对汽温变化有一定的减缓作用。

汽压则随着蒸汽流量的增大而逐渐升高。值得一提的是，虽然蒸汽流量增加，但由于燃料量并未增加，故稳定后工质的总吸热量并未变化，只是单位工质吸热量减小（出口汽温降低）而已。

当给水量扰动时，蒸发量、汽温和汽压的变化都存在时滞。这是因为自扰动开始，给水自入口流动到原热水段末端时需要一定的时间，因而蒸发量产生时滞。蒸发量时滞又引起汽压和汽温的时滞。

3. 功率扰动

功率扰动是指调速汽门动作取用部分蒸汽，增加汽轮机功率，而燃料量、给水量不变化的情况。

若调速汽门突然开大，蒸汽流量立即增加，汽压下降。汽压没有像蒸汽流量那样急剧变化。

在给水压力和给水门开度不变的条件下，由于汽压降低，给水流量实际上是自动增加的。这样，平衡后的给水流量和蒸汽流量有所增加。在燃料量不变的情况下，这意味着单位工质吸热量必定减小，或者说出口汽温（焓）必定减小。

在超临界区运行时，动态特性与亚临界锅炉相似，但变化过程较为和缓。燃料量 B 增加时，锅炉热水、过热段的边界发生移动，尽管没有蒸发段，但热水、过热段的比体积差异也会使工质贮存量在动态过程中有所减小。因此出口蒸汽量稍大于入口给水量直至稳态下建立新的平衡。

由于上述特点，超临界机组在燃料量、给水量和功率扰动时的动态特性，受蒸汽量波动的影响较小，如燃料量扰动时，抑制过热汽温变化的因素主要是金属贮热，而较少受蒸汽量影响，因而过热汽温变化得就快一些；而汽压的波动则基本上产生于汽温的变化，变得较为和缓。

18.6 热泵系统运行特性

热泵（Heat Pump），是一种将能量由低温热源传送到高温热源的装置，且它提供给温度高的地方的能量和要大于它运行所需要的能量。利用低沸点液体经过节流阀减压后蒸发时，从低温物体吸收热量，然后将蒸汽压缩，使温度升高，经过冷凝器时放出吸收的热量而液化，如此循环工作能不断把热量从温度较低的物体转移给温度较高的物体，可将此热量用于加热、干燥等设备中。

18.6.1 热泵简介

1. 热泵的发展

20 世纪 70 年代以来，热泵工业进入了黄金时期，世界各国对热泵的研究工作都十分重视，诸如国际能源机构和欧洲共同体，都制定了大型热泵发展计划，热泵新技术层出不穷，热泵的用途也在不断的开拓，广泛应用于空调和工业领域，在能源的节约和环境保护方面起着重大的作用。相对世界热泵的发展，中国热泵的研究工作起步约晚 20~30 年。新中国成立后，随着工业建设新高潮的到来，热泵技术才开始引入中国。进入 21 世纪后，由于中国沿海地区的快速城市化、人均 GDP 的增长、2008 年北京奥运会和 2010 年上海世博会等因素拉动了中国空调市场的发展，促进了热泵在中国的应用越来越广泛，热泵的发展十分迅速，热泵技术的研究不断创新。

从 2001 年热泵起步开始，经过 5 年的培育，中国热泵行业开始从导入期转入成长期。热泵行业快速发展，一方面得益于能源紧张使得热泵节能优势越来越明显，另一方面与多方力量的加入推动行业技术创新有很大关系。

2. 热泵的主要分类

按热源获取来源不同主要分为如下几类：

（1）空气源热泵（Air Source Heat Pump）；

（2）水源热泵（Water Source Heat Pump）；

（3）土壤热源热泵（Ground Source Heat Pump）；

（4）太阳能热泵（Solar Heat Pump）。

3. 热泵的工作原理

热泵装置的工作原理如图 18-19 所示。

在夏季空调制冷时，按制冷工况运行，由压缩机排出的高压蒸汽，经换向阀（又称四通阀）进入冷凝器，制冷剂蒸汽被冷凝成液体，经节流装置进入蒸发器，并在蒸发器中吸热，将室内空气冷却，蒸发后的制冷剂蒸汽，经换向阀后被压缩机吸入，这样周而复始，实现制冷循环。在冬季供暖时，先将换向阀转向热泵工作位置，于是由压缩机排出的高压制冷剂蒸汽，经换向阀后流入室内蒸发器（作冷凝器用），制冷剂蒸汽冷凝时放出的潜热，将室内空气加热，达到室内取暖目的，冷凝后的液态制冷剂，从反向流过节流装置进入冷凝器（作蒸发器用），吸收外界热量而蒸发，蒸发后的蒸汽经过换向阀后被压缩机吸入，完成制热循环。

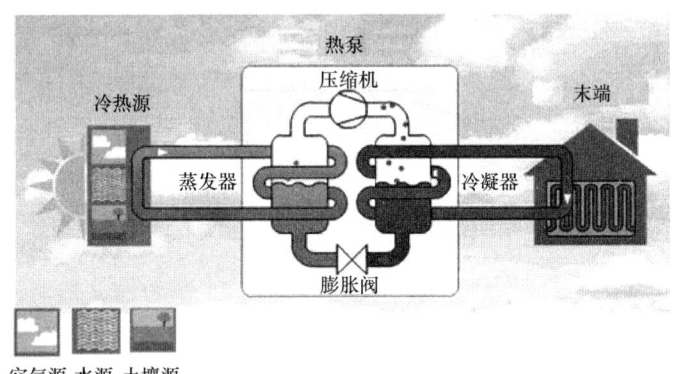

图 18-19 热泵工作原理图

资料来源：中国建筑节能网，http://www.chinagb.net。

4. 热泵技术的优点

节能：在建筑空调系统中应用热泵技术能有效控制一次能源的耗散效率，这是主要的建筑节能手段。热泵系统的 COP 可达 5.0 以上，运行费用是燃气、燃油锅炉的 1/3，是电热水器的 1/4，比太阳能低 40%。

安全：水电分离，无漏电危险。

适用：热泵技术是可再生热源规模利用的重要途径。热泵利用的热源主要来自空气、土壤和地表水或地下水，这些热源可以不断再生、永续利用而且资源分布比较广泛，与建筑热需求品位接近，适合在城市开发中应用。

环保：利用热泵可以减少对环境的污染。

18.6.2 热泵系统运行特性

热泵系统的运行特性主要与热泵主机的负荷率、蒸发器和冷凝器侧进出水温度、蒸发器和冷凝器侧水流量、输配系统能耗等参数有关。以螺杆热泵机组的研究为例[9]，当热泵机组负荷率变化时，其COP也将发生相应的变化。一般在高负荷率情况下，机组的COP变化较小，但是当机组的负荷率较低时，其COP也将显著的降低。

当其他条件（负荷率、蒸发器及冷凝器水量、蒸发器出水温度）不变，对于制冷工况，冷凝器进水温度升高时，其COP值会有所减小。对于制热工况，当冷凝器出水温度升高时，其COP值有所减小。

当其他条件（负荷率、蒸发器及冷凝器水量、冷凝器水温）不变，蒸发器出水温度升高时，其COP值相应的增大。

当其他条件（负荷率、冷凝器进水温度、蒸发器出水温度、冷凝器水量）不变，蒸发器水量增大将导致制冷剂蒸发温度升高，机组COP值会略微减小，但变化情况不明显。

当负荷率、冷凝器进水温度、蒸发器出水温度、蒸发器水量不变时，对于制冷工况，冷凝器水量增大，出水温度降低，机组的COP值会相应的升高。对于制热工况，冷凝器水量增大，冷凝器进出口温差变小，机组的COP值将会略有降低。

而对于我们较熟悉的空气源热泵，在冬季当室外环境温度降低时，系统的制热效果显著的下降，机组的COP值也会明显减小。

由以上描述可以看出，热泵的系统的运行特性涉及多方面的因素，各因素对系统运行的影响仍需进一步研究，从而找出影响系统运行的关键因素，以便"对症下药"提高系统的运行效率，使系统经济高效的运行。

18.7 分布式能源系统管网特性

基于各国内专家、学者对分布式能源的相关描述，可将分布式能源站的主要特征归纳为3个方面：分布式能源站与电网的关系；分布式能源站与冷、热用户的关系；能源站的自身特征[10]。

18.7.1 灵活的并网或离网运行模式

分布式能源是一种建在用户端的能源供应形式，分布式能源站是以资源、环境效益最大化为目标而确定方式和容量的系统，将用户的多种能源需求和环境资源进行配置，采用需求应对式的设计和模块化的配置，独立地输出电、热、冷等能量的供应系统。单台、套机组的容量可分为兆瓦级、千瓦级和百瓦级，因而发电机输出电压等级相对较低。当用户端没有电网时（如没有电网的海岛），系统可自组成微网，以提供稳定的电力供应；当用户端有电网时（如负荷集中区或电网末梢），分布式能源站可以独立运行，电网的电量可作为备用电源；分布式能源站也可以直接并网运行。根据现有的电网控制和保护技术，对于上述3种情况，都可以采取充分的技术措施，保证微电网的安全、可靠和独立运行，保证并网条件下分布式能源站系统和电网之间的相互安全，当分布式能源站和电网各自发生故障时，都可以彼此安全切除和脱离，保证自身和对方的安全。

18.7.2 减少输配电等投资和能量传输损失

分布式能源系统是一种新型能源系统，由于靠近用户，因而减少了输配电系统的投资，分布式能源站的规模一般都不大，因而输出电压等级不高，适合于接入中、低压端口，直接完成电能的使用，减少了电网的升压、传输和降压的过程，减小了电网能量的传输损失。伴随热电联产的冷、热量直接面向用户，按照用户需求就近供冷、供热和供生活热水等，在热力传输过程中，无论是输送母管还是用户侧的楼宇建筑中，都可以用1套系统完成夏季制冷和冬季供热，这也间接减少了设备投资。因此，分布式能源站是更高效、更可靠的能源系统。

18.7.3 从生产到应用的持续平衡特征

国内有一种将分布式太阳能光伏发电系统作为能源站的说法，实际上，简单的太阳能光伏系统不可能作为一个能源站存在，因为单一的太阳能光伏系统难以完成24h的连续供电，电能的品质也存在问题。一个独立的供能系统要成为分布式能源站，该系统必须具有连续提供电力和其他能量的特征。安装在用户端以气体燃料为主、以可再生能源为辅的高效冷、热电联供系统，能够连续提供电力，发电后产生的余热及转换后的制冷等能源产品直接和用户相连，实现同步的生产和使用。从一次能源和可再生能源的输入，到能源的转换、二次能源的同步应用，其过程必须满足生产和应用的持续平衡条件。

18.7.4 为重要用户提供能源备用

分布式能源站可以建在负荷中心城区，可以建在电网的末梢端，也可以建在无电源的海岛。这些城区的重要电源用户一般不能出现大面积和长时间停电，当发生冰灾或地震等自然灾害时，如果出现输电线路倒塌，则会发生大面积停电，造成不可估量的经济损失，更严重的是还会造成通信、医疗救助等重大安全事故。由于分布式能源站多采用燃气机组，启动速度快，常规火电机组的负荷率为2%～3%，调峰机组的正常负荷率也只有5%，而燃气机组的负荷率能达到10%，因此，如果事故城区有分布式能源站，则可能在最短时期内不依靠大电网，直接启动供电和供冷、热，保护最重要的用电户，在第一时间提供生命安全、通信安全等重要用户的急需。

18.7.5 立足本地条件采用多能源输入形式

分布式能源站采用何种燃料，宜根据当地条件进行选择，天然气是选择之一。欧洲和美国境内遍布天然气干网和分支管网，随着我国的天然气管网气源的普及，天然气的应用也越来越广泛。其他如煤层气、生物质燃气等都可利用，燃气机组联供系统是分布式能源站的主要形式。柴油也是可用的燃料之一，以柴油供能的分布式能源站在没有天然气资源的边疆、海岛等地区得到了应用。除了一次能源外，可再生能源也是最好的补充，应立足本地条件，选择合适的可再生能源。工业园区和商业集中区除了采用屋顶形式的太阳能光伏发电外，还可以采用现场就近其他工业废气、废热以及多余压差等综合利用。而边远地区和海岛地区可选择光伏、小水电、风电、海洋能、地热能、生物质燃料等补充发电。可再生能源的补充供能形式，提高了系统综合利用效率，达到节能减排的目的。

18.7.6 以多能输出满足用户不同需求

用户的需求是多样化的，分布式能源站除了提供电力外，还需要提供不同品质的工业蒸汽、供暖用汽以及大型冷库制冷、食品干燥、车间湿度调控等工作所需求的能量，例如海水淡化设备所需要的能量必须由海岛分布式能源站提供。直接满足用户多种需求，实现能源梯级利用，并通过公用能源供应系统提供支持和补充，实现资源利用最大化是系统设置的目的。这些多能的输出在不同时间段输出的能量是不同的，而且用户端的冷、热量需求变化大，对于多能输出装置最大的难题是热力系统的平衡，而多能源输入和现代蓄能技术又提供了保持热力系统平衡的手段。因此，在分布式能源站中，应提出新的热力计算方法，确立输入、输出条件的推荐原则，以解决系统能量时空平衡问题，是整个分布式能源站系统拟定阶段的关键工作。

18.7.7 能量的梯级利用和高效系统

通过系统优化平衡，能大大提高分布式能源站年综合利用效率。所谓系统优化，是指在多能源输入和输出条件下，分析各种输出能的最大值，以满足用户的能量的需求。如何做到既满足需求，保证系统效率最大，又兼顾经济性和成本？首先，在能源的转换过程中，"温度对口、梯级利用"是重要原则，通过采取高温度段的能量用于发电和中、低温度段的能量用于不同用户的方法，可使热能的能效利用率达到最大；其次是主发电设备的正确选型，中小型燃气轮机、轻型燃气轮机、燃气发动机、柴油发动机等机型的使用，应根据分布式能源站的容量等级和用户冷热用量进行综合比较后进行选型，目前正在研发生产的斯特林机、热声发动机以及单/双螺杆机等设备，都是解决中温度段余热利用的关键设备；最后，储能技术的应用也是提高系统综合效率的方法之一，包括电储存和热储存，当用户需求能量和生产能量严重不匹配时，可考虑改变蓄能方式。由于蓄热、换热理论的研究不断发展，蓄热和保温材料技术水平日益提高，储能技术的实际应用已成为可能。如以往的蓄热设备日温降约为20℃，采用新技术保温设备日温降可控制在2~3℃。

18.7.8 设备的小型化和模块化的特征

分布式能源站靠近用户端，具有小规模、小容量、模块化和分散式特点，输出的冷、热、电能可直接输送到邻近用户。我国长期以来执行的是国家四部委发布的《关于发展热电联产的规定》（计基础〔2000〕1268号），而现今的分布式能源站和原有的电站完全不同，因此在项目立项申报、开工建设、生产运行方面必须打破原有思路，根据分布式能源站的特点提出新的审批原则和建设思路。国外很多分布式能源站和商场、宾馆建筑大多数都融为一体，纽约机场的分布式能源站甚至和机场大厅都是一体建筑，这样的布置显现了靠近用户端的理念，若仍沿用以往的观念不利于我国分布式能源的发展[10]。

18.8 城区能源系统的运营优化

18.8.1 城区能源系统的基本概述

集中供冷供热以其节能、环保和供冷供热质量好等优点，成为城市建设的重要基础设施。集中供冷供热运行状况的好坏对于我国的建筑节能事业具有重要的影响。

区域供冷供热示意图见图18-20，区域供冷供热是指对一定城区内的建筑物群，由一个或多个中心能源站集中制取热水、冷水或蒸汽等冷媒和热媒，通过城区管网提供给最终用户自有的冷热末端，实现用户制冷或制热要求的系统。

城区能源系统主要组成部分：中心能源站、输配管网、室内末端、收费单元。

城区能源系统的优化运营，对节约工程投资、降低系统能耗、提高企业效益有着重要的意义。实现冷热源、管网的优化设计及整个系统的优化运行势在必行。城市集中供冷供暖的发展，中继泵站在热网中起了不可替代的作用，合理确定中继泵站的位置及台数对于降低工程投资和运行费用有重要的影响。

我国区域供冷供热发展迅速，但生产和输送的能耗仍很高。在输送方面，大流量、小温差、高耗电的运行方式普遍存在[11]。采用先进的技术，设计和改造管网系统，充分挖掘系统节能潜力，特别是降低水泵电耗是系统节能的重要途径。

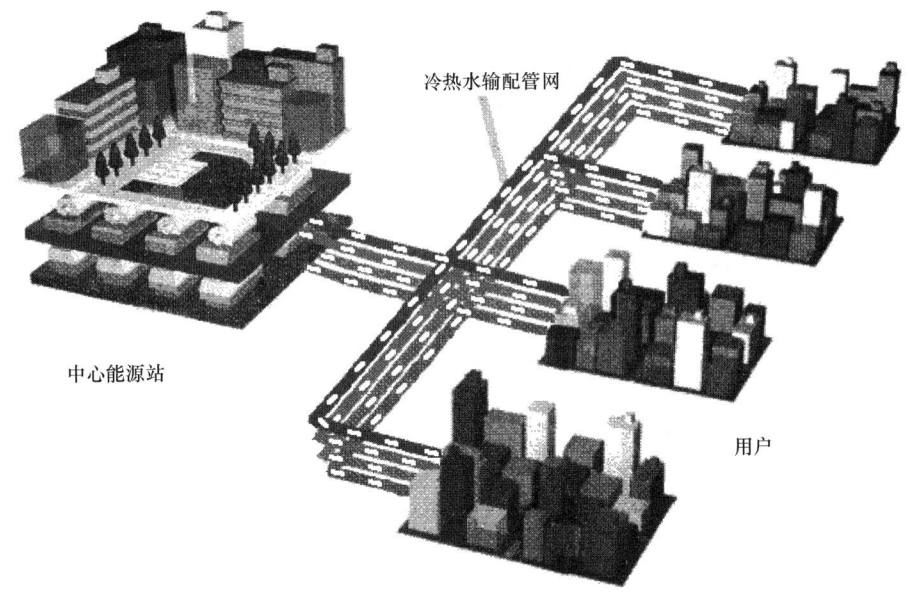

图18-20　区域供冷供热示意图

资料来源：http://www.rhvact.com/refrigeration/1zljs/2008-11-22 qyglzsjdfzzk 2.html。

18.8.2　城区能源系统的运营优化措施

1. 采用单机能效比高的制冷制热设备，并应根据用户负荷合理调整运行设备的组合

城区能源系统所采用的供冷和供热设备，为能源消耗最大的部分，其应具有较高的满负荷运行能效比，且在部分负荷运行时也能保持较高的能效比，以实现最大限度的节能运行。

2. 推广冷热水管道直埋技术，降低基础投资和运行费用

热水管道直埋技术在国内使用已有经验。《城镇直埋供热管道工程技术规程》CJJ/T 81—98也已于1999年6月1日起颁布实施。直埋敷设与地沟敷设比较，不仅具有节省用地、方便施工、减少工程投资（DN≤500，管径越小越明显）和维护工作量小的优点，由于用导热系数极小的聚氨酯硬质泡沫塑料保温，热损失小于地沟敷设。尤其是长期运行后，地沟管道的保温层会产生开裂、损坏以及地沟泡水而大幅度增加热损失，而直埋管道不存在上述问题。根据烟台经济技术开发区热力公司1998年冬季实测结果，DN800地沟管道每千米温降为0.75℃，而DN500直埋管道每千米的温降仅为0.34℃[12]。

3. 推广管道充水保护技术，防止管道腐蚀

国内部分非常年运行的城区能源系统，采取过渡季节放水检修，投产前充水的做法。由于系统放水后不及时充水，空气进入管道而造成管内壁腐蚀。所以非常年运行的城区能源系统应积极推广过渡季节管道充水保护技术，在过渡季节检修后及时充满符合水质要求的水，既可省去管道投运时的充水准备时间，又可防止管内壁腐蚀。

4. 城区能源中心和每个用户站入口装设能量计

在城区能源中心和每个用户入口装设能量计，有利于全面掌握用户侧负荷分布情况，掌握实时的用能数据，有利于能源中心控制总供能量，也有利于用户提高节能意识，进而实现末端设备的节能运行。

5. 城区能源中心安装监控系统

为了实现实时控制和调节供给用户的冷热量，城区能源中心应安装监控系统。可以实时监控各用户用能情况，并能够根据实际运行数据进行分析总结，得出优化的运行策略，指导能源中心各设备节能运行。

当一、二次系统都为质调节、流量基本不变时，根据二次系统的供回水温度控制一次系统的供水阀门，可以使用手动调节阀、自力式调节阀，对于控制要求高、控制过程复杂的，则应考虑配有电动执行机构的计算机控制装置。

根据用户侧冷热负荷的变化，采用调整设备运行台数的办法解决，即在用户侧负荷较低时减少设备运行台数，用户侧负荷较高时增加设备运行台数，以避免设备低负荷运行，提高设备运行效率。

6. 改善二次水系统，解决供能区内建筑物之间冷热不均、能源浪费的问题

在用户楼栋入口（当几栋楼到干管的系统管道阻力相近时，也可在总分支管上）装设流量控制设备，对各楼之间流量分配进行调节，在管路（一般为立管）上装设平衡阀平衡各立管之间的流量，在每组散热器前装设温控阀控制室内温度，可以有效地解决小区内建筑物之间和建筑物内部房屋冷热不均的问题，不仅节约能源，还为计量收费、用户自由调节室温打下了基础。

7. 加强管理，控制系统失水

目前国内部分直接连接的供热系统失水情况严重，补水率高的可达循环水量的10％以上。失水主要是用户放水和二次系统以及用户内部系统管网陈旧漏水所致。系统大量失水和热量丢失，影响供热能力，而且一些供热单位还因水处理能力不足，不得不用生水作为热网补水，从而造成管网阻塞和腐蚀。因此，必须加强宣传教育、加强管理，采取防漏、查漏、堵漏等有效措施，将失水率降到正常的水平。

对于大、中型供热系统应考虑将直接连接改为间接连接。间接连接一方面可将一次系统和二次系统的水力工况分开，彼此不受影响，便于提高一次系统的压力和温度，增加输送能力，保证系统的正常安全运行；另一方面也便于发现失水的部位[13]。

8. 系统采用蓄能装置，节约电能

利用居民夜间睡眠休息、办公室无人办公时供暖房间需要的温度可以适当降低的条件，对住宅和公共建筑采用分时供暖，降低供热参数以减少供热量，可以达到节能的目的。包头市热力公司采用分阶段改变一次网供水温度和对用户实施分时供暖的办法；天津市热电公司在热力站中通过控制加热器二次出口温度对用户分时供暖，都取得了很好的节能效果。

9. 建立并完善与供热系统相适应的控制系统

城区能源系统是由冷热源、管网、用户组成的一个复杂系统，为使热生产、输送、分配、使用都处在有序的状态下，提高系统的能源利用率，需要建立和供热系统相适应的控制系统。控制系统的建立可为运行管理人员提供实时、准确、可靠的运行状况，帮助工作人员选择最佳的运行方式，维持系统瞬间变化的水力工况平衡，保证供能效果，节约能源。

建立并完善控制系统时要防止一刀切、一个模式的倾向。应根据系统的大小、复杂程度，实事求是地选择适用的控制系统，合理配置硬件、软件和仪表[14]。

本章参考文献

[1] 燃气轮机发展或将步入快车道. 中国能源报，2013年1月14日，第24版.
[2] 陆伟，张士杰，肖云汉. 燃气轮机与燃气内燃机在联供系统中的应用比较. 工程热物理学报，2008，29（6）.
[3] Masood Ebrahimi, Ali Keshavarz. Combined Cooling, Heating and Power. Elservier, 2015.
[4] 秦渊，杨洁，吕春杰. 基于颜巴赫燃气内燃机的分布式能源系统变工况特性研究. 发电与空调，2014，2.
[5] 沈建锋，张岗，杨世杰，刘伟，陈耀耀. 燃气轮机和内燃机发电机组性能及经济性分析. 煤气与热力. 2014，34（6）.
[6] 左政，华贲. 燃气内燃机与燃气轮机冷热电联产系统的比较. 煤气与热力，2005，25（1）.
[7] 陆伟，张士杰，肖云汉. 燃气轮机与燃气内燃机在联供系统中的应用比较. 工程热物理学报，2008，29（6）.
[8] 马原良，曹家枞. 直燃式溴化锂冷温水机组的能耗与经济性分析. 制冷与空调，2008，8（2）.
[9] 黄光勤，卢军，王亮，陈鹏. 基于数据拟合的螺杆热泵机组变工况模型. 暖通空调，2013，43（7）.
[10] 徐建中，邓建玲. 分布式能源定义及其特征. 华电技术，2014，36（1）.
[11] 蔡启林. 优化水泵设置，降低系统运行能耗. 城区供热，2006，3.
[12] 丁德平，孙超. 城镇供热系统节能技术措施. 林业科技情报，2007，4.
[13] 郭静. 供热系统综合技能技术措施探析. 民营科技，2012，4.
[14] 潘革. 供热系统的技能技术、途径及方法. 经济技术协作信息，2013，25.

下篇 国际经验和国内案例

第 19 章 绿色生态城区标准现状调研

19.1 国际经验：美国的 LEED ND

19.1.1 评估体系简介

1. LEED 与 LEED ND

美国绿色建筑委员会编写的 Leadership in Energy and Environmental Design（LEED，"能源和环境设计的先锋计划"）问世于 1995 年，是由美国绿色建筑协会、新都市主义代表大会和自然资源保护协会共同编制的一套适用于社区选址和设计开发的国家标准。这套标准开发的原则是：可持续增长、新都市化和绿色建筑。2013 年 5 月底，美国绿色建筑委员会正式发布了 LEED 绿色建筑评估体系的 V4 版本，并于 2013 年 7 月 2 日在华盛顿通过了最终的会员投票，得票率达到 86%。LEED V4 已于 2013 年 11 月正式实施，以取代 2009 年 4 月发布的 LEED V3（即 2009）版本（见图 19-1）。

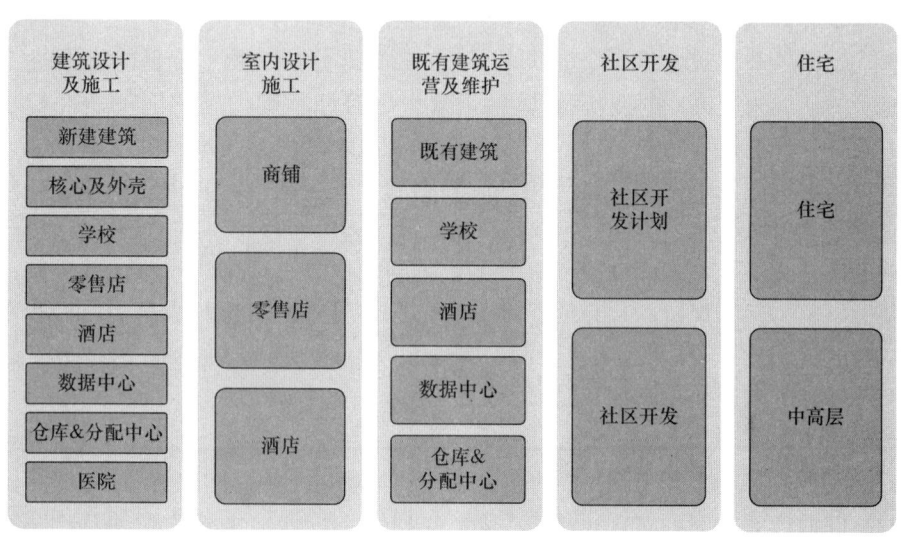

图 19-1 LEED V4 产品矩阵

相对于 LEED 其他分册仅关注绿色建筑项目本身而很少关注建筑选址和设计得分要求有所不同，LEED 关于社区开发的分册 LEED ND 更注重建筑在与社区融为一体的过程中的设计和建造，并使社区与其周边更大的城区联系起来，它为规划设计和决策过程建立了一个指导方针，用来激励和促进更好的选址、设计以及住宅建筑、商用建筑和综合建筑的开发建造。

LEED ND 的目的是建立起社区开发的评估体系，鼓励开发商能够很好地利用现有的城市城区、减少土地消耗、减少对汽车的依赖、提倡步行、改善空气品质、减少污染和雨水的流失等。LEED ND 所定义的"社区"具备如下特征：具有明确的中心和边界划分；规模控制在中心到边界的步行时长不超过 5min；社区由多类型的功能建筑构成，可以满足基本的生活需要；内部交通网络应鼓励使用者徒步出行；社区预留了足够的公共活动空间等。

2. 体系结构

LEED ND 评价体系由 5 大类指标构成，分别是精明选址与社区联通性、社区布局和设计形式、绿色基础设施与建筑、创新设计以及地区特色。其中前三大类是 LEED ND 的核心部分。

精明选址与社区联通性包括 5 个先决条件和 9 个得分项。其主要目的在于倡导开发项目在先前开发过的土地上进行在再开发，防止城市无序蔓延的发生，并鼓励充分利用城市原有基础设施，如道路交通设施、市政水电工程等，减少对机动车的依赖，加强自行车路网及相关设施的建设，平衡城区内的居住人数与工作岗位数，同时对动植物的生态环境保护以及湿地、水体保护提出要求。

社区规划与涉及形式包括 3 个先决条件和 15 个得分项。其主要目的是为市民提供适宜步行的街道，从而减少对机动车的需求，减少能源消耗和环境污染，创建人性化、健康的社区，鼓励集约紧凑式开发及土地混合功能使用，缩短市民出行距离，提供市民能负担的住房，保障各种服务设施及公共场所的可达性，方便市民的使用，另外，在 LEED ND 认证过程中开展公众参与活动。

绿色基础设施与建筑包括 4 个先决条件和 17 个得分项。其主要目的是通过 LEED 单体绿色建筑的认证来提高单体建筑的质量，减少建筑和基础设施的能量消耗与水资源消耗，减少设计和建造过程中对场地的影响，通过暴雨水管理、污水管理等对水资源进行有效利用，对历史资源给予保护及再利用，废弃物的管理与利用，减少热岛效应，加强对太阳能的应用等。

创新设计是为了针对实际项目而设置的，创新与优越表现来源于杰出的表现政策，是对表现大大超出了现有规定的项目给予的鼓励加分。另外，若参与成员中有获得美国绿色建筑委员会（USGBC）颁发的专家证书人员，也可获得加分，地区特色是为了鼓励解决特定地理环境下的问题而设立的加分项。

3. 核心思想

LEED ND 评价体系经过了多年的研究与论证，其主要的目的是创建健康、耐用、舒适、环境友好的社区空间，实现可持续发展。LEED ND 评估系统依附的基础是在美国等西方国家沿袭已久且不断更新的理论及思潮，这些经典理论也构筑了 LEED ND 评价体系的核心思想，包括精明增长（Smart Growth）、新城市主义（New Urbanism）及绿色建筑和基础设施（Green Building & Infrastructure）。

（1）精明增长

"精明增长"提倡充分利用已有基础设施，紧凑型社区空间布局，多样化交通方式和完善住房体系。针对多年来城市发展问题提出公共政策战略和对发展干预战略，涉及社会与经济、空间与环境、规划设计与管理、法制与实施等，限制增长在一定的战略范围内。

总而言之，精明增长是针对城市蔓延应运而生的。

"精明增长"的主要目标就是通过划定"城市增长边界"来控制城市蔓延，这不仅是设置一道防止城市的无序蔓延的屏障和界限，而且要确定重要动植物保护区并为市民提供休闲游憩的场所，科学合理地疏导城市未来潜在的发展。通过"城市增长边界"控制城市允许发展的明确边界与界限，划出"适宜发展区"供城市开发建设，在各新"适宜发展区"间保留永久性的隔离绿带，并以公共交通将这些区块连接，然后根据总体发展需要选择不同的开发密度，并赋予边界一定的灵活性，在必要时可允许调整。作为一种理论模式，"城市增长边界"强调了一种新的开发方式，即在适当的地方进行适当的高密度开发。

（2）新城市主义

新城市主义重申了"精明增长"理论，所不同的是它更侧重于微观物质空间环境的营造，在相关方面提出了紧凑、适宜步行、多样性、珍视环境、可支付原则等。在某种程度上，"新城市主义"成为了"精明增长"理论的详细注解。

（3）绿色建筑和基础设施

绿色建筑的概念具有综合性，既衡量建筑对外界环境的影响，又设计建筑内部环境的质量；既包括建筑的物理特性，也涵盖部分人文及社会的因素。绿色建筑是平衡了健康、经济与环境三个范畴，利用有限的资源解决城市建筑问题的方法。LEED ND 贯彻了美国绿色建筑委员会（USGBC）制定的绿色建筑标准，从可持续的建筑选址、节水、能源与空气、材料与资源、室内环境质量5方面来建设绿色建筑。绿色建筑与基础设施可以有效地减少能源消耗、提高水资源利用效率、减少地表径流流失，改善室内空气质量以及实现就地取材。

19.1.2 评估指标体系

LEED ND 评估系列标准由少数的先决条件标准和多数的得分点组成，待评建筑只有全部满足先决条件，才有可能获得认证，而各项得分点并非强制标准，每项得分仅有助于增加总累积分。总分达到一定分值方可通过认证，若分值更高，可依次获得入门级、银级、金级和白金级认证。LEED ND V4 满分 110，项目评分在 40～49 分达到认证级，项目评分在 50～59 分达到银级认证，项目评分在 60～79 分达到金级认证，项目评分在 80 分以上达到铂金认证（见表 19-1）。

LEED NDV4 得分表[1]　　　　表 19-1

分类	序号	内容	分值	目的
精明的选址以及社区联通性（28分）	先决条件1	精明选址	必须满足	鼓励在现有社区及已开发地进行开发，减少由于任意扩展引起的多重环境破坏
	先决条件2	考虑濒临灭绝的物种和生态群落	必须满足	保护濒危物种和种群
	先决条件3	湿地和水体保护	必须满足	通过水体和湿地保护来维护水质、自然水文、栖息地
	先决条件4	农业用地的保护	必须满足	避免在基本和特殊农田中开发，保护不可替代的农业资源
	先决条件5	回避洪水城区	必须满足	避免洪水浸没
	得分项1	优先场址	10	保护自然
	得分项2	褐地改良	2	鼓励清理较复杂或较困难的污染褐地场址

续表

分类	序号	内容	分值	目的
精明的选址以及社区联通性（28分）	得分项3	有两公共交通连接	7	鼓励能够减少对汽车依赖性的位置城区新开发，来减少交通带来的空气污染、能源消耗、温室气体排放。鼓励可创造更多的步行机会城区新的开发，来提高公众健康
	得分项4	自行车设施	2	鼓励有自行车交通方式的城区开发
	得分项5	居社区和工作区邻近	3	鼓励具有使用多样性和就业机会的平衡社区。通过减少行车量和/或替代交通模式来降低因汽车造成的能源消耗和污染排放
	得分项6	陡峭斜坡的保护	1	保持自然陡坡的自然、种植形态，使侵蚀最小化，以保护栖息地和减少自然水系的压力
	得分项7	场址设计——栖息地或湿地和水体保护	1	保护当地野生物栖息地、湿地和水体
	得分项8	动植物栖息地和湿地的恢复	1	保护当地野生栖息地和水体
	得分项9	动植物栖息地和湿地的维护管理	1	保护野生栖息地、湿地和水体
社区布局和设计形式（41分）	先决条件1	适宜步行的街道	必须满足	鼓励街道的步行主导
	先决条件2	紧凑型开发	必须满足	保护土地、提升居住性、交通效能和步行功能
	先决条件3	联系和开放的社区	必须满足	促进与周围社区有良好关系的开发，建立社区归属感和超越社区的相关联系
	得分项1	适宜步行的街道	9	鼓励街道的步行主导
	得分项2	紧凑型开发	6	节约土地。促进社区生活性、交通便利和方便步行
	得分项3	功能多样性	4	促进社区居住性、交通便利和方便步行
	得分项4	社区居民收入层次混合多样性	7	使得不同经济能力和不同年龄组的居民能够生活在同一社区
	得分项5	停车所占面积的减少	1	鼓励社区中的步行，以促进运动提高健康
	得分项6	街道网络	2	为步行者和骑车人往本地和附近中心，提供直达的安全、舒适线路，增加运动，促进健康
	得分项7	公交换乘设施	1	交通站点周边最大化联结站点的步行途程
	得分项8	交通需求侧的管理	2	促进社区居住性、交通便利和方便步行
	得分项9	公共空间可达性	1	促进沟通
	得分项10	比较热闹的公共活动城区的可达性	1	连接公众集会场所，提高社区感
	得分项11	社区的社会可达性	1	为步行者和骑车人提供像驾车一样安全、直接的线路，前往目的地和社区中心，促进行走和骑车而促进公共健康
	得分项12	社区公众参与	2	鼓励社区居民参与项目的规划、设计，参与决定社区的提高和如何改变
	得分项13	当地食物生产	1	避免长途运输
	得分项14	沿途有树的林荫道	2	为步行者和骑车人往本地和社区中心，提供直达的安全、舒适线路，增加运动，促进健康
	得分项15	社区学校	1	提供步行上学的身体运动促进孩子健康，促进社区感

19.1 国际经验：美国的 LEED ND

续表

分类	序号	内容	分值	目的
绿色基础设施与建筑（30分）	先决条件1	通过认证的绿色建筑	必须满足	促进以绿色建筑行为设计和建造建筑
	先决条件2	最优的建筑能源效率	必须满足	鼓励设计、建造节能建筑，以降低有消耗能源造成的空气、水和土地的污染及环境破坏
	先决条件3	最优的建筑用水效率	必须满足	鼓励设计、建造节水型建筑，以降低对环境的影响
	先决条件4	施工污染防治	必须满足	提高建筑活动污染防治
	得分项1	通过认证的绿色建筑	5	提高绿色建筑比率
	得分项2	建筑能源效率	2	
	得分项3	室内用水减量	1	鼓励设计、建造节水型建筑，以降低对环境的影响
	得分项4	室外用水减量	2	节约自来水
	得分项5	既有建筑再利用	1	鼓励利用旧建筑，以保持其原有材料和特色
	得分项6	历史建筑的保护和适宜使用	2	推进节能、适合地方气候、延长建筑和材料寿命、促进文化传承和增强地方特征
	得分项7	场址侵扰最小化	1	保护那些对自然或文化资源重要的土地，使其不被开发
	得分项8	雨水管理	4	减少雨水污染、防止洪水，促进地层补水
	得分项9	热岛效应减少	1	减少热岛效应将对小气候、人类和野生物环境及空调能耗降到最低
	得分项10	日照朝向	1	具有太阳能热水或者太阳能光电
	得分项11	现场可再生能源的资源利用	3	通过增加使用现场可再生能源，减少与化石燃料能源产生有关的环境影响
	得分项12	区域供冷供热	2	有区域供冷供热设施
	得分项13	基础设施的能效	1	减少能源使用产生的空气、水、土地的污染
	得分项14	废水的管理	1	减少废水的污染、再利用废水中的相关部分
	得分项15	基础设施中一些物质的再循环利用	1	促进材料和资源再利用
	得分项16	固体废弃物管理	1	更有效地促进施工、拆除和土地清理所产生的固体废弃物由填埋转化为再利用，促进资源再生和再利用
	得分项17	光污染的减少	1	降低光污染
创新及设计方法（6分）	得分项1	创新且有示范性的项目：提供特定题目	5	项目团队可以因其创新设计、措施、技术等而得到有限的得分，以达到LEED ND的目的
	得分项2	经认可的LEED专业人员	1	以鼓励项目团队中有LEED认可人士参与，以促进项目获得LEED ND的认证
地域特色（4分）	得分项1	城区优先得分点：地域定义	1	促进地理环境，社会公平和公众健康等优先问题的解决提供激励机制
	得分项2	地域优先得分点：地域定义	1	—
	得分项3	地域优先得分点：地域定义	1	—
	得分项4	地域优先得分点：地域定义	1	—

19.2 国际经验：英国的 BREEAM Communities

19.2.1 评估体系简介

1. BREEAM 与 BREEAM Communities

英国 BREEAM（Building Research Establishment Environmental Assessment Method）在 1990 年首次推出，是世界上第一个针对新建建筑设计的环境评估方法。多年来 BREEAM 一直定期更新其指标体系，其在建筑类型和设计的应用范围内不断增长，已在超过 50 个国家以各种不同的形式进行应用。

在 2011 年，BREEAM 致力于扩大该集团参与其未来发展的利益相关者，包括战略决策和地方规划。其目标是在所有建筑生命周期的各个阶段和基础设施建设阶段成为其设计支持和评估的传播者，包括大型发展项目的总体规划评估。BREEAM Communities（BREEAM 生态城区）的环境评估方法则扩展到更全面的可持续发展做法，并考虑发展的社会和经济影响。

BREEAM Communities 是目前为止具备一定范围影响力的可持续社区评估体系，在欧洲有较为广泛的应用。现施行的是 BREEAM Communities 2012 年版。并有 BREEAM Communities 2012 Bespoke International Process Guidance Note GN07 针对英国以外的全球化计划，现有来自瑞士、挪威、比利时、土耳其四国的社区发展项目。

2. 体系结构

BREEAM Communities 评价内容主要包括气候变化与能源（Climate & Energy）、产业（Business）、资源（Resources）、社区（Community）、交通（Transport）、土地利用（Place Shaping）、生态（Ecology）、建筑（Building）8 个方面。具体的体系评估框架见图 19-2。

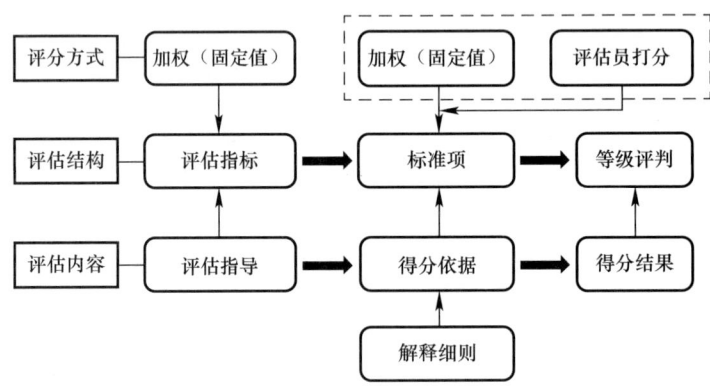

图 19-2 BREEAM Communities 评估体系框架

BREEAM Communities 体系不仅仅停留于微观技术，同时也关注宏观策略层面，在经济发展策略、开发合作机制以及包括能源、生态策略的评估细则内容方面都比较完善。评估内容特点侧重于过程，鼓励使用某项技术和采取某些技术措施。提出优化可操作性、将已有规范、评价体系组成系统等策略。

在评估框架的构建中，BREEAM Communities 体系沿袭 BREEAM 的评估模式，在体系之间的衔接、体系的推广与完善上有较出色的表现。BREEAM Communities 体系是 BREEAM 评估体系中的一个分支体系，一个社区的发展项目主要涉及 BREEAM Communities 体系与 BREEAM New Construction、Code for Sustainable Homes 这两个评估体系的衔接关系。评估体系之间的衔接点在于单体建筑的评估认证，可作为社区评估的内容增添认证的凭据（见图 19-3），也增添了评估内容中更详实的细节，在评估方提出评估内容依据时，与之配套的评估体系可以互为佐证，更有效地开展评估工作。

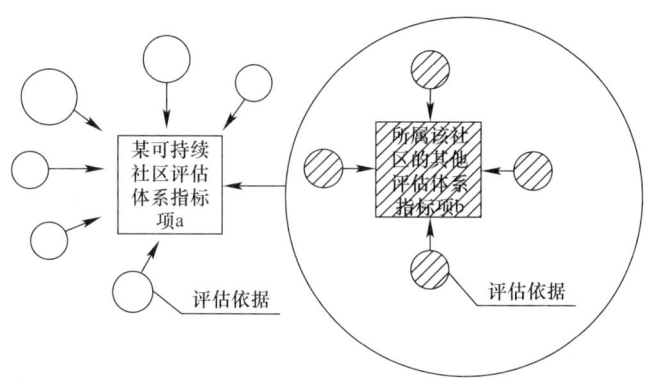

图 19-3　BREEAM 评估体系之间的衔接关系[2]

3. 内容特征

评估内容是体现评估体系特点最为突出的一个部分。BREEAM Communities 体系在评估内容设置上主要有 5 点特征：

（1）评估流程的控制方法

在 BREEAM Communities 评估体系里，评估流程按照英国城市设计纲要（UDC）的内容，依次是按照建立发展目标、决定发展布局、控制设计细节三个阶段进行。

（2）从前期咨询开始指引项目在可持续发展中的方向

BREEAM Communities 体系相当重视现状评估的内容，现状调研、资源运用和生态资源的可行性分析都是评估重点，在前期咨询评估中涵盖了包括经济、人口、自然灾害、土地利用现状、场地周边现状、生态系统、能源消耗等评估要素。待前期调研及利益主体的协商完善之后，方可进入设计阶段的评估。

（3）对项目的居民需求、经济缺口、就业培训等方面予以重视

BREEAM Communities 评估体系关注经济、社会层面对社区发展进行目标、发展方向、发展策略，对于一些"软"性指标，例如经济、社会福利、就业情况等指标进行评价，主要采取评估可行性报告，收集社会调查的数据及决策的分析等反馈资料来决定评估得分。

（4）灵活接纳新技术的应用

BREEAM Communities 评估体系支持社区开发过程中的创新发展，在评估内容的最后一个附加板块——创新改革措施中为各板块中在出现的创新措施增添 1 分的附加分，总共 7 分的创新分可供增添。

（5）因地制宜、生态指引的得分原则

在能源运用板块，BREEAM Communities 评估体系主要以碳排放量的计算作为总的控制标准。因为是只涉及规划设计层面的能源策略，所以以计算机模拟能源消耗的软件所

得数据作为评估依据。在能源有效利用的细则中提到的措施有：合理的规划布局、有效利用地形、光影的应用、太阳能应用、自然光的利用、风能的利用、自然唤起的利用，这些方法是用于评估对象的任何一项规划设计之处。

4. 评估步骤

基于 BREEAM 系列的各种标准的高层次目标和宗旨，BREEAM Communities 是一个基于 BREEAM 思路的独立的、第三方评估和认证标准。这是在早期设计过程中考虑可持续发展问题和机会的框架。该方案说明了对大型开发项目产生影响的主要环境，社会和经济可持续发展的目标。

BREEAM Communities 开发者认识到，适当的发展地点的选择是决定新社区可持续性的关键因素。选址的过程很大程度上由开发商、土地所有者和规划体系决定。在一个大型建设项目的设计和规划阶段采取的许多决策将对其可持续发展产生根本性的影响。该方案涵盖了在邻里规模或更大的设计和规划发展的评估和认证。施工后的认证由于长期的时间跨度是不在 BREEAM Communities 体系中评估的。BREEAM 可能发展出针对在使用中或再生阶段社区的评估体系。

参与可持续发展的总体规划水平评估有三个步骤：

步骤1：建立发展目标。选址有一个过程，作为规划应用的一部分，开发商必须证明现场是否适合和需要特定类型的发展。针对更广泛的城区的战略计划通常包含在地方政府的规划文件内，其应注明住房、就业或所需的服务。新的发展需要满足当地的需求来获得规划许可。在此步骤中，BREEAM 评估设计团队在何种层面上满足了当地的需求，如社区规模能源发电，交通和市容要求的机会，以提高可持续性。所有的问题都必须完整地覆盖，以确保当地的整体战略。

步骤2：决定发展布局。在总体规划过程中的下一步骤确定发展的布局。这将包括人们将如何在现场走动和建筑物如何摆放。

步骤3：控制设计细节。第三步涉及开发更详细的设计，包括：园林绿化的设计和规范；可持续的解决方案，排水、交通设施和建筑环境的详细设计；后者包括使用整个建筑的评估，如楼宇相关的 BREEAM 计划。

19.2.2 评估指标体系

评估指标体系根据上面描述的步骤1至步骤3而分为五个类别。可持续性问题的分类很难，因为它们往往会影响可持续性的所有三个方面（社会、环境和经济）。通过分配类别，BREEAM Communities 旨在针对每个事项提供清楚的描述。为了计分和评级，指标体系共分为五类：管理类（GO）、社会和经济福利类（SE）、资源和能源类（RE）、土地利用和生态类（LE）、交通和运输类（TM）。另外，所有对社会经济环境有利因素全部纳入创新类，不同类别的评估指标简述和目标如表 19-2 所示[3]。

BREEAM Communities 评估指标简述和目标概述　　　　表 19-2

序号	项目	内容
1	管理（GO）	当地社区参与和影响了设计，建设，运行和发展的长期管理决策
2	社会和经济福利（SE）	影响健康和福利的社会和经济因素，如包容性设计，聚集性，满足住房和就业机会

19.2 国际经验：英国的BREEAM Communities

续表

序号	项目	内容
3	资源和能源（RE）	自然资源的可持续利用和碳减排
4	土地利用和生态（LE）	可持续的土地利用和生态建设
5	交通和运输（TM）	交通和运输基础设施的设计，以鼓励使用可持续的运输方式
6	创新	促进采用内部的整体评价的创新解决方案，而这解决方案会获得BREEAM方案中没有考虑到的社会和经济利益

BREEAM Communities评价等级在满足强制性条件的基础上，将每一项得到的分数计重加权得到一个新的分数再进行加和，计重加权的系数根据环境和地理位置由BRE明确给出，满足表达各评估因素的相对重要性，同时避免过度设置权重导致体系复杂化和可能的主观倾向。通过认证的项目按照杰出、优秀、很好、好和通过五个等级划分（见表19-3）。

BREEAM Communities 2012版的步骤、分类和评价指标　　　　表19-3

步骤1	步骤2	步骤3
管理（GO）		
GO01-咨询规划	GO02-咨询和参与 GO03-设计审查	GO04-设施的社区管理
社会和经济福利（SE）		
SE01-经济影响 SE02-本地人口调查 SE03 查洪涝风险评估 SE04-噪声污染	SE05-房屋提供 SE06-服务，设施和设备的运输 SE07-公共领域 SE08-小气候 SE09-公共设施 SE10-适应气候变化 SE11-绿色基础设施 SE12 施 当地停车 SE13 施 洪涝风险管理	SE14-本地方言 SE15-包容性设计 SE16-光污染 SE17-劳动与技能
资源与能源（RE）		
RE01-能源战略 RE02-现有建筑和基础设施 RE03-水战略		RE04-可持续建筑 RE05-低影响材料 RE06-资源效率 RE07-运输碳排放
土地利用和生态（LE）		
LE01-生态战略 LE02-土地使用	LE03-水污染 LE04-提升生态价值 LE05 值　景观	LE06-雨水收集
交通和运输（TM）		
TM01-交通评估	TM02-安全和有吸引力的街道 TM03-自行车网络 TM04-公共交通	TM05-自行车设施 TM06-公共交通设施

19.3 国际经验：日本的 CASBEE UD

19.3.1 评估体系简介

1. CASBEE 与 CASBEE UD

日本 CASBEE（Comprehensive Assessment System for Building Environmental Efficiency）建筑物综合环境性能评价方法以各种用途、规模的建筑物作为评价对象，从"环境效率"定义出发进行评价。其试图评价建筑物在限定的环境性能下，通过措施降低环境负荷的效果。

其将评估体系分为 Q（建筑环境性能、质量）与 LR（建筑环境负荷的减少）。建筑环境性能、质量包括：Q_1——室内环境；Q_2——服务性能；Q_3——室外环境。建筑环境负荷包括：LR_1——能源；LR_2——资源、材料；LR_3——建筑用地外环境。其每个项目都含有若干小项。

CASBEE 采用 5 分评价制。满足最低要求评为 1 分；达到一般水平评为 3 分。参评项目最终的 Q 或 LR 得分为各个子项得分乘以其对应权重系数的结果之和，得出 SQ 与 SLR。

评分结果显示在细目表中，接着可计算出建筑物的环境性能效率，既 BEE 值。

$$BEE = \frac{室内环境质量}{室外环境负荷} = \frac{Q}{L}$$

CASBEE 中的 Q 与 LR 的分项得分可用柱状图形式给出，而 BEE 值则可在以建筑环境性能、质量与建筑环境负荷为 x、y 轴的二元坐标系中表现出来，并可根据其所处位置评判出该建筑物的可持续性。

建筑的可持续发展能力按照 S、A、B+、B−、C 五个等级区分。

与其他国家的评估体系相比，CASBEE 的设计者明确意识到任何一座建筑物的设计和建造对环境的影响都可以分为积极的和消极的两个部分，建筑环境的评价以这种双重性为基础。

积极影响：建筑物的建造提供了良好的室内环境，同时提升了场地内的室外环境。在 CASBEE 体系中，对这部分积极的环境影响定义为 Q，即建筑环境质量和性能。

消极影响：从更为宏观的意义上讲，建筑物在建造和使用的过程中会消耗大量的资源与能源（其中很大一部分是不可再生的），施工、使用及最终的废弃都会给生态环境带来巨大的负荷，这些都属于建筑物对环境的消极影响。CASBEE 对建筑物给予环境的消极影响定义为 L，即 Load（能源、资源和环境负荷的付出）。

CASBEE 另一个具有特色的理念是建筑的全寿命评估，并为每个阶段设计了专门的评估工具。

2. CASBEE UD 的基本特征

2008 年 3 月，CASBEE 推出了城市发展评价体系 CASBEE FOR URBAN DEVELOPMENT，侧重对建筑群的环境评价，其评价的具体内容也与单体建筑评价有所差别。

环境评价分为三部分：自然环境评价（自然环境——微气候和生态系统）、城区服务功能、对社区的贡献。负荷评价也分为三部分：环境对微气候外观和景观的影响、基础设施和环境管理。

其评价过程沿用CASBEE一贯方法，以 *BEE* 为主要目标值。CASBEE FOR URBAN DEVELOPMENT 对认证对象并无明确的推荐值和要求，但评价过程按照容积率进行中心和普通区的分类，并在条款权重上进行区分。

CASBEE FOR URBAN DEVELOPMENT 是一个二维评价体系，质量和环境负荷，通过两者的比值确定生态效率（见图 19-4）。CASBEE 具有灵活的权重系数对条款的权重进行调整，是评价较为严密、内容较全面的评价体系，但其操作性较复杂，具有认证操作上的局限性，其市场占有率偏低。

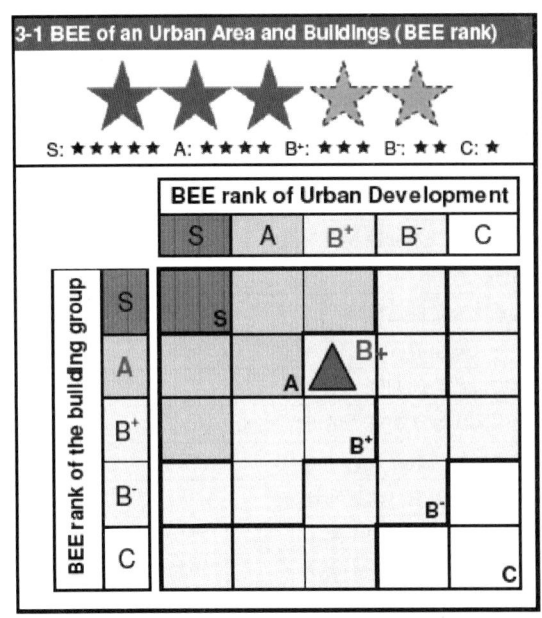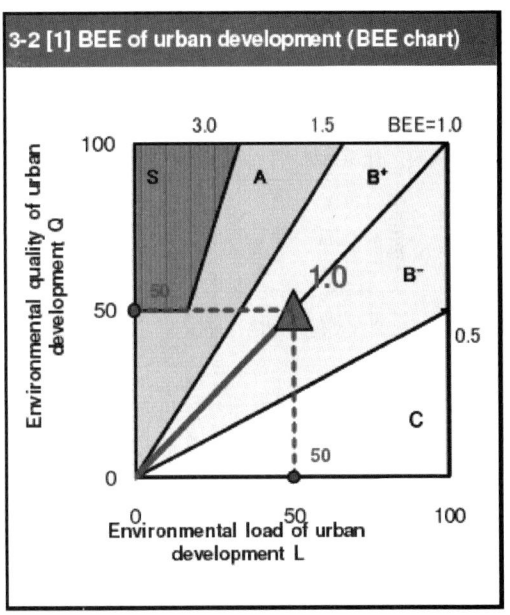

图 19-4　CASBEE UD 都市评价体系

19.3.2　评估指标体系

CASBEE UD 评分如表 19-4 所示。

CASBEE FOR URBAN DEVELOPMENT 评分表[4]　　　表 19-4

一级指标	二级指标	权重	三级指标	分级权重
环境质量（QUD）				
QUD1 自然环境（微观气候和生态系统）(0.25)	1.1 夏天步行空间微观气候的保护和思考	0.30	1.1.1 通过空气通道缓解热岛效应	0.30
			1.1.2 通过遮荫缓解热岛效应	0.20
			1.1.3 通过绿地和开阔水面缓解热岛效应	0.30
			1.1.4 考虑热排放的定位	0.20
	1.2 地形的保护和思考	0.17	1.2.1 考虑既有地形的建筑布局和形状设计	0.33
			1.2.2 保护表土	0.33
			1.2.3 考虑土壤污染	0.33

续表

一级指标	二级指标	权重	三级指标	分级权重
环境质量（QUD）				
QUD1 自然环境（微观气候和生态系统）(0.25)	1.3 水环境的保护和思考	0.26	1.3.1 保护水体	0.33
			1.3.2 保护含水层	0.33
			1.3.3 考虑水质	0.33
	1.4 栖息地的保护和创造	0.09	1.4.1 抓住自然环境的潜质	0.25
			1.4.2 保护自然资源	0.25
			1.4.3 创造生态系统网络	0.25
			1.4.4 为动物和植物提供一个合适的栖息地	0.25
	1.5 城区范围内环境问题的其他思考	0.17	1.5.1 确保良好空气质量，振动和噪声环境	0.33
			1.5.2 促进风环境	0.33
			1.5.3 获取阳光	0.33
QUD2 城区范围内的服务功能 (0.45)	2.1 供应和处理系统的性能（自然水、污水处理和能源系统）	0.20	2.1.1 供应和处理系统的可靠性	0.50
			2.1.2 供应和处理系统的技术创性和应对需求变化的灵活性	0.50
	2.2 信息系统的性能	0.15	2.2.1 信息系统的可靠性	0.33
			2.2.2 信息系统的技术创性和应对需求变化的灵活性	0.33
			2.2.3 可用性	0.33
	2.3 交运系统的性能	0.15	2.3.1 交运系统充足的运能	0.50
			2.3.2 保护行人安全等	0.50
	2.4 灾害和犯罪预警系统	0.20	2.4.1 自然灾害危险的知晓	0.25
			2.4.2 确保作为大城区避难所的开阔城区	0.25
			2.4.3 提供适当的疏散路线	0.25
			2.4.4 预防犯罪的表现（监视和地方自卫）	0.25
	2.5 日常生活的便利	0.15	2.5.1 与日用商店和设施的距离	0.33
			2.5.2 与医疗、福利设施的距离	0.33
			2.5.3 与教育、文化设施的距离	0.33
	2.6 通用性设计的思考	0.15		
QUD3 对当地社区的贡献（历史、文化、景观和振兴）(0.3)	3.1 使用当地资源	0.20	3.1.1 使用当地的工厂、人员和技术	0.50
			3.1.2 保护和使用历史、文化、自然资产	0.50
	3.2 对社会基础设施成型的贡献	0.30	3.2.1 提供公众教育宣传	0.50
			3.2.2 为公众参与提供各种机会	0.50
	3.3 城市环境和景观的思考	0.30	3.3.1 形成城市景观	0.50
			3.3.2 与周边环境相和谐	0.50
负载减少（LRUD）				
LRUD1 微观环境影响，建筑立面和景观 (0.3)	1.1 减少夏天对城区外环境的热力影响	0.30	1.1.1 规划建筑群布局和形式，避免阻塞风道	0.20
			1.1.2 考虑铺设材料	0.20
			1.1.3 考虑从建筑覆面材料	0.20
			1.1.4 考虑减少余热	0.40
	1.2 缓解对城区环境外的地址特征影响	0.15	1.2.1 防止土地污染	0.70
			1.2.2 减少地面沉降	0.30
	1.3 防止空气污染对城区外环境的影响	0.10	1.3.1 源控制措施	0.40
			1.3.2 关于考虑交通工具的措施	0.20
			1.3.3 大气净化措施	0.40

19.3 国际经验：日本的 CASBEE UD

续表

一级指标	二级指标	权重	三级指标	分级权重
负载减少（LRUD）				
LRUD1 微观环境影响，建筑立面和景观（0.3）	1.4 防止噪声、振动和气味对城区外环境的影响	0.10	1.4.1 减少噪声的影响	0.33
			1.4.2 减少振动的影响	0.33
			1.4.3 介绍气味的影响	0.33
	1.5 缓解风害和光阻塞对城区外环境的影响	0.25	1.5.1 缓解风害的影响	0.50
			1.5.2 缓解光阻塞的影响	0.50
	1.6 缓解光污染对城区外环境的影响	0.10	1.6.1 缓解来自广告牌、照明等的光污染	0.50
			1.6.2 缓解来自建筑物立面和景观材料的反射光	0.50
LRUD2 社会基础设施（0.45）	2.1 管道水供应（负荷）的减少	0.26	2.1.1 鼓励使用储存的雨水	0.50
			2.1.2 通过杂水系统使用和再循环水	0.50
	2.2 雨水排放（负荷）的减少	0.09	2.2.1 使用透水铺面和渗滤沟，减少地表径流	0.50
			2.2.2 使用保留池塘和防洪水池，减少雨水外流	0.50
	2.3 污水处理负荷的减少	0.09	2.3.1 使用高级污水处理方式来减少负荷	0.50
			2.3.2 排放平衡水箱来均衡负荷	0.50
	2.4 垃圾处理负荷的减少	0.17	2.4.1 使用中央储存设备来减少垃圾收集负荷	0.33
			2.4.2 安装设备以减轻垃圾体积和重量，采用堆肥	0.33
			2.4.3 分类、处理和处置垃圾	0.33
	2.5 交运负荷的思考	0.13	2.5.1 通过模式变化减少交通总量	
			2.5.2 当地道路网的高效交通分配	
	2.6 全范围内高效能源利用	0.26	2.6.1 城区网络的未使用和可再生能源	0.10
			2.6.2 均衡负载城区网络内的电力和热力	0.60
			2.6.3 城区网络的高效能源系统	0.30
LRUD3 当地环境的管理（0.25）	3.1 全球变暖的思考	0.25	3.1.1 施工和材料等	0.10
			3.1.2 能源	0.60
			3.1.3 交运	0.30
	3.2 对环境负责的施工管理	0.35	3.2.1 通过 ISO14001 认证	0.10
			3.2.2 减少施工副产品	0.20
			3.2.3 施工期间的节能行动	0.10
			3.2.4 减少施工相关对城区外环境的影响	0.20
			3.2.5 施工中选用对全球变暖有益的材料	0.20
			3.2.6 选用对健康有益的材料	0.20
	3.3 城区交运的规划	0.15	3.3.1 与交运总体规划管理相协调	0.50
			3.3.2 交运需求管理方法	0.50
	3.4 监控管理系统	0.25	3.4.1 通过检测和管理系统来减少城区范围内的能源使用	0.50
			3.4.2 通过检测和管理系统来保护城区范围周边的环境	0.50

其中每项指标根据实际情况给 1～5 分，然后乘以各项权重得出 QUD 和 LUD 值，计算得出 BEE 值，依此给出评价（见表 19-5）。

$$BEE_{UD} = \frac{Q_{ED}}{L_{UD}} = \frac{25 \times (SQ_{UD} - 1)}{25 \times (5 - SLR_{UD})}$$

CASBEE FOR URBAN DEVELOPMENT 评分等级 表 19-5

等级	评价	BEE 值	表示
S	非常好	BEE=3.0 或者更高 Q=50 或者更高	★★★★★
A	好	BEE=1.5～3.0	★★★★
B+	较好	BEE=1.0～1.5	★★★
B−	较差	BEE=0.5～1.0	★★
C	差	BEE 低于 0.5	★

19.4 国际经验：德国的 DGNB

19.4.1 评估体系简介

1. 内容特点

经过大量的分析调查和研究工作，德国在 2008 年正式推出了第二代可持续建筑评估体系——DGNB（Deutsche Guetesiegel Nachhalteges Bauen）。在产生背景和基础方面，DGNB 具有以下特点：一是德国 DGNB 体系是世界先进绿色环保理念与德国高水平工业技术和产品质量体系的结合。二是德国 DGNB 体系是由政府参与的德国可持续建筑评估体系。三是 DGNB 体系是德国多年来可持续建筑实践经验的总结与升华。

2. 突出优势

德国可持续建筑 DGNB 认证是一套透明的评估认证体系，它以易于理解和操作的方式定义了建筑质量，便于评估人员进行系统性和独立性的评价建筑性能。体系中可持续建筑相关领域评估标准共有 61 条，主要从 6 个领域进行定义（见图 19-5 和图 19-6）。

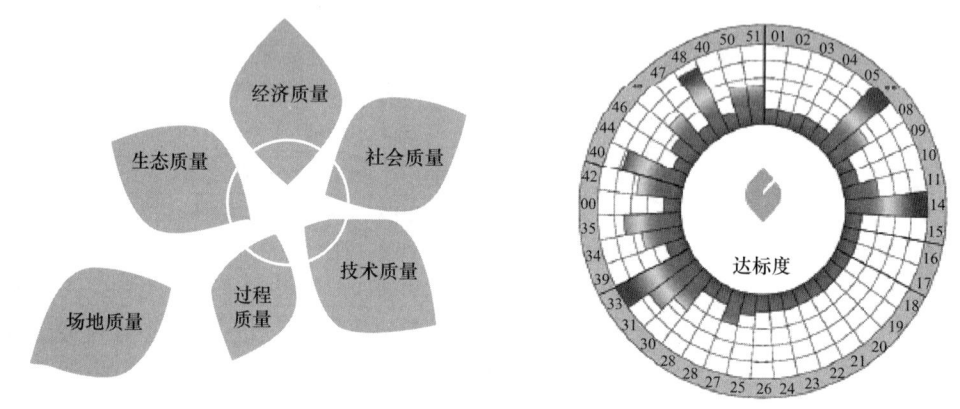

图 19-5 德国 DGNB 评价领域及评估结果罗盘

相较于 BREEAM，LEED 等第一代评估体系片面强调单项技术应用，缺乏整体性，忽视了建筑的经济问题和综合使用要求与性能的重要性等不足，DGNB 作为第二代评估体系具有以下几大突出优势：

（1）不仅是绿色建筑标准，而且涵盖了生态—经济—社会三大方面因素的第二代可持续建筑评估体系；

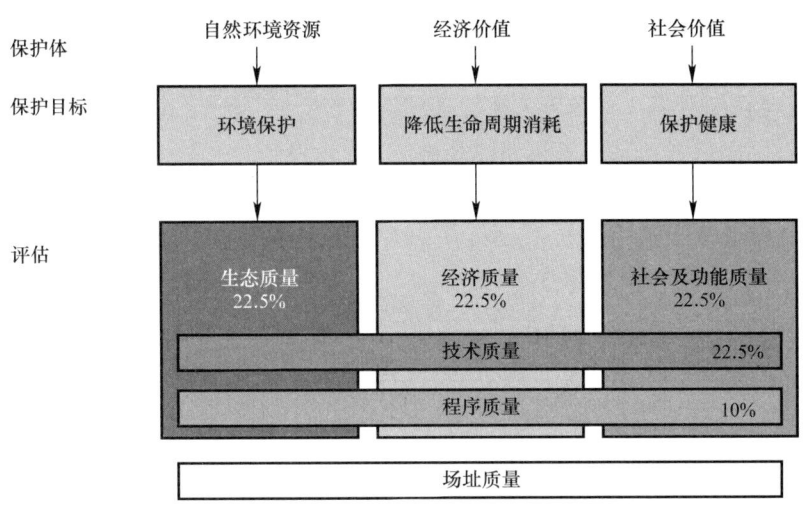

图 19-6 DGNB 的技术构成

（2）包含建筑全寿命周期成本计算，建造成本，运营成本，回收成本，有效评估控制建筑成本和投资风险；

（3）展示如何通过提高可持续性获得更大的经济回报；

（4）以建筑性能评价为核心而不是以有无技术措施为标准，保证建筑质量，为业主和设计师达到目标提供广泛途径；

（5）展示不同技术体系应用相关利弊关系（太阳能、中水利用等），以利综合应用性能评价；

（6）建立在德国建筑工业体系高水平质量基础上的标准体系；

（7）按照欧盟标准体系原则，可适用于不同国家气候与经济环境。

3. 在我国的应用

DGNB 组织成立于 2007 年，DGNB 评估系统于 2008 年首次推出，并于 2009 年进入我国。截至 2014 年，全世界范围内已进行注册，取得预认证及认证的 DGNB 项目共达到 840 多个（见图 19-7）。

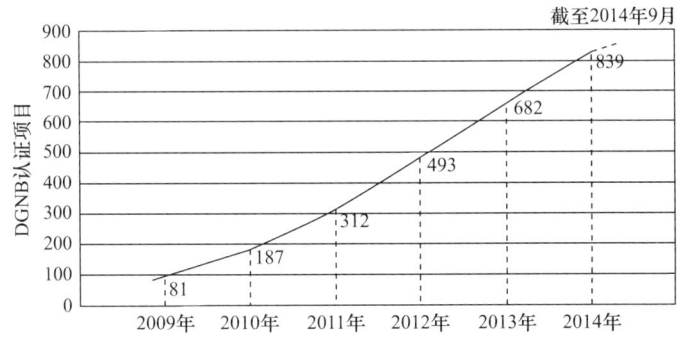

图 19-7 全世界 DGNB 认证项目统计

由于近年才进入中国市场，目前国内进行 DGNB 认证的项目较少，范例主要集中在有中德合作背景的项目上。DGNB认证分为两个阶段——在设计阶段的预认证及项目施工完成之后的正式认证,因此目前国内的项目基本处于DGNB预认证通过的阶段,尚缺少正式认证的范例。

19.4.2 评估指标体系

DGNB评估体系相关指标如表19-6所示。

德国DGNB指标评价体系[5]　　　　　表19-6

主要指标	指标组	编号	具体指标	最高分	权重
生态质量	对全球及当地环境影响	1	全球温室效应的影响（GWP）	10	3
		2	臭氧层消耗量（ODP）	10	0.5
		3	臭氧形成量（POCP）	10	0.5
		4	环境酸化形成潜势（AP）	10	1
		5	富营养化潜能	10	1
		6	城区环境风险	10	3
		8	对全球环境的影响	10	1
		9	对小环境气候的影响	10	0.5
	能源需求和垃圾回收	10	一次能源需求量	10	3
		11	可再生能源的比重	10	2
		14	水需求及废水处理	10	2
		15	土地使用	10	2
经济因素	使用周期成本	16	全寿命周期的建筑成本与费用	10	3
	物业建筑发展	17	第三方使用可能性	10	2
社会文化及功能要求	健康、舒适度及使用者满意度	18	冬季的热舒适度	10	2
		19	夏季的热舒适度	10	3
		20	室内空气质量	10	3
		21	声环境舒适度	10	1
		22	视觉舒适	10	3
		23	使用者的干预与可调性	10	2
		24	屋面设计	10	1
		25	安全性和故障稳定性	10	1
	功能	26	无障碍设计	10	2
		27	空间使用率	10	1
		28	使用功能可改变性与适用性	10	2
		29	公共可达性	10	2
		30	自行车使用舒适性	10	1
	设计质量	31	通过竞赛保证设计和规划质量	10	3
		32	建筑艺术性	10	1
技术质量	技术质量	33	建筑防火	10	2
		34	噪声防护	10	2
		35	建筑外围护结构的节能及防潮技术	10	2
		40	建筑外立面易于清洁与维护	10	2
		42	环境可恢复性、可循环使用、易于拆除	10	2

续表

主要指标	指标组	编号	具体指标	最高分	权重
过程质量	建筑设计质量	43	项目准备质量	10	3
		44	整体设计	10	3
		45	设计步骤方法的优化和完整性	10	3
		46	在工程超标文件和发标过程中考虑可持续因素及其证明文件	10	2
		47	创造最佳的使用及运营的前提条件	10	2
		48	建筑工地、建设过程	10	2
		49	施工单位的质量与资格预审	10	2
	建筑施工质量	50	施工质量保证	10	3
		51	系统性的验收调试与投入使用	10	3
以下基地质量单独进行评估，不计入总评估分数					
基地质量	—	56	基地局部环境的风险	10	2
	—	57	与基地局部环境的关系	10	2
	—	58	基地及小区的形象及现状条件	10	2
	—	59	交通状况	10	3
	—	60	临近的相关市政服务设施	10	2
	—	61	临近的城市基础设施	10	2

19.5 国际经验：新加坡的 GREEM MARK-districts

19.5.1 评估体系简介

1. GREEN MARK 与 GREEN MARK-districts

GREEN MARK 评价体系是新加坡绿色建筑评价体系，基于新加坡建设局 BCA 与国家环境署推出的"绿色建筑"标志计划，推动绿色建筑的发展。该评价体系关注于新加坡本土的建筑环境特点，将环境友好、可持续发展的理念贯彻在建筑规划、设计和建造过程中，降低对环境的影响。GREEN MARK-districts 是在此基础上发展的用于评价生态社区的体系，以促进绿色城市的规划和设计，实现绿色建筑生态区环境和经济效益的统一。

2. 体系结构

Green Mark 评估标准（新建）主要分为六大类指标，分别为能源效率、用水管理、物料与垃圾管理、环境规划、绿色建筑和交通以及社区与创新。能源相关要求得分最低不少于 10 分；其他绿色环保要求得分不低于 50 分。根据综合得分分为 4 个级别：认证级（60～75 分）、金级（75～90 分）、超金级（90～100 分）及白金级（≥100 分）。

19.5.2 评估指标体系

GREEN MARK-districts 评价指标体系如表 19-7 所示。

新加坡 GREEN MARK-districts 的评价指标体系[6]　　　　表 19-7

大类指标	评价内容	分值	总分
能源效率	GMD1-1 基础设施和公共设施能源效率	10	32
	GMD1-2 现场能源产生方式	6	
	GMD1-3 场地规划和建筑朝向	10	
	GMD1-4 能源管理系统	5	
	GMD1-5 将高峰时段的能耗降至最低	1	
用水管理	GMD2-1 基础设施和公共节水器具	4	21
	GMD2-2 雨水管理	8	
	GMD2-3 替代水源	4	
	GMD2-4 节水景观	2	
	GMD2-5 水资源效率管理	3	
物料与垃圾管理	GMD3-1 尽量减少土方挖填工程	3	29
	GMD3-2 基础设施和公共设施的可持续建筑	7	
	GMD3-3 建筑设施和公共设施的可持续产品	5	
	GMD3-4 减少垃圾	2	
	GMD3-5 垃圾管理和分类	4	
	GMD3-6 垃圾运输	2	
	GMD3-7 垃圾再利用和处理	4	
	GMD3-8 环保与优雅建筑商认证	2	
环境规划	GMD4-1 园区能源自给及交通便利性	5	42
	GMD4-2 绿色和蓝色公共空间	3	
	GMD4-3 微气候优化	4	
	GMD4-4 选址	8	
	GMD4-5 室外热环境	5	
	GMD4-6 现有结构和资产的保护与整合	1	
	GMD4-7 栖息地保护和恢复	7	
	GMD4-8 尽量减少场地破坏	2	
	GMD4-9 环境管理系统	5	
	GMD4-10 着眼于未来的设计和设施	2	
绿色建筑和交通	GMD5-1 园区内的绿色建筑	20	35
	GMD5-2 绿色城市设计指南	4	
	GMD5-3 园区内的绿色交通	11	
社区与创新	GMD6-1 利益相关者的参与、反馈和评估	6	26
	GMD6-2 公众意识、教育与社区参与	7	
	GMD6-3 绿色租赁	2	
	GMD6-4 智能基础设施	3	
	GMD6-5 安全环境	1	
	GMD6-6 减少光污染	2	
	GMD6-7 其他绿色环保措施得分	5	

19.6 国际经验：其他评价标准

除上述详述的国际上主要的绿色城区评价标准外，其他国家和相关组织也开发了适应于当地的绿色生态社区评价标准，主要的评价对象有城市、规划社区、既有社区、景观与公园、交通与基础设施以及特殊项目等。其中对规划社区的评价标准占比例最大，具体列举如表19-8所示。

国际规划社区评价标准统计表[7] 表19-8

评价标准	推行国家/单位	评价类别
Aqua for Neighborhoods	巴西	土地利用、建筑密度、城区流动性和通达性、历史遗产、景观、生态适应性与进化潜力、水资源、能源与气候、城市供应设备、残留物、生态系统与生物多样性、自然与技术风险、健康、经济、功能与多元性、环境和公共空间、公众培训、地方吸引力、经济动态和结构
BERDE for Clustered Residential Development	菲律宾绿色建筑委员会	管理、土地利用与经济、水资源、能源、交通、室内环境质量、材料、气体释放、废弃物、遗产保护和创新实践
Climate Positive Development	美国C40 Cities	热能与电能的使用、废弃物和交通
Enviro Development	澳大利亚城市发展研究所	生态系统、废弃物、能源、材料、水资源和社区
GBI Township Tool	马来西亚	气候、能源、水资源、环境与经济、社区规划与发展、交通与发展、建筑与资源以及商业与创新
Global Sustainability Assessment System for Districts	卡塔尔海湾组织研究与开发组织	城市连通性、土地利用、能源、水资源、材料、室外环境、文化与经济价值以及管理与实施
Green Star Communities	澳大利亚绿色建筑委员会和南非GBC组织	宜居性、经济、环境、设计、政府导向和创新
Pearl Community for Estidama	阿拉伯联合酋长国阿布扎比城市规划委员会	整合设计过程、自然系统、宜居社区、珍贵水资源、可再生能源、新材料和创新实践

针对既有社区，美国推行了两个相关评价体系，分别是2030 Districts和美国退休人员协会推出的Livability Index。2030 Districts的评价类别包括能源、水资源、交通和气体释放。Livability Index的评价类别包括住房、环境、社区、交通、健康、公众参与、公平与机会以及娱乐与文化。

19.7 中国的评价指标

19.7.1 评估体系简介

为深入贯彻党的十八大精神，把生态文明建设融入城乡建设的全过程，加快推进建设资源节约型和环境友好型城镇，实现美丽中国、永续发展的目标，根据《国民经济和社会发展第十二个五年规划纲要》、《国务院关于印发"十二五"节能减排综合性工作方案的通知》(国发〔2011〕26号)、《国务院办公厅关于转发发展改革委 住房城乡建设部绿色建筑行动方案的通知》(国办发〔2013〕1号)等,住房和城乡建设部制定了《"十二五"绿色建筑和绿色生态城区发展规划》。

规划提出在自愿申请的基础上,确定100个左右不小于1.5km^{2}的城市新区按照绿色生态城区的标准因地制宜进行规划建设。并及时评估和总结,加快推广。推进绿色生态城区的建设要切实从规划、标准、政策、技术、能力等方面,加大力度,创新机制,全面推进。一是结合城镇体系规划和城市总体规划,制定绿色生态城区和绿色建筑发展规划,因地制宜确定发展目标、路径及相关措施。二是建立并完善适应绿色生态城区规划、建设、运行、监管的体制机制和政策制度以及参考评价体系。三是建立并完善绿色生态城区标准体系。四是加大激励力度,形成财政补贴、税收优惠和贷款贴息等多样化的激励模式。进行绿色生态城区建设专项监督检查,纳入建筑节能和绿色建筑专项检查制度,对各地绿色生态城区的实施效果进行督促检查。五是加大对绿色环保产业扶持力度,制定促进相关产业发展的优惠政策。

建设绿色生态城区的城市应制定生态战略,开发指标体系,实行绿色规划,推动绿色建造,加强监管评价。一是制定涵盖城乡统筹、产业发展、资源节约、生态宜居等内容的绿色生态城区发展战略。二是建立法规和政策激励体系,形成有利于绿色生态城区发展的环境。三是建立包括空间利用率、绿化率、可再生能源利用率、绿色交通比例、材料和废弃物回用比例、非传统水资源利用率等指标的绿色生态城区控制指标体系,进而制定新建城区控制性详细规划,指导绿色生态城区全面建设。四是在绿色生态城区的立项、规划、土地出让阶段,将绿色技术相关要求作为项目批复的前置条件。五是完善绿色生态城区监管机制,严格按照标准对规划、设计、施工、验收等阶段进行全过程监管。六是建立绿色生态城区评估机制,完善评估指标体系,对各项措施和指标的完成情况及效果进行评价,确保建设效果,指导后续建设。

19.7.2 评估指标体系

《绿色生态城区评价标准》的编制顺应了当前绿色生态城区发展的迫切需求,今后将用于绿色生态城区规划设计和运营管理阶段的各类评价。《绿色生态城区评价标准》作为规范绿色生态城区评价指标体系的依据,可以说是城市建设领域的一次创新革命,其意义大大超过能源的节约。该标准从多个方面与角度进行创新和有机的综合,为绿色生态城区的评价提供重要的参考依据,同时规范了整个绿色生态城区行业的评价活动,并为绿色生态城区朝着健康有序的方向发展保驾护航,从而确保我国整个建筑行业"四节一环保"工作的顺利落实。该标准以制定适应我国国情的绿色生态城区评价标准为宗旨,评价内容全面、重点突出,评价方法的可操作性强,真正体现了绿色生态城区可持续发展和低成本的理念。

正在制定中的《绿色生态城区评价标准》,则囊括了土地利用、生态环境、绿色建筑、资源与碳排放、绿色交通、信息化管理、产业与经济、人文、技术创新九大方面。尤其是碳排放,细化了产业、建筑、交通三大版块,以单位GDP排放、人均排放和单位地域面积排放三种方式表征。每类指标均包括控制项和评分项,且每类指标的评分项总分为100分。此外为鼓励生态城区建设突出本地特色"评价标准"还将对绿色生态城区内的绿色科

19.7 中国的评价指标

普、社区实践、绿色展示教育中心以及规划建设中的全程公众参与和监督等人文方面做出界定（见图 19-8 和表 19-9）。

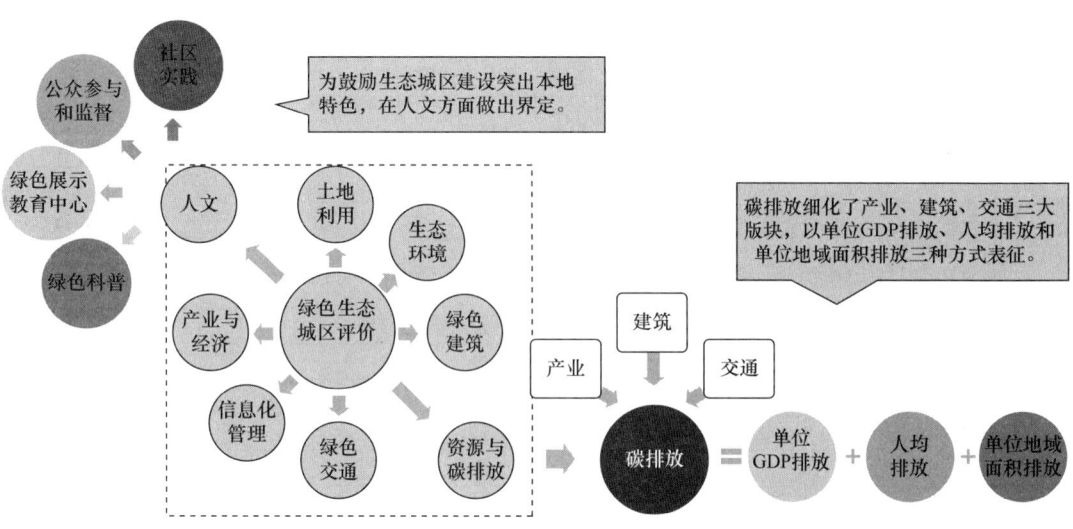

图 19-8 《绿色生态城区评价标准》的技术构成[8]

《绿色生态城区评价标准》评价指标体系[9]　　　表 19-9

大类指标	子项	条文编号	条文内容	分值
土地利用	控制项	4.1.1	生态本底条件系统分析	Y/N
		4.1.2	土地功能的复合性	Y/N
	混合开发	4.2.1	混合用地面积	10
		4.2.2	公共交通导向的用地布局模式	10
		4.2.3	合理开发利用地下空间	5
	规划布局	4.2.4	合理规划城区公共路网密度	10
		4.2.5	居住区公共服务设施便捷性	15
		4.2.6	设置开放空间	10
		4.2.7	合理规划绿地率	10
	建筑布局	4.2.8	合理建筑朝向	5
		4.2.9	考虑当地主导风向打造城区通风廊道	5
		4.2.10	空间形态等体现地域文化特征	10
	防灾减灾	4.2.11	制定综合防灾规划	10
生态环境	控制项	5.1.1	制定自然生态保护管理措施和指标	Y/N
		5.1.2	制定大气等环境质量控制措施和指标	Y/N
		5.1.3	实行雨、污分流排水体制	Y/N
		5.1.4	垃圾无害化处理率达到100%	Y/N
	自然生态	5.2.1	生物多样性保护	10
		5.2.2	合理规划绿化覆盖率	10
		5.2.3	合理规划节约型绿地建设率	10
		5.2.4	注重湿地保护	5
		5.2.5	合理采用低影响开发技术	10
		5.2.6	场地防洪设计	5

续表

大类指标	子项	条文编号	条文内容	分值
生态环境	环境质量	5.2.7	地表水环境质量达标	10
		5.2.8	建立空气质量监测系统	10
		5.2.9	合理控制城区的城市热岛效应强度	5
		5.2.10	环境噪声质量达标	5
		5.2.11	垃圾密闭运输，有害垃圾分类收集	10
		5.2.12	城区市容环境良好、环卫设施管理到位	5
绿色建筑	控制项	6.1.1	新建建筑绿色建筑星级要求与面积比例要求	Y/N
		6.1.2	制定绿色建筑专项规划	Y/N
	绿色建筑	6.2.1	编制各类绿色建筑适用技术应用指南	10
		6.2.2	新建建筑积极执行高星级绿色建筑要求	15
		6.2.3	既有建筑实施绿色改造	10
		6.2.4	新建建筑采用工业化建造技术	20
		6.2.5	建立绿色建筑项目建设管理文件	10
		6.2.6	进行绿色建筑项目的建设	10
		6.2.7	落实绿色建筑项目的实施运管	15
		6.2.8	绿色建筑项目进行建设效果后评估	10
资源与碳排放	控制项	7.1.1	制定能源节约利用方案	Y/N
		7.1.2	制定"城市水资源综合利用规划"	Y/N
		7.1.3	碳排放计算与分析清单	Y/N
	能源	7.2.1	用能分项计量	8
		7.2.2	合理利用可再生能源	10
		7.2.3	合理利用余热废热资源	6
		7.2.4	新建建筑的设计能耗降低	10
		7.2.5	市政基础设施采用高效的系统和设备	6
	水资源	7.2.6	居民生活用水量满足要求	5
		7.2.7	采取有效措施降低供水管网漏损率	5
		7.2.8	合理建设市政再生水供水系统	6
		7.2.9	合理利用非传统水源	8
	固废和材料资源	7.2.10	再生资源回收利用	3
		7.2.11	生活垃圾和建筑废弃物资源化利用	3
		7.2.12	理采用绿色建材和本地建材	6
	碳排放	7.2.13	制定碳减排策略	10
		7.2.14	城区单位GDP碳排放量、人均碳排放量和单位地域面积碳排放量达标	10
绿色交通	控制项	8.1.1	制定交通专项规划	Y/N
		8.1.2	降低交通碳排与提高绿色交通出行	Y/N
		8.1.3	建立独立、完整的步行及自行车系统	Y/N
	交通体系	8.2.1	建立优先绿色交通出行的交通体系	15
		8.2.2	形成完善的公共交通系统	15
		8.2.3	形成连续、安全、通达的自行车交通系统	15
		8.2.4	形成连续、安全、环境良好的步行系统	15
		8.2.5	实现各种交通系统的整合和联运	5
		8.2.6	形成完善的公共自行车租赁网络	5

19.7 中国的评价指标

续表

大类指标	子项	条文编号	条文内容	分值
绿色交通	道路体系	8.2.7	减少对自然环境的影响	5
		8.2.8	提高道路通行效率	5
	管理措施	8.2.9	制定减少机动车交通量的管理措施	5
		8.2.10	制定鼓励使用环保能源动力车的措施	5
		8.2.11	采用高效停车措施	5
		8.2.12	制定停车换乘的管理措施	5
信息化管理	控制项	9.1.1	建立城区能源与碳排放信息管理系统	Y/N
		9.1.2	建立城区绿色建筑建设信息管理系统	Y/N
		9.1.3	建立城区绿色生态公共信息平台	Y/N
	城区管理	9.2.1	建立城区公共安全系统	14
		9.2.2	实行环境监测信息化	14
		9.2.3	实行水务信息管理	14
		9.2.4	实行道路监控与交通管理	12
		9.2.5	实行停车信息化管理	5
		9.2.6	实行市容卫生信息化管理	12
		9.2.7	实行园林绿地信息化管理	7
		9.2.8	城区具有地下管网信息管理系统	4
	信息服务	9.2.9	城区信息通信服务设施完善	6
		9.2.10	具有绿色生态城区市民信息服务系统	8
		9.2.11	城区实行道路与景观的照明节能控制	4
产业与经济	控制项	10.1.1	编制产业发展专项规划	Y/N
		10.1.2	控制工业类别及其用地规模	Y/N
		10.1.3	职住平衡比控制	Y/N
	高效利用资源	10.2.1	单位地区生产总值能耗低于所在省（市）节能考核目标	20
		10.2.2	单位地区生产总值水耗低于所在省（市）节水考核目标	20
	优化产业结构	10.2.3	确第三产业、高新技术产业或战略新兴产业增加值占地区生产总值的比重	20
		10.2.4	构建绿色循环经济产业链	10
		10.2.5	工业废气、废水100%达标排放，危险固体废弃物100%进行无害化处理处置	10
	产业准入与退出	10.2.6	工业用地投资强度高于《工业项目建设用地控制指标》	10
		10.2.7	新建、改建、扩建项目实行节能、节水、碳排放评估制度	10
人文	控制项	11.1.1	城区规划设计与建设阶段实施公众参与	Y/N
		11.1.2	编制绿色生活与消费导则	Y/N
		11.1.3	保护城区内历史文化街区和历史建筑	Y/N
	以人为本	11.2.1	城区规划设计与建设阶段公众参与的组织形式和参与机构多样化	8
		11.2.2	城区公共设施免费开放使用	7
		11.2.3	设置完善的社区养老服务设施和体系	7
		11.2.4	就业介绍和技能培训服务体系	7
		11.2.5	设置人性化和无障碍的过街设施	7

续表

大类指标	子项	条文编号	条文内容	分值
人文	绿色生活	11.2.6	鼓励城区居民开展节能	6
		11.2.7	鼓励城区居民开展节水	6
		11.2.8	鼓励城区绿色出行	6
		11.2.9	采取管理措施促进城区生活垃圾源头减量	6
	绿色教育	11.2.10	开展绿色教育和绿色实践	8
		11.2.11	建绿色生态城区展示平台	8
		11.2.12	城区政府部门和企业展现绿色社会责任感	8
	历史文化	11.2.13	保护与更新利用历史文化特色的既有建筑	8
		11.2.14	对城区非物质文化遗产进行保护、传承与传播	8
技术创新	创新项	12.2.1	城区规划都市农业城区	Y/N
		12.2.2	合理采用低影响开发技术	Y/N
		12.2.3	合理建设市政再生水供水系统	1
		12.2.4	城区内合理推行智能微电网工程建设	1
		12.2.5	形成5km半径的机动车充电网	1
		12.2.6	绿色工业建筑比例高于20%	1
		12.2.7	建设地下综合管廊	1
		12.2.8	建立绿色投融资机制	1
		12.2.9	设立绿色发展专项基金	1
		12.2.10	因地制宜地采取节约资源	1

19.8 体系对比

不同评价体系的对比如表19-10所示。

各个评价标准的对比分析　　　　表19-10

类别	LEED-ND	BREEAM Communities	CASBEE UD	DGNB	GREEM MARK-districts	绿色生态城区评价标准
国家	美国	英国	日本	德国	新加坡	中国
制定单位	美国绿色建筑委员会（USG-BC）	英国建筑研究所（BRE）	日本绿色建筑委员会 日本可持续建筑联合会	德国可持续建筑学会 联邦交通、建筑、城市发展部	新加坡建筑局（BCA）	中华人民共和国住房和城乡建设部
现行版本	2013年	2012年	2014年	2008年	2013年	在编
服务对象	规划师、建筑师、开发商、社区管理者和政府部门	规划师、建筑师、开发商、社区管理者和政府部门	规划师、建筑师、开发商、社区管理者和政府部门	规划师、建筑师、开发商、社区管理者和政府部门	规划师、建筑师、开发商、社区管理者和政府部门	规划师、建筑师、开发商、社区管理者和政府部门

19.8 体系对比

续表

类别	LEED-ND	BREEAM Communities	CASBEE UD	DGNB	GREEM MARK-districts	绿色生态城区评价标准
国家	美国	英国	日本	德国	新加坡	中国
主要目标	建立起社区开发的评估体系，鼓励开发商能够很好地利用现有的城市城区、减少土地消耗、减少对汽车的依赖、提倡步行、改善空气品质、减少污染和雨水的流失等	减少开发项目对环境的总体影响，使发展目标符合当地社区的环境、社会以及经济利益，为社区发展规划提供可靠的、整体性的环境、经济以及社会可持续标准，鼓励建筑环境的可持续发展，促进可持续社区的开发，并确保可持续社区在建筑环境中的体现	关切地球环境，重视环境负荷减排之余，确保城市生活者的便利性和舒适性，避免过度抑制地域经济发展。提供针对城市现状的将来发展的低碳政策的评价手法，检测都市环境，支持政策制定者的立法，对追求低碳环境下的城市理想提供有益帮助	总结第一代绿色评价标准的不足，建立一套涵盖生态保护、经济价值、社会文化和健康与可持续发展密切关系等内容。将世界先进绿色环保理念与德国高水平工业技术的产品质量体系结合，推动可持续理念想全社会各个领域的延伸	评价生态社区的体系，促进绿色城市的规划和设计，实现绿色建筑生态区环境与经济效益的统一	为贯彻执行节约资源和保护环境的国家技术经济政策，推进新型城镇化的可持续发展，规范绿色生态城区的评价
内容特点	强调实效，条款中多是对具体指标的规定，达到了要求的量值即可得到相应的分数	侧重于过程，鼓励使用某项技术和采取某些技术措施	对全寿命周期进行评估，从建筑性能和环境负荷两方面进行评价	将世界先进绿色环保理念与德国高水平工业技术和产品质量体系的结合，由政府参与的德国可持续建筑评估体系	根据本国情况有针对性地引导能源最优化利用，评价体系注重节能和能源利用。	碳排放细化了产业、建筑、交通三大板块，以单位GDP排放、人均排放和单位地域面积排放三种方式表征
国际影响和认可度	建筑商业化最为成功的评价体系，可在全球114个国家进行认证活动	第一个公认的绿色评价体系，可在全球40多个国家中进行认证活动	首个亚洲国家开发的绿色建筑评价体系，日本CASBEE体系做出了详尽的量化标准，操作性强，但该体系只有日本本国的数据，推广应用到其他国家还有一定难度	德国DGNB体系是世界先进绿色环保理念与德国高水平工业技术和产品质量体系的结合	目前亚洲评价体系工具分类最详实的评价体系，更关注新加坡本土的建筑环境特点	目前在编，未来适用于国内生态城区的建设与评价
对低碳关注度	没有量化的指标评价区的碳排放量	有量化的指标评价区的碳排放量	有量化的指标评价区的碳排放量	有量化的指标评价区的碳排放量	没有量化的指标评价区的碳排放量	有量化的指标评价区的碳排放量

续表

类别	LEED-ND	BREEAM Communities	CASBEE UD	DGNB	GREEM MARK-districts	绿色生态城区评价标准
国家	美国	英国	日本	德国	新加坡	中国
对能源的要求	能源要求主要集中在绿色基础设施与建筑篇章中，重点关注能源效率、可再生能源利用和基础设施能效等。先决条件需要满足最优的建筑能源效率，鼓励设计、建造节能建筑，以降低有消耗能源造成的空气、水和土地的污染及环境破坏。得分项主要包括以下4条，占该篇章权重值23%：建筑能源效率、现场可再生能源的资源利用、区域供冷供热、基础设施的能效	资源与能源类占据总权重值21.6%，目标是解决对自然资源可持续利用及减少碳排放量的问题。包括能源策略、现状建筑及基础设施、水资源策略、可持续建筑、低冲击材料、资源高效利用和交通碳排放7个评估子项	能源要求主要关注于可再生能源利用和能源系统效率。L2类二级指标全范围内高效能源利用占分级权重的0.26，其中包括以下三条：(1) 城区网络的未使用和可再生能源；(2) 均衡负载城区网络内的电力和热力；(3) 城区网络的高效能源系统。L3类二级指标全球变暖的思考占分级权重0.25，包括以下三条：(1) 施工和材料等；(2) 能源；(3) 交运	能源要求集中在生态质量篇章，其中能源需求和垃圾回收占权重值为9%。主要包括一次能源需求量、可再生能源的比重等内容	能源效率篇章占据总权重值32%，重点关注基础设施和公共设施能源效率、现场能源产生方式、场地规划和建筑朝向、能源管理系统、将高峰时段的能耗降至最低	能源为资源与碳排放篇章的二级指标，资源与碳排放占总权重值为15%。其中能源二级指标权重为40%。主要内容包括：用能分项计量；合理利用可再生能源；合理利用余热废热资源；新建建筑的设计能耗降低；市政基础设施采用高效的系统和设备
评价等级	总计110分，在满足前提条件的基础上，达到40分可通过认证，以铂金、金、银和通过认证四个等级	在满足强制性条件的基础上，将每一项的得分计重加权得到新的分数再进行相加，计重加权的系数根据环境和地理位置由BRE明确给出。通过认证的项目按照杰出、优秀、很好、好和通过五个等级划分	以"建筑环境效率（BEE=Q/L）"作为其主要评级指标，CASBEE采用5分评价制。满足最低要求评为1分；达到一般水平评为3分。随着BEE值变化将建筑划分为S（优秀），A（很好），B+（好），B-（略差），C（差）。	从6个领域共61条评估标准，每条标准的最高得分为10分，根据其所包含内容的权重系数评定0~3。最终的评估结果用软件生成在罗盘状图形上，各项分值代表了被测建筑该项的性能表现，软件所生成的评估图直观地总结了建筑在各领域及各个标准的达标情况。评估达标度分为金、银、铜级	能源相关要求得分最低不少于10分，其他绿色环保要求得分不低于50分。根据申请项目的综合得分，分为白金级、超金级、金级及认证4个级别	满足控制项的基础上，对土地利用等8类指标的评分项进行评价，每类指标的评分项总分为100分，最终乘以各类指标的权重之后加和，再加上创新项得分，获得项目最终得分。当绿色生态城区总得分分别达到50分、65分、80分时，绿色生态城区等级分别为一星级、二星级、三星级

续表

类别	LEED-ND	BREEAM Communities	CASBEE UD	DGNB	GREEM MARK-districts	绿色生态城区评价标准
国家	美国	英国	日本	德国	新加坡	中国
区别	采用分级打分的方法强化重要指标的作用，操作性最强。只有全部满足"必选项"，才有可能获得认证，而各"得分项"并非强制标准，有助于增加总累积分，而得到入门级、银级、金级和铂金级认证	BREEAM Communities 在条款的内容上，并没有像 LEED ND 大量的量化数据，它的要求多体现在步骤和措施上。在项目初步评分之后乘以权重系数，体现了 BREEAM 相比 LEED 而言的灵活性，但也增加了其认证过程的复杂性	CASBEE for Cities 是一个二维评价体系，评价最为严密、内容最为全面，具有全国统一的数据库，但是其操作性也最为复杂，评价结果并不以单一的分数决定	德国可持续建筑 DGNB 认证是一套透明的评估认证体系，它以易于理解和操作的方式定义了建筑质量，便于评估人员进行系统性和独立性的评价建筑性能	量化指标较完善、量化程度高、具有详细的评分体系，可操作性较复杂，评价体系"本土化"	评价体系子项中包括控制项与评分项，其评价方法就是分别从规划设计评价和实施运管评价两个阶段确定建筑在相应条目上的得分情况并以此去衡量其生态程度

本章参考文献

［1］ http://www.usgbc.org/.
［2］ BREEAM. BREEAM Communities Technical. Manual：SD202-1.0：2012［EB/OL］. http://www.breeam.org.
［3］ BREEAM. BREEAM Communities 2012 Bespoke International Process Guidance Note GN07. August 2014. http://www.breeam.org/communities.
［4］ http://www.ibec.or.jp/CASBEE/english/overviewE.htm.
［5］ http://www.dgnb.de/de/.
［6］ http://www.greenmark.sg/.
［7］ Criterion planners. A Global Survey of Urban Sustainability Rating Tools.
［8］ 董世永，李孟夏. 我国可持续社区评估体系优化策略研究. 西部人居环境学刊，2014（02）：112-117.
［9］ 中国城市科学研究会. 绿色生态城区评价标准（征求意见稿），2015.

第20章 国际案例

20.1 瑞典案例

20.1.1 实现能源循环利用的斯德哥尔摩哈默比湖城

1. 哈默比湖城（HammarbySjostad）概况

20世纪90年代中期，瑞典为申请2004年奥运会，将原来一个工业化港口地区改造成奥运村，这就是后来的哈默比湖城（Hammarby Sjöstad）（见图20-1）。按照规划，Hammarby湖城将于2017年全部建成❶，届时包含11000套住房及部分商业与办公建筑及公共设施，包括养老院、幼儿园、学校、医疗设施和餐厅、超市、图书馆、剧院等文化设施，总共可容纳35000个居民在此生活和工作。

图20-1　Hammarby湖城实景❷

哈默比湖城的基本规划思想是"twice as good"，致力于建立一个生态循环、环境友好、紧缩型的居住园区，因此在规划与建设中遵循 Herbert Girardet 提出的循环代谢链（circular metabolism）理论，从一个城市或者城区输出的所有代谢物（包括废水、垃圾、排气等）都必须得以再利用，生产能源、新材料或者作为一种植物营养物重新输入到该城市或者城区中。为此，形成了所谓的"哈默比模型"（Hammarby Model）（见图20-2）。哈默比模型的最终理念是尽可能在当地实现物质流、能量流的闭式循环，包括能源尽量来自于可再生能源，污水尽量实现再生产等。模型包含了能源、废弃物和水的循环利用，以此减少社区产生的代谢物，主要技术包括：

---

❶ 预计的完成日期从开始的2010年推迟到现在的2017年。
❷ 彩图见本书附录1（彩图与此图不一致）。

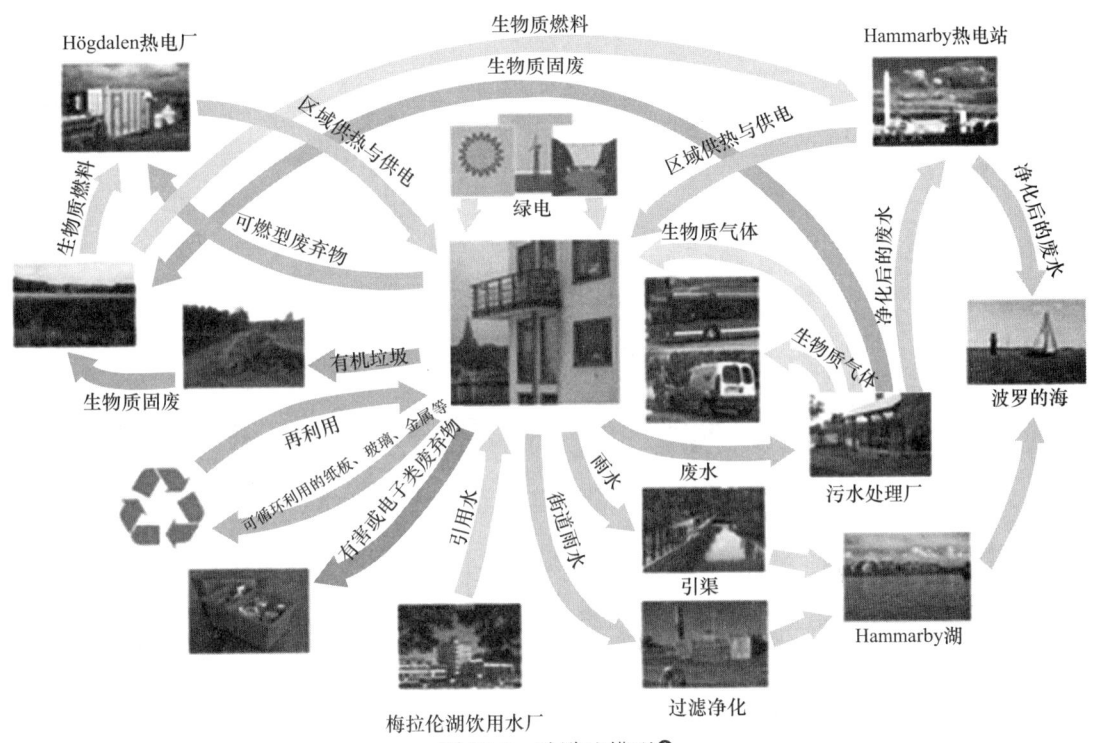

图 20-2　哈默比模型❶

能源：①可燃烧的垃圾、自植物的生物燃料通过附近的 Högdalen 热电厂和 hammarby 热电站两处城区热电联产用于哈默比城区供热和供电；②用污水源热泵提取污水处理过程中产生的废热，用于城区供暖。被提取热量后温度降低的水则用于冷却商业和办公建筑；③太阳能发电与太阳能热水（见图 20-4）；④从排风中回收建筑废热；⑤购买绿色电力。

废水、污水：①污水处理过程中提取生物质气，用于城区公共交通和部分公寓厨房烹饪；②处理后提取污泥用作农田肥料；③从庭院和屋顶的雨水经收集后引流入哈默比湖；④路面上的雨水收集则经过滤处理后再进入哈默比湖和波罗的海。

垃圾资源：①安装地下自动化真空垃圾收集系统有效实现垃圾分类收集；②可燃烧的垃圾用于城区热电联产；③有机垃圾用于制取生物肥料；④所有可循环的材料被循环利用，包括报纸、玻璃、包装纸板、金属等（见图 20-3）。

2. 哈默比湖城的能源利用

哈默比湖城应用的能源技术包括：

（1）以生物燃料和废弃物为原料的热电联产；

（2）光伏发电技术（见图 20-4）；

（3）太阳能热水；

（4）生物质气用于厨房设备；

（5）被动式建筑❷

（6）地源热泵技术用于供暖。

---

❶ 彩图见本书附录 1。

❷ 瑞典斯德哥尔摩地区的被动式建筑能耗标准为：建筑能耗小于 $55kWh/m^2$；最高电负荷小于 $12W/m^2$。

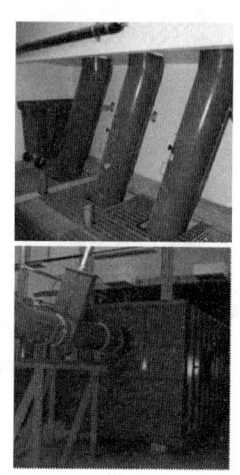

图 20-3　哈默比湖城的地下真空垃圾分类收集系统

图 20-4　哈默比湖城的
光伏电池

Hammarby 湖城的总目标是 twice as good，即相较于 20 世纪 90 年代初的技术水平基础上，Hammarby 湖城的环境影响降低 50%。基于此，管理者制定了 Hammarby 环保计划（Hammarby Environmental Program），针对能源、交通、材料（废弃物循环利用）、给排水、建筑材料、土地利用、受污染土壤、湖泊恢复以及噪声 9 个类别制定了详细的指标。其 2005 年能源利用目标包括：

（1）住宅总能耗不得高于 60kWh/m²，其中电能不得超过 20kWh/m²，总能耗包括来自于太阳能电池与太阳能集热器的能耗。

（2）废弃物、废水的可提取能源利用率超过 80%，但首先实现材料的循环利用和再利用。

（3）100% 可再生能源利用，电力必须是来自于太阳能电池、水力发电或者生物燃料发电。

（4）为了实现能源的合理利用，使能源的利用方式与其㶲值匹配，哈默比湖城在其能源目标中明确规定用于供热的能源必须 100% 来自废弃物或者可再生资源。

（5）由于供热产生的二氧化碳净排放量不得超过 10g/MJ（热）。

2015 年，哈默比湖城的住宅总能耗目标进一步降低到 50kWh/m² 以下，其中电能不得超过 15kWh/m²。

从实施的情况看，整个园区很好地实现了材料的循环利用和再利用，废弃物、废水的可提取能源利用率超过 80%。覆盖园区 50% 的电力和热力的供给来自于垃圾回收和燃烧。园区产生的垃圾和一部分生物质气送往附近的 Högdalan 热电厂，另一部分生物质气送往哈默比热电站。哈默比湖城的城区供热主要来自于 3 个热源：一个是 Högdalan 热电厂发电产生的余热，Högdalan 热电厂建于 1970 年，以生活垃圾和生物质（废木材和处理后的工业废弃物）为主要原料，为斯德哥尔摩南部的集中供热网络供热，年废弃物处理量达到 70 万 t。另一个热源是哈默比热电站。哈默比热电站建于 1986 年，也以生物燃料为热电联产的原料。再一个热源是回收园区污水处理过程中的废热，经热泵提升后，通过城市集中供热管网向哈默比湖城供热。除此之外，园区中还有 1 幢办公建筑用地源热泵实现供暖。这些已有的城市基础设施应用于哈默比湖城，在用户末端安装能源计量装置以及终端显示（见图 20-5）。

图 20-5　哈默比湖城的能源计量显示终端

由于实施机制等多种原因，当初的建筑低能耗目标 [50kWh/(m²·a)] 未能达成，目前建筑能耗（居住建筑包括公共电耗、集中供热能耗、卫生热水能耗以及机械通风能耗，不包括家庭耗电）为 100kWh/(m²·a)。光伏电池年发电量约为 63MWh，相当于提供了大概 5% 的家庭用电量，太阳能热水提供了超过 50% 的家庭生活热水所需热量。

20.1.2　利用 ICT 技术实现智慧能源的斯德哥尔摩皇家海港

1. 项目概况

斯德哥尔摩皇家海港（Stockholm Royal Seaport）项目占地 236 公顷，是欧洲最大的城市改造开发项目，也是克林顿气候行动计划（ClitonClimateInitiative）的气候友好型发展计划（Climate Positive Development Program）❶ 在全球选择的 18 个开发项目之一。该项目位于斯德哥尔摩市，包括了 Hjorthagen、Värtahamnen、Frihamnen 和 Loudden 四个地区，Vätahamnen 港口和 Frihamnen 港口是客轮从斯德哥尔摩到芬兰赫尔辛基、爱沙尼亚塔林的主要港口。改造之前，北欧最大的能源供应公司 Fortum 的天然气工厂和油库也在这里（见图 20-6）。

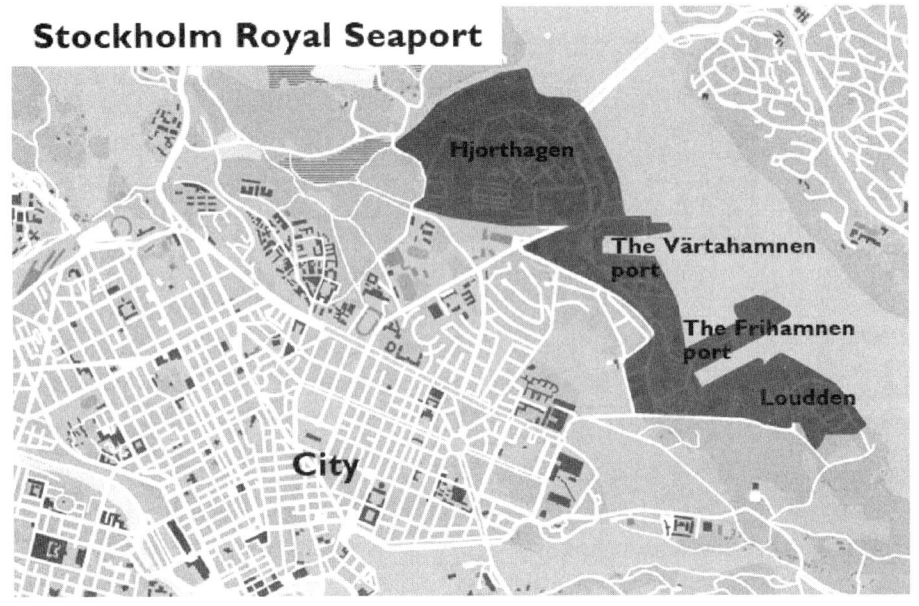

图 20-6　斯德哥尔摩皇家海港的地理位置（一）

---

❶ 气候友好型发展计划（Climate Positive Development Program）旨在展示在气候行动中取得杰出成就的项目范例，由此影响未来的思维方式和城市改造标准。

图 20-6　斯德哥尔摩皇家海港的地理位置（二）

皇家海港建成后将是一个多功能的综合社区，包含 10000 户住宅和 60 万 m² 的商业建筑。原有的客运码头和货柜码头将被改造成为现代化的港口和游艇码头（见图 20-7）。城区内的交通方式主要为步行、生物质气公共汽车、地铁和轻轨，是一个定位于环境正效应的可持续社区。皇家海港于 2010 年开始建设，预计于 2025 年全面完工，第一批居民于 2013 年入住。

图 20-7　斯德哥尔摩皇家海港建成后效果图

皇家海港项目基本规划思想是零排放城区，试图建立一条城市应对气候变化的智慧发展（climate-smart development）路径，总规划目标包含了环境、生态、社会和经济四个方面的可持续发展。主要环境目标包括：

(1) 2020 年，实现人均 CO_2 排放量低于 $1.5tCO_2e$ [1]；
(2) 2030 年，实现零化石燃料消耗以及环境正效应（climate positive）；
(3) 基于当地可再生能源产生的电力将占总能源消耗的 30%；
(4) 整个园区总能耗指标为 $55kWh/(m^2·a)$；
(5) 新建建筑目标从被动式住宅跨越到产能式住宅（plus houses[2]）。

---

[1] 2012 年，瑞典人均碳排放为 $4.5tCO_2e$。
[2] Plus energy house 或 plus house，energysaver plus house。

2. 项目中的能源利用原则

为实现上述目标,皇家海港项目在开发伊始,就明确了一些能源利用原则,包括:

(1) 项目中所有的设施、设备都必须是节能产品,节能等级应达到国家或欧盟的先进指标;

(2) 产能须基于零化石能源、废弃物资源循环利用和能量回收利用原则;

(3) 用户侧末端产能并入城区智慧能源网络,在城区能源运营商与用户之间建立能源交易机制,鼓励用户积极主动参与末端节能与当地产能;

(4) 城区内所购外来电力全部都是绿色或碳中和电力;

(5) 所有的住宅、公共建筑、公共交通以及公共设施上都有能源计量和环境效应的终端显示;

(6) 住宅的可再生能源发电自发自用,多余电力售给城区内智慧电网;

(7) 采用被动冷却,全部利用海水源制冷;

(8) 能源梯级利用。

3. ICT 技术在皇家海港项目中的应用

皇家海港项目致力于创建一个充分利用 ICT 技术实现零碳和零化石能源目标的成熟都市可持续路径。为此,斯德哥尔摩市与 ERICSSON 公司合作建设光纤网络和 3G/4G 无线通信网络基础设施,将 ICT 解决方案应用于电网、能源、家居和交通系统,通过 ICT 技术实现园区内能源网络的实时通信和管理,实现能源生产和使用的智能化匹配及协同运行。瑞典能源署将皇家海港项目作为智慧能源网络的示范项目,希望基于局部配电网建设,其他产能(可再生能源发电,废弃物资源的热电联产)互补,利用当地储能技术与需求侧管理技术实现本地生产与用能的平衡,形成城区内的智慧型能源综合网络(smart energynetwork)。具体包括智慧城市配电网建设、电力需求响应管理技术、当地可再生能源发电(小型风力发电与光伏电池)、电动汽车充电、能源网络的储能(主要以电力存储为主——满足孤岛运行,平衡需求侧与供应侧的负荷差)、基于废弃资源循环利用和生物质能源的热电联产(利用已有城市基础设施)、基础设施能源计量与信息管理、智慧港口以及智慧住宅与智慧建筑系统(见图 20-8 和图 20-9)。

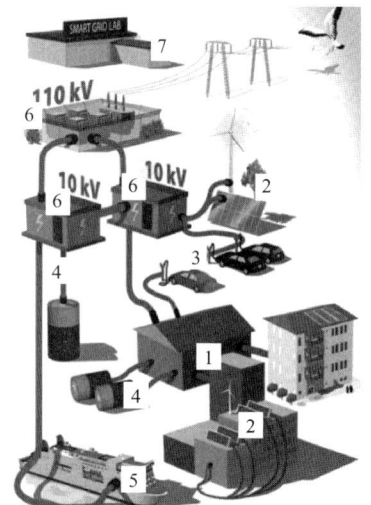

图 20-8 皇家海港项目 ICT 系统示例

1—智能建筑需求响应;2—分布式能源;
3—电动汽车充电设施;4—储能系统;
5—海港自控;6—一次变电所;
7—智能电网实验室(兼创新中心)

4. 分布式发电

港口 Terminal 的屋顶安装了 $2100m^2$ 的光伏电池,年发电量约 157MWh,满足该建筑 16% 的电力需求。

5. 区域供冷供热

皇家海港城区供热的热源主要来自于:Hogdalen 热电厂;Ropsten 城区供热;当地地热;回收的建筑排风余热蓄热。城区供冷则主要来自 Ropsten 城区海水源供冷。Ropsten 区域供冷供热的海水源热泵设备容量迄今为止为世界最大的(见表 20-1)。6 台热泵机组,总制热量 180MW,

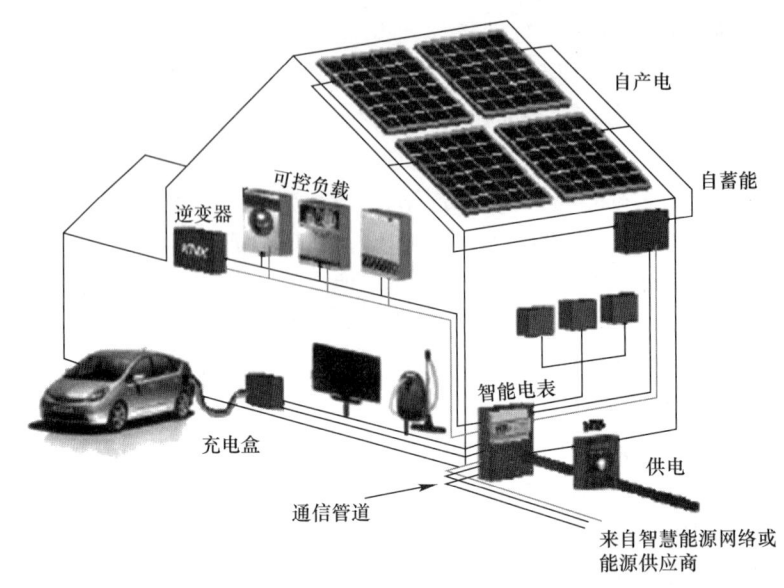

图 20-9 皇家海港项目中产能建筑的概念图示

制冷量 150MW❶。Ropsten 城区供冷由附近的 Värtan 三联供电厂负责生产和运营（见表 20-2）。Värtan 三联供电厂属于北欧最大的能源商 Fortum 所有，该电厂同时向项目供电。

Ropsten 城区供热供冷海水源热泵机组参数 表 20-1

制热量	30MW	海水温度 in/out	+2.5/+0.5℃
耗电量	8MW	供回热水温度	80℃/57℃H
蒸发温度	−3℃	机组负荷调节	10%～100%
冷凝温度	82℃		

Värtan 三联供电厂供冷供热最大容量 表 20-2

CHP	发电量	145MW
	制热量	310MW
生物油 CHP	发电量	190MW
	制热量	320MW
海水源热泵	制热量	275MW
	制冷量	150MW
电锅炉		230MW
调峰锅炉		620MW
燃气轮机	发电量	354MW
蓄热		40000m³/2000MWh

6. 分布式能源交易机制

为促进分散的可再生能源发电，推动零碳目标与零化石能源目标的实现，皇家海港项目极力推动电力供应商和末端用户之间的能源交易机制，促使用户积极主动参与末端节能

---

❶ 由于地处气候寒冷的斯堪的纳维亚半岛，斯德哥尔摩的制冷需求并不大。整个斯德哥尔摩市大概有 600 多栋建筑连接到城区供冷管网，2010 年的总负荷约 353MW，其中免费供冷占 21.5%。

和产能,包括能源计量、实时计价、阶梯式税率等,包括基于瑞典电力证书制度(electricity certificate)可再生能源发电的自发电用户与电网交易。另外,自发电的用户可以与分布式能源运营商签订合同,租借蓄电池的部分容量用于自发电的储存。用户可以在需求电力大于自发电力时,调用这部分存储的电量。这种储能系统租借的方式,在电力上网价格低于电力销售价格时,对于分布式能源的自发电用户来讲是有利的。

20.2 美国案例:芝加哥湖畔改造项目能源规划❶

20.2.1 背景介绍

如图 20-10 所示,整个湖畔改造项目在规划之初就提出一个整体的"湖畔概念"(LakesideIdea),希望通过这个项目来示范和验证"下一代基础设施"。

规划中对能源系统提出了三个最重要的目标:

(1)能够提供一揽子清洁能源。随着技术的发展,有更清洁的能源可供选择的时候也同样可以兼容进来。

(2)通过计量,用能源数据来撬动进一步创新。

(3)提供比传统解决方案更低廉的价格。

图 20-10 芝加哥湖畔改造项目效果图

20.2.2 规划业态和总体概念

规划总面积 239 公顷,新建建筑面积 450 万 m^2,住宅 18500 套。其中第一期(核心区)50%为住宅(800 套住宅),25%为商业,另外 25%为研究机构和办公楼。平均容积率 2.5,如图 20-11 所示。

"创新的基础设施"是整个湖畔项目的核心之一。规划的出发点是以此为催化剂,带动周边建设和服务,从而创造竞争优势。另一大特色是居住区和著名高校以及国家实验室

---

❶ 该案例由美国 SOM 公司设计并提供相关资料。

第 20 章 国际案例

等交织在一起。规划 10MW、25MW、50MW 的数据和计算研究中心"镶嵌"其中，形成"创新中心"。数据服务带来周边的收益，带动科研、商业孵化、社区拓展以及模式的创新。创新中心可以由"三核"构成：数据中心、能源创新中心、"智慧"工作中心，如图 20-12 所示。

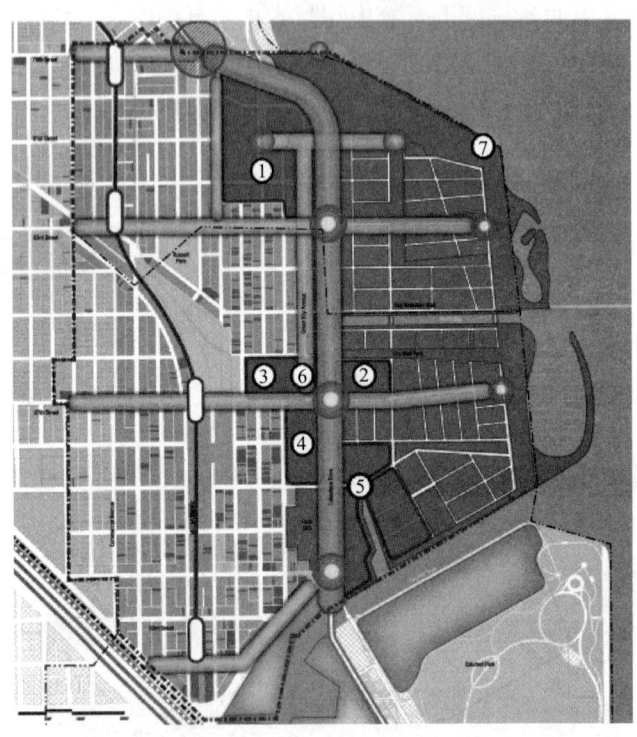

①市场和公共空间

②住宅

③中学

④变电站升级项目

⑤湖畔创新中心

⑥基督教青年会

⑦民权纪念碑

图 20-11 芝加哥湖畔改造项目第一期功能规划

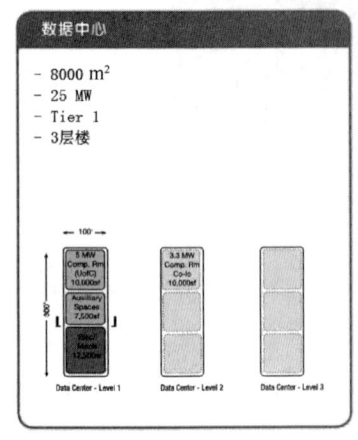 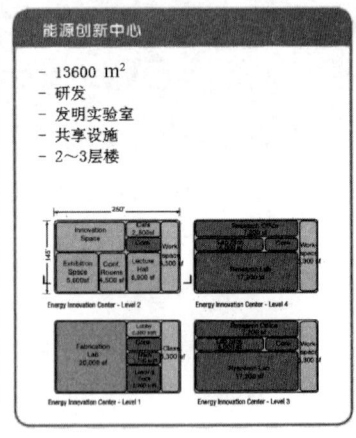 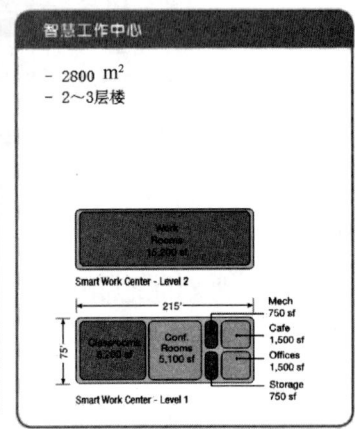

图 20-12 创新中心的"三核"

20.2.3 基础设施设计和负荷预测

根据规划的发展轨迹，能效水平和消费目标来确定包括能源、水、废弃物和 ICT 的需求（负荷），并且绘制出 20 年发展的路线图。这些负荷表达成峰值的需求和基础需求，为供给侧的设计提供依据。

基础设施的设计，除了达到既定的标准，还设法合理选取技术，尽量采用成熟的或即将成熟的技术，以逐步抵消前期支付的溢价。还可以应用场地特有的被动式策略，如深层湖水直接用于供冷。探索可以延伸到项目边界之外的策略，从而影响周边社区和南部更多城区。

从核心区到周边区，基础设施的"绿色"的程度也有一个递减的关系，如图 20-13 所示。

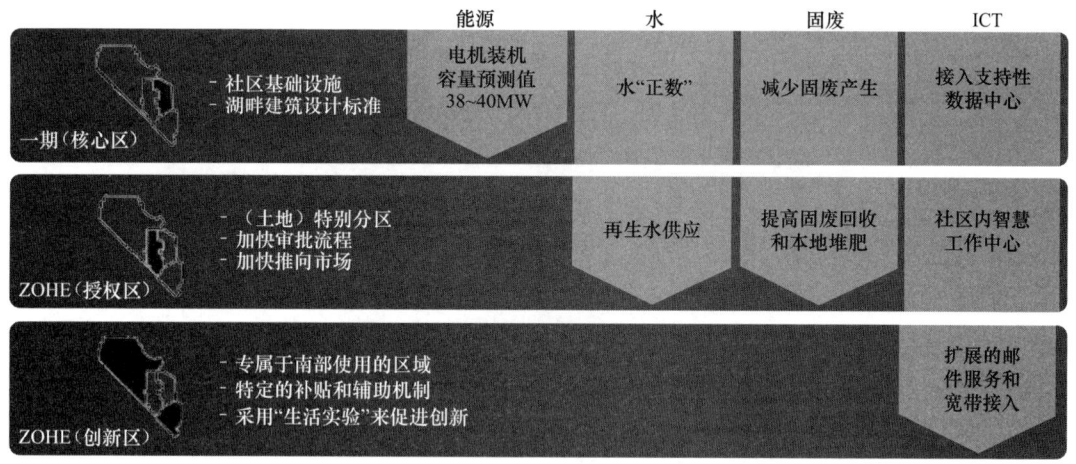

图 20-13　绿色基础设施的程度递减关系

20.2.4　建筑设计标准

在建筑层面上，采用被动措施减少负荷。通过建筑设计规范，提高围护结构性能，外窗等重要构件的设计遵循一定的导则，规定使用高效的灯具等。结合智能化基础设施的监测系统。采用中水处理和回用。

在电力使用上，通过智能电网实现电力交换和备用，减少冗余。

20.2.5　区域供冷供热

第一阶段的负荷足以支撑区域供冷供热的运行，达到投资收益的平衡。系统的扩展考虑到技术的进步，除了新建社区，在可行的前提下也将系统延伸到既有的社区。在近期尽可能使用地源热泵技术，远期则考虑湖水冷却（见图 20-14）。

区域供冷供热采用更合理的商业模式。分期实施可以支撑城区能源中心的扩展步调。小面积的换热机房可以替代制冷制热机房，因此可以节约建筑面积。屋顶无冷却塔，屋顶可以有更多空间用于绿化、休闲以及可再生能源系统。易于适应新技术，模块化、灵活的区域供冷供热系统更容易采用替代技术。城区供冷系统可以减少建筑层面的系统冗余（备用）度，通过整个城区的同时使用系数优化可以减少配置容量约 20%。

区域供冷供热系统的投资回收期约为 12 年（见图 20-15）。

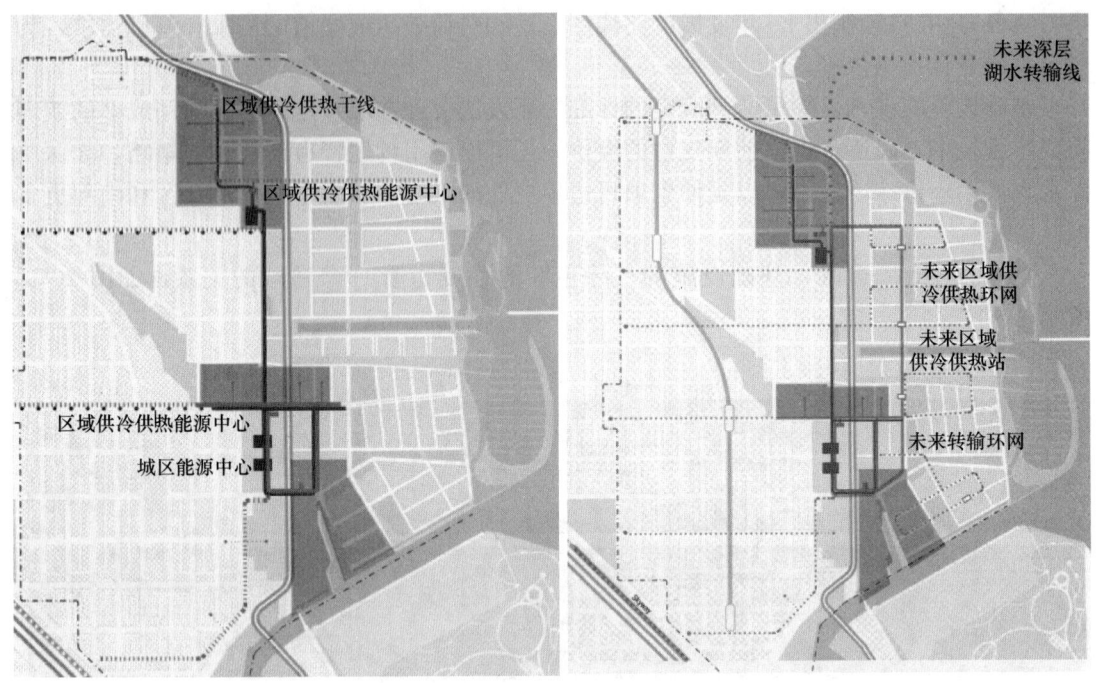

图 20-14　城区能源中心的近期和扩展

投资	年数			
	1	5	10	15
初投资+运营 （百万美元）	−63.4	−23.5	−11.5	−12.5
营收 （百万美元）	+6.0	+16	+21.9	+28.8

+16.3

图 20-15　逐年投资和收益

20.3　日本案例

20.3.1　东京都品川区域供冷供热设施[24]

东京都品川能源公司主营的东京都品川区域供冷供热项目的供能对象为以品川内城为中心，覆盖日本铁路（JR）品川站（东口）的再开发地区，占地面积 11.9 公顷。该地块原为品川内城（intercity）和东京中央肉类批发市场，经再开发为办公、商业、集会场所等。城区供能系统的主要客户为 3 栋超高层建筑，总建筑面积约 34.7 万 m^2，于 1998 年 11 月开始运营。能源站的制冷容量为 112659MJ/h，制热容量为 89623MJ/h，向办公建筑冷量，向超高层建筑的低层部分供应热量。

能源站的设备配置采用多能互补形式，包括冷热电联产、大型蓄冷蓄热、余热回收利用。与以往只关注单体建筑物的视角不同，该案例强调在街区尺度上考虑能源的有效利用和全城区节能问题，将目标设定为城区整体节能（City-Wide Energy Conservation），同时努力减少对城市基础设施的影响。能源站的主要设备及热源系统概要图如图 20-16 所示。

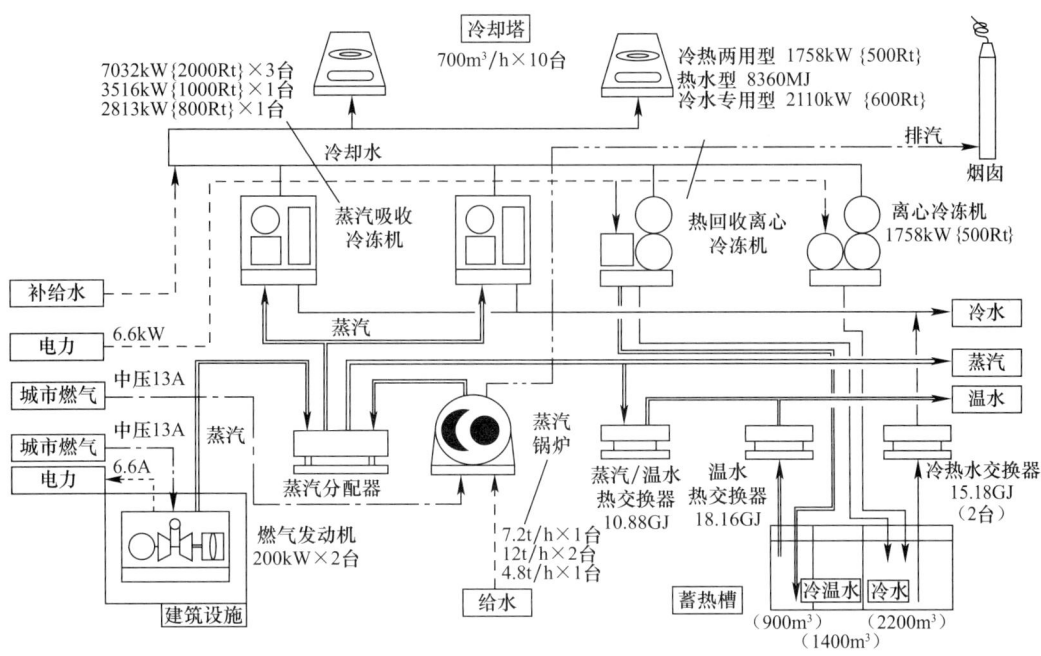

图 20-16　能源站系统图

该项目的热电联产系统（CGS）由低 NO_x 型燃气轮机 2000kW×2 台构成，排热量以 0.83MPa 的蒸汽形式回收，由能源公司回收并加以有效利用。燃气轮机年发电量及蒸汽回收量、能源站年售热量、系统综合效率分别如图 20-17～图 20-19 所示。

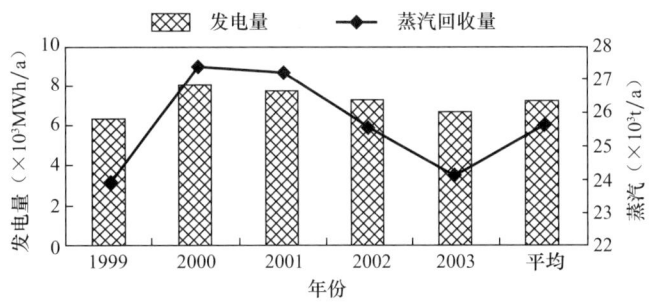

图 20-17　年发电量和蒸汽回收量

能源站设置的蓄冷槽容量为 4500m³，为立式温度分层型槽，利用夜间电力蓄冷，实现电力需求的移峰填谷。由于办公建筑冬季也有冷负荷，因此采用热回收型制冷机组回收制冷机的冷凝排热用于加热温水供给低层的商业设施。该项目还利用芝浦下水处理厂回收雨水并加以利用，构建了水资源循环利用系统。

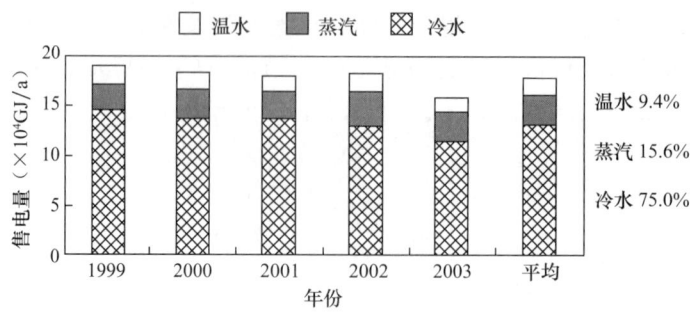

图 20-18　能源站的年售热量

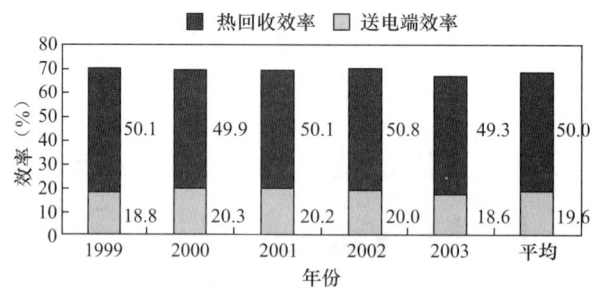

图 20-19　系统综合效率

该能源站从 1998 年 11 月开始供能。根据实际运行数据统计，用户最大负荷与能源站最大供应能力的对比情况为：冷量 89.2%，热量 72.3%。5 年间（1998～2003 年）实际运行业绩显示：热电联产系统（CGS）的平均运行时数为 4662h，供电量平均占建筑物耗电量的 12.4%。能源站蒸汽来源包括锅炉蒸汽和 CGS 系统回收蒸汽，其中回收蒸汽占蒸汽总量的 48%（见图 20-20）。系统综合效率平均值为 69.6%，最大值为 70.8%，最小值为 67.9%。与分散热源（燃气锅炉＋辅助燃油锅炉、热泵）相比较，实现节能率 7.1%（>5%）、CGS 余热利用率 35.4%（>30%）、NO_x 排放浓度 35.5ppm（<50ppm），其中括号内数值是日本国内的限定值，热电联产城区供热较个别分散式热源方式节能达 24.3%。

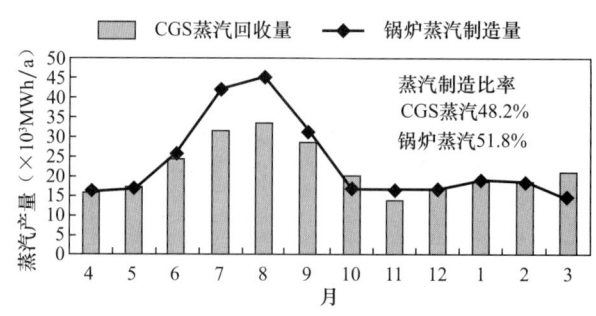

图 20-20　回收蒸汽与蒸汽总量

20.3.2　大阪中之岛的河水源利用[25]

大阪中之岛地区指被堂岛川和土佐堀川合围的狭长地带（见图 20-21），也是大阪最具代表性的商业地区，集中了重要文化遗产中央公会堂和府立图书馆、大阪市役所、日本银行大阪支店、大阪国际会议中心等重要建筑物。

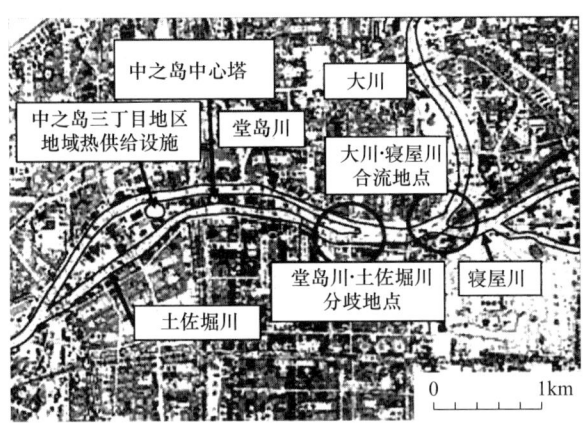

图 20-21 中之岛地区区位图

中之岛三丁目地区的城区能源站位于中之岛西部，供能设施设置在关西电力大楼的地下四层和地五层，与该大楼同步建设，于 2004 年 12 月竣工。根据"中之岛西部地区开发构想"，该地块分三期建设，如图 20-22 所示。热供给概要见表 20-3，设备配置见表 20-4。

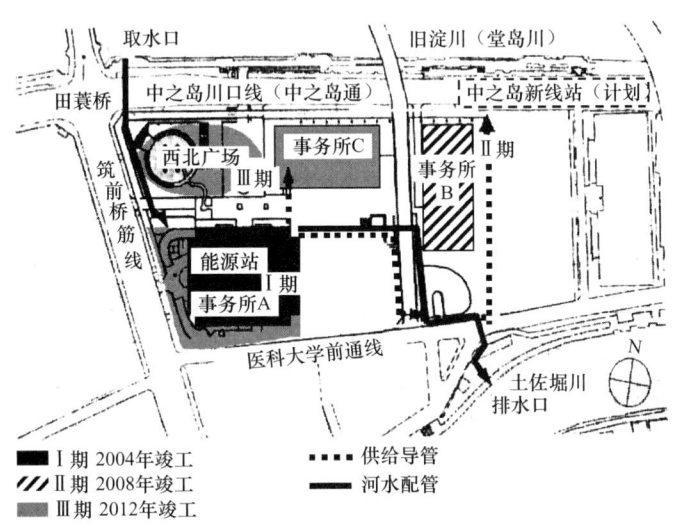

图 20-22 中之岛西部地区开发规划

该能源站充分利用被两条河流合围的地理条件，其热源水和冷却水全部来自河水。河水源利用有利于提高节能效果和减少向大气排热导致热岛负荷。在节能效果方面，与空气源热泵方式相比计算节能率 14%。能源站系统图如图 20-23 所示，河水经设置在堂岛川中的 30mm 取水口取水，经自动过滤装置除去杂物，然后经河水热交换器，与热泵和制冷机的冷却水进行热交换后排向土佐堀川。经日本国土交通省批准的该项目 1 期河水可利用量见表 20-5。根据测算，尽管排水口附近的河水温度有一些变动，但是影响非常小。河水热交换器为壳管型，河水在直径 16mm 的热交换管内流动，管外侧为冷却水，流动换热。由

第20章 国际案例

于河水在管内流动,为了防止管内堵塞,设置了软球清洗装置,通过压送软球的方式对管内进行清洗,因而无需向水中加药,该装置根据压差或时间设定进行控制。

热供给概要　　　　　　　　　　　　　　　　　　表20-3

名称	中之岛三丁目地区城区能源站
所在地	大阪市北区中之岛3－6－16
服务面积	2.2公顷
服务建筑面积	106000m²
供水参数	冷水:送水3～5℃,回水13～15℃ 热水:送水45～49℃,回水38～42℃

能源站设备配置　　　　　　　　　　　　　　　　表20-4

设备	制冷容量	制热容量	台数
水源热泵 (制冰型/热回收型)	冷水 3082MJ/h; 制冰 1936MJ/h	冷水热回收型 3067MJ/h; 制冰热回收型 2448MJ/h	8组(16台)
水冷式电驱动制冷机组	5063MJ/h	—	1台
水源热泵	—	837MJ/h	1台
合计	29719MJ/h	29693MJ/h	
蓄冰槽	有效水量约100m³ 10h蓄冷量 17230MJ		8槽

河川水利用的许可条件　　　　　　　　　　　　　表20-5

利用河川	取水:堂岛川 排水:土佐掘川		
取排水量	夏季 (5/1～10/31)	单位时间最大值	0.426m³/s
		日最大值	30000m³/日
	冬季 (11/1～4/30)	单位时间最大值	0.348m³/s
		日最大值	17000m³/日
排水温度	与堂岛川河水的温差:-3℃以上+5℃以下 加上 与土佐掘川河水的温差:-5℃以上+5℃以下		

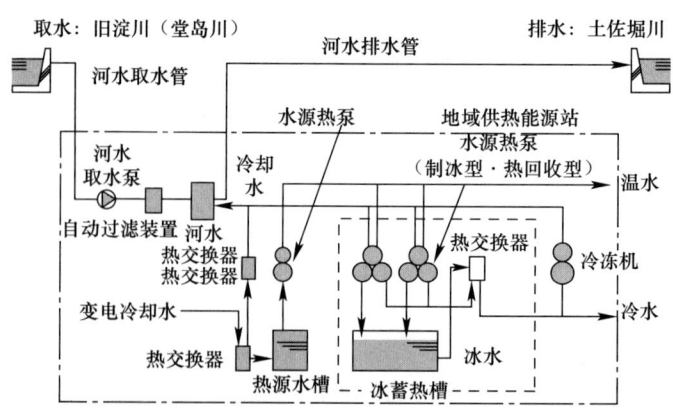

图20-23 能源站系统图

20.3.3 福冈海水源热泵城区供热供冷系统[26]

福冈市位于日本的西南部,九州地区北部,市域面积 340.03km²,东西向 27.6km,南北向 31.9km。气候温和,年平均气温 17.1℃,年降雨量 1600mm,梅雨季 6～7 月,台风季 6～10 月。

滨海百道地区濒临博多湾,连接福冈西部副都心,是福冈市在"推进近都心部地区开发利用框架"下打造的新型街区。图 20-24 是滨海百道地区实景。该地区以信息技术为中心,集中了商业、办公、高级住宅区、文化设施、运动设施(福冈体育馆)等功能,成为推进面向 21 世纪的"人-信息-文化"综合交流的新型活力市街地。百道地区以商业、办公机能高度集中的信息服务设施为中心,加上福冈运动馆,都要求洗练、环保的都市空间。

图 20-24 福冈市滨海百道地区实景

1991 年日本通商产业省设立"利用未利用能的城区供热供冷系统事业费补助金制度",滨海百道城区集中供热供冷系统是第一个获得该项补贴的项目,自 1993 年 4 月 1 日开始投入运营。该城区系统设有 2 个能源站,能源站设备及容量配置见表 20-6,城区管网如图 20-25 所示。因能源站靠近海边,该项目将"海水"作为未利用热源,用于供能系统制热或制冷的低位热源。通过采用深层取水方式,将取水口设置在海底,获得稳定的海水温度,冬季水温高于空气温度、夏季低于空气温度。图 20-26 是海水利用系统示意图,图 20-27 是取水口示意图。除海水源热泵外,该项目还设置了当时日本国内最大容量的冰蓄冷系统,包括 3 个 185m³ 的蓄冰槽,白天释冷能力相当于 1500 冷吨(Rt)的制冷机制冷量。同时,还利用建筑物的箱型基础设置了水蓄冷槽。能源站采用直燃吸收式冷热水机组,实现能源利用形式的最佳组合。能源站设置热回收型电驱动制冷机用于夏季热水供应和冬季智能建筑内计算机室的冷量供应。

第20章 国际案例

能源站设备及容量配置　　　　　　　　　　　　表 20-6

	1号能源站	2号能源站
	日本电气会社（某建筑物内）	日立制作所（独立设置）
供应对象	滨海百道地区	
服务面积	约 43.5 公顷	
服务建筑面积	28 幢建筑物，建筑面积 885100m²	
管网	4 管制，管径 900～125A	
	总长度（往返）7044m，冷水管 3522m，热水管 3522m	
设备选型	海水源热泵 3000Rt×3 台	热回收型制冷机 1500Rt×1 台，500Rt×1 台
	空气源热泵 3000Rt×2 台	直燃型冷热水机组 1500Rt×3 台，500Rt×1 台
	水蓄冷/热槽 4000m³	冰蓄冷槽 185m³×3 个
		冷水专用槽 1900m³
负荷预测	冷负荷 70000Gcal/a，热负荷 31000Gcal/a	
开始运行时间	1995 年 7 月 1 日	1993 年 4 月 1 日

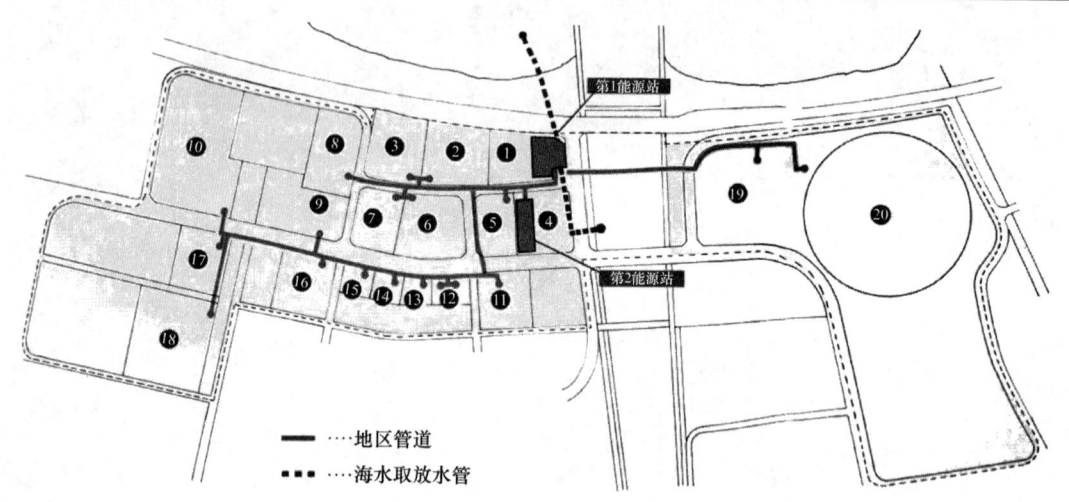

图 20-25　城区管网

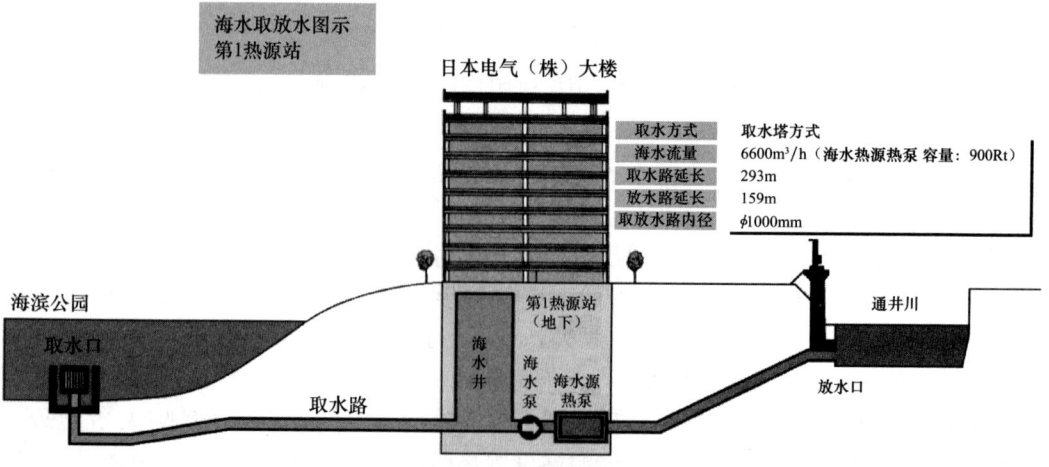

图 20-26　海水利用系统

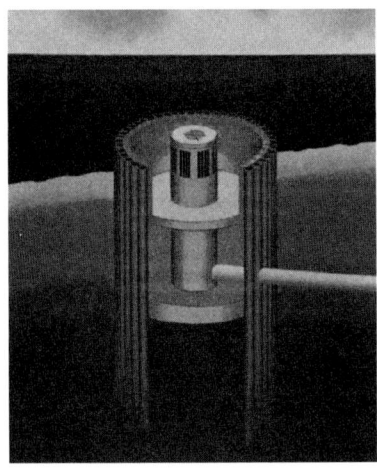

图 20-27 取水口示意图

本章参考文献

[1] Jonathan Rutherford. HammarbySjöstad and the rebundling of infrastructure systems in Stockholm. http://www.enpc.fr/.
[2] http://www.energy-cities.eu/.
[3] HammarbySjöstad-a unique environmental project in Stockholm,http://bygg.stockholm.se/.
[4] ÖrjanSvane. Energy Efficiency in HammarbySjöstad,Stockholm through ICT and smarter infrastructure-survey and potentials. http://2013.ict4s.org/.
[5] HammarbySjöstad-Hammarby waterfront sustainable city district. http://www.swedenabroad.com/.
[6] http://bygg.stockholm.se/Alla-projekt/hammarby-sjostad/.
[7] http://www.swedenabroad.com/.
[8] http://hammarbysjostad.info/.
[9] http://www.stockholm.se/hammarbysjostad.
[10] http://www.hammarbysjostad.se.
[11] Karolina Brick. Report summary-Follow up of environmental impact in HammarbySjöstad: SicklaUdde, SicklaKaj, Lugnet and Proppen. Grontmij AB. March 2008.
[12] Brogren, M. Green, Anna. HammarbySjöstad-an interdisciplinary case study of the integration of photovoltaics in a new ecologically sustainable residential area in Stockholm. Solar Energy Materials and Solar Cells, 75 (3-4): 761-765.
[13] http://www.solaripedia.com/.
[14] http://www.fortum.com/countries/se/.
[15] Swedish Energy Agency, https://www.energimyndigheten.se/.
[16] http://www.stockholmroyalseaport.com.
[17] Övergripande program förmiljöochhållbarstadsutvecklingiNorraDjurgårdsstaden❶ (Stockholm Royal Seaport), http://bygg.stockholm.se.
[18] José González del Pozo. Electric Energy Storage in the Stockholm Royal Seaport. Master Thesis.

---

❶ "斯德哥尔摩皇家海港项目环境和可持续城市发展总体方案".

The Royal Institute of Technology (KTH), 2011.

[19] ERICSSON. Stockholm Royal Seaport-a sustainable city-Implementing Smart Grid. http://www.ts.ee/.

[20] Stockholm Royal Seaport-Urban Smart Grid Pre-Study. https://www.energimyndigheten.se/.

[21] Fortum. District heating and cooling in Stockholm Site visit to the Ropsten plant. http://www.geopower-i4c.eu.

[22] ABB. Smart Grid _ Implementation strategies. http://www.cieca.org.tw.

[23] NEPP report. On experience of smart grid projects in Europe and the Swedish demonstration projects. http://www.nepp.se/pdf/smart_grids.pdf.

[24] 《空气调和·卫生工学》. 2005, 79 (7): 573-579.

[25] 《空气调和·卫生工学》. 2006, 80 (9), 713-718.

[26] http://www.fukuoka-es.co.jp/area/momochi.html.

第 21 章 国内案例

21.1 能源总线技术集成与应用的崇明岛东滩案例

随着我国城镇化地不断推进，城市能源消耗不断增加，相应的人口环境问题日益突出，低碳生态城区的能源规划应运而生。如何实现城区内经济高效、安全可靠、科学合理的产能、送能、用能是一项必不可少的研究任务。在城区层面上，能源总线（energybus）技术可以充分利用可再生能源和热源，实现城区供冷/供热，改善能源结构、达到节能减排的目的。

21.1.1 项目概况❶

东滩生态城位于崇明生态岛东滩的南部启动区，占地 12.5km²，将建设成为低生态足迹、低能源需求、低水源消耗、低碳排放、高效废弃物处理的示范生态城。东滩生态城平面示意图如图 21-1 所示。

图 21-1 东滩生态城平面示意图

---

❶ 该项目是上海市科委重大专项（项目编号 12231205300）"东滩生态城绿色基础设施建设技术集成示范与决策评估体系研究"的子课题，由上海誉德动力技术集团股份有限公司完成。

地块内分为一期和二期，本次设计为一期地块，1号、2号、6号楼，其中1号楼建筑面积为3198m^2，地下1层，地上3层；2号楼建筑面积为2939m^2，地下1层，地上3层；6号楼建筑面积为8851m^2，地下1层，地上5层；1号、2号楼是会务接待，6号楼是酒店，双床房9间，大床房33间，套房4间，共46间。

项目原设计是每栋楼独立设置地源热泵系统包括地源井和地源热泵主机配置，采用垂直埋管双U方式，井深100m，管材采用PE-100，1.6MPa，De25的管材。

设计打井数：1号楼打井66口，2号楼打井72口，6号楼打井180口，共318口井。

该项目通过能源总线设计，将1号、2号、6号楼的地源井系统和用户侧（地源热泵主机冷凝器侧）接入能源总线，通过能源总线进行统一调配和管理。能源总线系统的低品位可再生能源以浅层地源为主，以若干个地源井系统和用户作为分布式供能和分散式用能的研究模型。

21.1.2 项目设计方案

1. 系统方案比选

方案一：行政中心1号、2号、6号楼分别设置独立机房以及独立的地源井，将每个机房的地源热泵出水（冷冻水）送入环状能源总线系统。各建筑将根据各自的需求从能源总线中抽取所需要的冷冻水量，再分配给用户，原理图如图21-2所示。

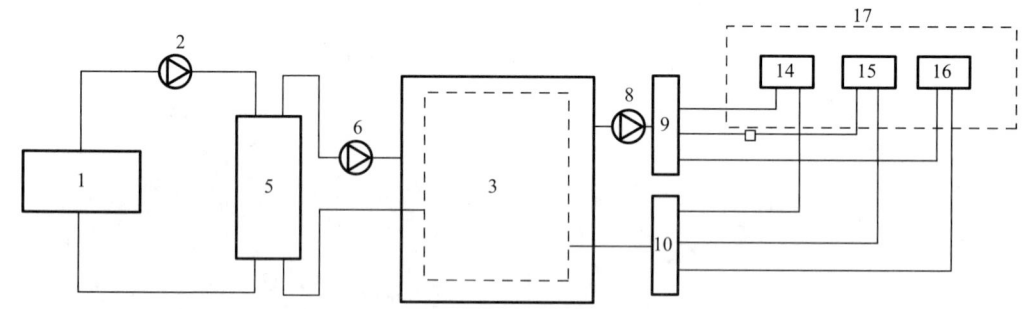

图21-2 方案一供能系统原理图

1—土壤换热器；2—地源一次泵；3—冷冻水环路（Energy bus）；5—热泵机组（冷冻水生产中心）；6—空调一次泵；8—空调二次泵；9—集水器；10—分水器；14—用户一；15—用户二；16—用户三（远端用户）；17—用户端（单体建筑群）

方案二：行政中心1号、2号、6号楼分别设置独立机房以及独立的地源井，将分散的地源井用环网技术相互连接。各地源井将地源水（冷却水）送入能源总线回路，各个独立机房根据需要从能源总线回路中抽取所需要的水量送入热泵机组来制取冷冻水再分配给用户，原理图如图21-3所示。

从图21-2和图21-3的供能方式可以得出：

（1）方案二可以通过城区能源管理中心对城区内的低品位能源（地热和冷却塔）进行统一调配，使得不同地块土壤具有分时恢复能力，保证地源井的热平衡，从而确保土壤的持续取热、放热能力。此外，还可集中设置冷却塔群，在保证整个系统安全可靠的前提下有利于地块整体环境规划。

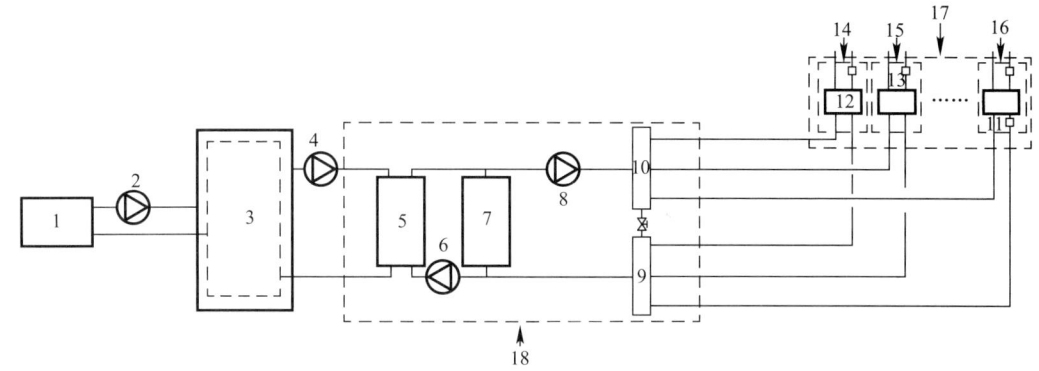

图 21-3 方案二供能系统原理图

1—土壤换热器；2—地源一次泵；3—冷冻水环路（Energy bus）；4—地源二次泵；5—热泵机组（冷冻水生产中心）；6—空调一次泵；7—蓄能池；8—空调二次泵；9—集水器；10—分水器；11—空调三次泵（远端用户增设）；12—板式换热器；13—用户侧泵；14—用户一；15—用户二；16—用户三（远端用户）；17—用户端（单体建筑群）；18—能源站

（2）从城区建筑负荷同时使用系数的角度出发，方案一可以减少主机的装机容量，但增加了冷却塔的数量，而方案二可以减少地源井和冷却塔的数量。

（3）从管网系统角度出发，方案一的供回水温差大，流量低，运行费用低，但须对管道进行保温处理，增加初投资；方案二的冷却水供回水温差小，流量大，运行费用高，但不需要保温处理，初投资较低。但方案一在工程上的实际运行中，往往出现大流量小温差现象，导致系统供能温差低，输送能耗与方案二相差不大。

（4）从水质处理角度出发，方案二对循环水水质的要求更低，水质处理的初投资运行成本较低。

综合以上分析，方案一比方案二更具有优势，因此该项目选择方案一为最终设计方案。

2. 单双管供能管线比选

能源总线的单环供能方式与双管供能方式相比具有如下优点：

（1）能源总线的单环网路的水力稳定性较好，特别适合于分户计量供能系统的运行调节。双管供能系统中水力失调现象是难以避免的，原因是双管供能系统具有许多并联环路，各环路之间的水力工况相互影响，系统中任何一个支路流量的改变，必然会引起其他支路流量的变化，造成水力失调。良好的解决办法是合理设计系统，辅以少量的自动控制设备，提高系统的稳定性，减少各支路、各用户间的调节干扰。单管供能系统中，各用户之间相互独立，某一用户流量的变化对其他用户不产生影响，因此不存在水力失调现象，水力稳定性好于双管供能系统。

（2）有利于分布式变频系统的进一步应用。在双管供能系统中，有学者对分布式变频泵的应用做了许多理论上的研究，也提出了相应方案，并且在理想情况下进行了实例模拟及水压图的分析，但是由于水泵串、并联运行比较复杂，在供回水干管各管段分别安装分布式供水加压泵和分布式回水加压泵的实际案例少之又少。若采用单管系统，则无需在供回水主干线上分别串联加压泵就能达到相同的节能效果。此外，在用户或支线分布式加压泵的选型上，也比现有双管供能系统简单，可以根据用户实际需求选择变频泵，且水泵的调节相互独立，运行简单。

(3) 简化多热源联网运行。在双管供能系统的多热源联网情况下，供能系统的管径设置、水力工况、热力工况及调节工况变得非常复杂，需要解决以下几个问题：多热源热负荷的分配问题；各热源是同时启动还是根据环境气温递序启动的问题；并网运行还是独立运行的问题；多个泵站如何协调启停的问题等。但是在单管供能系统中，多热源分别运行、解列运行、并网运行以及水力工况和运行调节方面等都将变得非常简单。

(4) 降低系统的运行压力。单管功能系统的运行压力较低，可以扩大混水泵直连方式在集中供能系统中的运用，将以换热站间接连接为主的集中供能一级网系统改为以混水泵站为主的两级网供能系统。同时，一级网管道及局部构件压力显著降低，一级网的初投资大幅度下降。循环水泵扬程减小，这样水泵投资随之降低，运行电耗也随之降低。

(5) 供能站即为混水站。若采用单管供能系统，则供能站本质上转化为混水站。混水站没有换热器，相对间接供能方式可减少换热器的散热损失和传热端差；在检修期间，相对于间接供能方式可以节省大量的维护费用；混水站工艺结构上没有换热器，减少了除污器、过滤器、管道以及一些管道附件等设备，同时减少了热源循环水泵的扬程，不需要软化水系统以及补水定压系统，节省了初投资；热损耗较小，可以增加运行效率。

综上所述，该项目采用单管系统能源总线的设计方案。

3. 两级输送管路

单管系统，是单管闭式系统的简称，由两级输送管路组成，原理图 21-4 所示。

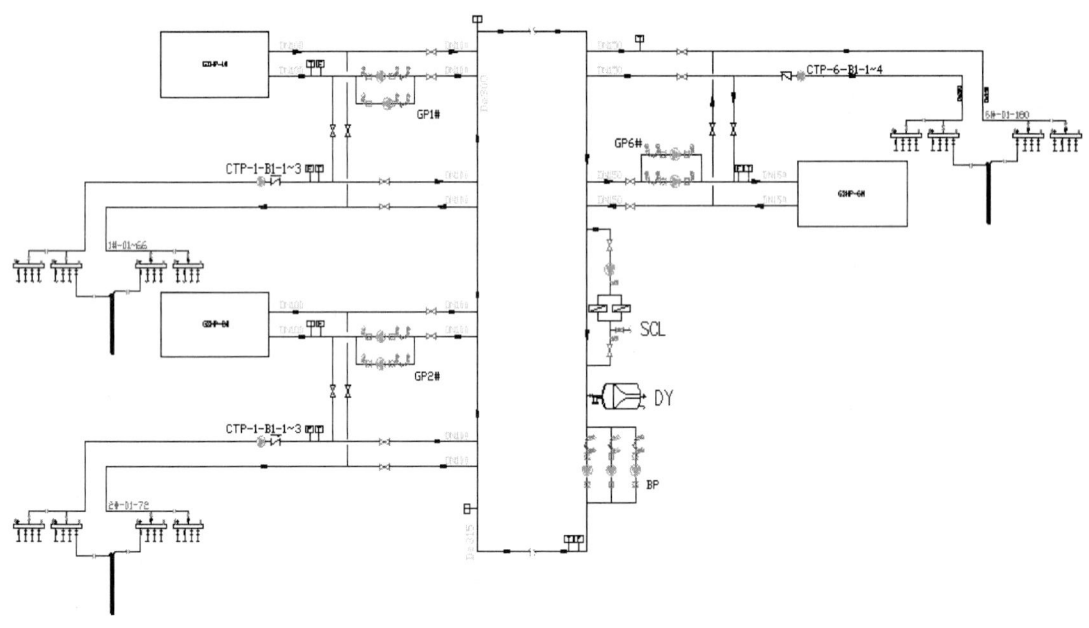

图 21-4 两级输送管路原理图

从图 21-4 可以看出，一级输送管路是由冷热源、单管管网和连接装置三部分组成；二级输送管路与传统双管闭式系统相同，由一级网络用户通过二次管网（庭院管网）连接用户组成。单管两级输送管路的特点是：①水力稳定性好，有利于多冷热源联网系统的推广，单管系统中各用户的冷却水流量由各自的二通阀和分布式变频泵确定，与其他用户水力工况相互独立；②系统运行压力低；③循环水泵输送能耗低；④媒介水与室外环境间温差远小于常规集中城区供冷供能，减少管道输送热损失，节省管道保温材料的投资；⑤不同地块土壤具有分时恢复能力；⑥简化了能源总线管网系统的设计、施工步骤。

21.1.3 能源总线工程设计计算

1. 项目设计计算原则

该项目为了满足用户需求，在能源总线工程设计计算时按照以下原则：

（1）总线流量确定

建筑物的供回水温差为5℃；总线中每个用户对环路水温影响不超过1℃；对比不同总水量计算结果，取较大者作为总线水量。

（2）总线的压力损失确定

在保证总水量的前提下，确定几种不同的管径；计算出对应管径的流速；分别计算出沿程水头损失和局部水头损失；计算出总水头。

（3）用户入户测流量校核

根据1号、2号楼热泵机组冷凝器流量以及蒸发器流量，确定1号、2号楼从总线的取水量；根据6号楼热泵机组冷凝器流量以及蒸发器流量，确定6号楼从总线的取水量。

（4）用户入户侧压头损失确定

根据机房内干管直径以及流量确定流速；根据相应公式计算出沿程阻力；根据入户侧阀门及管径计算出局部水头损失；最后得出总水头损失。

2. 流量及扬程计算

（1）根据建筑物的供回水温差和用户对总线管路的温升影响分别计算总线流量为 $405.8m^3/h$ 和 $585m^3/h$，因此选取总管的水流量为 $585m^3/h$，此时每栋楼对总线管路的造成的温升如表21-1所示。

每栋楼对总线造成的温升　　　　　　　　表21-1

楼宇编号	1号	2号	3号	4号	5号	6号
最大温升（℃）	0.32	0.32	0.45	0.45	1.00	0.93

（2）能源总线水压图

根据总线的总流量分别进行水泵选型，然后确定总线的静水压线，在此基础上绘制能源总线水压图，如图21-5所示。

其中静水压曲线的高度必须满足以下技术要求：

1）与单环网路直接连接的用户系统内，底层散热器所承受的静水压力应不超过散热器的承压能力。

2）单环网路及与他直接连接的用户系统内，不会出现汽化或倒空。

3. 能源总线经济性分析

根据设计的能源总线，作了系统的经济性分析。

（1）地源井初投资计算

考虑同时使用系数，采用能源总线管网设计方法可以减少地源井的数量。

根据东滩项目涉及的建筑类型（1号、2号楼办公室，6号楼酒店），其负荷曲线叠加后的估算结果，同时使用系数在0.75～0.8之间，取0.8，可以节约20%地源井数量。经

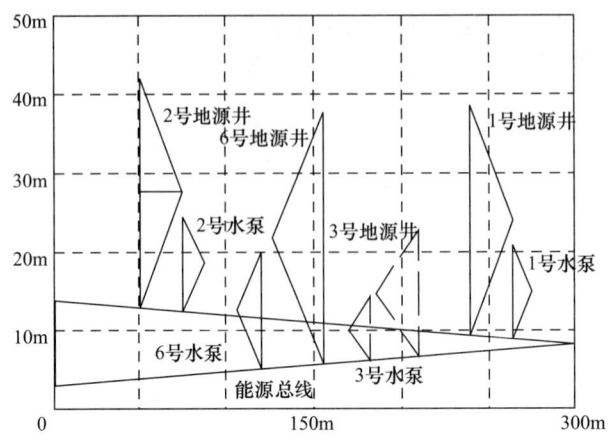

图 21-5　能源总线水压图

计算，每万平方米可以节约初投资 18 万元。

(2) 能源总线系统主机运行费用比较

能源总线使得更多的用户可以采用地源热泵机组，取代 COP 较低的风冷热泵和锅炉系统，可以带来 15 元/(m^2·a) 的收益，按 10 年计算，折算为初投资 150 元/m^2（忽略利率）。在常规的建筑设计中，当涉及建筑环境较为复杂的情况下，总有一部分建筑不易或不能直接使用地源热泵系统，据不完全统计，达到整个设计面积的 20%。若采用能源总线的供能方式，按 10 年计算，则每万平方米可以节约费用 30 万元。

(3) 能源总线初投资费用计算

单管能源总线管网系统的设备初投资如表 21-2 所示。

单管能源总线设备初投资　　　　　表 21-2

名称	数量	单价（元）	设备合价（元）	综合合价（含安装费）（元）
总线水泵	3	19893.00	59679.00	77582.70
1号楼入户水泵	2	5051.00	10102.00	13132.60
2号楼入户水泵	2	5051.00	10102.00	13132.60
6号楼入户水泵	2	11030.00	22060.00	28678.00
总线水管（一期）	550	184.00	101200.00	202400.00
入户水管（1#，2#）	240	58.32	13996.80	24208.80
入户水管（6#）	120	123.44	14812.80	20262.00
定压装置	1	17500.00	17500.00	22750.00
水处理装置				13500.00
阀件等			80000.00	80000.00
自控系统			200000.00	200000.00
管理费利润税金			100000.00	100000.00
总计				795646.70 元

(4) 冷却水泵运行费用

根据 2 万 m^2 的建筑体量，经过计算，总线水泵的运行费用为 6 元/(m^2·a)，按 10 年计算，即为每万平方米 60 万元。随着建筑体量的增加，水泵费用的增加速度很慢。

经过计算，能源总线成本收益如图 21-6 所示。

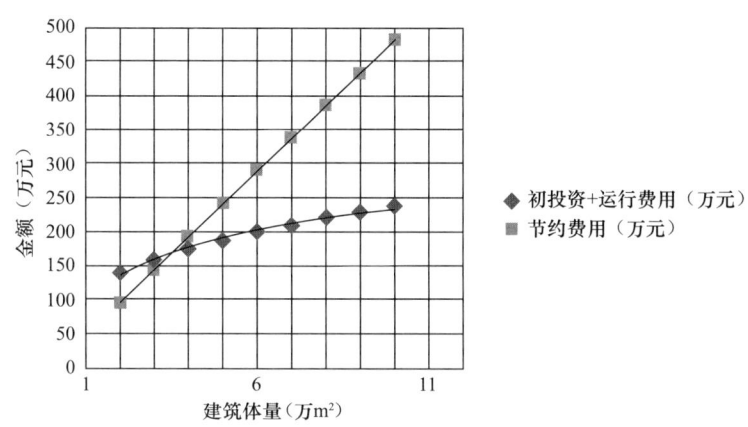

图 21-6　能源总线成本收益图

21.1.4　东滩能源总线项目小结

与国内外城区供能相比，东滩能源总线具有以下优势：

（1）在冷热源利用方面，能源总线有效地利用了可再生资源——地热源为东滩生态城供能。

（2）在供给方式上，能源总线为用户输送热泵一次侧热源水/冷却水，而普通的城区供能系统为用户输送热水/冷冻水。

（3）在成本造价方面，不需要对能源总线管网进行保温处理，节约成本。

（4）在供能方式上，用户需采用热泵制取冷冻水（或热水），避免了一般城区供能中大流量小温差的问题。

（5）可以满足用户同时的冷热需求。

21.2　泰州医药城能源微网项目案例[①]

21.2.1　项目概况

泰州医药城致力于建设成为"智慧化、多元化、规模化、商业化"的能源网络。多元集成利用地表水热能、土壤浅层地热能、天然气、蒸汽等多种形式的可再生能源和常规清洁能源。分区规划建设 5 个城区能源站，总供能面积 200m²，城区能源站建设的数量及规模居江苏省前列。

该项目主要由两个能源站组成：会展中心能源站及东部商务区能源站。会展中心能源站位于中国医药城会展中心东侧绿化带下，全地下室结构，供能对象主要为会展及办公，最大供能面积约 30 万 m²，已接入建筑面积 20 万 m²。东部商务区能源站位于会展 1 号路与会展 6 号路交叉口，全地下室结构，供能对象主要为酒店及办公，最大供能面积约 40

---

① 该案例资料由江苏特克诺节能技术有限公司提供。

万 m^2，目前已接入建筑面积 25 万 m^2。

该项目供能规划的原则是：依据"资源高效、环境友好、生态宜居"的发展理念，实现城区供能网络化发展模式，走智慧能源发展之路；科学开展能源规模化利用、集约化管理、高效化运行；针对城区的能源资源情况和不同的用能需求，利用建筑物用能特性的互补性，合理调整用能结构，实现温度对口、梯级利用；因地制宜，坚持能源多样化，统筹能源资源配置；大力推广可再生能源应用技术，提高能源综合利用效率。

21.2.2 资源潜力与负荷指标

1. 可用资源潜力

医药城东部商务区东侧紧邻景观湖，离能源站约 500m，湖水面积约 300 亩，最大冷却负荷约 2000kW，最大取热负荷约 3000kW，可作为水源热泵水源。此外，两个能源站周边规划多处绿化用地，为实施地埋管地源热泵提供了有利条件。

2. 空调设计负荷指标

办公、酒店类建筑，空调设计冷负荷指标 110～120W/m^2，空调设计热负荷指标 80～85W/m^2；会展类建筑，空调设计冷负荷指标 150～180W/m^2，空调设计热负荷指标 80～100W/m^2。

3. 空调运行负荷指标

根据医药城城区能源运行经验，城区建筑实际空调同时使用率较低，最大负荷指标普遍较低，空调运行冷负荷指标 40～50W/m^2，空调设计热负荷指标 30～35W/m^2。

21.2.3 能源微网系统

1. 系统确定原则

系统确定原则为供能安全性、供能高效性和投资经济性。

2. 系统方案

该项目由两个能源站联网而成：会展中心能源站和东区 1 号能源站。会展中心能源站的装机总量为 19MW，东区 1 号能源站的装机总量为 20MW，两个能源站通过城区调节站进行连接。城区调节站供冷负荷 5MW，由蓄能水池、释能板式换热器、泵组及控制系统组成，通过城区调节站可以实现两个能源站的能源互通，系统原理如图 21-7 所示。

3. 智能能源微网

该智能能源微网是一个综合会展中心能源站、商务 1 号能源站、城区能源调节站、空调冷热水管网及站内智能能效控制系统、站间智能互联网监控系统，且能够实现自我控制、保护和管理的自治系统。各站房可以并网运行，也可以孤立运行。

该项目建立智能能源微网的两个理念分别是：紧紧围绕全系统能量需求的设计理念和向用户提供多品位能源的供能理念。

智能能源微网在角色定位上，具有两方面的表现。对于城区供能系统，智能能源微网作为一个大小可以改变的智能负载，可实现城区供能系统负荷的可调度性，能在数秒内做出响应，在城区供能系统发生故障时可保证刚性负荷的供给，为城区能源系统的整体调度和供能安全提供了保障。对于用户，智能能源微网作为一个可定制的能源，可以满足用户能源种类多样化的需求。

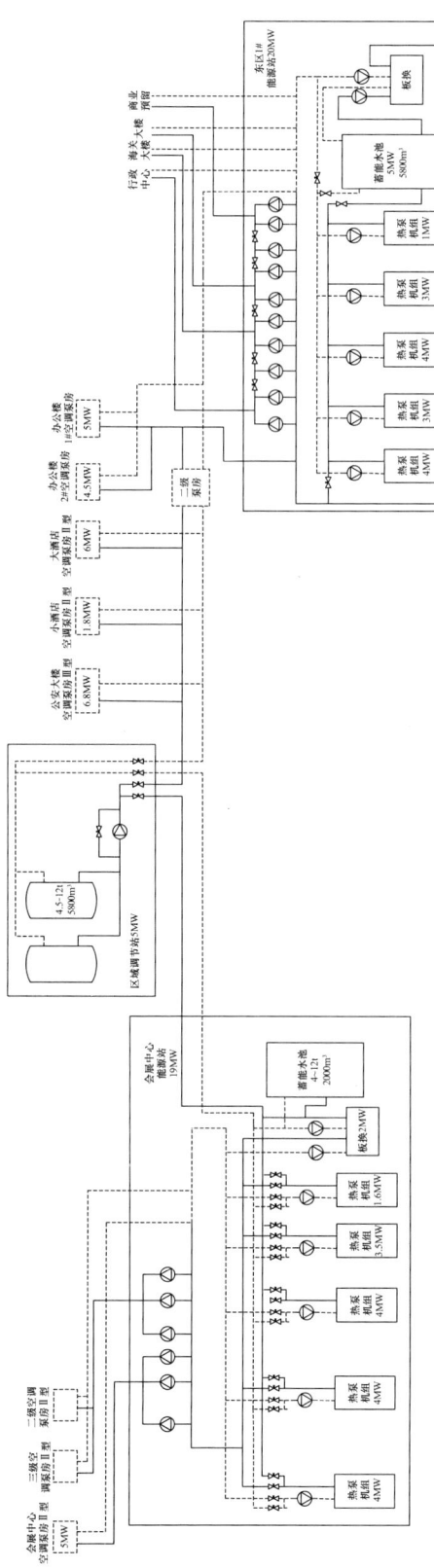

图21-7 供能系统原理图

21.2.4 项目优势

该项目采用地源热泵＋冷水机组＋水蓄冷组合的供能形式，以地表水作为主要冷热源，冷却塔、燃气锅炉为辅助冷热源，采用复合式空调系统，设备共享、备用性高，系统稳定，在50％负荷以下时采用地源热泵＋水蓄冷，可以提高系统效率，降低运行成本。该项目的主要优势如下：

（1）稳定性方面：地下土壤的全年温度相对稳定，机组的制冷制热量及效率稳定，空调制冷、制热效果好，配合水蓄冷技术使系统稳定性更高。

（2）舒适性方面：出风与房间温差小，出风柔和；水的热容性好，房间温度恒定；温度场均匀；室内空气湿度好。

（3）系统效率：制冷约4.0，制热约3.8。

（4）配电功率：与多联机系统相比，配电效率下降20％～30％。

（5）运行成本：与多联机系统相比，运行成本下降30％～40％。

（6）机房面积及美观：主机可以安装在地下室，或专门机房，与建筑外观相结合，冷却塔使用量较少。

（7）主机寿命：20～25年。

（8）社会效益：充分利用自然界低品位能源，减少碳排放；采用水蓄冷技术，充分利用低谷电，资源配置合理。

21.2.5 运行经济性及能效

1. 会展中心能源站

（1）投资估算

表21-3所示为该项目空调系统投资估算；表21-4所示为投资增量对比表。

空调系统系统投资估算 表21-3

序号	各阶段分项	数量	估算指标	空调总投资（万元）	备注
一	机房部分				
1	主机	13100kW	700元/kW	917	合资品牌
2	水泵	14台	50000元/台	70	合资品牌
3	冷却塔	1700m³/h	300元/m³/h	51	国内优质
4	换热器	2000kW	150元/kW	30	国内优质
5	蓄冷水池	2000m³	1500元/m³	300	混凝土结构，含布水设备
6	水源取水及处理	1	项	30	—
7	其他附件	1	项	50	—
8	管道及阀门安装	1	项	400	—
9	低压配电	3500kW	500元/kW	175	—
10	自控系统	1	项	200	—
11	小计	—	—	2223	—
二	地埋管系统	350kW	7000元/kW	245	—
三	室内空调末端	6万m²	270元/m²	1670	—
四	合计			3893	

投资增量对比表　　　　　　　　　　　　　　　　　　　　　　　表21-4

序号	系统形式	建筑面积	单位面积投资（元/m²）	投资（万元）
1	冷水机组+燃气锅炉	6万 m²	620	3720
2	本方案	6万 m²	649	3893

（2）方案运行成本计算

该项目空调系统运行成本计算：

空调运行时间：夏季120d，冬季100d，每天8h，平均负荷率50%；电价：峰电0.867元/kWh、谷电0.389元/kWh。运行成本如表21-5所示。

该项目空调系统运行成本　　　　　　　　　　　　　　　　　　　表21-5

季节	设计负荷（kW）	总负荷（MWh）	系统综合效率	运行费用（万元）	年运行费用（万元）
夏季	15000	7200	4.5	139	191
冬季	6000	2400	4.0	52	

采用冷水机组+燃气锅炉的传统空调方案运行成本计算：

空调运行时间：夏季120d，冬季100d，每天8h，平均负荷率50%；电价：峰电0.867元/kWh，天然气的价格3.0元/m³。运行成本如表21-6所示。

传统空调方案运行成本　　　　　　　　　　　　　　　　　　　　表21-6

季节	设计负荷（kW）	总负荷（MWh）	系统综合效率	运行费用（万元）	年运行费用（万元）
夏季	15000	7200	3.5	179	270
冬季	6000	2400	0.9	91	

可以看出，与传统空调系统相比，该项目的空调系统运行成本减少79万元，达到减少运行成本40%以上，经济效果良好。通过对项目增量投资回收期的计算得到，会展中心能源站的投资回收期为2.2年。

2. 东区1号能源站

（1）投资估算

表21-7所示为东区1号能源站投资估算；表21-8所示为传统冷水机组+燃气锅炉系统投资估算。

东区1号能源站投资估算表　　　　　　　　　　　　　　　　　　表21-7

序号	各阶段分项	数量	估算指标	空调投资（万元）	备注
一					取还水部分
1	取水头部	10	20000/m³	20	深5m，含湖底硬化、斜板过滤等
2	取回水管网	650	400/米	26	DN600PE 直埋管综合单价，含阀门配件、管沟开挖等
3	小计	—	—	46	
二					机房部分
1	机房土建	1200	4000元/m²	480	机房高度为6m，全地下式，钢筋混凝土结构
2	水池土建	5800	1000元/m³	580	水池高度为9m，全地下式，钢筋混凝土结构
3	水处理设备	9	20万元/台	180	包括旋流除砂器、压滤器、微生物膜处理器

续表

序号	各阶段分项	数量	估算指标	空调投资（万元）	备注
4	热泵主机	15	60万元/MW	900	包括4台离心机组、1台全热回收机组，含运输、吊装等费用
5	机房管网、阀门	—	—	250	
6	换热器	3	40万元/台	120	水池供能板式换热器
7	水泵	40	2万元/台	80	含运输、吊装等费用
8	其他设备及配件	—	—	130	包括定压补水装置、除氧装置、流量计、能量表等
9	配电自控系统	—	—	700	含高低压配电、自控系统
10	小计	—	—	3420	
三	地埋管部分	1300	6000元/口	780	含地埋管水平管网、垂直埋管及打井费用，材料为PE塑料管
四	合计	—	—	4246	—

传统冷水机组+燃气锅炉系统投资估算 表21-8

序号	各阶段分项	数量	估算指标	空调总投资（万元）	备注
一	制冷部分				
1	机房土建	1400	4000元/m²	560	机房高度为6m，全地下式，钢筋混凝土结构
2	水处理设备	1	20万元/台	20	包括电子除垢仪
3	冷水机组	20MW	50万元/MW	1000	包括4台离心机组、1台全热回收机组，含运输、吊装等
4	机房管网、阀门	—	—	250	—
5	水泵	30	2万元/台	60	含运输、吊装等费用
6	其他设备及配件	—	—	150	包括定压补水装置、除氧装置、流量计、能量表等
7	配电自控系统	—	—	650	含高低压配电、自控系统
8	冷却塔	3500	350元/m³·h	122	
9	小计	—	—	2812	
二	供热部分				
1	燃气锅炉	14MW	10万元/MW	140	—
2	燃气开户费			30	
3	供热板换	3	10万元/台	30	
4	管网、阀门等			20	
5	小计			220	
	合计			3032	

可以看出，相对于传统能源系统，该项目东区1号能源站初投资增加1214万元。

（2）1号能源站静态投资回收分析

综合考虑主机制冷效率、低谷电、水泵运行能耗、管网损耗等因素，以传统冷水机组+

燃气锅炉系统为对比标准,其制冷综合效率为3.5,锅炉供热综合效率76%;该工程采用复合式地源热泵+水蓄能系统,其制冷综合效率为6.0,供热综合效率为5.6(见表21-9)。

设定夏季空调冷负荷为20MW,每天空调运行10h,运行时间120d,平均负荷率60%;冬季空调热负荷为14MW,每天空调运行10h,运行时间90d,平均负荷率60%。泰州地区天然气价格3.4元/m^3,商业电价为:平电0.867元/kWh,谷电0.389元/kWh。

该项目能源系统与传统能源系统的能效数据表　　　　表21-9

序号	分项	复合式地源热泵+水蓄能系统				冷水机组+燃气锅炉	
		单制冷	蓄冷+制冷	单供热	全蓄热	制冷	供热
1	主机(锅炉)效率	6.0	5.8	4.2	3.95	5.5	0.88
2	水泵运行能耗比例	20%	25%	20%	30%	20%	4%
3	管网损耗	3%	3.5%	10%	10%	3%	10%
4	系统折算综合效率	4.95	6.0	3.0	5.6	4.3	0.76

注:1. 单供能工况(4)=(1)·[1-(2)]·[1-(3)]·用能电价/蓄能电价;
　　2. 联合供能工况(4)=单供能效率·供能比例+蓄能效率·供能比例。

根据以上数据计算得到,项目的年运行费用减少343万元,项目的静态投资回收期为3.6年。

21.2.6　运行效果

(1) 冷机及输送能效测试结果:测试日稳定工况下,主机COP约为4.7,系统EER约为4.0;分析水泵输送所占能耗,冷凝侧水输送系数WTF_c约为5.8,用户侧水输送系数WTF约为3.2。

(2) 冷站长期运行状况:2015年供冷季前三个月中,采用蓄冷能够实现台数和运行时间的调节,并且在供冷季全时间内都能够维持较高的COP水平(>4.9),同时三个月平均EER可以达到4.3,蓄冷的方式很大程度上优化了系统的运行状态,并且小于476m的集中供冷范围使得输配能耗在冷站运行电耗中占比小。综上所述,冷站的运行长期处于较好状态。

(3) 蓄冷效果:蓄冷的损失在10%左右,低负荷时由于蓄冷水池放冷时间长,损失略大,但是具有良好的经济效益。

(4) 日夜水力分配:与设计供回水温差7℃(二次网6℃供,13℃回)相比,日夜均呈现"大流量小温差",夜间尤为明显,这主要是由于当前各区使用率不均,负荷变化不确定,偏离设计造成的。而在夜间,水泵变频范围有限,不能够无限制变小,调节到30Hz依然流量偏大。日间各区二次冷冻水流量略大于夜间,日间供回水温差低于夜间,日间平均供回水温差为5.1℃,夜间平均供回水温差为2.0℃,这与夜间冷负荷明低于日间相符合。对于各区供回水温差的最大差异,日夜均为2.7℃。

(5) 管网输配损失:日间输配泵造成总供冷量1.2%的损失,沿程管路造成总供冷量2.5%的损失;夜间输配泵造成总供冷量1.8%的损失,沿程管路造成总供冷量6.5%的损失。夜间,在冷负荷较低的情况下,冷量损失占比大于日间。

综上所述,即使在建设较好的能源微网系统中,城区供能系统的配置和调控还有待提高。

21.3 常州紫融分布式能源站案例[1]

21.3.1 项目概况

紫融能源站位于江苏省常州市武进区绿色建筑示范区内，是常州市首座分布式能源站。紫融能源站是以燃气轮机三联供技术为主，太阳能光伏发电系统、空调冷水机组、地源热泵系统和燃气制热制冷系统为辅，实现与大电网的并网连接，为武进区绿色建筑示范区提供电、热、冷的综合能量供应系统。

武进绿色建筑产业集聚示范区位于武进中心城区西南部、西太湖东岸线，总面积$15.6km^2$。其中紫融能源站的供能城区为绿色示范区先期启动区的绿建研发中心，总建筑面积为 11 万 m^2，如图 21-8 所示。

图 21-8 常州市武进绿色建筑研发中心

该项目的技术先进性体现在：

（1）采用能源微网技术，将电力微网、热力微网和信息微网三网融合在一起，建立分布式供能、分散式用能以及可再生能源热源共享的能源总线系统，实现能源系统统一管

---

[1] 该案例资料由江苏紫融能源投资有限公司提供。

理、多源协调、三网融合的能源互联网供能模式。

(2) 能源系统智能化和能效最大化。应用先进的能源转化技术和能源系统监测、优化和控制技术,实现能源系统实时、动态的控制优化,达到智慧能源的目标。梯级利用能源资源,采用热泵技术将低品位能源和热源进行充分的提升和转化,提高能源系统的能效。

21.3.2 资源潜力与负荷指标

1. 可用资源潜力

(1) 电能

武进区电力由国家电网常州电网公司提供,目前常州地区拥有35kV及以上变电所119座。其中,500kV变电所1座,220kV变电所17座,110kV变电所68座,35kV变电所33座。主变总容量11199MVA,拥有35kV及以上输电线路共292条、3321.12km。根据江苏省物价局颁发的相关文件:对于夜间采用蓄冷或电热水锅炉的系统,将给予0.389元/kWh的电价。

(2) 风能

武进区全市平均气压在101.6kPa左右,冬高夏低,区内差异不大。年平均风速为3.1m/s左右。3月份平均风速最大,达3.5~4.4m/s,9、10月份风速最小,为2.6~3.4m/s。全年盛行风向为东风,夏半年多东南风,冬半年多西北风,其次为东北风。全年风能季节变化为冬春大,夏秋小,秋季风能大于夏季。综上所述,武进区风能的利用潜力较小,不适合采用风力发电技术,但可以考虑风光互补路灯技术。

(3) 太阳能

武进区光能充足,年平均日照时数在2000~2100h之间,年平均太阳辐射为110~117kcal/(cm^2·a),属于太阳能资源第四类地区,不属于太阳能资源丰富地区,不宜建设大型光伏发电站。从日照条件的季节分布来看,冬季410h;春季482h;夏季624.5h;秋季488.9h。光照时间最低月出现在12月,月总日照小时数在100h左右,光照时间的高峰期出现在5月下旬到6月中旬以及7月中旬到8月下旬。日照时间分布较为合理。

(4) 地热

武进区浅层地表温度在17℃左右,全年温度适宜。可以采用地源热泵技术,提供空调冷冻水和热水。

(5) 燃气

武进区城市燃气由新奥燃气提供,燃气门站设置在城南,设计压力约0.4MPa,供气能力约150万Nm^3/d。

综上所述,武进区可用能源资源汇总见表21-10。

武进区可用能源资源汇总表 表21-10

类型	项目	资源情况	应用技术	适用性分析	备注
可再生能源	地热	浅层地表温度17℃左右,全年温度适宜	地源热泵	适合	常州地区已有多项成功案例
	风能	年平均风速为3.1m/s左右,近海边为4~5m/s,常州市年平均风能密度为48W/m^2,年有效风时数为2200h	风力发电	不适合	风力发电的噪声及安全性会影响生活和办公质量,不建议采用,但可考虑采用风光互补路灯替代传统路灯照明
			风光互补路灯	示范应用	

续表

类型	项目	资源情况	应用技术	适用性分析	备注
可再生能源	太阳能	年平均日照时数在 2000～2100h 之间，年平均太阳辐射为 110～117kcal/(cm^2·a)，属于太阳能资源第四类地区	太阳能光热	示范性应用	太阳能资源一般
			太阳能光伏	示范性应用	
	生物质	城区属非居民生活区，且非农牧产区，秸秆、沼气、生活垃圾来源贫乏	沼气利用技术	不适合	
传统能源	燃煤	城区内禁止使用燃煤	燃煤锅炉	不适合	
	天然气	武进地区城市燃气由新奥提供，燃气门站设置城南，设计压力约 0.4MPa，供气能力约 150 万 Nm^3/d	天然气锅炉	适合	提供供热、供暖蒸汽需求
			天然气分布式能源系统	适合	能同时提供冷、热、电三种能源，能源综合利用率高
			燃气直燃机	不适合	供热制冷综合效率不高
	电力	目前常州地区拥有 35kV 及以上变电所 119 座。其中，500kV 变电所 1 座，220kV 变电所 17 座，110kV 变电所 68 座，35kV 变电所 33 座	双工况离心机组	适合	系统效率高，蓄冷制冷一起
			磁悬浮热泵	示范应用	系统高效率高、投资高
			冰蓄冷	适用	利用低谷电制冷，经济性好
回收利用	污水热能	武进区污水处理厂约 6.5km 外，污水处理量 8 万 t/d	污水源热泵	远期规划	目前不具备利用条件

2. 负荷指标

(1) 空调冷负荷指标

该项目设计空调冷负荷为 6962kW，全年累计供冷量为 7041532kWh，冷负荷指标为 81W/m^2。

(2) 空调热负荷指标

该项目设计空调热负荷为 4902kW，全年累计供热量为 3189704kWh，热负荷指标为 57W/m^2。

(3) 电力负荷

该项目设计电力负荷为 2338.4kW。

(4) 生活热水负荷指标

该项目生活热水设计小时耗热量 70kW，日均热水负荷为 607kW，全年累计热水负荷为 155301kWh。

21.3.3 分布式能源系统

该项目空调冷、热源配置两台制冷量为 2988kW 的离心式制冷机，两台制冷量为 1055kW、制热量为 880kW 的螺杆式地源热泵机组，一台制冷量、制热量均为 600kW 的烟气热水型溴化锂机组，三台制热量为 1400kW 的燃气真空热水锅炉和一台 600kW 的燃气内燃发电机组，以及在 A 楼顶层配置了 22kW 的太阳能光伏系统。图 21-9 为能源站的能源系统图。

该项目的基本运行策略为：①在夏季，优先运行燃气内燃机供能系统，产生的电供给

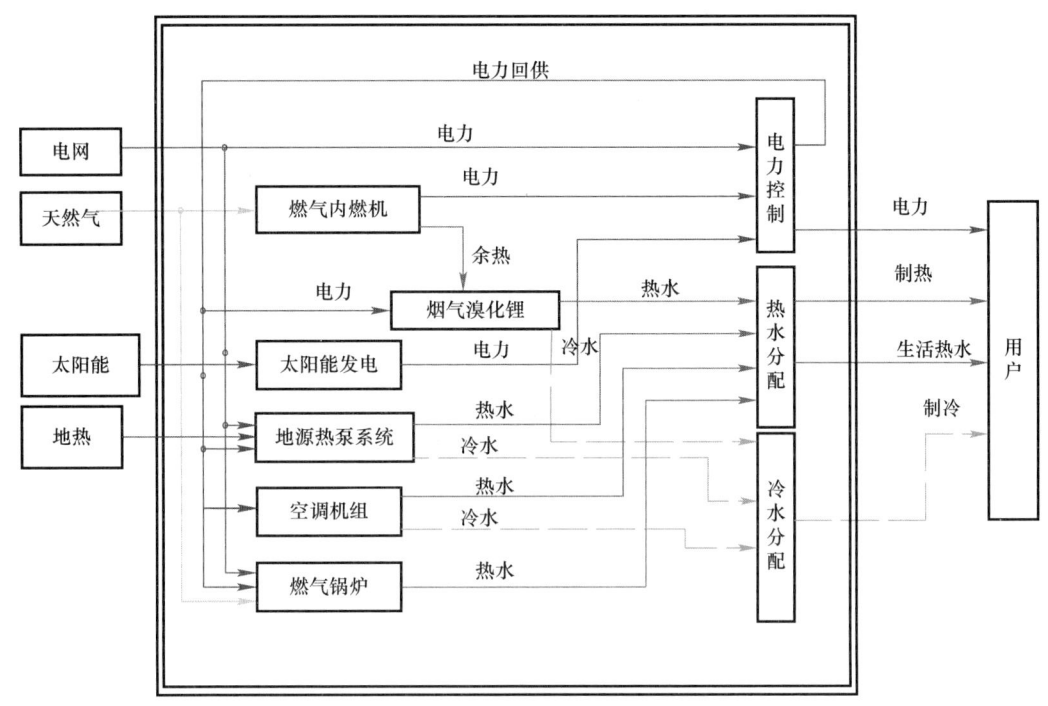

图 21-9 紫融能源站能源系统图

能源站自用，余热部分通过吸收式溴化锂机组供冷；其次运行地源热泵系统，为充分利用夜间的谷电，夏季设置 10% 负荷规模的冰蓄冷，仍不能满足的冷量需求由离心式制冷机和双工况电制冷机提供。②在冬季，优先运行燃气内燃机供能系统提供部分的热负荷，其次运行地源热泵系统（开启规模根据冬夏季的土壤冷热平衡确定），不足部分的热量由燃气锅炉进行补充。

21.3.4 智慧能源微网模式

该项目在详细分析周边能源、资源和环境现状的基础上，将各种可再生能源、清洁能源、低品位能源等进行综合利用。通过分布式供能系统、风/光能系统、浅层地热能系统、高效离心机系统、储能系统等的有效结合，并辅以传感控制网和智慧互联网，建立了集中式与分布式相结合、多能源混合的智慧能源系统，分别从架构、环节和工艺路线三个方面进行了智慧能源系统的优化设计。

1. 三层架构优化

该能源系统的架构设计分为核心层、框架层和管理层，如图 21-10 所示。

核心层包括光伏、燃气内燃机等现场发电系统。框架层包括地源热泵系统、电动制冷机组、集成各种低品位热源/热汇的能源总线（Energy Bus），以及蓄冷蓄热设施。管理层包括网络技术、物联网技术、云技术等信息通信技术，并对城区能源系统进行双向管理，这种管理本质上是提供能源服务。

2. 四环节优化

该项目按照能源生产、储运、应用和回收四个环节对能源系统进行优化，在中央能效控制的地方，实现了能量和信息在逻辑层面的耦合，即能效的放大是通过控制器的控制作

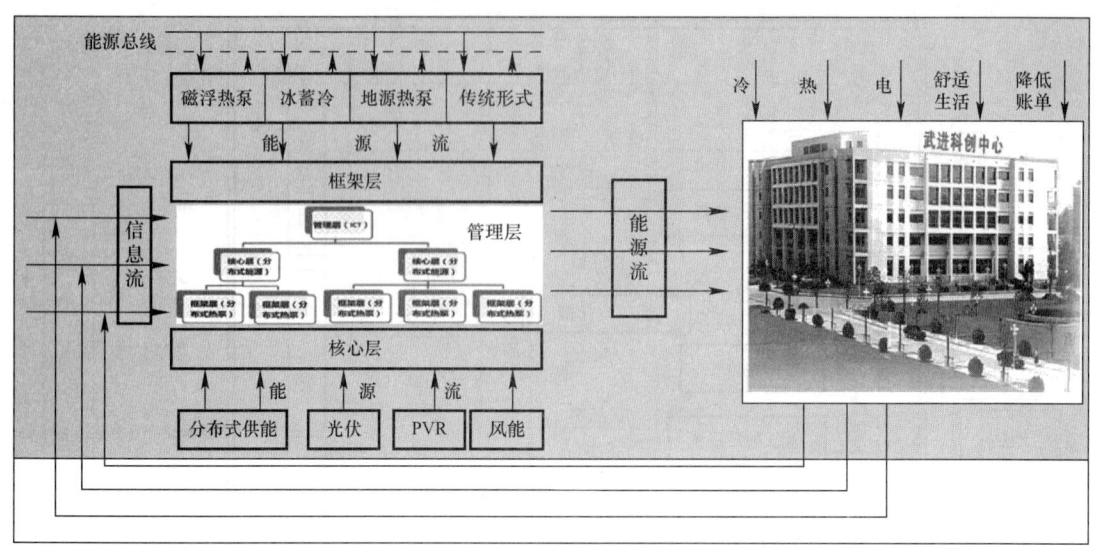

图 21-10 智慧能源微网架构示意图

用施加在势能泵上,和储运环节联系在一起,调节了四环节的能量匹配,实现了能量的放大,如图 21-11 所示。按照四环节的具体项目,每个项目中设计了驻点控制器,驻点控制器负责控制每个单元,实现闭环控制和驻点优化,驻点优化解决了单元项目的节能优化。

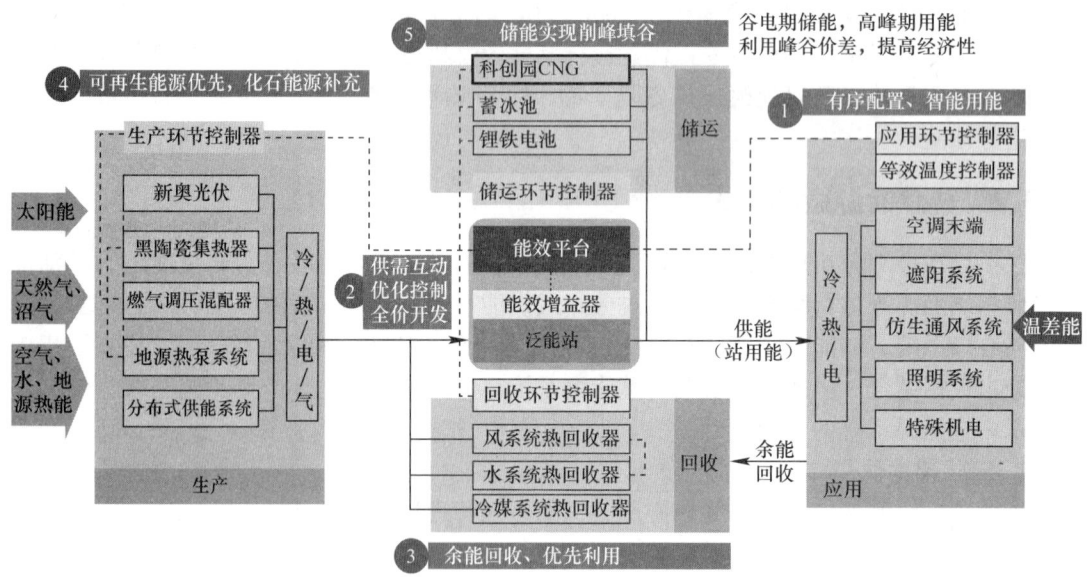

图 21-11 四环节利用原理图

3. 工艺路线设计优化

在设计过程中,紧扣系统能效优化理论,分别从结构优化、方式优化、时空优化、过程优化、驻点优化五个层次对工艺路线设计进行优化,如图 21-12 所示。

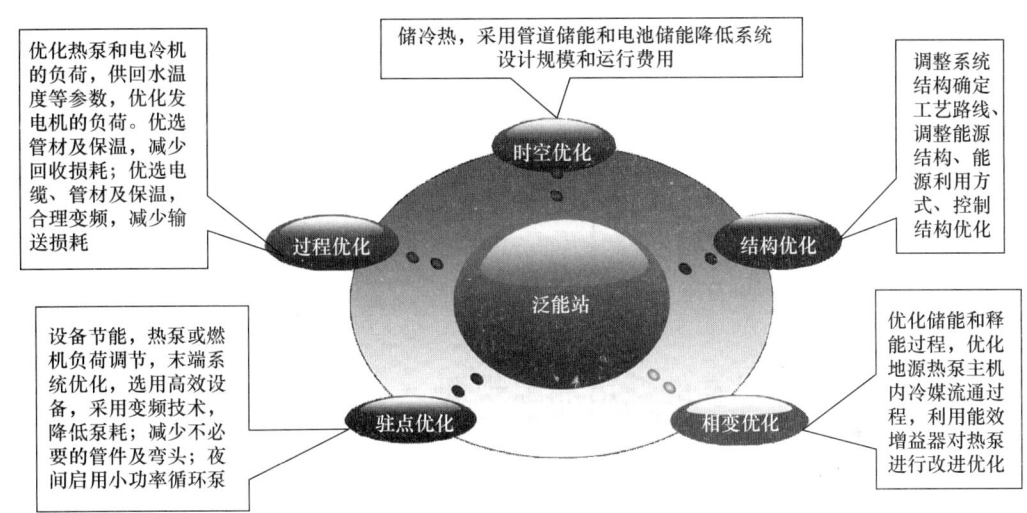

图 21-12　工艺路线设计优化原理图

21.3.5　运行效益

1. 经济效益

该项目总投资 3288 万元，具体的财务测算指标见表 21-11。

财务测算指标	表 21-11
项目投资财务内部收益率（所得税前）	13.02%
项目投资财务内部收益率（所得税后）	10.35%
项目投资财务净现值［所得税前（$i=8\%$）］	643.06
项目投资财务净现值［所得税后（$i=8\%$）］	311.84
静态项目投资回收期（a）（所得税前）	7.39
静态项目投资回收期（a）（所得税后）	8.70

该项目的财务内部收益率为 10.35%，静态投资回收期为 8.7a。

2. 环境效益

传统能源系统燃烧 1tce 排放 2620kg CO_2，8.5kg SO_2，7.4kg NO_x，我国现有火力发电的煤耗标准为 2778kWh/tce，则每度电污染物的排放为 0.943kg CO_2，0.00306kg SO_2，0.00266kg NO_x。该项目采用天然气三联供机组、地源热泵机组和太阳能光伏光热系统，大大降低了污染物的排放，与传统的用煤作为燃料的供冷、热方式相比，可实现年总节能量 797.52tce/a，节能率达 32.34%；二氧化碳减排 5860t/a，二氧化硫减排 117.17t/a，氮氧化物减排 64.48t/a，烟尘减排 225.08t/a。

3. 社会效益

该项目的主要社会效益有：①是应对气候变化、化解能源危机的有效途径；②有助于促进产业结构的优化升级；③为各类新型经济试点提供借鉴意义；④有利于转变用能方式和提升生活品质。

21.3.6 项目小结

紫融分布式能源站实现了针对需求侧的能源供应方式和不同品级能量的梯级利用,减少中间输送环节的损耗,是天然气高效利用的重要方式,是高能效、低排放、稳定性强的能源技术手段。紫融能源站投产使用后,综合能源利用效率达到 76.86%,常规能源消耗量为 886.6tce,清洁能源供应量为 886.6tce,可再生能源利用量为 800.4tce,可再生能源利用率为 47.45%,二氧化碳排放量为 1401.75t/a。

21.4 从能源需求出发的城市能源规划——上海临港案例[1]

21.4.1 工程概况

临港新城位于上海市东南距市中心 70km,是上海市重点发展新能源的新区之一。2014 年 7 月,作为临港新城的开发主体之一,张江集团组织了一项"国际设计竞赛"公开征集临港区的城市设计规划方案,共包括三项内容:综合区(42km²)整体战略构想、项目一期(1km²)的深化设计和可持续生态策略、项目二期(3km²)的城市设计。

在上述背景下,法国电力(EDF)联同上海同济城市规划设计研究院、法国 l'AUC 建筑师事务所组成了一个设计联合体参加了此次竞赛,EDF 提出的创新低碳能源规划方法也成为设计方案的亮点,最终和联合体获得了竞赛的第一名。藉此,EDF 也首次在中国将能源概念融入了传统的城市规划编制当中。

为了保证城市能源系统的高效运行,建议在城市规划阶段遵循下列几项原则:

(1) 减少能源需求(基础负荷和峰值负荷),将能源系统视作一个整体,综合降耗(建筑节能、城市形态(建筑密度/功能混合)、低碳交通,高效照明系统等);
(2) 评估当地的能源资源(余热回收、地源热、太阳能等),优先"就地取材";
(3) 优先采用低碳能源(CHP/CCHP,空气或地源热泵,可再生能源等);
(4) 采用先进创新的数字智能技术优化能源运行管理;
(5) 结合城市的建设时序分阶段的设置能源系统;
(6) 引导用户形成良好的用能习惯。

在方案中,对于临港区现有的能源问题,EDF 提出了一套能源方案主要应对城区面临的两项挑战:减少 CO_2 的排放;降低峰值电力负荷。

21.4.2 临港项目中的能源规划方法

在临港项目中,EDF 以城市建筑设计图(同济规划院和 l'AUC 提供)为基础,从需求侧出发分三步制定了能源规划方案:①根据项目的建设时序预测建筑能源需求;②分析优化城区能源资源;③确定合适的能源结构并设计能源系统。

1. 能源需求预测

需求预测是城市能源规划中的关键因素,预测的偏差可能会导致投资的增加、能源系

---

[1] 本节作者为 Olivier NORMAND, Christian KEIM, 邹宏楷, 郭静波, 法国电力(EDF)中国研发中心。

21.4 从能源需求出发的城市能源规划——上海临港案例

统运行效率的降低或者能源供应不能得到有效的保障。然而,影响因素繁多增加了能源需求准确预测的难度。在中国,能源需求(电力和热力)的预测主要采用"负荷密度法",即通过不同功能建筑的负荷密度指标、建筑面积以及同时使用系数来确定能源需求;但该方法更多地依靠设计人员的经验,而较少考虑当地的实际条件。

EDF中国研发中心通过自主研发的城市能源需求动态模型在城市能源规划中评估能源需求(电力、供热和供冷)。该模型以城市规划师和建筑师的设计图为基础,考虑了当地的气候条件、城市的布局、建筑的功能、围护结构、运行规律(照明和设备)以及人员行为方式等影响因素,通过模拟建筑逐时的得失热量,得到每个建筑的逐时能源需求,最终的输出结果可以是每个建筑的小时能源负荷或者整个城区的全年能源需求量(见图21-13)。

与常规的能源需求预测方法相比,该模型更多地考虑了实际情况并与城市规划师和建筑师的工作紧密联系,可以根据建筑设计方案的变动来同步快速地调整模型的输入参数。此外,该模型还可以根据城市的建设时序以及人员入住率创建不同的仿真情景,模拟不同情况下的能源需求,从而为城市能源系统的定位和定容提供依据,在城市规划阶段为能源方案的选择提供有力的支撑。

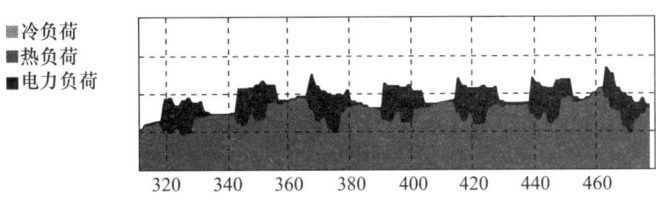

图21-13 小时能源负荷曲线

在临港项目中,EDF根据同济规划院和l'AUC的设计图建立模型,并参考上海现行建筑节能设计标准(《上海市居住建筑节能设计标准》DGJ 08—205—2011和《上海市公共建筑节能设计标准》DGJ 08—107—2012)选取参数,如建筑材料的热力参数、照明和用能设备的参数等。同时,为了更好地显示能源需求的结果,逐时冷热需求会在模型中进行动态显示(见图21-14)。

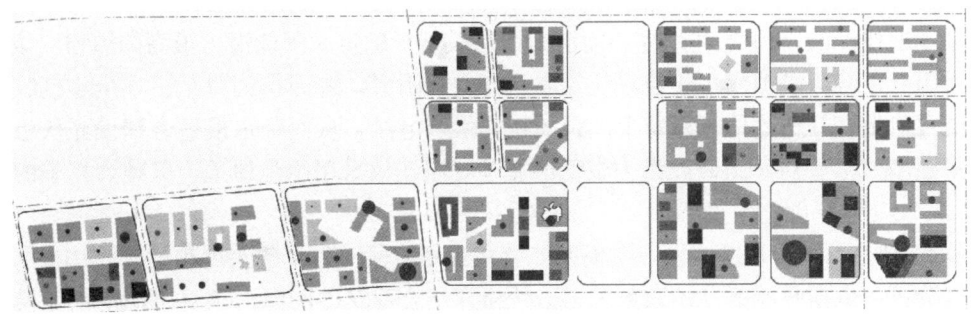

图21-14 冷负荷的演示界面(圆圈的大小代表即时冷负荷的大小)

2. 能源资源优化分析

根据临港当地的实际情况,EDF综合分析了当地的能源资源条件,并且利用模型评估了太阳能的利用潜力。

(1) 能源资源的态势分析

在方案设计过程中，EDF 通过态势分析（SWOT）方法分析了临港当地各种能源资源的可利用潜力，进而为临港项目确定最佳的能源混合结构。态势分析法是一种通过评估项目、战略或者企业的优势、劣势、机遇和风险来最大限度地挖掘内部优势、外部机遇并规避风险的综合分析方法。

在该项工作中，我们收集了大量的关于当地资源条件的信息，并结合国家和上海市政府针对各类资源出台的相关政策，分析各种能源资源利用的技术、经济以及环境条件和效益，最终确定将天然气和太阳能作为项目的主要能源（见图 21-15）。

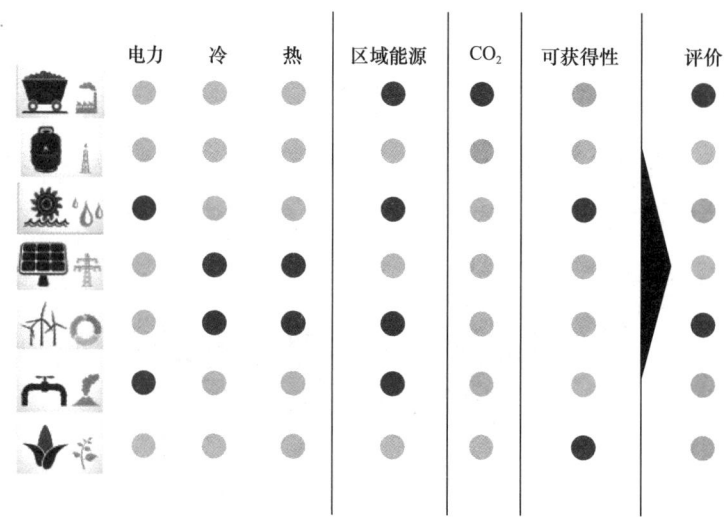

图 21-15　态势分析结果

(2) 太阳能分析

理论上，城市中的建筑屋顶有很大的太阳能利用潜力，但是，由于城市建筑结构的复杂性，并不是所有的屋顶都有很好的太阳能利用潜力，因此有必要进行分析，确定最适合利用太阳能的城区，从而在利用该清洁能源的同时，确保可观的收益。

基于上述目的，EDF 利用太阳能潜力评估模型来确定太阳能潜力最高的屋顶。该模型根据太阳的走势，模拟周边建筑对建筑屋顶产生的阴影，进而得到每个屋顶全年接收到的太阳能辐射量，并据此估算出每个屋顶的年光伏产电量，从而确定最适合铺设光伏板的屋顶（见图 21-16）。对于太阳能潜力较低的屋顶，则建议采用绿色屋顶，以减少夏季的供冷负荷。

除此之外，EDF 开发的另一个模型能够在规划阶段对每个建筑屋顶铺设光伏板的经济性进行分析，依据政府的补贴政策和电力价格，结合建筑的能源需求对不同的商业模式进行测试，确保最佳的经济效益。

3. 设计能源系统

根据对当地能源条件的分析结果，EDF 建议主要通过分布式冷热电三联供（CCHP）能源站为起步区 1km² 的城区提供能源。根据模拟得到的项目运行的冷、热、电负荷曲线并结合以往的项目经验，EDF 首先为能源站选定了几种不同型号的产能设备（如发电机

21.4 从能源需求出发的城市能源规划——上海临港案例

图 21-16 阴影分析和太阳能潜力评估

组、制冷机组等），并分析比较采用不同技术和设备下技术方案的优劣（如是否使用储能技术等）。同时，为了使能源站的装机规模与城区的建设时序相匹配，EDF 将能源需求评估结果（通过上述的需求评估模型得到）输入到一个技术经济分析模型中，建立了 16 种不同的技术方案并比较了各方案的 CAPEX（资本性支出）、OPEX（运营成本）和 IRR（内部收益率），最终确定在未来十年中分四个阶段建设该 CCHP 能源站。

最后，为了直观地展示上述分布式方案的优势，从环境（CO_2 减排量）和经济（能源价格）两方面与常规能源方案（主要通过电力制冷和供热）进行了比较（见图 21-17）。

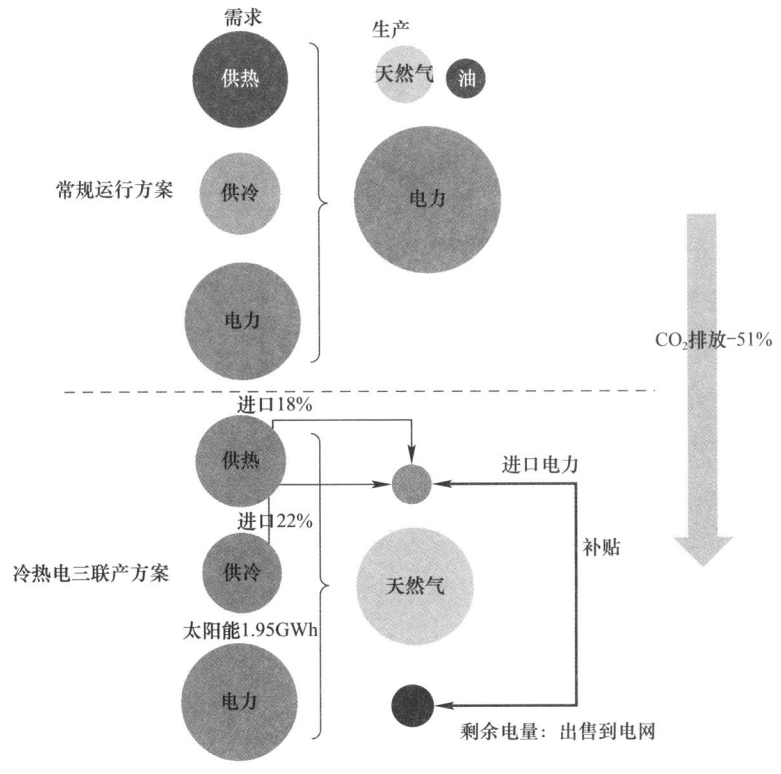

图 21-17 与常规运行方案比较

21.4.3 临港项目的结果分析

在临港项目中，EDF 与城市规划师和建筑师合作在城市规划的早期阶段融入能源概念，从能源需求出发，通过动态模型评估项目的能源需求，并根据当地条件确定了以天然气和太阳能为主的能源结构，最终根据能源需求的评估结果以及项目的建设时序提出了一套 CCHP 能源系统方案。

最后，通过与常规能源方案的比较，EDF 提出的能源方案可以减少 51% 的 CO_2 排放并且使能源价格降低 10%。

另外，在低碳能源策略确定的情况下，EDF 还建议通过智能能源管理手段来优化能源系统的运行，从而进一步降低运行费用、减少 CO_2 排放，并引导用户的用能方式，培育节能意识。

在上海临港项目中，EDF 通过数字模型从需求侧出发制定了低碳能源规划，期望可以为城市规划项目在能源规划上提供借鉴：从城市建筑的能源需求预测出发，根据项目的建设时序，分阶段评估能源需求；同时，结合当地的气候、资源、政策条件，合理分析各类能源资源的应用潜力，尽可能做到因地制宜，就地取材；最后，需求评估结果提出一套低碳的能源系统方案，在减少碳排放的同时兼顾到系统的经济效益。

总之，相比传统的供应侧规划，从需求侧出发的能源规划能够更高效地利用能源，保证分布式能源项目获取较高的经济效益。而能源应该在规划前期就融入城市规划的范畴内，方能实现真正意义上的绿色、低碳、节能。

21.5 上海崇明陈家镇低碳能源规划

21.5.1 规划范围和年限

在《上海崇明陈家镇城镇总体规划修改》（2009—2020）中，本次规划的陈家镇—东滩地区范围为西至八滧港，东、南、北三面以长江海塘为界，面积合计约 $224km^2$。重点城区为滨江休闲运动区和国际论坛商务区，规划内容为土壤源、江水源、太阳能、天然气、生物质能、风能等清洁能源的开发利用。

基准年：2010 年；规划期限：2011~2020 年，其中近中期 2011~2015 年，远期 2016~2020 年。

21.5.2 规划目标和 KPI（Key Performance Indicators）

1. 生产性节能减碳目标

根据陈家镇总体规划，陈家镇地区将重点发展五大产业，即生态休闲、科教研发、会议商务、绿色产业和生态农业。按照当前这些产业创造价值，可以预测陈家镇地区 2020 年的 GDP 如表 21-12 所示。

陈家镇地区 2020 年的 GDP　　　　　表 21-12

产业	预计 2020 年就业人口（万人）	该产业一般水平的人均 GDP（万元/人）	预测 2020 年 GDP（亿元）
生态休闲	2.5	4	10
科教研发	4	25	100

续表

产业	预计2020年就业人口（万人）	该产业一般水平的人均GDP（万元/人）	预测2020年GDP（亿元）
会议商务	4	8	32
绿色产业	1.5	30	45
生态农业	2	4	8
总计	14	71	195

本规划要求实现：到规划末期，陈家镇地区单位GDP能耗是同期上海市平均水平的50%，单位GDP碳排放量是同期上海市平均水平的40%，大致相当于当前上海市以楼宇经济为主体的上海市静安区水平（见表21-13）。

陈家镇低碳能源规划目标　　　　表21-13

能耗和碳排放量	2005年	2020年
上海市万元GDP能耗（tce/万元）	0.88	0.484
上海市万元GDP碳排放量（tCO$_2$/万元）	2.162	1.1891
陈家镇地区万元GDP能耗（tce/万元）	0.76（2008）	0.242
陈家镇地区万元GDP碳排放量（tCO$_2$/万元）	1.87（2008）	0.4756
陈家镇地区产业能耗总量（万tce）	6.85（2008）	47.2
陈家镇地区产业碳排放总量（万tCO$_2$）	16.83（2008）	94.7

2. 消费性建筑节能减碳目标

根据陈家镇总体规划，陈家镇地区居住用地1200公顷，以容积率1.0计算，建筑面积1200万m^2。以2005年上海市居住建筑单位面积年能耗13.2kgce/m^2计算，总能耗15.84万tce，总碳排放量41.5万t。行政办公用地5.5公顷，以容积率1.0计算，建筑面积5.5万m^2。以上海市市级机关单位综合能耗指标44kgce/m^2的80%，即35kgce/m^2计算，总能耗1925tce，总碳排放5040t。住宅建筑和行政办公建筑总能耗16.03万tce，总碳排放42万t。

本规划要求在现有（2005年）上海市住宅和公共建筑平均能耗水平上，实现住宅能耗零增长，相当于在住宅建筑节能50%标准的基础上再节能50%，即实现节能75%；实现行政办公建筑能耗降低20%，即需求增长，平均能耗零增长或负增长。

3. 消费性交通节能减排目标

对陈家镇地区2020年城市交通发展分别设立两种情景（见表21-14）：

常规情景：每百人公共交通车0.15辆，出租车0.25辆，私人轿车10辆，货运车1辆（货运车能耗计入生产性GDP能耗）。

低碳情景：空间优化，步行区增多，私人汽车数量减少为预测值一半，公交车数量增加20%，出租车数量不变；公交车的一半为混合动力，耗油量降为原来的一半，为每百公里17L；出租车和私人轿车一半为混合动力、纯电动汽车和燃料电池汽车，耗油量降为原来的一半，分别为每百公里5L和8L。

陈家镇交通规划情景设计　　　　表21-14

	陈家镇地区交通2020年常规情景	陈家镇地区交通2020年低碳情景
公交车数量（辆）	300	360
出租车数量（辆）	500	500

续表

	陈家镇地区交通2020年常规情景	陈家镇地区交通2020年低碳情景
私人轿车数量（万辆）	2.1	1.05
公交车能耗（tce）	7915	5525
公交车碳排放量（tCO_2）	19845	11567
出租车能耗（tce）	7610	3805
出租车碳排放量（tCO_2）	15750	7875
私人轿车能耗（tce）	82193	21918
私人轿车碳排放量（tCO_2）	173880	46368
交通总能耗（tce）	97718	31248
交通碳排放总量（tCO_2）	209475	65810

本规划以低碳情景作为规划目标，即2020年消费性交通能耗31248tce，即在常规情景的基础上节能65%；碳排放65810t二氧化碳当量，即在常规情景基础上降低65%。

4. 陈家镇地区能源规划综合目标

到2020年，陈家镇地区可再生能源利用量占能源利用量的20%以上，清洁能源和可再生热源利用量占建筑能源利用量的100%。规划区内常住人口人均能耗低于3.16tce，人均碳排放量低于4.13t二氧化碳当量。规划区内生产性能耗每万元GDP为0.242tce，碳排放每万元GDP为0.4756t二氧化碳当量。规划区内所有新建建筑达到国家绿色建筑评价标准一星级以上，《绿色建筑评价标准》GB/T 50378—2014"节能与能源利用"篇章中所有一般项均作为控制项。90%的规划区内交通依靠步行、自行车、电动车和公交等绿色交通；60%的规划区与上海市区交通依靠轨道交通；规划区内私人轿车拥有量比同期上海市水平降低50%。城区能源供应系统一次能源利用能效比不低于1.0。

5. 规划原则

本次规划遵循SMART原则，即：Special：根据陈家镇总规、针对陈家镇实际情况，制定能源专项规划；Measurable：规划目标是可测量和可量化的；Achievable：规划实施是可操作和可实现的；Relevant：能源规划与相关专项规划相协调；Timely：有明确的规划期限和时间节点。

21.5.3 清洁能源开发与高效用能技术应用规划

未来陈家镇的能源系统，不再以进一步提高可再生能源在总能耗中所占的比例为目标，而是在满足陈家镇能源供应的前提下，积极、合理地利用可再生能源，未来陈家镇能源供应将是以崇明电网为支撑，天然气分布式供能为重点，可再生能源利用为特色的智能能源体系。

1. 国际论坛商务区能源规划

国际论坛商务区位于陈家镇—东滩地区的中央核心位置，将以会议论坛，软件研发，生态居住为主，将形成"一心，三轴，五区"的功能结构，如图21-20所示。

（1）城区用能预测分析

根据国际论坛城区的建筑用地规划及城区的功能能结构，将其划分以下几种类型：生态住宅区、养生养老社区、养生养老服务区、总部办公区、集中式商业、东滩智慧产业基地、文化设施、会议论坛区、宾馆等类型。对各供能区的冷、热、电负荷及生活热水负荷按面积指标进行预测估算，结果如表21-15和表21-16所示。

集中供能区冷热负荷与生活热水负荷预测计算表 表21-15

建筑性质	建筑面积 (m^2)	同时使用系数	冷负荷指标 (W/m^2)	冷负荷 (kW)	热负荷指标 (W/m^2)	热负荷 (kW)	热水指标 (W/m^2)	热水负荷 (kW)
商业	851236	0.7	110	65545	60	35752	12	7150
办公	884658	0.7	90	55733	60	37156	6	3716
研发	791133	0.7	100	55379	60	33228	8	4430
医疗卫生	32473	0.7	80	1818	60	1364	100	2273
文化娱乐	295385	0.7	110	22745	60	12406	12	2481
旅馆	227400	0.8	80	14554	50	9096	20	3638
总负荷				215775		129001		23689

集中供能区电负荷预测计算表 表21-16

建筑性质	建筑面积 (m^2)	同时使用系数	电负荷指标（不含空调）(W/m^2)	电负荷（不含空调）(kW)	电负荷指标（含空调）(W/m^2)	电负荷（含空调）(kW)
商业	851236	0.7	60	35752	100	59587
办公	884658	0.7	40	24770	80	49541
研发	791133	0.7	40	22152	70	38766
医疗卫生	32473	0.7	40	909	70	1591
文化娱乐	295385	0.7	40	8271	60	12406
旅馆	227400	0.8	40	7277	60	10915
总负荷				99131		172805

由于居住区建筑容积率比较低，负荷率小，用户比较分散，集中供能有一定难度，故采用分散供能模式，用户或开发商根据需要采用传统的用电和空调模式。其他商业、办公、研发、产业园区采用多联供系统集中供冷、供热及生活热水。

（2）城区能源系统规划

论坛商务区将采用天然气多联供系统作为主要能源。由于各城区功能不同，在能源系统规划中将对各个城区分别进行能源站设计。根据各城区负荷的大小和特征，将分别采用燃气内燃机多联供系统或燃气轮机多联供系统的形式。

燃气内燃机多联供系统的余热部分不仅有烟气余热，还有缸套热水的余热，可回收余热量略大于发电量，热电比约为1.2~1.7；燃气轮机由于发电效率相对偏低，其热电联产系统的热电比一般大于1，小机组甚至达到2以上；在此取热电比为1.6作为设计依据。另外，在该基地能源系统规划中，余热制冷均采用烟气型溴化锂制冷机组，取热力系数$\zeta=1.2$，负荷的确定采用以冷定电的方式。不足电负荷由市网供电不足，不足冷或热负荷由热泵机组补足。

根据规划建筑及功能布局，把集中供能区分为5个部分，建设5个城区能源匹配中心，每个城区根据建筑功能及负荷配置设备，采用不同的供能策略。根据上述以热定电方式，结合论坛商务区典型日逐时冷负荷趋势曲线，为保证多联供机组达到经济日运行时间的要求，发电机组的容量设可定为20000kW（见表21-17）。

集中供能区主要设备规模表　　　　　　　　　　　　　　表21-17

序号	名称	参数	备注
1	原动机	20000kW	燃气轮机或内燃机
2	地/水源热泵机组	180000kW	制冷量
3	溴化锂机组	40000kW	制冷量
4	换热器	烟气型	

2. 滨江休闲运动区能源规划

陈家镇滨江休闲运动居住社区位于崇明岛东部陈家镇的南部滨江地带，规划区内主要建筑功能为观光纪念、休闲运动、休闲商业、休闲度假。

（1）城区用能预测分析

对各供能区的冷、热、电负荷及生活热水负荷按面积指标进行预测估算，结果如表21-18和表21-19所示。

城区冷热负荷与生活热水负荷预测计算表　　　　　表21-18

分区	建筑面积（m^2）	同时使用系数	冷负荷指标（W/m^2）	冷负荷（kW）	热负荷指标（W/m^2）	热负荷（kW）	热水指标（W/m^2）	热水负荷（kW）
观光纪念区	8347	0.8	100	668	60	401	6	40
商业休闲区	89396	0.7	110	6883	60	3755	12	751
运动休闲区	28446	0.6	90	1536	50	853	15	256
企业会所区	4788	0.6	90	259	60	172	12	34
总负荷				9346		5181		1081

城区电负荷预测计算表　　　　　　　　　　　　　　表21-19

分区	建筑面积（m^2）	同时使用系数	电负荷指标（不含空调）（W/m^2）	电负荷（不含空调）（kW）	电负荷指标（含空调）（W/m^2）	电负荷（含空调）（kW）
观光纪念区	8347	0.8	50	334	90	601
商业休闲区	89396	0.7	60	3755	100	6258
运动休闲区	28446	0.6	40	683	80	1365
企业会所区	4788	0.6	50	144	90	259
总负荷				4915		8483

（2）城区能源系统规划

根据城区滨江临港的地理特点及城区内大量步行景观道路的规划，采用以江水源热泵为冷热源，同时辅助太阳能发电、光伏路灯等，电力不足部分以外部电力作为补充的整体能源供应系统，使能源系统成为该城区休闲旅游的亮点及景点。

1）江水源热泵系统（见图21-18）

滨江运动休闲配套服务区的夏季制冷、冬季供热及全年生活热水需求由江水源热泵能源总线系统为冷热源，各台机组的制冷量总和为9000kW，若取5℃换热温差，需1700t/h冷却水流量，200mm的管径。江水源热泵系统主要设备如表21-20所示。

21.5 上海崇明陈家镇低碳能源规划

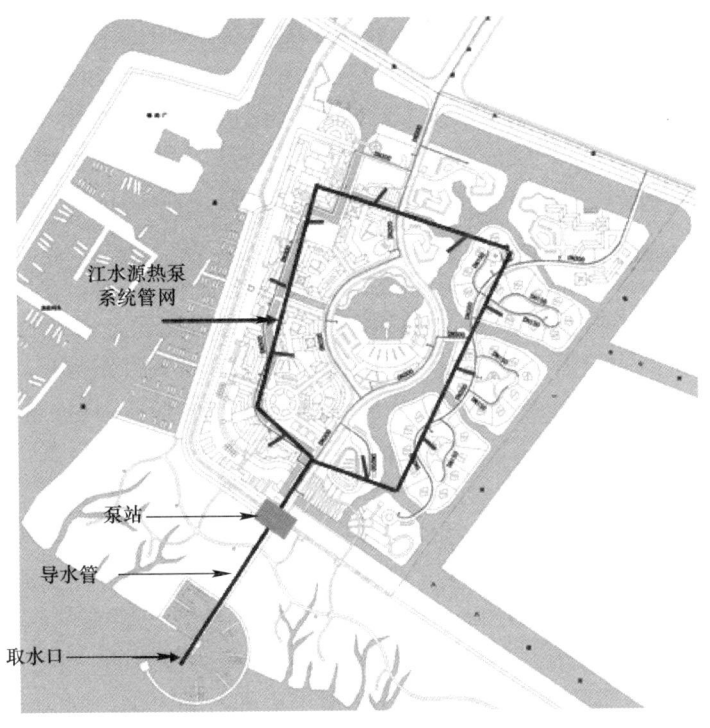

图 21-18 江水源热泵能源总线系统管网图

主要设备配备 表 21-20

序号	名称	容量	备注
1	水源热泵机组	9000kW	制冷量
2	江水输送泵	2100m³/h	
3	冷冻水循环泵	1700m³/h	
4	生活热水箱	200m³	

2) 建筑光伏系统

按屋顶面积 20% 铺设光伏系统,总安装面积为 12000m²,总装机容量为 1.2MW;考虑建筑太阳能光伏一体化,则装机容量为 0.4MW;因此合计 1.6MW。

3) 光伏路灯系统

在滨江景观广场步道两边每 40m 设置 2 套风光互补路灯,共设置 46 套,形成沿滨江景观大道的风光互补路灯走廊。在滨区内主要城镇公路两边每 40m 设置 2 套光伏路灯,共设置 60 套,形成光伏路灯走廊。

21.5.4 建筑节能减碳规划

陈家镇地区所有新建建筑均需达到国家绿色建筑评价标准一星级以上,并要求将《绿色建筑评价标准》GB/T 50378—2014 "节能和能源利用"篇章中的一般项作为控制项。各功能区标志性建筑均需达到国家绿色建筑评价标准三星级标准。陈家镇地区所有新建建筑所采购的建筑用能设备和家电,均应达到国家能效标识的一级或二级标准。对于陈家镇地区人均用地指标超过 43m² 的低层住宅,其供暖或空调能耗不得高于国家当时的建筑节能设计标准规定值的 80%，其建筑用能设备和家电均应达到国家能效标识的一级标准。所有新建建筑的设计，必须附有有资质单位的节能评估报告，经数字模拟证实其达到要求。所有新建建筑设计，应尽量采用被动式节能技术，充分利用自然通风和天然采光；充分采用太阳能与建筑一体化设计；优先选用当地的粉煤灰砖、混凝土空心砌块，推荐采用淤泥制砖技术生产的墙体材料，充分利用当地的可再生生物材料制造的墙体材料。

21.5.5 交通节能减碳规划

根据本规划中的低碳交通情景，陈家镇地区实现空间优化，60%的人口在 1km 范围内居住、就业、求学和休闲，以步行和自行车交通为主，私人汽车数量减少为每百人 5 辆（上海市为每百人 11 辆）。私人轿车一半为混合动力和电动汽车，耗油量降为原来的一半，即每百公里平均 8L。同时设立公共电动自行车和人力自行车的租赁点，用上海市公交卡可自助租车。

公交车数量增加 20%，达到发达国家水平，即每百人 17 辆；出租车数量达到国内拥有量最高的城市水平，即每百人 24 辆；岛内交通和部分进上海市区交通以公交和出租车为主体，公交车全部为混合动力和电动车，平均耗油量降为原来的 50%，即每百公里 17L；出租车的一半为混合动力和纯电动汽车，耗油量降为原来的一半，每百公里 5L。

提高大排量燃油汽车的隧桥费，限制大排量汽车进入陈家镇。同时，设立新能源汽车的接驳站，方便换乘。从接驳站到东滩旅游景点和国际会展区，设立专门的穿梭巴士旅游车队，全部使用纯电动大巴和中巴（未计入公交车数量内）。轨道交通站点与各功能区和人流密集点之间，开设频率较高的穿梭巴士。只有为乘客创造最大的便捷，才能有效减少私人轿车的使用。

将东滩智慧产业基地和上海崇明国家级体育训练基地建设成为"无燃油汽车园区"，即进入该园区的燃油车必须进入地下停车库，地面换乘电动汽车或电动自行车。在该两个园区里建立风光互补的智能充电微网。

21.5.6 效益分析

本能源规划以提高能源利用效率、优化能源使用结构为出发点，在提高能源效率的同时，大力发展和推进清洁能源、可再生能源的利用，加大清洁能源、可再生能源的使用比例；按照陈家镇总体规划，实现能耗总量减少，二氧化碳和污染物排放量整体下降。

根据表 21-21 中对陈家镇地区能耗总量的预测分析，低碳情景下能耗总量为 66.34 万 tce，人均能耗量为 3.16tce，可比一般情景减少 51.1%。

陈家镇地区能耗总量预测分析统计　　　　表 21-21

生产性能耗			
	GDP（亿元）	GDP 能耗（tce/万元）	能耗量（万 tce）
一般情景	195	0.484	94.38
低碳情景	195	0.242	47.19
居住建筑能耗			
	建筑面积（万 m²）	单位面积年能耗（kgce/m²）	能耗量（万 tce）
一般情景	1200	26	31.20

续表

居住建筑能耗			
低碳情景	1200	13.2	15.84
行政办公建筑能耗			
	建筑面积（万 m^2）	单位面积年能耗（$kgce/m^2$）	能耗量（万 tce）
一般情景	5.5	44	0.24
低碳情景	5.5	35	0.19
私人和公共交通能耗			
	类别		能耗量（万 tce）
一般情景	私人轿车		8.22
	公交车		0.79
	出租车		0.76
低碳情景	私人轿车		2.19
	公交车		0.55
	出租车		0.38
总计			
一般情景下规划城区能耗总量（万 tce）			135.59
一般情景下规划城区人均能耗量（万 tce/人）			6.46
低碳情景下规划城区能耗总量（万 tce）			66.34
低碳情景下规划城区人均能耗量（tce/人）			3.16
低碳情景与一般情景相比能耗总量减少比例（%）			51.1

若可再生能源占能源利用量的20%，则可少消耗化石燃料13.21万tce，可每年减排CO_2合34.6万t，减排SO_2合1120t，每年减排NO_x合970t。根据表21-22中对不同能源使用结构状况下陈家镇地区CO_2排放量的预测分析，低碳情景下CO_2排放总量为86.81万t，人均CO_2排放量为4.13t，可比一般情景减排75.6%。

不同能源使用结构下 CO_2 排放量预测分析统计　　表 21-22

情景模式	项目	可再生能源	天然气	化石燃料
	单位能耗折合 CO_2 排放量（万 t/万 tce）	0	1.57	2.62
一般情景	能源利用率占比	0	0	1
	能耗总量（万 tce）		135.59	
	不同能源结构 CO_2 排放量（万 t）	0	0	355.25
	CO_2 排放总量（万 t）		355.25	
	人均 CO_2 排放量（t）		16.92	
低碳情景	能源利用率占比	0.2	0.75	0.05
	能耗总量（万 tce）		66.34	
	不同能源结构 CO_2 排放量（万 t）	0	78.12	8.69
	CO_2 排放总量（万 t）		86.81	
	人均 CO_2 排放量（t）		4.13	
低碳情景与一般情景相比 CO_2 的减排比例（%）			75.6	

到规划末期，通过可再生能源的开发利用，在促进地区经济发展、提高能源供应等公用设施的现代化水平的同时，陈家镇地区将基本实现地区能源生产和消费的自维持和自平

衡。地区风能、太阳能、地源能等可再生资源得以充分开发和利用，农作物秸秆和农业废弃生物质资源实现合理利用，循环经济发展模式基本形成，有力地推进地区社会和经济的可持续发展（见图 21-19）。

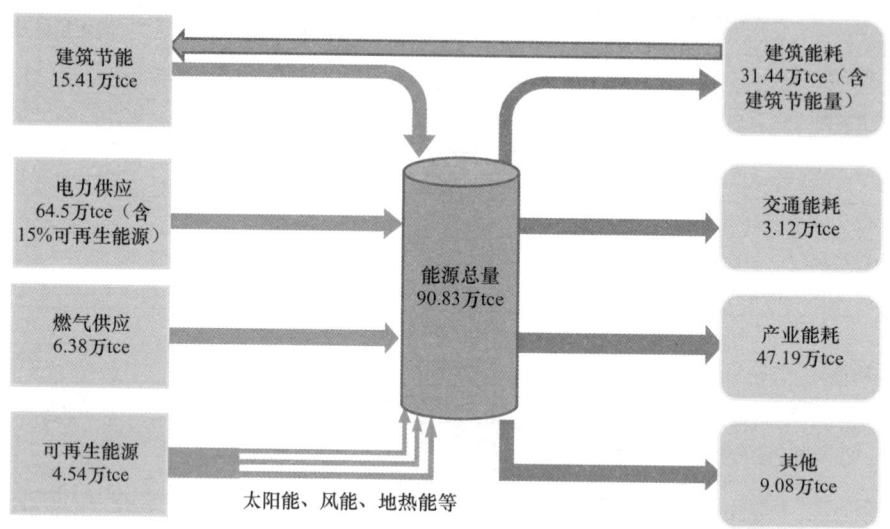

图 21-19　低碳社区的能源流路线图

附录1 部分彩色插图

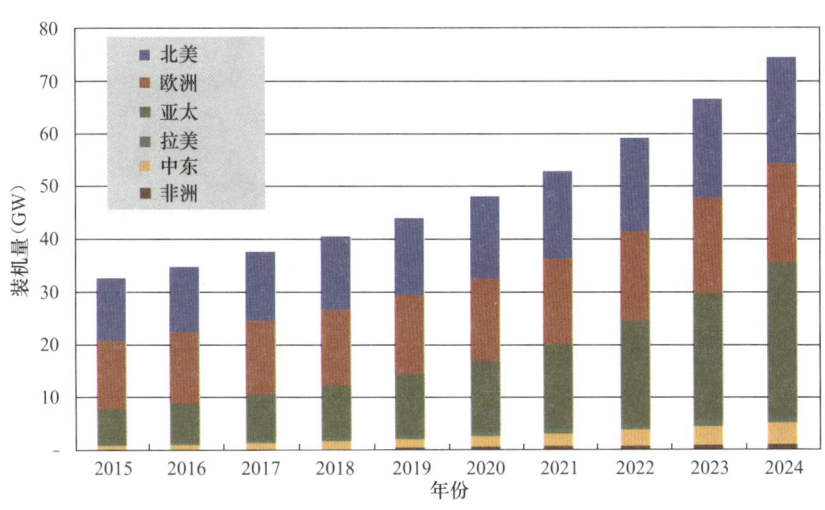

图12-3 2015～2024年全球商业化建筑CHP的装机量预测

图15-24 科学城校园

附录1　部分彩色插图

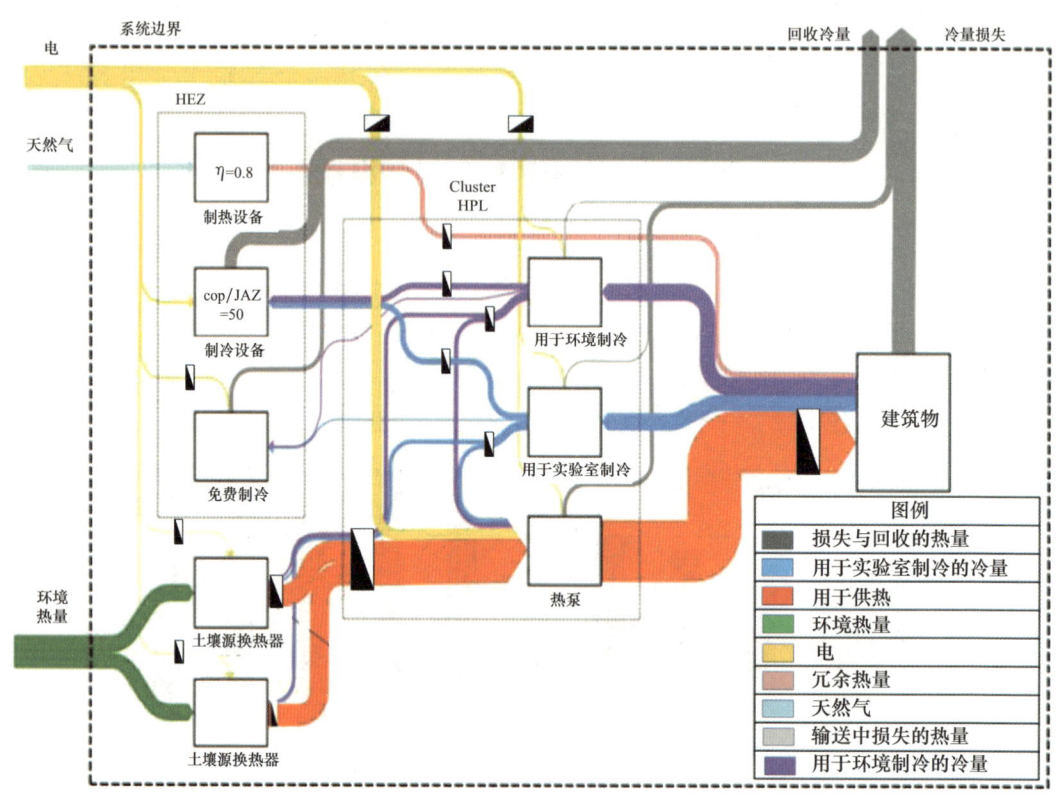

图 15-27　科学城校园项目系统流程图

图 20-1　哈默比湖城实景

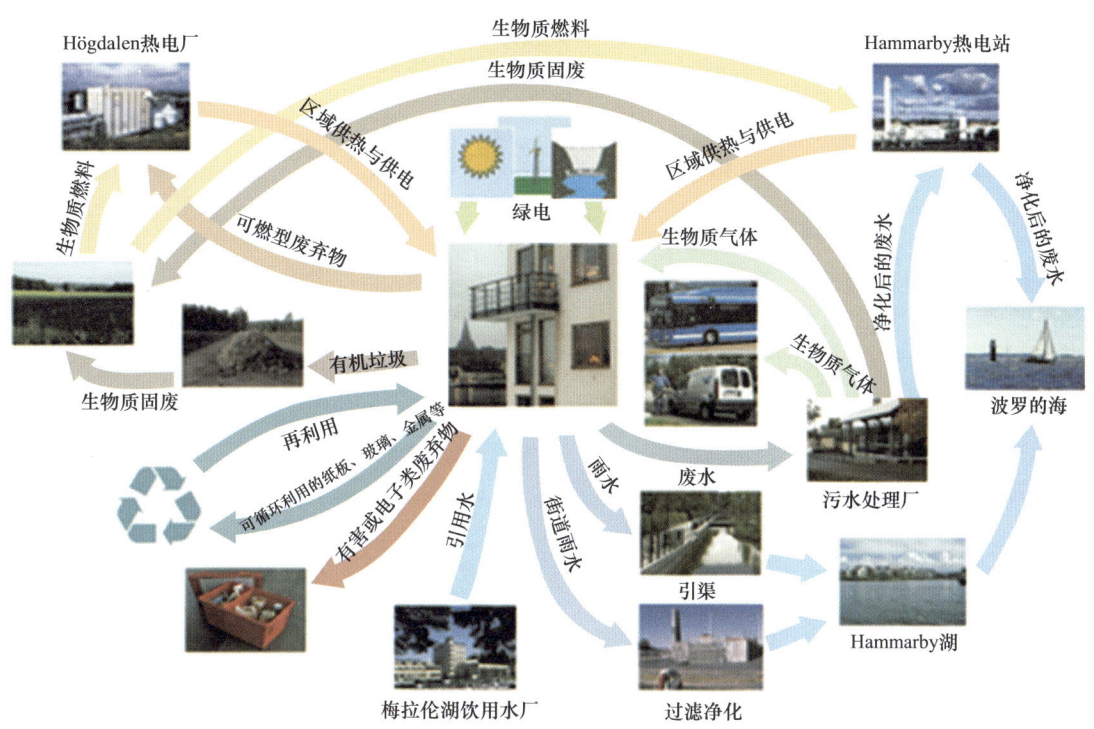

图 20-2 哈默比模型

附录 2 上册目录

第 1 章 绿色生态城区
1.1 史无前例的中国城镇化
1.2 绿色、生态、低碳：概念的辨析
1.3 绿色生态城区的城市形态
1.4 绿色生态城区的绿色建筑
1.5 绿色生态城区的交通
1.6 绿色生态城区的环境
1.7 绿色生态城区的能源生产
1.8 旧城改造中的绿色生态理念
1.9 绿色生态城区的评价即国内外指标体系案例

第 2 章 城区需求侧能源规划
2.1 城市能源与城市碳排放
2.2 我国新型城镇化的能源利用特点
2.3 生产性能耗、消费性能耗和民生性能耗
2.4 综合资源规划（IRP）理论在能源规划中的应用
2.5 需求侧能源规划与供应侧能源规划
2.6 需求侧能源规划的 3 种形式
2.7 需求侧能源规划的步骤
2.8 城区能源规划的尺度

第 3 章 需求侧能源规划的目标设定
3.1 需求侧能源规划目标设定的 SMART 原则
3.2 能耗和碳排放的需求预测和总量控制
3.3 生产性能耗的规划目标设定方法
3.4 消费性能耗的规划目标设定方法
3.5 城区能源基础设施的规划目标设定方法
3.6 推进行为节能的规划目标设定方法
3.7 城市能源管理体系

第 4 章 建筑能耗模型校验与能耗限额制定
4.1 国内部分建筑能耗分析软件的适用情况
4.2 建筑能耗模型的校验
4.3 建筑能耗限额的制订
4.4 建筑能耗对标
4.5 城区建筑能耗监测

第5章 产业节能是需求侧能源规划的根本
  5.1 产业结构选择中的绿色化
  5.2 制造业的绿色评价指标
  5.3 产业绿色化的门槛值

第6章 绿色生态城区的资源分析
  6.1 无穷的太阳能只能有限的利用
  6.2 城区用风力发电现实吗?
  6.3 生物质发电:有多少秸秆够你烧?
  6.4 垃圾发电:敏感而困难的选择
  6.5 土壤源热泵:将大地当作蓄电池
  6.6 水源热泵:流动的冷热源
  6.7 空气源热泵:怎样提高效率?
  6.8 规划节能有很大的潜力
  6.9 终端节能的资源化评估

第7章 绿色生态城区的能源负荷预测
  7.1 城区建筑负荷预测的特点
  7.2 城市形态和规划元素对建筑负荷的影响
  7.3 用户建筑节能措施对负荷预测的影响
  7.4 气候变化对负荷预测的影响
  7.5 预测方法之一:基于能耗模拟的城区建筑负荷预测
  7.6 预测方法之二:基于能耗实测数据挖掘和EUI控制的城区建筑负荷预测
  7.7 预测方法之三:基于空间重构的城区建筑负荷预测
  7.8 参考性负荷指标
  7.9 案例应用

第8章 城市气候设计与规划节能
  8.1 城市空间形态与建筑能耗
  8.2 被动式节能——城市风环境分析与城市通风
  8.3 日照环境分析
  8.4 混合功能城区的负荷平准化

第9章 城区能源系统的优化配置
  9.1 城区能源系统的配置原则
  9.2 区域供冷供热系统的利与弊
  9.3 分布式水源热泵系统
  9.4 能源总线系统
  9.5 热电厂蒸汽直接驱动离心式热泵
  9.6 基于集中供热热网的吸收式热泵系统
  9.7 电动汽车充电系统的规划
  9.8 旧城区更新改造中的能源系统

第 10 章　城区能源规划的评价方法和工具
10.1　城区分布式能源系统的节能量分摊
10.2　城区能源系统的碳减排率评价
10.3　城区能源系统的能效评价
10.4　城区能源系统的㶲效率评价
10.5　城区能源系统的能值分析
10.6　绿色生态城区的生态足迹评价
10.7　城区能源规划的软件工具

第 11 章　需求侧能源规划在城市规划中的地位和作用
11.1　城市规划概述
11.2　需求侧能源规划在城市规划体系中的功能定位
11.3　城区总体规划中的需求侧能源规划
11.4　控制性详细规划中的节能控制性指标
11.5　修建性详细规划中的能源系统规划